江西广播电影电视年鉴

JIANGXI RADIO FILM & TV YEARBOOK

2011

江西省广播电影电视局

《江西广播电影电视年鉴》编辑委员会编纂

中国传媒大学出版社

编 辑 说 明

一、《江西广播电影电视年鉴》是全面反映江西广播电影电视事业基本情况和发展变化，客观记述上一年度江西省广播电影电视系统新情况、新资料的大型资料性书籍。

二、本书自 1986 年起，每年出版一卷，2011 年版为第 26 卷。本卷设下列栏目：1.概况；2.大事记；3.文件选载；4.频率频道 节目栏目；5..经验；6.调查研究；7.电影 电视剧 广播剧；8.评奖与表彰；9.学术研究与出版；10.机构；11.人物；12.县市区广播影视简介；13.统计；14.图片。

三、有关广播影视宣传工作及事业建设的情况是本书的主要内容，着重在《概况》、《大事记》、《频率频道 节目栏目》、《经验》、《调查研究》、《电影 电视剧 广播剧》、《评奖与表彰》、《图片》等栏目中记载。

有关电影、电视剧管理及社会管理工作的情况，在《概况》、《文件选载》、《电影 电视剧 广播剧》、《县市区广播影视简介》等栏目中记载。

有关广播影视系统机构、人物方面的情况，主要在《机构》、《人物》等栏目中反映，一般为截至 2010 年 12 月 31 日的情况。

有关广播影视各项指标统计的情况，在《统计》栏目中记载。

有关各县市区广播电影电视情况，在《县市区广播影视简介》栏目中记载。

四、本书 2011 年版主要刊载 2010 年的资料，但在个别栏目中也收录了 2011 年初的有关资料。

五、本书发表的所有信息资料均由各有关部门提供并审定。

江西省广播电影电视局

《江西广播电影电视年鉴》编辑委员会

《江西广播电影电视年鉴》责任编辑、特约编辑

责任编辑	胡小玲	蔡友国	宋婉玉		
特约编辑	刘本文	王　蓉	周文婷	马　力	宋志刚
	杜　剑	徐家伟	欧阳新文	万小初	王子荣
	李　健	徐绍福	陈道生	朱燕琳	刘　钰
	吴宏雁	王平凡	李洪辉	黄媛斌	李如华
	康建强	卢杰春	蒋　云	邱　明	黎　楠

目　　录

经　验

调查研究

电影 电视剧 广播剧

评奖与表彰

学术研究与出版

机　　构

县市区广播影视简介

统　　计

图　　片

专　页

索 引

汉语拼音索引

A

B

C

D

F

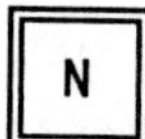

N

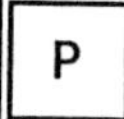

P

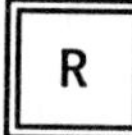

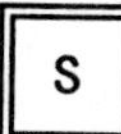

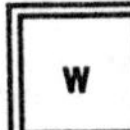

Y

Z

数字索引

英文字母索引

2010年6月24日，国务院总理温家宝深入江西抚州唱凯堤决口现场，看望受灾群众，指导抗洪救灾工作。江西人民广播电台、江西电视台记者在现场采访。

2010年11月20日，全国政协副主席张榕明和江西省委书记苏荣、省政协主席傅克诚、国家广电总局副局长田进等出席中国鄱阳湖国际生态文化节开幕式，并参观广播影视展区。

2010年9月29日，江西电视台建台40周年纪念大会在南昌举行。省委书记苏荣、省长吴新雄专门发来贺信。省委常委、省委宣传部部长刘上洋出席大会并讲话，省人大常委会副主任蒋如铭、副省长史文清、省政协副主席汤建人等到会祝贺。

2010年12月30日，全省有线电视数字化整体转换动员电视电话会议在南昌召开。副省长孙刚出席会议并讲话。

2010年11月19日，国家广电总局副局长田进到江西省广电局考察指导工作。

2010年9月26日，国家广电总局副局长李伟到江西省广电局考察指导工作。

2010年2月4日，全省广播影视工作会议在南昌召开。

2010年7月28日，全省广播影视局长座谈会在井冈山召开。

2010年2月25日，全省广播影视党风廉政建设工作会议在南昌召开。

2010年5月28日，省广电局召开深入开展创先争优活动动员大会。

2010年1月19日，省广电局召开“宣传工作创新奖”评审会，评选出2009年度省局“宣传工作创新奖”。

2010年4月22日，省广电局召开省广电媒体宣传创业服务年座谈会。

2010年6月22日，共青团江西省广播电影电视局直属机关第四次代表大会在南昌召开。

2011年4月22日，江西电视台电视剧制作中心正式转企改制为江西电视剧制作有限公司。

2010年4月24日，中部六省广播电台台长、总监座谈会在南昌举行。

2010年6月13日，全省广电网络公司“转变工作作风，促进网络发展”动员大会在南昌召开。

2010年8月25日，省广电局领导做客江西人民广播电台《政风行风热线》节目，围绕政风行风建设、广播影视精品、广播影视服务等方面和听众朋友热线交流。

2010年9月20日，昌九城际高速铁路正式开通运营，江西人民广播电台综合新闻频率与信息交通频率联合推出直播特别节目《赣鄱追风》，并首次实现在时速250公里的和谐号动车组上进行直播。

2010年9月26日，江西人民广播电台联合中部各省电台在江西南昌进行第五届中国中部投资贸易博览会开幕式直播。

2010年7月3日，江西人民广播电台信息交通频率和上海交通广播电台联合直播世博会江西活动周开幕仪式。

2010年3月，江西电视台在北京搭建了全国“两会”演播室，及时发回全国“两会”特别报道。

2010年6月27日，江西电视台记者在抗洪抢险一线进行采访报道。

2010年8月30日，2010年“中国红歌会”圆满落幕。

2010年11月10日至11月30日，江西电视台举办“中国山水情歌会”大型活动。

2010年1月30日晚，江西电视台举办的“致敬2009”年度致敬人物评选活动举行颁奖晚会。

2010年4月30日至5月3日，江西省广播电影电视局和南昌市政府主办、江西电视台承办的2010（第二届）中国中部（南昌）国际汽车文化节在南昌国际会展中心举行。

2010年11月，江西电视台公共频道举办“十大好人”评选活动。

为策应鄱阳湖生态经济区建设，江西电视台移动电视策划制作了10集主题系列节目《印象鄱阳湖》。

2010年11月20日至22日的中国鄱阳湖国际生态文化节上，省广电局展区亮点纷呈。在广播影视展区举办的江西电视台电视剧《党的女儿》开机仪式、红色经典频道动画片《虎王归来》营销发布会、公共频道电视相亲节目《一见钟情》和今视网即拍即秀等活动引人瞩目。

2010年2月11日，吉安市委书记周萌和市委副书记、市长王萍等市领导看望慰问广电工作者。

2010年5月，吉安市全面完成“十一五”广播电视“村村通”直播卫星工程建设。图为广电技术人员在遂川县为乡镇用户安装设备。

2010年4月9日，中央电视台《欢乐中国行》在宜春市精彩上演。

2010年6月25日，抚州电视台记者在抚河唱凯段决口封堵现场进行采访报道。

2010年2月10日，萍乡市委书记刘和平等市领导到萍乡广电中心看望慰问广电工作者。

2010年5月1日，萍乡电视台推出讲坛类栏目《品萍乡》，邀请知名人士讲述萍乡本土文化故事。

2010年7月，景德镇市举行首届电视小记者、小主持人选拔大赛。

2010年11月10日，新余市广播电影电视局召开新余人民广播电台、新余电视台体制改革动员大会。

2010年8月27日，由新余市委宣传部、新余市广播电影电视局主办，新余电视台承办的第三届全市歌手电视大奖赛落幕。

2010年9月，赣州电视台主办首届“未来新主播”电视主持人大赛。

2010年11月24日，赣州RDS可寻址调频应急广播系统项目技术方案通过国家广电总局专家委员会论证。

2010年1月，南昌广电和海尔集团在青岛签定战略合作框架协议，双方将在宣传互动、产品和服务合作、内容开发、高层互访和专业对话等多方面进行深入合作。

江西电视台建台40周年

江西电视台于1970年10月1日正式开播，是江西最具权威和影响力的主流媒体。经过四十年的发展，江西电视台事业规模不断扩大，品牌价值不断提升，形成了一台九频道的发展新格局，现已拥有一支从业人员逾千人的专业队伍。全台各频道分别为：卫视频道、都市频道、经济生活频道、影视频道、公共频道、少儿·家庭频道、红色经典频道和移动电视频道、“风尚购物”频道。其中，公共频道、红色经典频道由江西省广播电影电视局管理。

江西电视台建台40周年纪念大会

江西电视台以打造全国一流电视媒体为战略目标，坚持围绕中心，服务大局，牢牢把握正确的舆论导向，以品牌提升价值，以公信树立权威，以主流引领大众，以创新推动发展，不断增强在全国的影响力和竞争力。

江西卫视秉承“红色人文 传奇天下”的定位，做强大型活动《中国红歌会》、品牌栏目《传奇故事》和新闻栏目《江西新闻联播》、《社会传真》、《新闻夜航》，以及脱口秀节目《经典传奇》、《杂志天下》，凸显江西卫视特色。

江西二套都市频道以“每天都是新的”为理念，树立全国视野，以民生新闻、法制专题、情感故事和影视剧为主，全天24小时播出。

江西三套经济生活频道是以生活、服务为频道节目主要内容的专业电视财经频道，频道定位清晰，特色鲜明，“会生活，才有好生活”的口号日益深入人心。

江西四套影视频道围绕“欢乐不在别处，尽在江西影视”的定位，立足本土娱乐，全力打造多元精彩的欢乐平台，凭借准确的定位，鲜明的品牌风格，迅速成长为全省观众最为喜爱的地面频道之一。

江西六套少儿·家庭频道以“炫彩六套，动感频道”为核心理念打造炫彩“动”感频道，把少儿和体育节目作为频道强劲的两翼，形成了鲜明的频道特色。

江西电视台移动电视频道以“随时、随地、随心看电视”为理念，填补了移动人群的收视空白。

江西电视台风尚购物频道2009年10月开播，是一个全国性专业家庭电视购物频道。

台领导班子

全台九个频道各具特色，收视份额总和占据本地收视市场的45%。江西卫视已经在全国除台湾以外的所有省会中心城市落地，有效覆盖人口超过7亿，连续五年收视率居全国省级卫视前6位，经营创收居省级卫视前8名。全台经营创收9亿多元。

江西电视台走过辉煌的40年，正站在一个新的发展起点上，朝着打造全国一流电视媒体的战略目标和发展方向阔步前进。

杨玲玲台长在台庆40周年纪念大会上讲话

台庆晚会

江西省广电网络公司景德镇市分公司

景德镇市广电网络分公司是按照省政府有关文件精神，在原景德镇市有线电视网络中心的基础上，于2001年12月26日组建成立的。现有干部职工85人，其中高级职称2人，中级职称5人，初级职称14人，技术员3人，技师2人；大专以上学历63人。公司内设行政人事部、财务部、资产管理部、数据业务部、经营市场部、客户服务中心、技术部、工程运维部等8个部门。公司拥有一支充满活力又特别能战斗的团队。2001年成立时，全市有线电视用户只有4万多户，经营收入每年不到400万元，到2010年，全市有线电视用户已超过8万户，年经营收入突破2067万元。

公司领导班子

公司以“抓管理，树形象；讲诚信，重实效；凝人心，作贡献”为口号，以开展“模拟转数字，精彩进万家”整体转换战役为契机，不断完善服务体系建设，规范服务，创新服务，多出便民服务的好办法和新举措，在激烈的市场竞争中打好为民服务牌，像爱护自己的眼睛一样维护广电网络的形象和声誉，竭力打造“热心、诚心、耐心、细心、贴心”的“五心级”服务。

全面开展有线电视数字化转换工作

市政协领导在中心机房参观考察

市广电局、市网络公司与市消防支队联欢

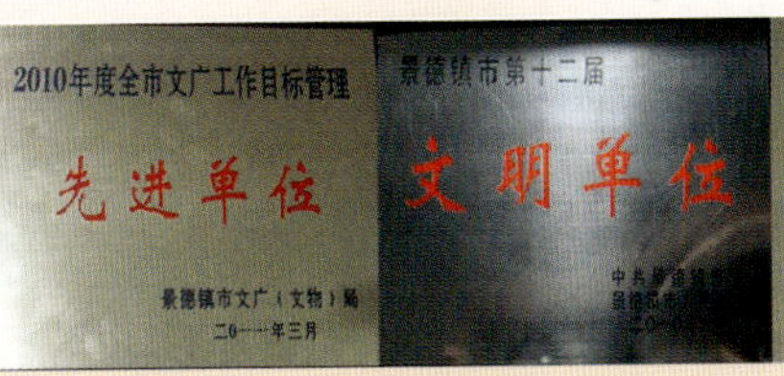

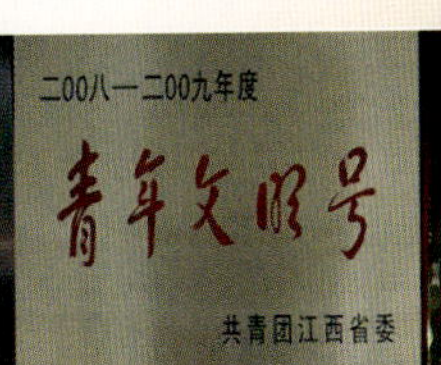

江西省广电网络公司九江县分公司

九江县分公司总经理刘义钦

江西省广播电视网络传输有限公司九江县分公司2004年元月与省公司整合并正式运营。分公司下设行政财务部、工程技术部、客户服务中心、农网管理部4个部门和11个乡镇管理站，共有从业员工63人。

分公司严格按照现代企业管理运作，建章立制，实行全员竞聘上岗和层级管理，建立了企业绩效考核体系，实行考评考核，认真履行服务承诺，提升服务质量，树立江西广电人新形象。自2008年以来，九江县分公司抓住社会主义新农村建设契机，千军万马战农网，新架设光缆200余公里，新联通了50个行政村、678个自然村，新发展用户10974户，农村基本上实现了光缆进自然村，网络覆盖率达到90%以上，经营收入由2008年的420万元增长到2010年的695万元。

九江县分公司的迅猛发展，获得了社会各界的广泛赞誉。分公司2009、2010连续两年获省广电网络公司九江市分公司年终综合考评第一名；同时连续两年被省广电网络公司评为2009年度全省经营先进单位三等奖、2010年度全省经营先进单位二等奖。

收费大厅工作人员热情为用户服务

机房检测和维护

技术员为用户检查室内有线电视信号

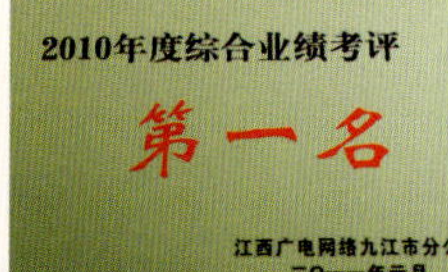

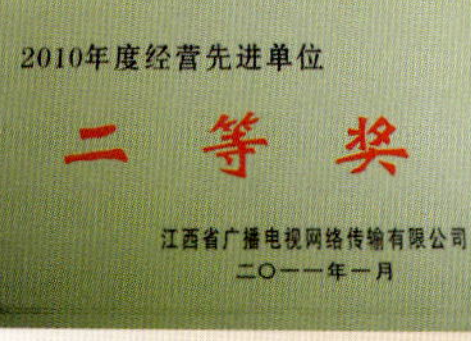

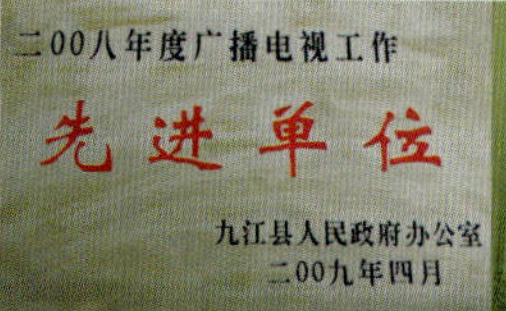

江西省广电网络公司泰和县分公司

江西省广播电视网络传输有限公司泰和县分公司自2003年8月成立以来，广播电视网络传输事业逐渐发展壮大。特别是2009年1月上划省公司垂直管理后，分公司按照现代企业管理制度运作。对内强化管理，建立和完善各项规章制度，实行竞争上岗，变岗变薪，严格考核标准，真正做到言出必行、奖罚分明；对外诚信服务，增强全心全意为用户服务意识，提升服务水平，树立泰和广电网络新形象。2009、2010连续两年，分公司按照省公司“千军万马战农网，千方百计搞管理”的发展要求，扎实苦干，奋力拼搏，实现了网络建设和经营业绩连年翻番的新突破。到目前为止，全县98%的行政村实现了有线电视“村村通”，两年间，农网每年新发展用户都超过1万户。目前全县有线电视用户达6万多户，其中城网1.4万户，农网4.6万户。2010年分公司全年上交收入957万元，比上划垂直管理前上交的367万元增长了260%，被省公司评为2010年度经营先进单位二等奖。

公司办证收费大厅

公司领导班子

线路维护

热情服务

江西省广电网络公司石城县分公司

公司办公大楼

2010年，江西省广播电视网络传输有限公司石城县分公司在省、市公司的正确领导和全体员工的共同努力下，以开展创业服务年活动为契机，创新求实，齐心协力，锐意进取，圆满完成了上级下达的各项经营任务，被评为2010年全省广电网络经营先进单位二等奖。

在管理上，一是深化公司人事制度改革，加强人力资源管理，引入竞争激励机制，在公司内部实行全员竞聘上岗，营造一个人才脱颖而出的良好氛围；二是进一步规范内部管理机制，全面实行量化考核奖惩制度，激发了员工的工作积极性；三是进一步严肃财经纪律，提高财务管理水平，规范公司内部经济秩序；四是本着“提高效率，厉行节约，围绕重心，逐个突破”的原则，进一步加强岗位练兵，提高服务水平，提升了用户的满意度。

光缆抢修

网络建设有了新的发展，网络规模由小到大，网络收入由少到多，网络质量由劣到优。用户从成立之初的8300户发展到现在的2.5万户(城网1.1万户,乡镇网1.4万户)，收入从成立之初的153万元扩大到2010年末的475万元，用户和收入分别增长了3倍和3.1倍。目前，全县有线电视光缆总长343千米，其中新建杆路208千米，光节点有185个。有线电视网络覆盖所有建制乡镇和67%的行政村。

公司召开全员竞聘上岗大会

公司开展岗位廉政从业学习教育活动

概　况

江西省广播影视概况

2010年，江西省有省、市两级广播电台8座，电视台8座，设区市广播电视台4座，县级广播电视台80座。全年共办公共广播节目103套，播出时间345482小时，制作广播节目179194小时;共办公共电视节目113套，播出时间650997小时，制作电视节目67067小时。广播综合人口覆盖率96.78%，电视综合人口覆盖率97.96%。全省有电视发射台和转播台301座，发射功率410.216千瓦。有线广播电视传输网络干线总长7.61万千米，有线广播电视用户439.47万户。全省广播电视从业人员18591人。全省广播电视总收入29.06亿元，其中事业收入17.2亿元，企业单位收入11.86亿元。全省广播电视实际创收收入25.6亿元，其中广告收入13.85亿元，收视费收入7.55亿元，付费数字电视收入0.16亿元，其他网络收入0.94亿元，其他创收收入3.1亿元。

一、把好导向，服务大局，舆论引导水平进一步提升

1.重大宣传形成强势舆论。全省广电系统紧紧围绕全省发展大局，牢牢把握正确舆论导向，着力提高舆论引导能力，精心组织了系列宣传战役，重点突出了贯彻落实十七届五中全会和江西省委十二届十四次全会精神、科学发展抓项目、建设鄱阳湖生态经济区、加快经济发展方式转变等方面的宣传，较好地完成了全国全省“两会”、上海世博会、广州亚运会、中博会、鄱阳湖国际生态文化节及创先争优活动、创业服务年等重要会议、重大活动的报道，为江西科学发展、进位赶超、绿色崛起形成了舆论强势，营造了良好氛围。

2.先进典型宣传产生积极效果。各级广电媒体集中推出“平民英雄”、“抗洪楷模”、“身边好人”等先进典型群体的系列宣传，多角度、多侧面报道曾庆香、王茂华、谭良才、蒋国珍、李天平等一批先进模范人物的先进事迹，树立了江西英模群体的光辉形象，有力地弘扬了中华民族的优良道德风尚，在全省上下进一步兴起“学英模、扬正气、树新风”的热潮。

3.突发事件宣传引导有力。面对2010年江西特大洪涝灾害，全省广电系统快速反应，及时组织采编人员深入灾区一线采访，大容量高密度编排播发抗洪新闻和资讯，为夺取抗洪救灾工作的全面胜利提供了有力的舆论支持。对甘肃舟曲泥石流灾害、青海玉树地震等重大突发灾情，全省广电媒体报道及时，把握有度，起到了凝聚力量、鼓舞人心的宣传效果。

4.对外宣传保持良好势头。2010 年，江西新闻上中央人民广播电台 345 条，其中，头条 10 条，提要 99 条，录音报道 162 条。江西新闻上中央电视台《新闻联播》329 条，其中头条 14 条，提要 107 条，单条 116 条。上稿总数、提要数、单条数均高于上年。各设区市电台、电视台在中央台和省台的发稿量有新的提高，在江西人民广播电台新闻上稿总分前 5 名是：南昌、赣州、九江、吉安、萍乡；在江西电视台《江西新闻联播》上稿前 5 名是：赣州、宜春、上饶、抚州、南昌；在中央电视台《新闻联播》上稿前 5 名是：南昌、赣州、九江、抚州、吉安。中央电视台《星光大道》栏目首次走出北京，到吉安市举办专场文艺晚会。江西卫视的全国覆盖进一步扩大，覆盖总人数达到 7.3 亿，在更大的平台、更广的范围宣传了江西。

二、突出特色，打造品牌，精品生产能力进一步提高

坚持实施精品战略，依托江西独特而丰富的资源，推出了一批优秀作品。“十一五”期间，全省广电系统每年（每届）都有作品获中国新闻奖和“五个一工程”奖，共有 15 件作品获中国新闻奖，10 部作品获“五个一工程”奖。《传奇故事》、《政风行风热线》、《交通在线》等栏目成为全国知名栏目。

已连办五届的“中国红歌会”继续唱响全国，2010 年共有 15 万多人次报名参加，为历年来最大规模。全省广电媒体开办的《经典传奇》、《都市新主播》、《惠农直播室》等栏目，受到群众欢迎；举办的高考爱心送考、中国山水情歌会、爱行 2010、江西网络电视主持人大赛等活动，进一步提升了广电媒体的社会形象和美誉度。2010 年，全省影视制作机构共拍摄 7 部电视剧、7 部电影。一批作品在全国和全省获奖，其中，2 件作品获中国新闻奖，122 件作品获江西新闻奖，424 件作品获江西广播电视奖。

三、强化责任，健全制度，安全播出工作进一步增强

全省广电系统广泛开展“强管理、提素质、创安全优质播出”活动，深入贯彻落实广电总局《广播电视安全播出管理规定》，加强业务培训，强化责任落实，完善应急预案，严格目标考核，切实加强设施设备的维护、保护和日常运行质量的监督管理，圆满完成鑫诺 6 号卫星转星调整工作，确保了全国全省“两会”、世博会、世界杯等重要保障期的安全播出，全年未发生重大播出责任事故和安全事故，受到国家广电总局和江西省委省政府的表扬与肯定。

四、服务基层、服务农村，民生工程建设力度进一步加大

坚持科学发展，把事业建设的重点向农村倾斜、向基层倾斜，着力推进广播影视民生工程。“十一五”期间，完成 9979 个自然村的“村村通”建设，超额完成任务，直接受益人口近 200 万。其中，2010 年完成任务数 4476 个。全省各地还推进“村村响”工程，宜春市 40%的行政村实现了广播村村响。赣州市广电局自主研发的应急广播系统项目通过国家广电总局论证。广播电视无线覆盖工程建设，5 年里分 3 批完成了 67 座无线广播电视发射台、153 部发射机的更新改造任务，全省广播、电视人口综合覆盖率分别达到 96.78%和 97.96%，分别比“十五”期末提高了 3.56%和 2.52%。在 10 个设区市开通了地面数字电视，进一步改进了覆盖效果。积极推进农村电影放映工程，2010 年在全国较早全面实现农村电影放映数字化，超额完成电影公益放映任务，全年放映公益电影 27 万多场，观众超过 6200 多万人次。帮助四川小金县建成广播电视中心，圆满完成了江西省委省政府交给的援建四川灾区任务。

五、拓展空间，激发活力，文化产业发展速度进一步加快

按照江西省委省政府的要求和部署，积极推进文化产业，全省广电系统全年创收26.65亿元，增长18.7%，比“十五”期末翻了一番多。其中，省本级创收19亿元，同比增加3.6亿元，增长23.38%，是“十五”期末的2.54倍。

移动多媒体广播电视业务实现公司化运作；江西手机电视正式开播运营；江西风尚电视购物频道扩大覆盖到全国6省1市，覆盖人口超过1亿；全省广电网络加强业务开发，创收达到7.11亿元，同比增长12.15%；全省城市影院达到22家，银幕71块，3D放映厅26个，城市影院票房突破1亿元，同比增长47.9%。江西国际影视文化城、九江市广电演播中心、吉安市文广传媒中心、上饶市广电中心等一批项目建设取得新的进展。鄱阳湖国际生态文化节的招商招展工作圆满完成，中国中部汽车文化节、萍乡市“美丽新娘”电视直播集体婚礼、抚州房地产展示交易会等活动，产生了良好的社会影响和经济效益。

六、加快速度，加大力度，广电各项改革进一步深化

2010年是文化体制改革的攻坚年。全省广电系统积极推进改革向纵深发展，完成设区市广电机构改革，基本做到了思想不散、工作不断、秩序不乱；江西电影制片厂、江西音像出版社基本完成转企改制，江西电视剧制作有限公司挂牌成立，全省电台、电视台制播分离改革稳步推进；全省网络整合加快进行，有线电视数字化整体转换全面启动。

七、依法行政，提高效能，行业管理进一步落实

以开展创业服务年活动为契机，进一步完善措施，增强管理的针对性和有效性。建立宣传通气会制度、宣传管理应急通讯机制等；省局《收听收看简报》连续第三次被评为全国广播电视十佳优秀刊物，电视剧审查和境外引进剧播出管理工作规范有序；完成播出机构审核换证工作；加大了对非法广告、非法视听节目、非法卫星电视接收设施、非法放映电影活动的查处力度，进一步规范了广播影视行业秩序。

八、转变作风，强化素质，党的建设和队伍建设进一步加强

全省广电系统深入开展创先争优、创建学习型党组织等活动，组织开展了以文明行政、文明采访、文明服务、文明经营为内容的“四个文明”学习教育活动，大力倡导学习之风，强化服务意识。全省广电系统队伍素质和凝聚力不断增强，涌现出一批先进集体和个人。

江西人民广播电台概况

2010年，江西人民广播电台紧紧围绕“坚持‘三改一增强’不动摇，坚持新闻立台不动摇，坚持科学发展、和谐发展、跨越发展不动摇，进一步做大做强传统媒体，积极发展新媒体，促进江西广播事业又好又快发展”的工作思路，牢固树立“1428”（即获1个全国级大奖，在省会城市南昌的收听率提高4个百分点，实施“1001”全省广播覆盖网和江西广播网两项建设工程，经营创收实现8050万）的工作目标，通过全台干部职工的共同努力，各项工作成效显著。

一、创新广播宣传，彰显广播优势

1.提高宣传水平，扩大媒体影响力。一年来，各频率、各节目部门始终坚持正确的舆论导向，努力提高宣传水平，大力推进精品战略、创优工程，进一步扩大了广播的影响力。

主题宣传浓墨重彩，配合到位。全年围绕江西“科学发展、进位赶超、绿色崛起”的主题，充分发挥广播快捷、互动的优势，以现场直播为主要传播形态，积极宣传各地建设鄱阳湖生态经济区、调整经济结构、转变发展方式的经验、做法、成效，有声势、有深度。围绕全省开展的创业服务年活动，各频率推出专栏，为创业者提供便捷、高效的信息服务。重点工程宣传深入生动，全方位报道了江西高速公路突破三千公里大关和第一条城际铁路昌九高铁开通等内容。典型人物的宣传注重在细节上下功夫、在内涵上做文章，真实地再现了英模人物曾庆香、维和英雄钟荐勤等人的成长历程，让人思索，催人奋进。

重大活动报道精心策划、特色鲜明。世博会宣传突出广播特色，立足第一时间集纳全球媒体最新资讯。同时，针对江西听众朋友，打造“上海世博交通攻略”，为世博出行提供参考。中博会宣传影响广泛，江西台现场搭建的全透明玻璃直播室，不仅保证直播高质量圆满完成，更成为会场上一道独特的亮丽景观。首届鄱阳湖国际生态文化节宣传亮点纷呈，热线节目互动性强，连线报道各展所长，突出了文化节的特点和亮点。

重大会议报道贴近群众，注重创新。创新“两会”报道形式，一方面借用网络博客的形式，推出了“代表委员播客”。另一方面作为东道主改进了中部六省广播电台联合报道全国“两会”的模式，首次联合中国广播网、江西电视台公共频道，实行跨地区、跨媒体的合作。全国“两会”期间，共在中央台用稿48篇，其中上报摘和联播提要的有17条，无论是上中央台的数量还是质量，同往年相比，都有大幅度的提升。

突发事件报道反应迅速，反响强烈。在六月份江西遭受严重洪涝灾害之际，第一时间播发消息。同时，迅速组织采编播力量，打破日常运行常规，协同、整合地市台、特约记者等力量在一线联合作战，对胡锦涛、温家宝等党中央、国务院领导对抗洪救灾工作的指示以及省委省政府的一系列决策、措施等，在新闻节目中滚动播出，并即时插播、直播相关消息，6月27日18时15分，唱凯堤决口封堵成功，18时32分，抢在各类媒体前头，在现场采取与主持人连线形式发回了决口合龙的消息，充分发挥了广播快捷的传播特点。

2.凸显广播专业特色，情系社会服务民众。6月份，江西电台在做好抗洪救灾宣传报道的同时，及时运用媒体的力量，动员社会各界向灾区伸出援助之手，共筹集20万元人民币和价值200万元的救灾物资送往灾区，彰显了广播媒体的社会责任。音乐频率4月26日举行的《玉树 加油！》大型公益活动，创下江西广播媒体3小时内捐款数额达7.6万余元、参与人数最多的记录。都市频率在“五一”前后开展“情系希望工程 爱撒赣鄱学子”大型爱心捐赠活动，为贫困地区学校募集到爱心捐款2.8万余元。8月30日，由新闻频率、音乐频率联合承办的历时

4个月的2010江西省青少年器乐大赛在江西艺术剧院举行颁奖音乐会，本次大赛吸引了3000多名选手参赛，在中小学校园获得强烈反响。交通频率与省交通运输厅共同建设的“江西交通广播应急直播室”正式开播，成为全国第一家由政府部门与媒体合作建立的应急直播室。6月份，交通频率连续第九年在全省范围内组织爱心送考活动，在全省形成文明出行的良好风尚。农村频率紧紧围绕“农”字做足文章。9月18日至21日，邀请全国农村广播电台联盟成员台宣传报道宜春月亮文化节并参与全国农耕大赛，14家农村广播共派出近40位采编人员参加了该活动，进一步提升了江西的知名度。民生频率10月15日至21日承办的江西省第四届文明健康艺术活动周得到了群众认可和社会肯定，并成为我省群众性精神文明建设的一个响亮品牌。10月份，民生频率联合省老龄办在全省开展了“十大孝子”“十大敬老模范”评选表彰活动，收到投票21万多张，活动广受关注。

3.创新外宣工作机制，加强外联与合作。2010年，新闻频率充分利用中央台和国际台等对外宣传平台，加强了与中国之声为代表的中广联盟、国际广播电台和中部六省广播电台联盟及其他兄弟台的对接力度。从最初的以一名主持人为联络人，到今年成立的外宣3人小组，专门负责与《中国之声》为代表的中国广播联盟、各兄弟台的协调与对接，增强国内广播界的沟通协调，加强优势互补，资源共享，形成合力，实现共赢。江西电台全年在中央电台共发稿件345条，其中头条10条，上提要99条，录音报道162条。除此之外，江西台各套节目的改版情况和收听率情况也先后在《中国广播报》上作了介绍，对扩大江西台的影响发挥了积极作用。

4.大力实施品牌战略，加大创优扶持力度。2010年，江西电台继续以品牌栏目建设为抓手，通过设立全台宣传创新创优基金，扶持各频率、各部门开展节目创优活动和新节目的研发，奖励在全国、全省获大奖的作品等措施，进一步推动全台节目创优工作。结合各频率市场收听份额饱和度及潜在上升空间的实际情况，制订了考核节目收听率的标准和办法，奖优罚劣，在全台建立起比贡献、比效率的良好竞争氛围和有效激励机制。据2010年11月的收听率调查表明，江西电台在南昌地区的市场占有率达到48.1%，超额完成了年初制定的由上年的40.6%提高四个百分点的目标任务，进一步巩固了江西电台在本地区广播市场的强势地位。

二、加大覆盖工作力度，加快新媒体建设

1.以覆盖促发展，加快实施1号工程。2010年，江西电台重点实施了“无线覆盖1001工程”，主要内容包括：交通频率的全省高山台数字同步调频广播工程、民生频率在全省的覆盖推进、文艺频率全省发射设备的更新、都市频率频点及功率在全省的调整、农村频率中波与调频的协调发展，以及所有发射信号传输手段的革新、全省发射系统的全面监控工程等。5月份，根据“无线覆盖1001工程”内容中涉及的覆盖规模，委托广电总局广播科学研究院进行频率试算分析，并结合江西地形地貌特征，确定了项目的可行性。2010年，江西电台在全省多个设区市新增了十多个调频发射频点，取得无线覆盖的突破性进展，使江西听众收听广播的效果得到明显改善。

2.加快建设江西广播网，加大基础技术改造力度。2010年，江西电台制定了“改革创新，与时俱进，台网一体，多元发展”的新媒体发展总体思路，加快实施制播系统升级和门户网站一体化系统建设工程项目，内容包括：江西广播网新媒体应用平台、电台多媒体文稿处理系统、制播分离网络应用平台。该项目12月初全部建成并投入使用，实现了广播数字化、网络化的改造升级，媒体运行效率提升，为适应未来广播发展的需要奠定了基础。目前，江西广播网上完成了全台六套广播的网上直播和重点节目的在线点播，通过广播节目的二次传播和多次传播，实现了广播传播效率的最大化。

3.做好安全播出工作，确保万无一失。全台全年共播出节目45320小时，其中新闻频率7842小时；都市频率6929小时；音乐频率8619小时；交通频率8619小时，农村频率6564小时，民生频率6747小时，较好地完成了全年的安全播出任务。台技术部门在确保日常节目安全播出的同时，还完成了全台126场现场直播活动的技术保障工作，其中包括全国“两会”、省“两会”现场直播技术保障，中博会、庐山“世界名山大会”、“昌九高铁”开通和全国农耕运动会现场直播技术保障以及《政风行风热线》各市、县现场节目的直播技术保障等。

三、转变经营方式，创新经营模式

根据省委、省政府关于文化体制改革和文化事业与产业发展的决定，江西电台积极转变经营方式，大力推行广告代理制，采用行业代理、品牌代理等形式，努力拓展创收空间，加快广播产业发展，推动经营创收工作步入良性发展轨道，创收工作呈现较好形势。2010年，江西电台共完成经营创收任务8142万元。

1.加强经营创收目标考核。年初，在各频率实施经营创收目标责任制，与各频率负责人签订目标责任状，在明确各频率广告年度创收任务的刚性目标的同时，硬性规定品牌广告任务的比例，并将此纳入年终对频率班子的考核。通过目标考核制的推行，2010年全台品牌广告达到40%以上，完成任务近4000万。

2.提升热线广告品质。全台对热线专题类广告实行统一管理，统一经营，加大对热线专题广告优质客户的招商力度，提高热线专题广告的品质和规模。同时在改造热线广告播出形式上下功夫，突出热线专题广告的服务性、科学性、贴近性，使热线广告专题栏目化。

3.探索广播广告经营新路子。在依法经营、合作双赢的基础上，尝试各种形式的合作方式，市场化运营全台广告。新闻频率充分利用自身影响较强的优势，实现热线专题广告代理，并大力拓展品牌广告和活动的开发；交通频率依托优质资源，积极占领中心城市及高速公路沿线广告市场，在服务功能上下功夫，全面提升品牌广告；民生频率参与《赣南1934》的数字电影拍摄，取得经营创收工作的新突破；农村频率搭建好节目平台，积极吸引外地客户代理频率广告，创收工作迈出新步子。

4.积极培植产业经营市场。各频率深入挖掘广播的自身价值，积极培植产业经营市场，为提升产业经营规模，实现产业效益最大化奠定了基础。

四、加快人事制度改革，强化队伍建设

1.制定岗位设置管理实施方案，完善绩效工资分配考核办法。根据省内有关文件精神，组织制定了《江西人民广播电台岗位设置管理实施方案》和《江西人民广播电台绩效工资实施办法》、《江西人民广播电台绩效工资分配办法及考核办法细则》。在制定方案的过程中，既严格按省里有关规定办，又充分考虑和维护广大干部职工的切身利益，先后多次征求各方意见，得到了广大干部职工的认可，有效地提高了广大职工的工作积极性、主动性。

2.加强各类人员管理，保障职工合法权

益。为切实加强对待聘和工勤（普工）人员的聘用、管理，创造良好的发展创业环境，先后制定了《江西人民广播电台待聘人员管理办法》和《关于工勤（普工）人员聘用管理办法》，分别对待聘人员和工勤（普工）人员的待岗、聘用、待遇等各方面作了严格细致的规定。为规范管理，避免出现劳动纠纷等问题，按照《劳动合同法》的有关规定，完成了与符合条件的 109 名编制外人员签订劳动合同书的工作，签订率达到 100%，为频率、部门规范合法用工及临时人员的权益提供了保障。

3.加强文化建设，丰富职工业余生活。结合 2010 年全省开展的创业服务年和党员创先争优活动，积极开展“双创”工作。为进一步丰富和活跃全台干部职工业余文化生活，5 月份成立了江西广播艺术团，为全省第五届健康文明周活动和鄱阳湖国际生态文化节“放歌鄱阳湖”诗歌大赛等活动提供了一批精彩纷呈的节目，传扬了江西电台的良好形象。台工会先后组织开展了 2010 年迎春联欢会、国庆乒乓球赛等一系列文体活动，并于 6 月份进行了换届选举，选举产生了新一届工会委员会委员。

江西电视台概况

2010 年，江西电视台在省委宣传部、省广电局的正确领导下，坚持正确舆论导向，新闻宣传、节目创新、改革发展、事业建设、经营创收等方面均取得了可喜成绩，全台工作呈现出良好的发展态势。

一、新闻宣传唱响了主旋律

江西电视台进一步强化“新闻立台”的理念，把提升新闻舆论引导能力放在更加突出的位置来抓，围绕省委省政府中心工作，唱响主旋律，打好主动仗，为我省实现科学发展、进位赶超、绿色崛起营造了良好的舆论氛围。

加强了重大主题、重大活动、重大典型的宣传，圆满完成了温家宝总理来赣视察指导抗洪救灾、省“两会”、全国“两会”、中博会、鄱阳湖生态经济区建设座谈会等一系列重大时政活动报道；推出了《鄱阳湖生态经济区建设》、《创先争优 进位赶超》、《创业服务年》、《学英模 扬正气》等一系列专栏；大力宣传了曾庆香、王茂华等英模群体；强化了经济新闻报道，加大了社会新闻分量，改善了地市新闻结构，并对一些重大突发事件报道及时、把握有度，很好地体现了主流媒体的社会责任。省委宣传部《新闻阅评快报》30 多次对江西电视台的报道给予表扬。这些报道都得到省委主要领导高度评价。省委书记苏荣曾 3 次或批示或口头表扬江西电视台的宣传，一是在北京人民大会堂召开的鄱阳湖生态经济区建设座谈会的消息在中央台一套、二套、四套、新闻频道的重要新闻栏目中分别播出；二是江西援建四川小金县项目全部完成的消息和侧记；三是抗洪抢险报道。苏书记对这 3 次宣传报道十分满意，高度评价。他说，电视新闻宣传为抗洪抢险取得全面胜利加了分。他要求省档案馆将我台抗洪抢险的 7 集综述报道收藏，使之成为了全国应急事件处置成功案例的珍贵史料。

6 月份江西发生历史罕见洪涝灾害，江西电视台反应迅速，引导有力。江西电视台打破常规编排，各频道协同作战。江西卫视和都市频道派出上百名记者、编辑、播音员、主持人、技术人员奋战在抗洪一线，后方编辑部全体人员 24 小时轮班作业。从 6 月 22 日至6月29日，江西卫视打通全天所有节目，每天开辟新闻时段 19 档，高密度、大板块播出新闻，播发各类抗洪救灾稿件 2000 多条（次），都市频道发稿 300 多条，开创了江西电视台突发事件连续滚动播出的先河。大量生动感人的现场报道，极大地鼓舞了全省人民夺取抗洪抢险全面胜利的信心和决心。

2010 年江西新闻上中央电视台再创佳绩，无论是数量还是质量，都高于 2009 年。上《新闻联播》共计 329 条，超额完成省委宣传部下达的任务。新闻中心通联部被中央电视台评为“全国优秀通联集体”。

二、品牌创新取得新成效

2010 年，江西电视台加大了自办节目的研发力度，着力打造了一批创意新颖、市场竞争力强的节目、活动和电视剧，在品牌建设上迈出了新步伐。《中国红歌会》、《传奇故事》、《杂志天下》、《都市情缘》、《都市现场》、《晚间 800》、中国中部（南昌）国际汽车文化节、《娱评天下》等一批品牌栏目和活动继续巩固提升，收视增长，焕发出了新的活力。《经典传奇》、《中国山水情歌会》、《致敬 2009》、《都市星主播》、《玩车大圣》、《极速 60 秒》、《加油！好儿女》等一批新的自办栏目茁壮成长，全台的核心竞争力得到进一步增强。

尤其值得一提的是，江西卫视 2010“中国红歌会”规模更大、形式更新，报名参赛的选手达 15 万多人，再创纪录；品牌栏目《传奇故事》自 9 月份加大自拍量以来，节目收视稳步提升，到 12 月份，收视已稳居同时段前 5 名，节目的影响力和品牌号召力进一步扩大；江西卫视新推出的《经典传奇》到 12 月份，收视也稳居同时段前 4 名，与《杂志天下》共同构成了午间收视高峰。这两个栏目还同时获得了广电总局中国电视艺术交流协会的 2010 年度“十大创新栏目”。新创办的《中国红歌会》姊妹篇《中国山水情歌会》社会反响好，为鄱阳湖国际生态文化节增添了一抹亮丽的色彩，该活动获省广播电视宣传创新奖；都市频道新推出的大型活动《都市星主播》，是我省第一次面向全国海选主持人，活动通过微博等新媒体进行网络推广，取得了很好效果，并在全国形成了一定的影响力，该活动获省广播电视宣传创新奖。都市频道被新闻出版总署的《传媒》杂志评为 2001–2010 中国广电领军品牌。移动电视制作的十集系列片《印象鄱阳湖》获省广播电视宣传创新鼓励奖。总编室完成的中博会、鄱阳湖国际生态文化节等一系列重要宣传片，获得组委会好评。

江西电视台加强新节目自主研发以及借助外脑协作研发取得成效。江西电视台自己研发的大型日播栏目《金牌调解》，2011 年 3 月已经在江西卫视播出。

一批优质自办节目和一批首轮电视剧的播出，为江西卫视在全国省级卫视 35 城市、28 省网均取得排名第八的好成绩和广告经营创收名列省级卫视前八名做出了重要贡献。江西电视台各频道在南昌的总体收视份额由 2009 年的 34.19％上升到 38.74％，进一步扩大了领先优势。

三、事业建设再上新台阶

江西电视台以开展“创先争优”活动和台庆 40 周年作为推动各项工作的有利契机，进一步健全了规章管理制度，完善运行程序，强化监督检查，促进了全台的协调运转，工作水平进一步提升。

1.40 周年台庆活动隆重喜庆。9 月 29 日，江西电视台隆重召开建台 40 周年庆典大会，省委书记苏荣、省长吴新雄发来贺信，充分肯定了江西电视台 40 年来取得的成就。苏荣书记在贺信中指出，40 年来，江西电视台认真贯彻党的宣传工作方针，在发展中不断壮大。特别是进入新世纪以来，江西电视台以科学发展观为指导，坚持高举旗帜不动摇，坚持把握正确舆论导向不动摇，坚持服务大局不动摇，唱响了科学发展、加快发展的主旋律和最强音。推出了《中国红歌会》等一系列品牌节目，创作了《地下地上》等一批优秀电视剧，取得了良好的社会效益和经济效益，为宣传江西、繁荣发展社会主义文化、推动我省改革开放和现代化建设作出了重要贡献。省委常委、省委宣传部部长刘上洋出席庆典大会并讲话。中央电视台、北京电视台等兄弟台，凤凰卫视、台湾东森电视台等 30 余家单位、机构发来贺信、贺电。以《一路有你》为主题的台庆文艺晚会、图片展、专题片、纪念图书等系列活动隆重喜庆、热烈简朴，进一步增强了全体职工的自豪感和凝聚力。

2.综合管理水平进一步提升。全台各项管理工作进一步规范，各频道、部门沟通协调更顺畅，全台“一盘棋”的意识得到进一步加强。

在宣传管理上，认真贯彻落实上级相关宣传精神与要求，坚持把握正确的舆论导向，确保了全台宣传导向上没有出现任何偏差。同时，积极探索新的竞争形势下，加强宣传管理的有效途径。

在行政管理上，进一步完善财务制度，加强预算控制，使台里有限的资金得到最大效率的使用；加强治安综合治理工作，确保了全台的治安和消防安全；“江西电视台数字节目中心”征地选址已获南昌市政府批准。

在人事管理上，加强人才引进和培养工作。年底在北京公开招考录用了 43 名本科生、研究生；加强了员工培训，一方面，邀请业内专家学者到台里来给员工做讲座，另一方面，组织了中、高层管理人员赴欧洲媒体学习；对新竞争上岗的处级干部试行了干部考核目标责任制；一批优秀人才在 2010 年获全国奖项：张晓建同志获得国务院特殊津贴，李广成同志入选全国宣传文化系统“四个一批”专业技术人才，王志奇同志入选全国“百优”广播电视理论工作者。

在技术管理上，进一步完善了采购立项、招标、项目建设以及最后验收等各个环节的流程和制度，平均采购成本明显降低；圆满完成了全台日常栏目生产任务和各种大型节目的直播、录制工作；全年实现安全优质播出，总播出时 81338.7 小时，播控中心停播率为百小时 0.81 秒，远远低于国家广电总局规定的标准。

在覆盖推广上，从理顺覆盖目标、定位覆盖市场、完善传播渠道入手，使得江西卫视的覆盖结构更趋合理。2010 年江西卫视全国覆盖可接受人口突破 7.3 亿，比 2009 年增长近 5000 万。各地面频道在全省的覆盖也稳中有升。

党群工团、纪检各部门积极开展“创先争优”活动，并以此推动全台各项工作创先争优，举办了“红歌论坛”等一系列专题研讨活动，积极组织开展了职工工间操、趣味运动会、职工春节联欢会等一系列文娱活动，丰富了职工的文体生活，营造了良好的文化氛围。

四、产业经营稳步拓展

2010 年经营创收继续保持良好的增长态势。广告创收持续增长，产业经营取得新突破，电视剧生产市场化运作成效喜人。全年创收总额首次突破10亿元大关，其中，广告收入达8.73亿，产业经营首次突破亿元大关，达1.4亿。全年经营创收比2009年增长了25%，超额完成局、台下达的创收任务。

1.广告创收逆势上扬。2010年，电视广告市场竞争异常激烈。一方面，在节目规范管理等情况下，可利用的有效广告时间被压缩了34%；另一方面，广告客户对媒体选择的倾向性较以往有了重大改变，优质的广告资源越来越向强势省级卫视集中。面对这样的严峻形势，广告经营人员克服重重困难，紧紧围绕内容营销，落实开发品牌栏目广告，积极加强市场跑动和推介，加强各频道资源的整合，提升了整体广告销售力。通过一系列积极有效的策略，广告经营创收逆势上扬，频道创收增长大多都在15%以上。

2.产业经营稳步推进。电视发展总公司所属各公司在业务发展上呈现良好的运行和增长态势。风尚家庭购物有限公司成立一年来，整体运营良好，节目信号在省内整体覆盖的同时，还在全国5省1市实现覆盖，覆盖人口超1亿。中广传播江西有限公司于4月8日组建成立，目前覆盖我省人口超过800万。

为加快新媒体发展速度，我台注资1000万元，成立了江西电视网络传媒有限公司，负责江西电视台官方网站的运营以及新媒体产品的开发及经营等项目。6月30日官网新版正式上线，实现江西卫视所有自办节目视频当天上线。江西电视台官方网站被评为“2010年江西省优秀政府网站”。

电视剧制作有限公司拍摄的电视剧《兄弟英雄》运作良好，实现纯利370多万元。公司还独立完成了向建党九十周年献礼的电视剧《红色黎明》的剧本创作。江西电视台投拍的向建党90周年献礼的电视剧《党的女儿》已经制作完成。

传媒移动有限公司积极创新节目，努力开辟创收渠道，提前超额完成全年经营创收任务。

五、深化改革初见成效

2010年，江西电视台围绕打造全国一流电视媒体的战略目标，加快了内部机制改革的步伐。

1.完成电视剧制作中心转企改制。按照“创新体制、转换机制、面向市场、壮大实力”的要求，4月22日，江西电视剧制作有限公司正式挂牌成立。转企改制后的江西电视剧制作有限公司，面向市场，自主经营。

2.积极推进江西卫视频道制改革。从7月1日开始，江西卫视实行频道制运营，至此，江西电视台所属频道全面实行频道制运营。

3.健全理顺新闻中心的内部机构，成立联播部、通联部，联播部内部设立编辑组、时政报道组、经济新闻组、社会新闻组、地市新闻组，并通过竞聘产生部主任和科组长。

江西省广播电视宣传管理工作概况

2010年，省广电局认真贯彻落实中宣部、国家广电总局、省委省政府的宣传部署和要求，狠抓宣传管理，完善宣传管理制度，严格宣传纪律，坚持宣传的正确导向，局《收听收看简报》连续第三次被国家广电总局评为全国十佳收听收看刊物，电视剧审查工作和境外引进剧播出管理工作规范、有序，分别受到国家广电总局的肯定和表扬。

一、切实抓好提高新闻节目质量、打造优秀品牌栏目工作

按照刘上洋部长在年初全省广播影视工作会议上重要讲话精神，省广电局、台各部门充分认识“五个差距”、“六个新”要求、“六个进一步”指示的重要意义，认真对照检查，深刻反思不足，进一步解放思想，更新观念，开阔思路，创新机制，力争在“提高新闻节目质量上有大突破，在打造优秀品牌栏目上有大突破”。省广电局召开局属各宣传单位及频率频道主要负责人座谈会，认真学习、贯彻落实省委领导在全省广播影视工作会上的重要讲话精神，分两个半天分别就提高新闻节目质量、打造优秀品牌栏目进行了头脑风暴式的座谈，找差距，谈想法，拿办法，有力地推动了全局各单位提高宣传水平，打造优秀品牌工作。省广电局还于3月中旬组织了专题调研组赴北京、河北、河南三省市广电局、台开展学习调研活动，学习三省市广电局在提升广播影视宣传水平，发展广播影视事业、产业，积极探索推进广播影视改革和发展的新路子等方面的成功经验，形成了调研报告。省委书记苏荣和省委常委、省委宣传部部长刘上洋亲自批示，充分肯定了调研成果。

二、坚持正确的舆论导向，做好重大主题宣传、战役性宣传的策划、组织、协调工作

省广电局坚持宣传管理工作例会制度，宣传管理工作例会已成为加强宣传管理、部署工作任务、交流工作经验的平台。特别针对今年的全国全省“两会”、鄱阳湖生态经济区建设、抗洪抢险、创业服务年、中博会、省运会、鄱阳湖国际生态文化节、十七届五中全会等重大主题宣传、战役性宣传，省广电局在宣传管理工作例会上重点研究，及早部署，确保了一系列重大主题宣传、战役性宣传导向正确、亮点纷呈，尤其是唱凯大堤决口前后的抗洪抢险宣传，及时、全面，引导有力，为全省抗洪抢险、重建家园提供了强坚强的舆论支持，形成了良好的舆论氛围。

三、完善宣传管理机制，实现宣传管理的全覆盖

1.建立了宣传通气会制度。省广电局在坚持宣传管理工作例会、三级审稿、收听收看等宣传管理工作制度的同时，建立了宣传通气会制度，及时传达上级有关宣传工作的指示，布置宣传工作任务，通报宣传管理工作情况。宣传通气会制度突出了时效性，是对宣传管理例会制度的补充和配合。另外，针对一些突发事件、敏感问题的宣传，局宣传管理处及时召开宣传通气会，严格了相关报道要求，确保了正确导向。

2.建立了宣传管理应急机制。为适应宣传管理工作的新形势、新情况，确保在重大宣传活动期间、节假日和夜间，上级的宣传要求、宣传报道指令能够及时传达到位和贯彻落实，省广电局建立了宣传管理应急通讯机制。该机制要求，局宣传管理处处长、副处长的手机24小时开机；各有关单位宣传管理工作负责人手机要24小时开机，如遇特殊情况，必须指定一位负责人替代。

3.消除宣传管理工作的死角、盲点。针对某播出机构在全国哀悼日期间违规播放节目的情况，局宣传管理处约请该单位负责人谈话，传达了黄晔明局长关于宣传工作无小事、宣传管理不能有死角和盲点的指示要求，要求其对所属机构开办节目栏目及管理制度办法等情况进行摸排，加强宣传管理。该单位对所属分公司开办节目栏目等情况进行了调查统计，制定了明确的管理办法，消除了宣传管理的死角、盲点。

四、严格宣传监管，严肃宣传纪律

1.按照国家广电总局通报要求，查处了某市电视台在全国哀悼日期间的违规播出。4月20日，广电总局发出《关于做好全国哀悼日报道的紧急通知》，省电台、省电视台各频率频道以及各设区市、县级广播电视播出机构均按广电总局要求调整了节目安排，播出指定节目。4月21日，广电总局《收听收看日报》以及宣传管理司通报我省某电视互动点播频道未执行总局规定，仍在全国哀悼日播出违规节目。省广电局立即责成该市广电局、台停播违规节目，转播中央台或省台节目，并认真调查，严肃处理，向广电总局和省广电局作出深刻检讨。

2.查处了某市电视台公共频道黄金时段播出境外影视剧的违规行为。针对某电视频道多次在晚间黄金时段播出境外影视剧的现象，省广电局于6月对该频道进行了全省通报批评，严肃了宣传纪律，规范了电视剧播出秩序。由于措施有力，监管到位，电视剧播出管理成效显著，国家广电总局监看通报的江西省境外影视剧播出违规情况大为减少。在全国境外影视剧引进和播出管理工作会上，江西省广电局的管理工作受到好评。

3.加强证券节目管理，与省证监局建立监管协作机制。为加强证券节目管理，贯彻落实国家广电总局《关于切实加强广播电视证券节目管理的通知》精神，省广电局于8月23日与中国证监会江西监管局召开了加强广播电视证券节目监管工作协调会，专题研究证券节目监管工作，建立了监管协作机制。

五、加强广播电视节目收听收看工作

收听收看工作是加强宣传管理的一个重要抓手。2010年，省广电局收听收看小组继续开展对省电台、省电视台各套节目和南昌电台、电视台各套节目的收听收看工作。收听收看小组工作运行正常。局宣传管理处对收听收看意见进行汇总、选编，核实情况，每周印发《收听收看简报》1～2期；对收听收看中发现的重要情况，及时提醒有关部门进行纠正。收听收看中，重点关注了各节目的导向问题、格调低俗的问题、主持人评点中的把握失当问题等。对《收听收看简报》提到的问题，各相关单位认真核实，查找原因，追究责任，落实整改，事后形成书面材料报局宣传管理处。《收听收看简报》指出了宣传中存在的问题，针对性强，时效性强，成为我省广播电视节目确保导向、提高质量、抵制低俗的长鸣警钟。全年共编发《收听收看简报》57期。12月，《收听收看简报》连续第三次被国家广电总局评为全国十佳收听收看刊物。

江西省电影管理工作概况

2010年，全省广电部门积极履行电影行业管理职责，扎实开展电影公益放映活动，大力推进数字影院建设和改造，着力促进电影创作生产，科学规范电影市场秩序，努力做大电影产业，取得新的进展和成效。

一、农村电影放映工程超额完成任务，并实现全省农村电影放映数字化

今年江西省雨水天气较多，给农村电影

放映带来很大困难，各级广电部门和农村院线公司结合国庆、中秋等节庆活动和乡村墟集期间人气较旺的情况，精心制订和实施农村电影放映计划，切实保障农村电影放映工程任务全面完成。同时，农村院线公司运用市场机制筹集资金，购置400多套数字电影放映设备配发放给设备不足的农村电影放映单位，使全省农村数字电影放映机达到1360套，平均每13个行政村一台数字放映设备，超过国家配置的每23个行政村一套数字放映设备的标准，自7月始，全省农村电影放映工程全面实行数字化放映，不再放映16mm胶片电影。除农村电影公益放映外，院线还在全省各市县130个城镇文化广场开展了公益性电影放映活动。全年公益放映电影27万余场，任务完成率达到105.8%，观映人次超过6200多万。

二、电影公益放映的受益面和社会影响不断扩大

积极组织中影集团“电影惠民江西老区行”、“安全用药 关注农村”全国农村电影放映公益宣传活动首映式、“全国农村数字电影放映工程•家电汽摩下乡公益宣传”等活动，争取各界对公益电影放映活动的支持和赞助，让农村群众基本与城市居民同步观赏更多最新的优秀影片，中央和省级媒体都对这些活动进行了新闻报道，有的还在央视一套的《新闻联播》中播出，较好地扩大了电影公益服务的受益面和社会影响。

三、积极推进新型数字影院建设，电影产业总量增长

积极落实国家鼓励城市数字影院发展的支持政策，推动南昌万达影城等影院纷纷实施数字改造，服务档次、声光效果得到全面提升。九江市红旗电影院、萍乡市电影院、抚州市影都电影院等完成数字改造后，票房收入成倍增长。于都县数字影院今年元旦开业，不久赶上放映《阿凡达》，周边县及赣州市的群众驱车百里观看，《人民日报》分别于2月19日、26日专题报道这一文化现象。新建的南昌华影国际影城全部为数字放映厅，并全部采用金属银幕和全自动放映系统，7月下旬开业时正值《唐山大地震》上映，10天票房过百万，8月份票房即排名全国影院第82位。

全年全省运营的城市影院22家，银幕71块，3D放映厅26个，其中新增影院7家、银幕19块、3D放映厅14个，全省城市影院票房收入1.088亿元，观众人次330多万。

四、积极推动电影的创作生产

电影创作生产更加活跃。实行电影制作审批管理制度改革，试行网上申报备案措施，密切与电影生产单位和剧作家的联系，大大推动了全省电影创作。全年经国家广电总局电影管理局批准、由江西省单位组织拍摄或参与拍摄的电影有13部，完成拍摄并获得公映许可证的有8部。同时，《庐山恋2010》等电影在江西选景拍摄，《孤岛秘密战》、《全城热恋》、《举起手来 2》等新片在江西举办首映。

五、积极规范管理，电影市场秩序依法规范

加强广电部门电影管理干部培训，明确职责任务，掌握政策法规，了解工作程序，切实按照电影行业特点和产业发展规律开展管理工作。进一步健全相关规章制度，规范各项审批，完善监管措施，组建新的国家电影事业发展专项资金江西省管委会及办公室，设立新帐户，刻制新印章，加强对在我省运营的电影院线及影院的监管和服务，利用QQ群、手机短信等方式，及时提醒、适时通报，督促我省城市影院按时足额上缴专项资金。坚持推进国有电影企业改革改制，积极支持民营企业参与电影的摄制和影院的经营。加大执法力度，上饶、赣州等地广电部门对侵权播放电影《阿凡达》、《唐山大地震》等违法活动进行了制止。

六、积极争取国家对江西电影发展项目和资金的支持

争取国家资助江西电影制厂有限责任公司发展资金1000万元，资助江西省农村电影放映工程资金从1009万元增至2026万元，资助江西省部分县（市）农村电影流动放映车53个辆，资助江西省部分市、县新建和改造影院资金500多万元。

江西省电视剧管理工作概况

2010年，省广电局遵照国家广电总局的相关文件规定，进一步加强了对电视剧（含动画片）的备案公示管理、审查发行管理、播出调控管理的工作；充分利用科技手段改变传统的行政管理，借助政府信息公开平台和电视剧电子政务平台，开展行政审批工作。

一、加强电视剧（含动画片）的备案公示管理

2010年，省广电局受理全省影视制作机构上报备案公示的电视剧共计7部145集，经国家广电总局批准公示的7部145集；受理备案公示的电视动画片3部2104分钟，经国家广电总局批准公示的3部2104分钟；题材涉及近代革命、现代农村、当代都市、当代青少、教育、科幻等，体现主旋律、多样化的要求。

二、加强电视剧（含动画片）审查和发行管理

2010年，省广电局审查本省影视制作机构拍摄完成的电视剧共7部72集，其中包括江西电视台电视剧制作中心的32集古代神话题材电视剧《女娲传说之灵珠》、江西金阳影视制作中心有限公司的25集近代革命题材电视剧《将军日记》等；颁发《国产电视剧发行许可证》5个；审查引进境外电视剧1部20集、境外电影10部和其他境外电视节目104期，审查重播境外电视剧3部102集。在审查工作中，坚持牢牢把握电视剧的政治导向、思想导向和价值导向，在内容格调上，强调健康、积极、昂扬、向上。由于坚持原则，坚持标准，严格把关，经省广电局审查的电视剧在发行和播出过程中，没有出现导向偏差和“三俗”方面的问题。

三、加强电视剧播出管理

在电视剧的播出管理工作中，省广电局严格按照国家广电总局关于境内外电视剧管理规定的有关要求，加强对电视剧播出的监管、检查、调控。

1.对江西卫视每月黄金时段安排播出的国产电视剧剧目进行提前审核，将审核情况上报国家广电总局，确保电视剧播出规范有序。

2.对境外引进剧的播出情况进行监控，重点监控境外引进剧的播出时段、播出比例等情况是否符合国家广电总局的有关规定，发现违规行为，即要求相关单位及时调整和整改。2010年5月，省广电局对一家电视台违规播放境外影视剧的行为进行了通报批评。

3.在省局宣传管理工作例会上，强调广

电总局的有关规定，通报电视剧播出的违规情况，提出加强电视剧播出管理的针对性要求，起到了很好的提醒、警示和防患于未然的作用。通过加强管理和电视播出机构的自律，2010 年全省国产电视剧、境外引进剧的播出规范有序，没有出现重大违规问题。

江西省广播电视社会管理概况

2010 年，根据国家广电总局的统一部署及省局的总体安排，全省广播电视行业管理工作以开展“创业服务年”活动为契机，围绕“抓管理、促发展、促改革、保安全”的方针和原则，认真履行管理职责，着力落实完成各项工作任务，为确保全省广播影视事业的健康有序发展做出了有益贡献。

一、提升行政许可审核审批水平

2010 年，经省广电局审核，共向广电总局报送播出机构、传送机构及信息网络传播视听节目行政许可审批项目 22 件。其中，九江市增设交通音乐广播、安义县和大余县增加无线传输方式、省广电网络公司变更法人、地址及新余市电视台开展互联网视听节目服务业务等 9 件已获国家广电总局批复同意。2010 年，新增加广播电视节目制作经营机构 5 家，全省的广播电视节目制作经营机构达到 37 家；办理电视剧制作许可证（乙种）3 个；办理接收卫星传送的境外电视节目行政许可审批项目 9 个。另外，全省 45000 个“村村通”用户接收卫星传送的境内电视节目行政许可审批项目也正在办理过程中。

在行政许可审核审批项目中，强化了服务意识和规范意识。一是从服务入手，把对百姓的创业服务体现在具体的行政许可审核审批工作中。二是规范了行政许可审批流程，对涉及行业管理的 12 项行政许可审核审批项目，一一上网公布了有关许可依据、受理条件、申请材料、许可程序、审批步骤及有关申请表格等各项内容。

二、规范播出机构管理秩序

1.认真组织播出机构许可证及频道许可证换发工作。2010 年是播出机构许可证与频道许可证到期置换的一年。根据 2009 年下半年播出机构设置的检查情况，并以《广播电视管理条例》、《广播电台电视台审批管理办法》和《广播电视播出机构违规处理办法》（试行）等有关法规为依据，省局于 5 至 6 月，组织各地对辖区内播出机构的设立主体、台名、呼号、台标，自办频道频率的名称、呼号、标识、节目套数、节目设置范围、传输方式、覆盖范围、技术参数，及是否存在非法出租、转让或与系统外机构合资、合作经营和是否存在未经批准与其它播出机构合办广播电视频道频率等违规情况进行自查，并在各地自查的基础上进行了核查。经总局批复确认，全省共设置播出机构 103 家，广播频率 27 个，电视频道 37 个。

2.认真加强对播出机构的监管工作。2010 年 1 月至 2 月，根据总局广发[2010]3 号文件，省局组织各播出机构认真开展自查自纠，强调播出机构必须牢牢掌握节目内容的策划权、编辑权、审查权、播出权，严禁非公有资本、外资及境外背景资本以任何方式投资或合作经营广播电视频率频道，也不得通过经营活动变相进入广播电视频率频道及宣传编辑业务。

三、遏制广告播放违规行为

1.认真加强对广播电视广告的日常监管工作。2010年1月1日，《广播电视广告播出管理办法》正式实施。省局在一季度组织开展了重点监看周、监看月、监看季的监看活动。4月，接受总局组织的全国广告交叉检查组的检查，并在总局6月份召开的总结会上得到肯定。

2.认真做好广告播放投诉件的处理工作。近年来，省局受理的广告投诉件呈增多趋势。对每一件广告投诉，省局都要求有结果、有反馈。2010年，省局受理广告投诉件216件次，向有关播出机构、传输机构及行政管理部门下发广告整改通知书216件次。同时进行诫勉谈话5次，全省通报批评1次，暂停电台两个频率商业广告播出7天。

3.认真做好广告播放管理培训工作。9月中旬，省局举办了全省广告播放管理培训班，邀请了总局节目处、省工商局、省药监局有关处室领导及财大教授等业内权威人士进行授课，全省各级播出机构广告负责人及行政管理部门负责人共80余人参加了培训。

四、净化互联网站视听节目内容

1.认真做好对互联网视听节目服务网站的内容监管工作。全省目前经批准持有《信息网络传播视听节目许可证》的单位共10家。加强上海世博会、广州亚运会等特殊敏感时期视听节目内容的监管，确保网络信息安全。

2.切实加强对网上淫秽低俗及不良有害信息的打击力度。省广电局稽查总队重点对非法链接境外视听节目、非法盗播《阿凡达》等影视节目的违法行为进行了查处，并依法对6家违法网站作出了行政处罚。同时，加强省局与省通信管理局的联系，建立了联动机制。

五、巩固卫星管理工作成果

1.认真做好境内卫星电视节目管理工作。一是根据总局出台的《卫星电视广播地面接收设施安装服务暂行办法》，厘清了组建全省卫星地面接收设施安装服务体系的工作思路，并初步进行了前期准备。二是对今年4万余户“村村通”用户，在全省范围内做了登记造册工作，并将免费发放《江西省接收卫星传送的境内电视节目许可证（乙种）》。三是开展集中整治行动。据统计，全省共出动整治人员8000余人次，出动整治行动车辆2000余辆次，查处非法销售窝点460余个，并收缴和拆除非法卫星设施9500余套。

2.加大对非法接收境外卫星电视节目的打击力度。根据总局广发[2010]20号文件，要求各地对辖区内境外卫星电视节目落地情况进行一次全面清查，严禁在车站、码头、机场、商店、影视厅、歌舞厅等公共场所传播境外卫星电视节目，严禁通过有线网络违规传播境外节目。经清理，全省关闭了10余家单位违规接收的阳光卫视节目。同时，对经审查可接收境外卫星电视节目的单位，要求必须购置国家境外电视监管平台专用设备，接收监管平台提供的统一信号，确保境外电视的有序传播。

六、推进加扰电视的进一步发展

1.认真做好签约与收费管理工作。面对加扰用户数增长的压力以及网络数字整转与新媒体、直播卫星等直接或潜在的压力，省局继续坚守“公开、公平、公正”的原则，与全省各代理单位齐心协力，克服困难，于元月份顺利完成了签约任务，并在12月中旬，完成了全年收视费的收缴工作，圆满完成了省局交办的任务。

2.认真做好信号管理与设备维护工作。继2008、2009连续两年荣获中央卫传中心授予的“信号管理先进单位”之后，2010年全省继续加大力度，治理超范围传输和盗播信号、私自转让转卖解码器、非法购置解码器等违规行为。赣州瑞金等地两起转让转卖解码器事件均被查明并纠正，确保了加扰信号传输的安全性。2010年置换智能卡3套，在省内维修点维修设备11台，保证了用户设备的正常使用。

七、加强与企业播出机构的进一步沟通

1.认真做好企业播出机构优秀作品评选工作，召开了全省企业广播电视播出机构2009年度优秀作品评选会。

2.认真做好企业播出机构的决策参谋。7月初，召集全省十余家大型企业广播电视播出机构负责人与技术人员，就三网融合的政策走向、实施方案以及广电网络整合、数字平移等广受关注、急待解决的问题，举办了企业广电网络数字化培训班，邀请资深的广电网络负责人、技术专家和管理人员进行授课，帮助与会代表了解三网融合的大政方针及全省广电网络的目前状况、发展趋势和数字平移的技术方案，对企业领导层做出相关决策起到了很好的参考作用。

江西省广播电视事业建设概况

2010年，全省广播电视科技工作以邓小平理论和“三个代表”重要思想为指导，深入贯彻落实科学发展观，按照高举旗帜、围绕大局、服务人民、改革创新的总要求，以确保安全播出、强化公共服务为重点，在加强和改进管理、提高传输覆盖和安全播出水平、服务重大项目、加强队伍建设等方面取得明显成效。

一、安全播出保障能力全面提高

2010年是广播影视繁荣发展的一年，也是安全播出工作经受考验的一年。

1.高度重视，出色完成全年工作任务。全年的安全播出工作任务繁重，保障时段多，时间跨度大。全省广电系统扎实工作，密切配合，出色完成了元旦、春节、“两会”、上海世博会、“五一”、世界杯、国庆、广州亚运会、广州残运会等重要保障期和全年的安全播出工作。全年广播播控中心播出时间224436.2小时，电视播控中心播出时间350745.7小时，卫星地球站播出8758小时，省网络公司前端播出1769520小时，设区市有线电视前端播出4083620小时，中波发射台播出181883.2小时，调频电视发射台播出1161720.98小时。截至2010年底，广播电视人口综合覆盖率分别达到96.78%和97.96%。

2.积极应对，成功处置突发事件。据不完全统计，全年省、市两级播出单位共组织应急演练65次，有效增强了应急意识，完善了应急预案，磨合了应急机制，应急处置能力明显提高，出色应对了洪涝自然灾害和各类突发事件。2010年6月入汛以后，全省大部分地区普降暴雨，局部地区特大暴雨，强度之大、时间之长、区域之广均为历史罕见，部分地区广播电视设施受灾情况较为严重，对广播电视播出造成严重影响。灾情发生后，省局紧急部署，全面启动抗灾救灾工作，迅速建立灾情上报渠道，及时了解、汇总、统计灾情及播出恢复情况。抚州、鹰潭、吉安、萍乡等受灾地区的各级广电部门及时启动应急预案，认真履行岗位职责，不畏艰险、不辞辛苦，全面完成了抗灾救灾期间广播电视安全播出的应急调度、处置和恢复工作，为最大限度地减少灾害对广播电视安全播出的影响做出了贡献，应急处置能力进一步提高。12月8日，江西人民广播电台信息交通广播成功阻止一起不法分子企图通过热线直播节目散布反动言论的非法插播破坏事件，受到国家广电总局通报表扬。

3.严格管理，提升安全播出日常运行管理能力。深入贯彻落实《广播电视安全播出管理规定》，通过明确目标任务，强化责任落实，健全规章制度，严格考核评比，加强检查督导，严肃事故追究，安全播出逐步由结果管理向过程管理过渡，安全播出工作在科学化、规范化管理方面取得明显进步。精心组织开展了安全播出主题实践活动，坚持每月例会制度，开展了无线广播电视发射台技术管理工作情况调查、广播电视发射塔安全大检查等多次安全播出检查，出台了广播电视发射台临时停机管理规定。全省各级广电系统层层签订责任状，江西电视台还结合安全播出工作特点，首次与各频道总监、制作部、总编室、新闻中心等部门签订了安全播出责任状；省网络公司实现了全年零秒停播；省地球站完成了配电柜更新改造，地球站第三套上行系统建设项目前期论证和招标工作结束；局监测中心开通“预警信息发布系统网上维护专区”，全年上报各类监测报告 120 余次；江西七〇二台坚持做好设备的日常维护工作，成功实践了多套天馈系统、发射机的备份方案；省动力保障中心启动了省广电中心电力改造项目。

二、公共服务水平迈上新台阶

全省各级广电部门认真贯彻落实科学发展观，以服务基层、服务大众为出发点，大力实施惠民工程，公益性广播电视事业取得较大进步，公共服务均等化水平明显提高。

1.“村村通”工程向“户户通”迈进。2010年完成“村村通”建设任务数4476个，其中南昌完成任务9个，九江1121个，上饶485个，抚州1299个，吉安641个，赣州877个，萍乡44个，受益人口60余万。通过直播卫星技术，使“村村通”工程向“户户通”迈进。

2.无线覆盖工程建设普惠于民。组织完成了“2008年度江西农村中央广播电视节目无线覆盖工程”大余调频电视转播台、兴国羊山电视发射台、德兴市广播电视台、南城县广播电视台、崇仁县电视发射台、永丰县广播电视台、上饶八二一台和九江八O三台共8个台站建设任务的验收工作。自2005年无线覆盖工程实施以来，江西省农村中央广播电视节目无线覆盖工程共完成 59 座调频电视台、7 座中波台的发射设备和天馈、配电、防雷等配套设施改造，配置 112 部电视发射机、34部调频发射机、7部中波发射机，总功率875.7千瓦，总投入9860万元，全省85%的农村群众可通过无线方式免费收听收看到中央电视台第一套、第七套电视节目，中央人民广播电台第一套节目等多套广播电视节目。此外，帮助四川小金县建成广播电视中心，圆满完成了省委省政府交给的援建四川灾区任务。

三、内容传播能力大幅提升

全省广电系统主动顺应科技发展潮流，把加快广播影视数字化进程作为广播影视生存发展的必由之路，加大力度，加快进度，广播影视采编、制作、播出、传输、发射等各个环节数字化水平明显提高，内容传播能力取得突破性进展。

1.有线电视数字化进入关键阶段。省网络公司按照模拟变数字、单向变双向、标清变高清、用户看电视变用电视的总体要求，高起点、高标准地推进了有线电视数字化整体转换工作，已完成整体转换用户60万户。主要设备、机顶盒招标全部完成，运营管理系统、客服系统、播出平台建设和线路扩容基本完成。通过创新地采用多项新技术，实现了系统的充分优化，在支持多种格式单向广播节目传输的同时，也为节目互动、交互业务、视频点播、信息广播等提供了有力支撑，网络的业务承载力和竞争力得到大幅度提升。

2.无线数字电视完成技术准备。协助国家广播电影电视总局初步完成地面数字电视规划，全省11个设区市、10个县（市）基本开通了地面数字电视。2010年，新增数字发射机11部，发射功率5千瓦，每部发射机可播出一套高清和3套标清电视节目，频率资源的使用效率大幅提高。广大人民群众可通过无线方式免费收看到多套数字节目，享受科技进步带来的新成果。移动多媒体广播电视（CMMB）已覆盖全省11个设区市、12个县（市），建设单频网发射台站20座、小功率增补站点75个，初步建立了统一的运营体系并开始加密服务。

3.台内数字化改造效果显著。设区市以上电台、电视台制播系统数字化改造基本完成，依靠科技创新，实现了异地新闻多种手段的快速回传，大大提高了节目制播能力和效率。全年广播节目制作17.9万小时，电视节目制作6.7万小时。江西电视台高清数字电视转播车进一步完善，圆满完成广州亚运会、广州残奥会转播任务。赣州人民广播电台新增一台移动直播车，有效满足了宣传报道的需要。

4.农村电影流动放映工程迈向数字化。积极推进农村电影放映工程，在全国较早实现了农村电影放映由胶片向数字的转变。

四、科技管理和队伍建设进一步增强

以发展事业为目的，以大型项目为契机，各级广电部门加强科技管理和科技应用，加大广电技术队伍建设力度，为推动广播电视又好又快发展发挥了积极作用。

1.下大力气，狠抓广播电视运行秩序。为加大广播电视管理力度，加强无线覆盖秩序管理，全省广电系统进一步强化了全系统政治纪律教育和法律知识教育，广播电视运行秩序继续好转。2010年宣传贯彻《标准清晰度电视数字视频通道技术要求和测量方法》等7个标准，新增10个县（市）数字频道，完成婺源县广播电视发射台、抚州市广播电视台和抚州七〇八台技术参数审核，广播电视事业建设进一步规范有序。

2.积极配合，全力服务重大项目。积极推进江西省广电局“六个一”工程建设，服务首届鄱阳湖生态国际文化节。配合国家广电总局完成10个“三网融合”试点城市参展项目。“三网融合”项目的展出，使江西的百姓在家门口就能体验广电在数字化双向改造、交互式新媒体业务、有线电视宽带接入等领域的最新进展。

3.注重培训，开展大型主题实践活动。在全省广电系统开展了“强管理、提素质，创安全优质播出”主题实践活动。活动贯穿全年，具体有：广播电视技术基础知识学习、安全播出管理及业务知识答卷活动，举办科技管理培训班，举办技术知识讲座、科技创新奖评比、技术能手竞赛等。其中，全省有线电视系统、供配电系统技术知识讲座82人参加，科技管理培训班50余人参加，专程邀请总局领导来赣就《广播电视安全播出管理规定》（国家广电总局令第62号）和三网融合等内容进行了专题讲座。各设区市、各单位也根据各自实际开展了形式多样的知识讲座和培训。

4.创先争优，广播电视技术评奖成绩喜人。江西省广播电视网络传输有限公司运行维护部和江西七〇四电视台被国家广电总局评为全国广播电视技术维护先进（台站）集体。江西电视台播出部何向晖、江西七〇八台吴明祥和赣州市文广局雷军 3 位同志被评为全国广播电视技术维护先进个人。江西七〇八台吴明祥、新余电视台罗蕴军、南昌广播电视网络传输中心朱卓尔和江西广播电视网络传输有限公司新余市分公司肖瑶斌同志获 “全国广播电视技术能手”称号。永丰县广播电视台录制的《大棚辣椒套种果蔗栽培技术》获国家广电总局科普（影视类）科技创新奖。江西人民广播电台录制的《我为你歌唱》和江西电视台录制的《绝色婺源》等 10 部作品获国家广播电视节目技术质量奖，其中二等奖 5 部，三等奖 6 部。

江西省广播电影电视文化产业发展概况

2010 年，全省广播电影电视文化产业发展工作以邓小平理论和“三个代表”重要思想为指导，深入贯彻落实科学发展观，紧紧围绕“科学发展、进位赶超、绿色崛起”的目标，奋发进取，真抓实干，广播影视文化产业继续保持了良好的发展态势。

一、确立了新时期广播影视产业发展的奋斗目标

围绕国务院《文化产业振兴规划》和省委、省政府《关于深化文化体制改革加快文化事业和文化产业发展的决定》，认真贯彻落实刘上洋部长在全省广播影视工作会议上的重要讲话精神，以改革创新、加快发展为主题，召开不同形式的专题座谈会和研究会，在做大做强广播影视产业，壮大实力，促进可持续发展下功夫，确立了广电文化产业发展的奋斗目标，即到 2012 年，省广电局产业收入达到 30 亿元以上，到“十二五”期末，省广电局产业收入达到 100 亿元以上。

1.抓好重大项目建设，带动相关产业发展。坚持媒体品牌和形象建设，促进媒体广告创收持续平稳增长；大力发展影视内容产业，加强市场运作和营销；加快有线电视数字化整体转换和多功能业务开发，大力发展数字影视产业；重点推进江西国际影视文化城、江西数字影视节目中心等工程建设，建立影视文化创意产业基地，延伸产业链，带动旅游、餐饮、租赁等相关服务业发展；大力发展电影产业。

2.整合各类资源，大力发展广播影视相关产业。大力发展艺术培训业，盘活媒体、学校、企业的资源，着力打造广播影视演艺、主持和影视动漫制作等培训基地；大力发展电视购物产业，着力把江西电视台风尚购物频道打造成为能够满足用户购物、时尚、休闲、娱乐等多方面需求的服务平台；大力发展广电会展业，充分利用广电媒体影响和节目品牌资源等优势，着力培育一批主题突出、专业性强，并具有较强影响力的品牌会展活动。

二、深化改革，解放广播影视文化生产力

按照中央和省委、省政府关于深化文化体制改革的部署，积极稳妥地推进了广播影视系统文化体制改革和产业化推进工作，解放了广播影视文化生产力，进一步激发了广播影视文化创造力，取得了明显成效。

1.深化经营性单位转企改制，重塑市场主体。经营性单位转企改制是文化体制改革的中心环节。2010年，以重塑市场主体为目标，着力推进了广播影视经营性单位转企改制。江西电影制片厂正式办理了江西电影制片厂有限责任公司营业执照，转企改制取得突破性进展；江西电视台电视剧制作中心完成转企改制，成立江西电视剧制作有限公司，为改进管理手段、提高经营水平，充分发挥新的体制优势，增强市场竞争力和影响力打下了坚实基础。江西音像出版社转企改制积极推进，企业法人治理结构基本完成。

2.稳妥推进制播分离改革，提升生产力和竞争力。按照《关于认真做好广播电视制播分离改革的意见》，积极稳妥地推进了制播分离改革。省电台、电视台在确保编辑权、审稿权、播出权的前提下，引入市场机制，对娱乐、体育、科技等栏目节目试行制播分离，进一步提升了节目的生产力和竞争力。

3.逐步理顺网络经营管理体制，经营创收形势喜人。省广电网络公司加强对市县分公司的垂直管理，进一步推进了全省网络整合工作，公司管理水平和服务水平明显提升，经营创收形势喜人。2010年，全省广电网络完成创收7.11亿元，比上年增加0.77亿元。

三、大力推进广播影视产业经营发展

1.规范经营管理，确保广告创收平稳发展。2010年，受国际金融危机和相关政策调整的影响，广告竞争态势加剧，给省级媒体创收带来较大冲击。省台各频率频道积极调整发展思路，转变经营理念，更加注重广播电视节目内容建设，以经营理念创新和节目质量提升，带动广告的新增长。省电台成功实行了统一管理、分类经营、分别核算、探索统分结合的频率责任经营模式，并加大了广告代理的力度，确保了广告创收稳步增长。省电视台通过加强覆盖和广告招商力度，充分运用品牌栏目资源，促进了广告创收增长。

2.重大产业项目取得新进展。省广电局全省有线电视数字化整体转换工程、江西国际影视文化城、省电视台数字影视节目制作中心等三个全省文化创意产业重大项目建设取得了积极进展。全省有线电视数字化整体转换项目已建成节目平台省级数字前端系统，收费标准已经通过价格听证会并经省发改委批准，机顶盒招投标工作已经完成，同时完成了平移试点，于2010年底在全省全面展开。江西国际影视文化城项目完成了项目地块的拆迁安置；项目的环境评估已获批复；交通影响评估完成评审，等待批复；可研报告正进入核准程序；规划的技术参数已全部确定，项目方案已通过评审。目前正在进行规划报建和资金筹备工作。数字影视节目制作中心项目已完成初步论证工作，2010年11月9日，南昌市政府复函同意该项目选址青山湖区建设。

3.大力推动广播影视内容生产。已连办五届的中国红歌会继续唱响全国，2010年共有15万多人报名参加，为历年最大规模。《传奇故事》、《政风行风热线》等栏目被评为全国知名栏目。全省广电媒体开办的《经典传奇》、《都市新主播》、《一见钟情》、《惠农直播室》、《直播新余》、《游我做主》、《品萍乡》等栏目，受到群众欢迎。2010年，全省批准拍摄7部电视剧、2部电视动画片，完成了7部影片的拍摄。与此同时，全省民营影视制作企业发展较为迅速，据初步统计，2010年，全省共有民营影视制

作企业 30 余家，部分企业运行管理较为规范，在内容生产上取得了较好成果。

4.新媒体开发和相关产业发展势头良好。2010 年 4 月，江西中广传播有限公司成立，实现移动多媒体广播电视业务公司化运作，取得了较好的效益。5 月，省内唯一的手机电视运营、集成平台——江西手机电视正式开播，标志着江西新闻发展史又一个新媒体、新业态的诞生，进一步丰富了江西广电媒体形态。江西风尚购物电视频道扩大覆盖到全国 6 省 1 市，覆盖人口超过 1 亿，2010 年频道营业收入突破 1 亿元。江西电视台经济生活频道举办第二届中国中部汽车文化节，取得了圆满成功。

5.参加鄱阳湖国际生态文化节展览取得丰硕成果。圆满完成了鄱阳湖国际生态文化节广播影视招商招展、设计布展、宣传造势和现场组织等各项工作。省广电局广播影视展区以“新媒体、新业务、新视野、新生活”为主题，展出面积 1440 平方米，中外参展商 25 家，充分展示了全省广播影视事业和产业成果以及国际、国内知名文化企业在影视剧制作、三网融合、数字电影、影视动漫及新媒体等方面的最新成果，参观人数达 10 万多人次，给观众留下了深刻的印象，得到了省委、省政府领导的表扬和社会各界的好评。省广电局被评为鄱阳湖国际生态文化节优秀组织单位，广播影视展区被评为优秀展区。

6.积极配合完成上级部门产业调研和政策制定工作。2010 年 8 月至 10 月，配合做好了省政协在省广电局和局属单位进行的“大力发展我省文化产业”专题调研工作。同时，配合做好了国家广电总局、省委宣传部有关文化体制改革、促进产业发展的调研，并为省委、省政府制定出台有关文化产业发展的政策文件提供了参考。

四、广播影视产业经营取得新成果

1.内容产业发展取得新成效。全省共开办广播节目 103 套，播出时间 345482 小时，制作广播节目 179194 小时，播出电视时间 650997 小时，制作电视节目 67067 小时。积极探索创新电视剧的发行与投资模式，部分影视剧获得了社会效益和经济效益双丰收。

2.有线网络产业快速发展。全省有线广播电视传输网络干线总长 7.61 万千米，有线广播电视用户 439.47 万户。省广电网络公司加强业务开发，全年创收达到 7.11 亿元，同比增长 12.15%。

3.广告经营收入稳步增长。全省广电广告收入 13.25 亿元，较上年同期增长 1.87 亿元，同比增长 16.43 %；省本级广告收入 10.16亿元，较上年同期增长 1.64 亿元，同比增长 19.25%。

截至 2010 年底，全省广电系统资产总额达到 69.39 亿元，其中省本级为 48.28 亿元。全省广电系统全年创收 26.65 亿元，增长 18.7%，比“十五”期末翻了一番多；其中，省本级创收 19 亿元，同比增加 3.6 亿元，增长 23.38%，是“十五”期末的 2.54 倍。

江西省广播电视网络概况

2010 年，江西广电网络坚持以邓小平理论和“三个代表”重要思想为指导，深入贯彻落实科学发展观，以有线电视数字化整体转换为抓手，全面推进各项工作，在网络整合、经营管理等各个方面都取得了新进展、新突破。全年经营总收入达到7.11亿元，同比增长12.15%，新增用户44万多户，全公司有线电视总用户数达到359.94万户，超额完成了年初下达的经营收入任务。

一、各项业务继续保持增长

江西广电网络不断提高运营管理水平，进一步完善现代化企业制度，各项业务保持平稳增长的良好态势。有线电视业务稳中有升。1~12月基本业务收入6.12亿元，完成全年任务的105.67%，同比增长6.97%，增加4760万元。数字电视付费业务收入571万元。数据业务平稳发展，节目落地和传输业务收入大幅增加。数据业务全年累计完成收入1530万元，新发展个人用户约1万户。外省节目落地及传输业务收入3470.38万元，比去年有了大幅提高，增长接近一倍。

二、全面启动有线电视数字化整体转换

2010年是全省有线电视数字化的起步之年、启动之年，省广电网络公司把整转工作列为工作的重中之重来抓。2010年12月30日，省政府召开了全省有线电视数字化整体转换动员电视电话会议，孙刚副省长出席会议并做重要讲话，标志着全省有线电视数字化整体转换工作正式启动。此前，江西广电网络围绕数字电视整体转换目标，克服重重困难，努力赶进度、提速度，完成了有线数字电视集成播控平台、运营支撑系统、有条件接收管理系统、客服系统、数据广播系统的建设，并开始对干线传输线路进行扩容。2010年11月，在新余市进行了数字电视整体转换全技术系统的测试工作，随即在十个设区市开始试点，2011年起全面推进全省有线电视数字化整体转换。

三、全省有线电视网络整合取得大突破

在江西省广电局的大力推动下，江西广电网络完成了樟树市有线网络的整合，组建了樟树市分公司。其他未实质性加入省有线网运作的个别市县正在推进整合，并取得了新的进展。

四、全省有线电视服务体系进一步完善

2010年，江西广电网络围绕创业服务年活动，进一步强化服务意识，建立了新的客服系统，启用了全省统一客服电话96123，努力形成以用户为中心、各业务部门高度协同的“大服务”格局，使全省网络服务提高到一个新的水平，涌现了一批社会公认、群众好评、优质服务的先进典型。景德镇市分公司客服中心等荣获了全省“青年文明号”称号。

五、加强网络运行维护，确保安全播出

江西广电网络贯彻执行总局《广播电视安全播出管理规定》，严格落实机房各项管理制度和安全播出责任制，实施24小时值班电话和双人24小时值班制度，重要播出时期，主要领导靠前指挥亲自监督，分管领导及技术负责人一线带班，确保安全措施到位、人员到位，保障了全国两会、世博会开幕式、中博会、各节假日等重大的现场直播任务及全年的安全播出工作，被评为省广电局2010年度安全播出先进单位。

六、深入开展“创先争优”活动，推进党建工作

2010年，经江西省广电局党委批准，江西广电网络公司成立了党委，制定了公司党委议事规则，规范了公司党委议事和决策程序。省公司机关成立了3个支部，并筹建了党群工作部，对市县分公司党组织建设进行了规划和部署，进一步加强基层党组织建设。

七、认真抓好党风廉政建设

按照省局纪委要求，公司作为全局风险

岗位廉能管理试点单位，推行了风险岗位廉能管理。公司党委制定了《领导班子成员廉洁自律规定》，进一步加强了内部审计监察力量，不断健全和完善反腐倡廉、教育监督的长效机制。2010年9月，按照省局要求，公司集中开展了以文明行政、文明采访、文明服务、文明经营为主要内容的“四个文明”学习教育活动，大力弘扬职业道德，推进行风建设，形成了“正党风、抓作风、树正气、促发展”的良好氛围。

今视网概况

2010年，今视网紧紧围绕全省工作大局，坚持正确的舆论导向，坚定正确的政治立场，践行“政治家办网”的发展方针，在各个领域着力提高今视网的影响力、知名度、美誉度，不断提升舆论引导能力，使今视网的网络宣传特色更加鲜明，社会影响力更加广泛。

一、新闻宣传工作亮点频出

1.上海世博会报道重点突出，特色鲜明。上海世博会是 2010 年度的一项重要主题宣传活动，为了做好宣传报道，今视网提出“全面报道(世博)、重点关注(中国)、突出特色(江西)”的宣传报道指导思想，特派精干力量赴上海进行采访报道。在短短一个星期的时间里，今视网记者共发回图文报道12篇、视频报道15个、高清图集3个，并对开幕晚会、焰火表演进行了网络直播。世博会期间，今视网制作了《2010上海世博会》和《世博寻宝记》两个专题，共刊发各类世博新闻(包括文字、图片、视频、帖文)67800 篇；另外，今视手机报刊发了多期《世博特刊》，并开设了世博报道专栏；今视手机电视提供了世博新闻、精彩视频的直播和点播，这些新媒体宣传都达到了预期的宣传效果，成为今视网世博宣传的亮点之一。

2.中国鄱阳湖国际生态文化节报道浓墨重彩，互动反响强烈。今视网对中国鄱阳湖国际生态文化节进行了不遗余力、特色鲜明的宣传，策划组织了“今视网友观光团”活动，在文化节期间向社会发放各类门票6000余张，招募今视网友、今视手机报读者、今视手机电视观众组建“今视网友观光团”参与此项活动，他们用自己手中的相机镜头拍下了生态文化节的盛况，并通过今视网、今视社区向更广大的网友全体进行展示，扩大了文化节的影响力，收到了很好的宣传效果。

3.第五届中国中部投资贸易博览会宣传影响广泛，形式新颖。今视网策划了“网视中博·见证精彩——中部六省视听网络媒体联合报道”活动，邀请红网、荆楚网、大河网、安徽网络电视台、山西视听网五家网站对中博会焰火文艺晚会、开幕式及重点活动进行同步直播，数百万网友在线观看，很好地宣传了中博会，宣传了江西。

4.“十一五成就·十二五展望”报道丰富及时，以小见大。今视网充分利用论坛、手机报的互动功能，结合新闻报道，开展征文、建言等多项活动，将广大网友的关注度引导到“十二五规划”上来，引导到和谐社会的构建上来，以小见大，以点带面，充分、丰富、及时地报道了各项成就与发展远景，在网上营造了积极的舆论氛围。

5.“6.21 抗洪抢险”宣传报道充分及时，特别策划引人深思。今年6月21日，抚州市唱凯堤发生决口，十万群众的生命财产安全受到严重威胁。今视网第一时间奔赴抗洪抢险第一线，第一时间在互联网上发出《唱凯堤决口，省委书记苏荣奔赴现场指挥抢险》的新闻，有效地稳定了网络舆情，鼓舞了全省人民与洪魔抗争到底的坚强信心。6月22日，今视网记者在抗洪抢险现场独家对省委书记苏荣和省委常委、省军区政委朱争平进行了采访，发回了多篇图文视频并茂的报道，极大地鼓舞了全省人民众志成城、抢险救灾的士气。在“6.21 抗洪抢险”期间，今视网共刊发“6.21 抗洪救灾”原创新闻226条，视频新闻352条，制作新闻专题1个，制作手机报特刊1期，论坛网友近万人次参与抗洪救灾发帖转帖活动。

6.“赣鄱大地英雄群起”宣传报道情深意切，感天动地。今年，在赣鄱大地上涌现出了一批优秀的英模群体，今视网在江西英模的宣传报道上及时、深入，图、文、视频并茂，在网络上营造出了向英模致敬、向英模学习的舆论氛围，在社会上产生了积极的影响。

二、网站活动策划亮点频出，反响强烈

今视网一年以来致力于提升网络的互动能力，全年社区新增活跃用户近两万人，全年策划各类互动活动数十个。在做好互动活动的同时，今视网积极提升线下活动的数量和质量，既有与新闻宣传报道密切相关的活动，例如配合中国鄱阳湖国际生态文化节宣传报道的“今视网友观光团”，又有网站自主策划的活动，例如“江西新农村一日游”活动等。特别是“江西首届网络电视主持人大赛”。活动自10月份启动以来，先后有来自全国各地高校的近千人报名参加，超过500余名选手现场参与了这项活动，今视网对大赛赛事网络视频直播累计时长46小时，发布各类视频308个，原创稿件67篇，被腾讯网、新浪网、中广网、中国网、国际在线、中国日报网、金鹰网、凤凰网等40余家主流网络媒体以及中国网络电视台、优酷网、第一视频等视频门户网站刊发、转载相关报道150余篇（次）、相关视频200多条。今视网视频直播期间，累计超过20万人在线观看比赛直播，视频点击近百万。在今视网开通的选手人气平台上，近20万网友踊跃投票。

三、积极发展手机媒体产业，为网站实现跨越式发展打下坚实基础

1.“今视手机报”本地化特色鲜明，内容更加贴近，订阅数稳中有升。今年以来，“今视手机报”秉承民生、娱乐、休闲的编辑方针，准确透析时事热点，实施内容杂志化，先后制作了江西“两会”、上海世博会江西周、江西“6.21”抗洪救灾、第五届中部贸易投资博览会等本地热点新闻事件的手机报特刊，以图文专刊的形式更加全面深入地进行报道。通过与省委农工部的合作，今视网还推出了“江西农村手机报”，并在全省范围内实现3万户的订阅数。同时，和家庭医生报社合作的家庭医生手机报也已上线运行，2011年将正式进入商业推广体验活动。

2.建成江西省唯一的手机电视集成运营平台，抢占手机视频阵地。“江西手机电视”于2010年5月25日正式开通运营，目前已制作了红歌会、世界杯等专题和免费专区、移动专区；在江西“两会”、江西抗洪救灾、世博江西活动周等本地热点事件的报道中，“江西手机电视”率先向全省广大手机用户群发视频信息，在获得一定经济效益的同时，树立了“江西手机电视”及时、权威的品牌形象。同时，加强了与各大运营商在手机视频方面各项目上的合作。与江西移动合作开

展了“视信”（即视频短信）合作，目前技术平台和前期业务测试已经接近尾声。与此同时，与江西联通的合作也在进一步深入和拓展，目前已经可以通过联通“沃·3G”网页实现江西卫视手机直播；另外，与江西联通合作的“无线江西”项目已经完成了前期的平台建设、内容测试等工作，有望于2011年正式商用。

3.媒体活动效果显著，广告经营进一步优化。2010年，今视网先后开展十多项媒体互动活动，取得了良好的经济效益和社会反响，并进一步提升了网站在社会各界的影响力。同时，网站对汽车、房产等行业频道实行了广告代理机制，实现了行业广告的稳定进账。

南昌市广播影视概况

2010年，南昌市共有广播电视台7座，节目17套，其中广播节目9套，电视节目8套，全年自制节目33787小时，总播出时间44426小时；全市有线广播电视传输干线网络总长5050公里，广播人口覆盖率97%，电视人口覆盖率98%，有线电视用户57万余户，其中数字电视用户40万余户；全市广播电视从业人员1600人。

一、着眼一流，突出抓好新闻主题宣传，助推南昌大发展

南昌市广播电影电视局牢牢把握正确舆论导向，新闻宣传工作以积极、健康、向上的主流舆论声势，为南昌市经济社会发展提供了强大的舆论支持。具体体现在:

1.打响十大宣传战役，重大宣传氛围浓厚、声势强劲。南昌电视台、南昌人民广播电台、广电周报、南昌新闻网站打响十大宣传战役，有力地策应了市委市政府的中心工作。十大宣传战役分别是：“鄱阳湖经济区建设 山江湖综合开发战略”宣传战役——策应国家战略；盘点精彩南昌——《回眸“十一五” 精彩新南昌》宣传战役；抗洪防汛宣传战役——指导科学抗洪；《改造提升老城区 繁荣发展新城区》宣传战役——创造“四赢”效应；《庆七一 看成就 比贡献》宣传战役——全景式展示南昌“十一五”成就；学习型党组织宣传战役——掀起浓浓书香；“喜迎七城会”宣传战役——为“七城会”热身；“中博会”宣传战役——中外嘉宾内外叫好；市委九届十一次全会宣传战役——创新报道；“创先争优”报道——唱响全国，这些主题新闻报道多次受到市委主要领导的肯定和表扬。2010年，局属各媒体紧扣城市发展、关注社会热点，组织大型主题报道活动。南昌电台、电视台组织开展大型专题策划25个。南昌新闻网，共刊发新闻稿件近12万条，设计制作大型新闻专题20个。局属各媒体还策划推出了《文化，让城市更美好》等系列报道，触角涉及城市发展和百姓生活的各个层面，时效性强，影响广泛。南昌新闻网还增设了“悦读在线”窗口，不仅成为南昌市首届读书博文大赛的比赛平台，还与南昌市科技信息中心合作增加了“南昌市党员数字化图书馆”，为广大读者搭建了一个良好的学习平台。

2.对外宣传再创佳绩，电台、电视台位居全省前列，在中央台上稿夺得“八连冠”。2010年，南昌电视台在中央电视台《新闻联播》上稿总数为57条，其中头条2条，单条13条，上提要17次，在中央台《新闻联播》上稿连续八年保持全省各设区市第一；上江西卫视《江西新闻联播》680余条，在全省排名前三。南昌人民广播电台上中央人民广播电台各类节目稿件100多条，其中上《新闻和报纸摘要》、《全国新闻联播》节目77条，列全国省会城市第三名，连续5年获得全国宣传工作突出贡献奖，在中央台《新闻和报纸摘要》上稿连续8年保持全省各设区市第一；向江西人民广播电台发稿1060条，名列全省设区市第一。特别是中央电视台《新闻联播》“时代先锋”专栏播出的《熊斌：抗洪一线的“生命礼让”》、《江西南昌：为“绿色规划”筑起法制“铁篱笆”》、《昌九城际铁路今天正式开通》、《“鄱阳湖生态经济区建设专栏”南昌市：找准定位 扎实推进》等主题新闻突显南昌，影响深远。

3.精品创作再上台阶、成果丰硕。2010年，南昌电视台精心制作了《中国南昌形象宣传片》、世博会南昌形象片《律动南昌》和《南昌广电形象宣传片》。尤其是“鄱湖明珠，中国水都——南昌欢迎您”的城市旅游形象宣传片提升了南昌城市形象在公众心目中的综合印象与整体感受，塑造了城市品牌新形象，在全世界面前展示了南昌作为国际动感都会的现代风貌，受到了市委主要领导的高度评价。《南昌城市形象片》喜获全国城市形象片一等奖。南昌人民广播电台创作推出的广播剧《大法官梅汝璈》和广播小说连播节目《扬眉剑出鞘》、《华夏风云录》，受到听众的好评。广播剧《大法官梅汝璈》荣获中国广播剧专家评析金奖。

4.精心组织重大文艺活动，气势宏大，亮点突出。2010年，市局充分发挥自身资源优势，成功策划举办了2010年南昌市迎新春文艺晚会、“绿色的精彩——南昌市建设鄱阳湖生态经济区”大型主题晚会、南昌市庆祝中国人民解放军建军83周年文艺晚会等一系列活动，给广大观众呈现了一台台极具英雄城特色和欣赏性的文艺晚会，集中展示了南昌市经济社会发展新成果和精神文明新风貌。

二、事业建设和产业发展实现了新的突破

南昌市局本着着眼一流、超前建设的思路，着力打造和建设适应时代发展的现代化、智能化技术保障平台；以市场为导向，深度拓展广电产业，努力为中心任务完成和事业发展奠定坚实的物质基础。

1.携手合作，成功开发全国首套三网融合智能直播系统。南昌市局与海尔集团达成战略合作框架协议，经过半年时间的摸索攻关，对新闻采集、传输和演播集成系统进行了智能化改造。由南昌电视台、大洋3G直播技术、兰新微波传输技术、宽带网络直播技术以及海尔集团共同开发的全国首套三网融合智能直播系统，帮助主持人在演播室实现与外界三方视频直播对话，使演播室真正成为没有围墙的开放性演播室，实现了新闻播报方式的革命性突破，增强了新闻报道跨越时空能力和现场感染力。该系统目前已通过海尔全国工贸公司向全国电视台推广。

2.抓住机遇，加快数字电视双向网改造，促进网络功能大提升。2010年，南昌广电网络集团公司积极开拓数字用户市场，对数字电视节目内容进行了调整和优化，新增中数付费节目22套，播出的模拟电视51套、数字电视121套、高清节目3套、数字广播节目20套，并大力发展数字电视新媒体业务。同时，为应对“三网融合”，进一步加快双向网改造。目前已完成了红谷滩、朝阳、东航、高新四个片区双向网改造，并拟定了中长期双向网改造规划及方案。

3.坚持以人为本，高标准完成“十一五”“村村通”任务。2010年，省“村村通”领导小组给南昌市局下达“20户以上”广播电视盲点村建设任务9个，均在南昌县蒋巷镇。南昌市局分片推进，稳步实施，确保“村村通”直播卫星工程建设“专供专营专管”，工程质量达标，圆满完成了“十一五”广播电视“村村通”建设任务。

4.着力抓好广播影视产业发展和经营创收。2010年，南昌市局按照打造南昌广电信息网络集团公司、南昌英雄传媒集团公司、南昌广播电视广告公司三个亿元支柱的既定方针，着力做大做强南昌广电产业，广开创收渠道，创收2.87亿元，达到了历史最高水平。其中，信息网络集团、英雄传媒集团两个公司均第一次达到了经营创收一个亿的目标，双双实现了新突破。

九江市广播影视概况

九江市共有广播电视台14座，其中市级广播电台、电视台各1座。市广播电台、电视台均自办3套节目，每天播出时间为18小时。中波发射台1座，千瓦以上调频发射台、电视发射台各3座。全市广播影视从业人员1449人。

一、新闻宣传

1.紧跟工作中心，对内对外宣传双突出。局属广播电台和电视台始终把党的喉舌功能作为新闻宣传的第一要务，坚持新闻立台，不断增强宣传能力和舆论引导水平。在对内宣传上，浓墨重彩，亮点频现。2010年，九江人民广播电台、电视台先后开辟《来自重点工程一线的报道》、《决战工业2000亿》、《加大兴城势头 决战城投200亿》、《建设鄱阳湖生态经济区、探索科学发展新路子》等近30个专栏，做到一个时期一个宣传重点，一个时期一个报道高潮，为全市中心工作顺利推进营造了浓厚的舆论氛围。在全省城市化建设现场会和全省加快转变经济增长方式、促进县域经济发展会议上，九江人民广播电台的车载直播和九江电视台的专题汇报片得到市委市政府领导的好评和与会其他地市领导的称赞。在对外宣传上，可谓风生水起，佳作纷呈。市局属两台加强对外宣传策划，主动邀请上级台的记者来浔直接采写报道。在中央台、省台播出了一批大稿、优稿。九江人民广播电台在中央台上稿90条，其中《新闻和报纸摘要》及《全国新闻联播》31条，其中联播头条2条，发稿量名列全国城市广播电台前茅，荣获“十强”称号。在省台上稿820条，其中头条32条，位居全省第3名。九江电视台上中央台《新闻联播》30条，其中综合头条3条，上《焦点访谈》的正面报道2期，在省电视台上稿899条，其中头条44条，总量位居全省第一，头条位居全省第二。同时，县区新闻上稿力度大有增强，位于全市上稿前5名是武宁县、永修县、瑞昌市、修水县和都昌县。

2.立足新闻宣传引导本职，两台栏目质

量双创新。九江电视台进行了全新改版，推出了《社会广角》、《特别关注》、《东西南北九江人》等新栏目，获得了市领导和社会各界的好评；举办的“感动九江十大人物评选”和“九江原创歌曲展播”活动，社会反响热烈。九江人民广播电台与中共瑞昌市委宣传部、瑞昌市广播电视台联合开办了“赣北之声”广播，服务于赣北区域的经济社会发展。九江人民广播电台与九江市信访局合办的《民生》栏目，充分发挥了舆论监督与职能监督、群众监督的合力作用。九江市影视艺术中心制作的浔阳区、共青城市形象专题片受到广泛好评，全年创制各类专题宣传片、MTV、大型画册等十余部，《九江广播电视报》自改为《新闻生活周报》后，发行量已达 2 万份。

3.精品生产方面。在 2009 年度江西广播电视奖评选中，有 18 件广播电视作品在全省获奖，其中一等奖 3 件，二等奖 4 件，三等奖 11 件；有 9 件广播电视作品获第十七届江西新闻奖，其中广播三等奖 2 件，电视二等奖 3 件和三等奖 4 件。武宁县组织拍摄的电影《到山来》和《山鼓声声》以及瑞昌市组织拍摄的电影《今天我出警》迈出了县区电影制作发行的第一步。

二、事业建设

1.坚定创收目标，夯实基础建设，广电事业产业发展有新突破。到 2010 年 5 月底，全市全面完成 2009 年度“村村通”规划任务，实现 20 户以上自然村广播电视覆盖 437 个村，超额完成 116 个村，完成数占任务数比例 136.14%。瑞昌、武宁、彭泽、星子、庐山区共安装 8000 套直接卫星设备，完成 2010 年 800 个建设任务，全面完成广播电视“村村通”“十二五”规划任务。农村电影放映全年完成放映 35519 场，放映率达 126.4%，超额完成了全年放映任务。都昌县电影公司荣获全国农村电影放映工作先进集体（优秀放映队）称号。德安县电影公司投入 22 万元推出了科教电影点播服务“三农”新举措，备受中国文化报和江西日报的关注。

2.九江人民广播电台投入 100 多万元购置数字直播调音台、音频处理器等设备，九江电视台投入 113 万元更新了非线性编辑网、购置 2 台数字摄像机。设备的更新大大提高了两台节目制作播出质量。红旗电影院还争取国家电影专项资金 35 万元和上海联合院线投资的 100 万元，安装了两套数字（含 3D）放映设备。庐山电视台年投入 50 万元修通了 1.9 公里上二频道发射机房的水泥路。庐山区 120 平方米演播室和湖口县广电大楼即将竣工。尤其是市局广电演播中心演播厅和一楼大厅已经正式投入启用，确保 2011 年九江市春晚的成功举办。此外，数字枢纽基站和实验台也正在建设中。这些工程建设都极大地促进了九江市广电事业的发展。

3.狠抓产业经营创收。自 2010 年初召开全系统“决战经营收入 400 万，加快推进三项工程建设”动员大会后，各经营单位瞄准目标，变压力为动力，千方百计抓创收。经过全系统上下共同努力，市本级实现全年经营创收 4236.1 万元，同比增长 25%，修水县、都昌县、武宁县、瑞昌市、庐山区的广告收入均超过 100 万元。

三、内部管理

1.强化新闻宣传队伍建设。在局属系统开展“强化宣传管理，安全播出学习整改”活动，自找差距，积极整改，使新闻从业人员的队伍素质、管理水平、宣传质量、整体形象等都有明显提高。2010 年市局顺利通过了国家二类城市语言文字评估验收。

2.以局党委中心组学习为龙头，各级党组织开展了政治学习教育。结合“七一”等重大节日开展了系列教育活动，全局党员学习先进模范事迹，增强了党员政治意识、大局意识和忧患意识，发挥了党员先锋模范作用。局机关在争创“五型机关”、“五型干部”活动中，改进机关作风，机关效能建设得到了加强。市局被评为“创业服务宣传工作先进单位”。

3.在履行社会管理职能方面，开展了整治互联网和手机媒体非法传播淫秽色情及低俗信息等视听节目的专项行动，并对辖区内境外卫星电视节目落地管理情况进行了全面清查，重点加强了对群众反映强烈的医药广告的播出管理。

景德镇市广播影视概况

景德镇市广播电视台有3个电视频道，2个广播频率，1座电视发射台，1座中波发射台，1个网站和1份广播电视报。广播电视全天播出108小时，广播人口覆盖率98.4%，电视人口覆盖率98.6%。

一、宣传报道有新起色新亮点

1.新闻宣传精心策划选题，开辟专题专栏系列报道。一是紧紧围绕市委市政府中心工作，组织一系列有声势有力度的主题宣传报道活动。先后推出《策应鄱阳湖生态经济区建设，探索科学发展新路子》、《记者看项目》、《推进新型城镇化和城市建设》、《发展陶瓷文化创意产业、打造瓷都发展新名片》、《创优服务，富民兴赣》、《回眸与展望》等13个专题、专栏、系列报道，报道我市在策应鄱阳湖生态经济区建设和发展进程中，奋力赶超与跨越发展的新举措新成果新经验，提高主题教育活动的影响力和辐射力，有效地引导舆论，营造我市以科学发展观统领经济建设发展全局的浓厚氛围。二是及时跟踪，全面报道重大新闻事件。如明代葫芦窑复烧、国产民用直升机AC313首飞、为舟曲灾区献爱心、瓷都军民奋力抗洪抢险、景德镇科学发展——铸瓷魂大型集中采访活动、鄱阳湖生态文化节等宣传报道活动。据统计，2010年电视《景德镇新闻》共播发稿件3300条，同比增长5%；《今日播报》播出1600条，同比增长11%。开展新闻大奖赛，实施“精品工程”，鼓励节目创优。以《记者看项目》为主要内容，扎实有效地开展记者、编辑、主持人新闻大奖赛，有力地推动新闻节目创优工作。

2.丰富栏目内容，提升节目品质。立足本土陶瓷文化的《陶瓷视界》栏目全年播出312期。该栏目在原有基础上，丰富了栏目内容，质量逐步提高，在业界已建立起良好声誉，还借助全国电视文化节目交流与协作高峰论坛，协助组建全国电视文化节目交流与协作网。摄制并播出本土栏目剧《景德镇故事》，以及具有陶瓷文化特色的电影、电视剧，提升节目品质。广播开办了少儿节目，新闻综合广播继续办好《政风行风热线》直播节目，畅通群众诉求渠道，全年播出52期，得到社会各界好评。

3.精心策划外宣报道，实现历史性突破。电视新闻上央视51条，其中《新闻联播》11条；上江西卫视442条，同比增长13%，首次在江西卫视发稿突破400条大关，在全省四个小地市排名第一，实现历史性突破。广播新闻在央广《新闻和报纸摘要》首次突破7条。全年上省电台403条，其中交通广播26条。瓷博会期间在中央台发稿18条(次)，其中《新闻联播》发稿2条，做到日均在中央台发稿3条，是历次瓷博会发稿量最多的一次。

二、事业产业建设有新思路、新发展

1.栏目改版有新面貌。三个电视频道全面改版。一套为新闻综合频道,主打栏目《今日看瓷都》;二套为陶瓷文化频道，主打栏目《陶瓷视界》;三套为影视娱乐频道，以影视剧为主，并成功与光线传媒合作,节目更加精彩。《今日看瓷都》栏目整合原有《景德镇新闻》、《新闻晚8点》、《昌南对话》三档新闻类栏目，以"资讯平台、人生舞台"为定位，以景德镇时政、民生新闻为主体，内容更加丰富，形式更加活泼，表现手法更加新颖，引起极大反响。全面改版景德镇广播电视周刊，扩大新闻版面，增加新闻内容。

2.逐步完善基础设施。推进设备设施的更新改造，全年投入资金近80万元。主要有：对新闻编辑系统进行数字化改造；更新部分电视外录设备；增设硬盘播出系统备份，在省内首家运用卫星接收与硬盘播出系统联网转码播出，节约了大量的人力物力；新闻广播启用新落成的直播室，完成数字直播系统升级改造；和瓷都人网合作，实现新广节目网络在线同步直播，拓展了节目覆盖人群，推进电视广播节目全流程的数字化。

3.牢牢把握安全播出。把握正确导向是灵魂，确保安全播出是生命。牢牢把握舆论导向，切实加强审片审稿管理，层层落实责任追究制，确保舆论导向正确；进一步完善播出安全管理制度，强化播出安全责任意识，加强要害部位、重点部门的安全措施，坚持机房等重点部门24小时值班制度；加强机房设备及其它制作播出设备的检修和保养，保障传输信号优质高效，确保春节、"两会"、世博会、亚运等重要时间段的安全播出，没有发生一起安全播出事故。

4.加大广播电视社会管理力度，提速行政审批服务。加强广播电视播出机构的常规管理，对辖区内的播出机构换发许可证。加强广告播放管理，对重要时期重大事件阶段的广告播放进行重点监督，突出抓好黄金时段的广告播放管理，重点查处医疗资讯类广告和电视购物节目播放的违规行为。加强新媒体新业务的管理，重点开展依法打击互联网低俗之风活动，抓住重点，攻破难点。完善播出机构网站设立备案制度，协助其做好备案材料的上报工作。规范清理视听节目服务网站，依法申请办理《信息网络传播视听节目许可证》，对无证视听节目服务网站实施分类处理。科学管理卫星地面接收设施，开展卫星电视广播地面接收设施安装服务机构的报批工作，联合工商、公安、国安等部门，严厉打击违法销售卫星地面接收设施行为，对全市企、事业单位和宾馆酒店的境外卫星电视监控平台进行检查并换发许可证。

5.扎实推进广播电视"村村通"工程。圆满完成市委、市政府的工作部署，完成60个已通电20户以上自然村的"村村通"建设任务，其中乐平市20个、浮梁县40个。

6.做好电影放映工作。加强农村电影放映监督、管理和数字统计，督促落实省政府要求的"一村一月一场"的公益服务目标。1～10月农村电影放映达6746场，促进了农村精神文明建设，丰富了农民群众文化生活。同时，做好公益放映活动，配合6月26日国际禁毒日宣传，为市民放映禁毒宣传片等，受到社会各界好评。

7.广播影视创收稳中有升。广告实行代理后，收入增幅明显。全年纯收入1099万元，同比增长13%，其中，电视广告创收885万元，新闻广播创收54万元，交广新闻和广播电视报创收160万元。不断开拓电影市场，实现经济效益和社会效益双丰收。

8.组织活动有声有色。积极开展各种形式的活动，以活动促品牌，以活动促创收。举办了首届电视节目小主持人、小记者大赛；组织了2010年世界时尚小姐大赛景德镇地区选拔赛、迎世博礼仪形象大使比赛等十项活动。加强电视文化节目跨区域交流与协作。10月16日，全国电视文化节目交流与协作高峰论坛在景德镇举行。同时，建立全国电视台文化收藏节目协作网，召开中国历史文化名城电视台协作网年会，开展中国瓷都景德镇行优秀电视节目评比展播和全国电视观众喜爱的陶瓷艺术家评选联播联展，全国产瓷区电视台、历史文化名城电视台、收藏类栏目电视台等20多家电视台参加了论坛。

三、队伍建设有新提高、新成效

1.加强学习和培训。邀请省台著名播音员和索尼、松下公司工程技术人员授课，举办播音员主持人业务知识培训，规范播音员主持人行为；组织职工分赴新余、赣州、萍乡、九江、鹰潭、上饶等兄弟台考察，学习新闻制作播出及人事分配等管理经验。

2.创新用人机制。按照公开、公平、公正原则，对重点岗位进行竞聘上岗，如对新闻广播总监和《景德镇新闻》、《新闻晚8点》、《昌南对话》栏目制片人在全台进行竞聘上岗，选拔优秀人才。对一般岗位人员实行双向选择，淘汰人员可再次选择不同岗位；面向全国公开招聘记者、主持人和播音员9人，从事新闻采编和播音工作；开展以“议发展谋发展”为主题的建言献策活动，广泛征求干部职工的意见和建议30余条，并提出整改意见，逐步解决发展中存在的困难和问题。

3.规范内部管理。通过监察审计、电子政务、行政监察等手段，及时发现各种苗头性、倾向性问题，防微杜渐。加强民主监督，继续规范有序推进党务政务财务等公开工作，将社会群众和内部干部职工关心的问题置于群众监督之下，以公开求公正、以公正促廉政。不断深化厉行节约等活动，坚持“三重一大”，从源头上杜绝腐败。

4.注重廉政教育，健全惩防体系。年初召开全系统党风廉政建设工作会议，签订《廉政责任状》，进行任务分解，明确廉政责任。开展形式多样的廉政教育，健全完善廉政制度，惩治和预防腐败体系逐步完善。

萍乡市广播影视概况

2010年，萍乡市有市级广播电台、电视台各1座，市级广播发射台2座，中波试验台1座，广播电视网站1个；县级广播电视台5座，县级发射台2座。市级广播节目2套，市级电视节目3套。全市广播综合人口覆盖率98.29%，电视综合人口覆盖率99.33%。全市广电从业人员近900人。

一、新闻宣传再创佳绩

1.把握导向，舆论引导有力。全系统紧紧围绕科学发展、城市转型、赶超跨越城市发展主战略，围绕新型城镇化建设、民生工程等重大主题，精心组织策划了《服务创业推进创新》、《创先争优促发展》、《坚持科学发展 加快新型城镇化建设》等一批有深度、有影响的系列节目，播发了《我市项目建设百舸争流千帆竞发》等一批重点稿件。2010年全国“两会”期间，市电视台首次派出记者赴京，在第一时间专访全国人大代表、市委书记刘和平、中信集团董事长孔丹，及时从北京发回现场报道，社会影响广泛。世博会期间，两度派出记者，对上海世博会江西活动周进行采访，运用网络传输图像，首次实现了外地采访当天播发图像新闻。

同时，各媒体不断创新重大主题宣传形式和载体，市电视台牵头组织了由萍乡、宜春、吉安、新余四地市参加的“魅力赣西行”联合采访活动；市电视台利用新购置的电视直播车成功直播“道德传承 红色热土——全国道德模范与身边好人”现场交流活动；在莲花县油菜花文化旅游节、2010中国（上栗）国际花炮文化节期间，各媒体还以多种宣传方式，进行立体传播、混合覆盖，充分发挥主流媒体舆论引导作用。

2.创新创优力度大，节目改版初见成效。市电台城市之声《政风行风热线》改版为《清流在线——萍乡市党风政风行风聚焦》后，积极创新栏目形式，切实为人民群众排忧解难，先后开设了“党风亲民意”、“政风为民情”、“行风连民心”三个板块。市电视台公共频道以“大赣西”视野对频道下设栏目进行了全新制作和编排，推出了《赣西经视》、《乐居萍乡》等栏目，首创讲坛类本土节目《品萍乡》，邀请知名人士讲述萍乡本土文化故事。科教频道新推出的娱乐性综艺演绎节目《大话百科》，通过新颖的节目表演，寓教于乐。

3.打造品牌，大型活动亮点频现。各媒体充分利用自身优势资源，结合本地特色和栏目节目定位，走开门办广播、电视的路子，举办了一系列有规模、有影响、群众喜闻乐见的大型活动。如城市之声大型听友互动活动、交通文艺频率2010年“爱心送考”、赣西频道“车技大比拼”、科教频道 “新年欢乐大派送”、广告中心、广电报社等联合举办的萍乡首届婚庆文化博览会电视直播集体婚礼、市电影公司的“数字电影体验月”以及芦溪、上栗、湘东等县区组织承办的第六届元宵灯节暨灯彩巡游等活动，提升了媒体知名度，扩大了媒体影响力。

4.精心策划，外宣上稿成绩显著。市电台在省电台发稿总量位居全省第五，上稿量同比增长63.17%。市电视台在中央、省级媒体新闻栏目上稿389条。在央视新闻栏目上稿25条，同比增长240%，其中《新闻联播》6条。在江西卫视新闻上稿364条，同比增长21%，其中《江西新闻联播》316条，头条24条。

二、事业建设步伐加快

1.全面完成2010年“村村通”工程建设任务。上栗县、湘东区在时间紧、任务重的情况下，创新工作，积极努力，仅用半个月时间率先在全省完成了上级下达的44个自然村440户、共计440套加密直播卫星接收设备的安装调试任务，莲花县被评为“十一五”期间全国“村村通”工作先进集体（全省唯一）。

2.农村电影放映工作扎实推进。全市共配发农村数字电影放映设备36套，培训农村电影放映技术骨干72人，并于6月1日全面启动了农村数字电影放映工程，扎实推进了农村电影放映工作的落实。全市农村电影放映达11506场，惠及53个乡镇的639个行政村、农林垦殖场和中心小学，受益观众百万人次。

3.安全播出成效显著。全系统进一步提高了对安全播出重要性的认识，自觉增强了工作责任感、紧迫感。健全了各项管理制度，出台了《萍乡市广播电视事故追究办法》和《萍乡市广播电视科技及安全播出奖励办法》，组织了对国家广电总局关于安全播出管理规范的学习讨论，完善了安全播出监测指挥调度系统和各项应急预案，推出了安全播出领导带班制度，强化了安全播出领导责任，并落实专人进行节目监听监看。市局获省局2010年度技术维护先进集体、长丰台获省局授予的2010年度全省县级1千瓦台技术维护综合管理一等奖（唯一）。

4.各项管理得到新的加强。进一步强化了宣传和社会行业管理等各项工作，集中开展了净化声屏、抵制低俗之风、境外卫星传播秩序、网上播放视听节目等专项整治活动，进一步加强了对卫星地面接收设施的使用、安装管理，强化了加扰卫星电视管理。全年共梳理、回复群众广告类投诉36件，关闭了三家不合格网站的视听节目，核发“村村通”卫星接收许可证700多个，有效净化了广播电视播出秩序。

5.节目传输、覆盖质量进一步改善。加大了中央无线数字地面覆盖设备的安装调试，对长丰、凤形山两个无线发射基站低压供电系统、电源、防雷设备进行了更新改造，顺利完成了凤形山广播电台两个频点发射设备的搬迁工作，新购了发射机、天线等设备，启用了FM99.3发射频点。新购置了六讯道电视直播车1辆、3台松下P2标清摄像机和车载电台导播系统。开展了广播信号全市范围的测试，为今后覆盖做好了技术准备。新改造装修的新闻演播室使用效果良好。

三、产业发展实力增强

1.广告创收继续保持较好增长势头。全系统继续坚持品牌战略和传媒经营理念，积极整合媒体广告资源，调整广告结构，加大营销力度，实现了经营收入稳中有升。

2.电影产业焕发新的生机。市电影公司继续坚持市场化运作，不断创新营销手段和经营模式，先后投入210万元改造完善候映厅、VIP贵宾接待室，购进3D数字设备，影城环境焕然一新。

3.新兴广电产业发展势头良好。移动多媒体广播电视信号已正常传输；演艺、音像制品、形象宣传片等广播影视品牌新业务发展态势良好，广电产业新业务开发稳步推进。2010年，新宇广播电视数字传媒完成了年创收任务的113.5%。新视角影视文化传播有限公司经营创收同比增长19.39%。

四、人才队伍建设富有成效

开展创业创新，争当“五名、十佳”评选活动，在全系统营造了争当名记者、名编辑、名播音、名主持、名制片的浓厚氛围。市电视台科教频道、电台交通文艺频率被评为2008～2009年度广电系统省级青年文明号。深入开展“创先争优”、举办“廉政文化进机关书画作品大赛”等活动，积极打造“二台一报一网站”《清流视点》（与市纪委、市监察局合办）反腐宣传教育平台，荣获了2010年度全市推进惩防体系建设暨党风廉政建设责任制工作十佳先进单位之一。

新余市广播影视概况

新余市现有市级广播电台1座，电视台1座，实验台1座；县级广播电视台2座；企业广播电视站3座。市级广播节目2套，电视节目3套；县级广播节目1套，电视节目2套；企业站电视节目1套。市级广播每天自制节目30小时，电视每天自制节目2.5小时；县级广播每天自制节目17.5小时，电视每天自制节目5小时；企业站每天自制节目15分钟。市级广播全年播出14600小时，电视全年播出18634小时；县级广播全年播出7360小时，电视全年播出11680小时；企业站电视全年播出2555小时。全市广播综合人口覆盖率99.07%，电视综合人口覆盖率99.06%。市级广播发射台1座，电视发射台1座；县级广播发射台2座，电视发射台2座。全市有线电视光缆干线1394.5千米，有线电视用户17.22万户。全年共放映农村电影6322场，城市广场、社区、学校公益放映电影345场。全市广播影视从业人员606人，全市广播影视经营创收5281万元。

一、宣传质量有新提高

主题宣传浓墨重彩、配合有力。市电台、市电视台先后开辟了“积极融入鄱阳湖生态经济区，加快建设国家新能源科技城”、“深入开展创业服务年活动”、“突破工业3000亿，建设新型工业城”、“全力以赴推进2010年重点项目”和“深入开展学先进、找差距、谋发展主题教育活动”等25个新闻专栏，系列报道、连续报道有所增加。此外，市电台、市电视台还加大了对典型人物的宣传报道，其中，市电台记者对新钢公司退休职工曾凡娣热心助人故事的跟踪报道，使曾凡娣被推荐为“感动中国人物”候选人，他的名字在全市家喻户晓。

重大事件宣传注重策划、注重实效。市电视台与萍乡、宜春、吉安三地电视台联合开展了“魅力赣西行”赣西四地市电视记者大型联合采访活动，在新余期间，联合采访团对新能源科技城建设、钢铁产业、仙女湖旅游等进行了深入采访，充分展示了新余经济社会发展的亮点，提升了新余形象。

节目（栏目）创新务实，贴近群众。市电台连续六年开辟的《政风行风热线》节目，排解群众关心关注的热点难点问题245个，取得了良好的社会效果；市电视台针对社会关注、百姓关心的民生话题，采写了《围剿地沟油》、《周家违规菜场为何屡禁不止》、《天然气工程，惠及千家万户》和《齐心协力，抗击水灾》等一批社会反响强烈的专题系列报道，有效地提升了宣传效果和影响力。

文艺专题节目紧扣时代，丰富多彩。市电台先后与有关部门联合举办了“2010首届中国井冈山国际杜鹃节大型自驾游活动”、大型户外交友节目“我们恋爱吧”和大型慈善娱乐节目“车神争霸——与爱同行”等户外活动，广播可听性得到有效提升；市电视台先后举办了全市电视歌手大奖赛，摄制了市情片、汇报片等专题片10部，现场录制播出了晚会、报告会、大奖赛等55场次，文艺专题节目丰富多彩。

外宣上稿数量增加，质量提高。2010年，全市广播上省电台688条（其中头条27条），上中央级媒体17条，其中中央人民广播电台《新闻和报纸摘要》12条（其中提要2条）；全市电视上省电视台《江西新闻联播》392条（其中头条41条），上中央电视台23条（其中《新闻联播》10条）。广播电视外宣上稿均超额完成市委宣传部下达的目标任务，其中电视外宣上稿总数和头条不仅在全省居四小设区市首位，而且在中央电视台播发的报道和有影响有份量的稿件增多。

作品创优数量增加，奖项全面。2010年，全市广播电视作品累计获省级以上奖42个，其中，江西新闻奖8个，江西广播电视奖27个，全省新闻理论交流研讨论文奖3个，中国广播电影电视报刊协会城市广播电视报专业委员会优稿奖4个。

二、事业建设有新成效

“村村通”工程建设如火如荼。市局对县、区564个已通电自然村“村村通”广播电视情况进行了摸底，涉及农户20610户、人口72851人，为“十二五”期间开展20户以下已通电自然村的“村村通”广播电视工程建设奠定了基础；全市先后有分宜县谢家里、凹下等67个自然村，渝水区郭家、老下等73个自然村开通了有线电视信号，完成全年通有线电视70个自然村任务的200%。

城乡有线网络建设快速展开。2010年，新余市广电网络分公司新开通23个生活小区的有线电视信号，新敷设光缆29.5公里、电缆43.5公里，改造小区2个，新发展用户9218户；渝水区局大力发展光缆网络建设，新架设光缆125公里，新增光接点65个，新增网络用户4484户，发展的城郊电视网络用户总量达3300户，与此同时，为解决全区边远乡村收听收看广播电视难的问题，着力发展了国标无线数字电视，全区无线数字电视用户达5500户；分宜县局新架设光缆干线125公里，对坑仔里等31个自然村的有线电视进行了改造，新发展用户6525户。

设备数字化改造稳步推进。新余市局投入近60万元，改造了仰天岗发射机房电力系统，新建了一座29米高的自立发射塔，地面数字电视系统的中星6号卫星接收无线已安装到位；市电台投入30多万元，新建、改建播音室8个，并添置了部分办公设备，大大改善了广播信号的音频质量；市电视台投入70万元，新添置了10米摇臂和大小9台高清摄像机，并对编辑系统进行了升级改造；市八〇四台新增固态发射机安装调试工作已经完成并投入使用；市广电网络分公司建成了覆盖全市的有线电视数字化前端系统和服务平台，完成了金丰名臣等19个新建小区的双向网建设，并在北湖新城等4个小区开展了有线电视数字化整体转换实验工作，发放机顶盒1266台；市、县电影公司18支农村电影放映队的放映设备全部实现数字化，从此告别了胶片时代。

三、产业效益有新发展

市直广电系统全年经营创收总量达3450万元，较上年增长15%。主要体现在“四个借助于”：

借助于品牌节目（栏目）和活动经济，提高广告含金量。如市电台组织的“第七届高考爱心车队”、“井冈山杜鹃节大型自驾游活动”、市电视台大型新闻板块栏目《直播新余》和组织的“第三届全市电视歌手大奖赛”活动、市广电报社合作开办的《金叶专版》《新余福彩》版面等均为广告经营提供了良好的平台。

借助于城市化进程和有线电视数字化整体转换，加快发展网络经济。如市广电网络分公司对城市新建小区及时跟进，兴建地埋管道，敷设光缆，增设光节点，及时开通信号和进行双向网改造，并在4个小区进行有线电视数字化整体转换实验工作等。

借助于电影事业蓬勃发展，提升电影产业效益。城市电影蓬勃发展，“茉莉花”和“经典”2家城市影院累计放映电影9377场次，放映影片280余部，观影者近10万人次；农村电影稳中有升，累计放映农村电影6322场次（其中农村学生电影1404场次），受惠群众88.22万人次（其中受惠学生24.07万人次），完成省下达民生工程目标率的119.44%；广场社区电影方兴未艾，累计放映电影345场次，观影者10万余人次，实现了经济效益和社会效益的双丰收。

借助广播影视行业优势，加快新媒体新业务开发。如市电台试播“仙女湖之声”故事频率，市电视台“移动多媒体广播电视”项目，市广电报社的版面协办、联办，市广电物业管理中心对外托管天工商城物业等。

四、管理工作有新加强

在宣传管理方面，及时将宣传工作有关精神传达到各播出机构，确保了政令畅通，导向正确；积极配合上级管理部门开展专项活动，对所辖广播电视播出机构进行了自查自纠，并重点加强了对医药卫生类、婚恋交友类、情感故事类等节目的管理，维护了广播电视媒体的公信力；加强了对“两台一报”节目（版面）的监听监视，促进了节目（版面）质量的提高。

在安全播出管理方面，加强了广播电视节目的收测和监测工作，定期对技术、管理、播出、播控、传送、供配电等重要部位进行全面、系统自查，不定期对技术维护和安全播出进行突击检查；市电台、市电视台、市八〇四台设备更新、改造和使用的技术标准，都严格按照总局、省局的技术标准要求执行；进一步加强了安全播出管理，确保了全年日常和重要、敏感时期安全播出无事故。

在社会行业管理方面，开展了播出机构频率频道自查和换证登记工作，加强了播出机构管理；加大了对电视购物类、医疗药品类、保健食品类广告，以及非法涉性、低俗不良广告的监管，加强了广告播放管理；对全市设置卫星电视接收设施接收境外电视节目的单位和宾馆饭店进行了检查，加强了卫星电视接收设施管理；对辖区内持证网站实行了日值班、周报告和重要节点日报告制度，加强了互联网视听节目管理。

在电影发行放映管理方面，开展了城市影院自查和换证登记工作，新审批1家，换证3家，加强了城市影院管理；印发500份农村电影监督函至全市各行政村，加强了农村一村一月一场公益电影放映的监管。

在队伍管理方面，推进了广播影视文化体制改革，组建了新余市广播电影电视局，增设了电影管理科。按照市电台、电视台实行“事业单位、企业化管理”的要求，推进了以频率（频道）总监负责制为主要内容的内部管理企业化改革；按照“增加投入、转换机制、增强活力、改善服务”的原则，深化了市电台、市电视台人事、收入分配、社会保障三项制度改革。扎实开展了“积极融入鄱阳湖生态经济区，加快建设国家新能源科技城”主题教育和“创业服务年”等活动，荣获全省第十二届“文明单位”称号，从思想上、政治上、作风上加强了广播影视队伍建设。

鹰潭市广播影视概况

2010年3月，鹰潭市广电局与市文化局、市新闻出版局合并成为鹰潭市文化广电新闻出版局。全市现有市级广播电台1座，八〇七实验台1座，电视台1座，电视发射台1座，广播电视报1家，广电网站1个。市级广播节目2套，电视节目2套。县级有线广播电视台2座，有线电视节目2套；企业有线电视台3座，企业电视节目3套。市级广播每天自制节目15小时48分钟；电视每天自制节目1小时47分钟，2套节目全年播出20678小时。全市人口综合覆盖率93.19%，电视人口综合覆盖率95.48%。全市有线广播电视传输网络干线668.4公里，有线电视用户84389户。广播电视从业人员398人（含江西广电网络鹰潭分公司62人），其中市级245人，县级153人。

一、牢牢把握正确的舆论导向，进一步提高宣传水平

根据机构改革后工作职能的调整，鹰潭市局加快了“以办为主”向“以管为主”的职能转变，着力在管理工作上下功夫。制定下发了《关于进一步加强全市广播电视宣传管理的意见》，对全市广播电视播出机构的舆论宣传管理、节目栏目管理、广告管理以及新闻工作者职业道德准则等方面提出了具体的管理要求，进一步加强和规范全市广播电视宣传管理。全年进行了多次广告播出情况检查，对有关部门和群众反映的广告播出问题进行了检查核实，并对有关问题提出了整改意见。进行多次节目播出制度情况检查，要求有关单位严格按照播出节目三审制的要求，履行审查手续，并严格要求做到重播重审，确保了舆论导向不出问题。同时，进一步创新宣传方式，提高宣传水平。鹰潭市广播电视舆论导向把握平稳，各项宣传活动有声有色，尤其是对外宣传工作有较大提高。全年共计在中央人民广播电台、中央电视台用稿39条，其中，在中央人民广播电台《新闻和报纸摘要》上稿7条，在中央电视台《新闻联播》用稿10条；在江西人民广播电台用稿342余条，在江西卫视用稿374余条。

二、不断强化管理，确保全市广播电视安全播出

为加强鹰潭市广播电视安全播出工作，鹰潭市局制定下发了《关于加强全市广播电视安全播出工作的意见》，对全市广播电视播出机构安全播出提出具体要求，要求全市各播出机构始终把安全播出作为头等政治任务常抓不懈，进一步加强领导，落实责任，完善安全播出管理制度，严守安全播出底线，强化广播电视安全播出管理，确保任何时候、任何情况下安全播出和安全传输不出问题。在全市广播电视系统组织开展了“强管理、提素质、创安全优质播出”竞赛活动，提高干部职工的安全意识和技术水平。开展经常性的广播电视安全播出检查，全年进行了4次全市安全播出检查，督促市广播电视有关播出单位和县（市）广播电视部门做好广播电视安全播出工作，确保全市广播电视的播出安全。

三、加强督促检查，扎实做好广播电视“村村通”工作和电影放映工作

根据全市广播电视“村村通”“十一五”

规划，今年需完成 207 个广播电视“村村通”建设任务，经过鹰潭市广播电视部门的努力，通过创新机制，今年共对 500 多个 20 户以上自然村实施了有线电视广播电视“村村通”建设，大大提高了鹰潭市“村村通”水平，为“十一五”广播电视“村村通”画上了圆满的句号。其中，余江县通过招商引资，创新“村村通”体制，实现了“村村通”跨越式发展，全年对 336 个自然村实施了“村村通”有线电视建设，免初装费，入户率达 80% 以上。贵溪对灾区受损严重的乡镇，也进行了有线电视“村村通”改造，提高了“村村通”水平。全年下拨了 51.75 万元市级“村村通”资金，有力促进了“村村通”工作的顺利开展。扎实做好电影放映管理工作。对鹰潭市电影放映单位进行了检查，对放映许可证进行了年审。督促县（市）电影放映单位完成送电影下乡工作。完成了“十二五”电影发展规划。对农村老放映员有关情况进行了调查摸底。

四、科学规划，促进全市广播电视事业产业快速发展

制定《鹰潭市“十二五”广播电视“村村通”发展规划》、《鹰潭市“十二五”城镇影院发展规划》、《鹰潭市“十二五”文化产业发展规划》等广播影视事业产业发展规划。为加快全市文广新产业发展，2010 年鹰潭局积极开展广播影视产业项目招商引资，取得了突破性发展。其中“龙虎山动漫村”产业项目总投资约 15 亿元人民币，并在首届鄱阳湖国际生态文化节成功签约，“江西省龙虎山动漫影业有限公司”项目和“江西鹰潭影视动漫职业技术学院”已经签订意向合同，项目投资都在 5 亿元人民币以上。

五、干部队伍建设得到全面加强

今年以来，鹰潭市局在全市文化广播影视新闻出版系统深入组织开展了创业服务年活动和创先争优活动，干部队伍建设和作风建设得到进一步加强。制定出台了《关于进一步加强局领导班子建设的意见》、《局党政领导班子议事规则》、《局党组中心组学习安排》等文件，进一步加强局班子建设，努力建设一个团结、进取、高效、廉洁的领导班子核心。制定完善了局学习制度、工作例会制度、工作考勤制度、后勤管理制度等各项规章制度，各项工作逐步走上规范化、制度化的发展轨道。在全局干部职工中开展了为期四个月的政策法规集中教育活动，共集中组织开展文化、广播电视、新闻出版有关行业管理法律法规学习 12 次，干部职工的业务水平得到明显提高。通过抓班子带队伍，进一步增进了团结，干部队伍的凝聚力不断增强，在全系统形成了聚精会神干工作、一心一意谋发展的工作新局面。顺利完成了江西省第十三届运动会组委会交给的承办省运会闭幕式文艺演出的各项任务，实现了“精彩落幕”的目标要求，被市委、市政府授予“功勋集体”的荣誉称号。完成了“两集中、两到位”改革工作，“创业服务年”活动、“创先争优”工作、“建设鄱阳湖生态经济区，探索科学发展新路子”主题教育活动、“集中开展遵纪守法学习活动”等中心工作顺利开展，成效明显。切实加强局机关党的建设，全局党风廉政建设、综治、维稳、计生、村建等工作更加扎实有效。积极组织开展抗洪救灾和灾后重建工作，确保了全年文化广电新闻出版工作的正常开展。

赣州市广播影视概况

2010年，赣州市广播电视系统有市级广播电台、电视台各1座，县级广播电视台17座，中波广播发射台3座，调频发射台64座，电视转播发射台47座。共办广播节目21套（其中市级广播节目3套），播出时数59370小时30分钟，其中自制节目22171小时20分钟；共办电视节目21套（其中市级电视节目3套），播出总时数105306小时40分钟，其中自制节目21034小时40分钟。广播人口覆盖率98%，电视人口覆盖率99.2%。本级广播人口覆盖率70%，电视人口覆盖率70%。广电传输网络干线总长14232.30千米，有线电视用户681802户。全市广播电视从业人员2362人，广播电视行政事业性收入12497.13万元，企业实际创收6677.98万元。

一、宣传工作导向正确，成效显著

一年来，赣州广播电视媒体围绕赣州市委市政府中心工作、重大决策和重要活动，精心策划、全面宣传，在社会各界上引起强烈反响，极大地提升了广电媒体的社会影响力和在群众中的公信力。在2010年5月的抗洪救灾等突发事件的宣传中，央视《新闻联播》连续4天播发赣州救灾新闻，并派出海事卫星直播团队到赣州现场直播。一年来，"送政策、送温暖、送服务"等重大题材宣传，曾庆香、周邦园等重点人物宣传等一批反映"赣州典型""赣州形象""赣州经验""赣州模式"的新闻在各类媒体播出，反响热烈。据统计，2010年，赣州电视台上中央台新闻稿件达115条，专题7个；上省台达720条。赣州人民广播电台上中央台排名仍然保持在全国电台前30名，获得"新闻报道优秀供稿奖"。各县（市、区）局宣传工作也迈上了新台阶。章贡区、瑞金等地外宣工作取得新成绩，上犹县局积极筹划电视纪录片《上犹江》，信丰县局筹划制作了《天南地北信丰人》节目等等。

二、事业建设重点突出，势头强劲

赣州全面完成直播卫星安装建设任务7830套，送电影下乡放映54258场。兴国、龙南等10县（市）获批成为全国第一批地面数字电视试点县（市）。目前，兴国、崇义、宁都、瑞金等县（市）已顺利开播。赣州自主研发的RDS可寻址调频应急广播系统项目技术方案通过了国家广电总局专家委员会的论证，并正式与国家广电总局签订合作合同，有望在2011年成为国家应急广播体系建设中的调频应急广播国家或行业标准，并向全国推广。赣州广播电视800平方米演播厅建成并投入使用。同时，历时二年时间完成的《区域性广电传媒跨区域发展策略研究》课题，通过了2010年度部级社科研究项目评审，获得国家广电总局立项，成为全国地市级广电的第一个部级课题。赣州人民广播电台配备数字广播直播车(应急广播直播车)已安装完毕，即将投入使用。安远县在赣州率先实现广播电视"村村通"、"村村响"工程。全南县公共文化服务体系建设财政投入逐年加大，年均增长比例150%以上。

三、产业经营更新理念，经营创收稳步上升

2010年，据不完全统计，赣州文化产业

主营收入达 78.54 亿元，文化产业增加值达 24.20 亿元，同比增长 19.15%，增速高于 GDP 与部分新兴产业的增长速度；文化产业增加值占赣州 GDP 的比重达到 2.58%。策划包装并推出了一批龙头产业项目，先后引进 1.3 亿元社会资本建设银河欢乐影城、唐人轩连锁影城及金钻广场数字影城等影城建设，填补了中心城区优质影院的空白。在媒体经营创收上，“两台一报”经营创收有新的增长。2010 年，赣州电视台总收入突破 3000 万元大关；广播电台广告创收总量实现稳定增长，实际年广告额突破 400 万，增长 30%；广播电视报年经营收入突破 360 万元，增长 15%，创往年新高。各县（市、区）在发展文化产业方面亮点频现，章贡区完成了首部赣州主创数字电影《青春轨迹》的摄制和制作。南康市落实了五个园区的文化产业发展规划。赣县建设樱花公园、瑞金市大力抓好中国（瑞金）红色影视基地、红色文化创意产业园等 10 大重点文化产业项目的规划与立项。

四、广电改革结合实际有序推进

在赣州文化和广播电影电视局顺利组建的基础上，各县（市、区）文广机构整合全部完成。在内部体制机制改革上，赣州电视台在总结前两年频道制改革工作经验的基础上，进一步深化频道制和制播分离改革。赣州人民广播电台通过深化频率负责制改革，完善广告经营机制，实行广告中心和频率双重责任制，深化绩效工资制改革，整合了资源，激发了活力。赣南广播电视报社主动与市场接轨，先后与《赣州房地产》杂志、市妇联联合创办了《赣州房地产》周刊和《赣州女性文化》，对创新办报形式作了有益尝试和实践。2010 年 5 月，省委苏荣书记视察赣南采茶歌舞剧院时，对赣州文化体制改革给予了充分肯定。

五、文广管理深入推进

2010 年，赣州广播电视系统在宣传管理上深入开展了“宣传质量月”活动，“两台一报”节目栏目水平有明显提升。特别是赣南广播电视报在全国城市广电报优稿评比中，获一等奖 5 个，是全国地市级广电报的最好成绩。在安全播出管理上，认真贯彻落实总局《广播电视安全播出管理规定》，重新修订完善了《全市安全管理应急处置流程图》，全力做好了“两会”、上海世博会、亚运会及节假日等重要保障期的安全播出工作，实现全年安全播出无事故。同时，赣州在全市范围内开展了防范打击盗卖直播卫星接收设备违法犯罪专项整治行动。

宜春市广播影视概况

2010 年，宜春市有设区市广播电台 1 座，电视台 1 座，中经波转播发射台 1 座，电视转播台 1 座，电视微波中继站 1 个和市级广播电视报社 1 家。全市有县级广播电视台 9 座，县级广播节目 9 套，县级电视节目 10 套（其中袁州区的电视节目由宜春电视台代为播出）。设区市广播全年制作节目 3808 小时，设区市电视全年制作节目 1275 小时。县级广播全年制作节目 3075 小时，县级电视全年制作节目 4732 小时。全年设区市广播播出 4927

小时，全市设区市电视播出 11680 小时。县级广播全年播出 16449 小时 27 分，县级电视全年播出 49033 小时 30 分。全市广播人口综合覆盖率为 98.02%，电视人口综合覆盖率为 98.03% 。全市有线广播电视传输干线网总长为 11241.95 千米，其中设区市市级干线网总长为 804.68 千米，县级及县级以下干线网总长 10437.27 千米。全市 2010 年有线广播电视用户 51.23 万户，广播电视电影从业人员 787 人，其中市级 310 人，县级 477 人。2010 年，全市广播电视行政事业单位总收入 5271.09 万元，全市广播影视企业单位总收入 10481 万元，其中设区市（地级市）级广播电影电视企业总收入为 2180 万元，县级广播电影电视企业单位总收入 8301 万元。

一、广播电视宣传

在广播电视宣传方面坚持新闻立台，增加了新闻节目的播出时间。每天上午，宜春广播电视台增加了一次宜春新闻的播出。在抓好日常宣传报道的基础上，紧紧围绕中共宜春市委、宜春市人民政府的中心工作，突出抓好重大产业、重点项目，推进城镇化建设和建设鄱阳湖生态经济区，以及先进典型、抗洪救灾、月亮文化节、发展县域经济、维护社会稳定等方面进行宣传。新开辟了《科学发展加速赶超》、《建设鄱阳湖生态经济区探索科学发展新路子》、《众志成城抗洪救灾》、《第四届月亮文化节》等专栏，浓墨重彩地宣传了宜春市委、市政府的重大决策部署，为宜春的改革、发展、稳定营造了浓厚的舆论氛围。

外宣方面，在中央电视台上新闻稿 86 条，在中央台播出专题 17 个。其中《新闻联播》17 条，综合头条 2 个。在江西电视台上稿 752 条，其中《江西新闻联播》上稿 627 条，头条 22 个，在各设区市排名第二。全市广播在中央台《新闻和报纸摘要》上稿 10 条。在省台新闻广播用稿 1113 条,其中头条 25 条。

节目栏目创优创新取得新成绩。宜春市广电局组织评选出了 2009 年度宜春广播电视奖获奖作品 79 件，其中一等奖 14 件，二等奖 25 件，三等奖 40 件。10 件优秀广播、电视作品获得江西广播电视奖，其中一等奖 1 件，二等奖 4 件，三等奖 5 件。有 6 件广播电视作品荣获第 17 届江西新闻奖。

宜春市广播电视台先后推出法制栏目《法治宜春》和旅游栏目《游我做主》两档电视新栏目，赢得了观众好评。大型本土娱乐节目《快乐家园》创新版《快乐星工场》全年播出节目 62 期，共有 1000 多人参与海选。各县市区也新推出了一批节目栏目，像丰城台的《剑邑观察》、靖安台的《政法时空》、奉新台的《奉新医改》、高安台的《天南地北高安人》、上高台的《城市视点》、铜鼓台的《相约 900》、万载台的《新闻直航》、樟树台的《药都警视》等。

为鼓励创新，宜春市局举办了全市首届广播电视节目栏目创新奖评选活动，《游我做主》、《法治宜春》、《剑邑观察》、《我爱上高》、高安电视台《天南地北高安人》等栏目获奖。

二、广播电影电视事业建设

1.扎实推进“广播村村响”工程。为了落实《政府工作报告》中提出的“深入推进‘广播村村响’工程，确保全市 40%以上行政村完成‘村村响’建设任务”的目标，宜春局加大了指导检查督促力度，要求各地把“广播村村响”作为一项重要民生工程来抓。铜鼓县将“广播村村响”列为 2010 年县政府为民办十大实事之一，完成了 92 个村的“村村响”工程建设，首个全面实现了“广播村村响”，提前两年完成市政府下达的任务。宜丰县局争取财政专项资金 28 万元，工程技术人员深入乡村，加班加点工作，全年完成

129 个村安装任务，完成全年任务的三倍。丰城市采取“以点带面，整乡推进，稳步实施”办法，年内完成 8 个乡镇 160 个行政村的“村村响”工程建设任务。高安市在争取新农村建设办每村补助 4000 元的情况下，总投入 70 多万元，完成了 70 个行政村广播“村村响”建设任务。全市绝大多数县市完成了市政府下达的任务。据统计，宜春市 2010 年共完成 616 个村的“广播村村响”工程，超额完成市政府下达的任务。此外，一些县乡广播电台和广播站恢复播音。万载人民广播电台恢复播音，实现了全天 18 个小时连续播音。宜丰人民广播电台开办了《竹乡之声》节目。

2.着力做好全市广播影视“十二五”规划。编制了宜春市广播电影电视“十二五”规划，对全市广播、电影、电视事业发展提出了明确目标。对全市 20 户以下已通电自然村盲村的情况进行了调查摸底，向省局申报了八个县市区 1668 个村、16457 户广播电视“村村通”任务。

3.开通了宜春广播电视传媒网站。网站已于 2010 年 9 月运行，设置了新闻、电视、电台、报社、图片、播客、博客、论坛等频道，宜春市广播电视台所有自办节目栏目都可点击收听收看，形成了宜春传媒网、县市新闻回传网和局域网三网并举的格局。

4.全面实施农村数字电影放映工程。向上级争取专项经费，成立了宜春市农村数字电影节目站，争取了 147 套农村数字电影放映设备并配置到位，组织培训了 141 名数字电影放映员。实施民生工程农村电影放映 36462 场，完成市政府下达全年总任务的 113%。

5.加强高山台基础设施建设。经过有关各方共同努力，七〇三电视台上山公路正式通车，解决了长期困扰职工上下班道路不畅的难题。此外，七〇三台想方设法，及时更新了被雷电击毁、年久老化的高压电缆，清除了高压线路的隐患。还购买了一台隔离变压器，以防范雷击事故发生。

三、广播电视安全播出与行业管理

1.扎实做好安全播出工作。进一步加强了对各播出单位的安全管理，明确规定每个月的安全播出例会前，各单位必须上报前一个月的安全播出情况，安全播出工作的规范化管理水平明显提高。做好了元旦、春节、全国“两会”、上海世博会、国庆节、十七届五中全会、广州亚运会、亚残运会等重要保障期的广播电视安全播出工作。实现了无政治事故、无责任事故、无技术事故、无设备事故的安全播出目标。

2.加强节目审查和广告播放监管。强化了节目审查和广告监管，要求各播出机构坚决抵制庸俗、低俗、媚俗之风，牢牢把握正确宣传导向，把社会效益放在首位，增强法律意识，确保自办节目内容健康。

3.加强卫星地面接收设施管理。宜春市广电局联合公安、国安、工商、文化等部门进一步加强了对非法地面卫星设施的整治，杜绝了卫星节目落地传播中的违规现象。全市广电部门共印发宣传品 16956 份，查处非法销售网点 35 个，收缴非法卫星接收设施 685 套，强制拆除非法接收设施 2816 套，追究当事人 36 人。

四、广电系统创先争优与队伍建设

1.深入开展了创先争优活动。紧密联系广播影视工作实际，以丰富的实践活动、鲜明的实践特色，扎实推进创先争优，使创先争优活动成为推动全市广播影视科学发展的有力抓手。

2.抓了《廉政准则》的学习贯彻。加强了对设备购买、广告经营、干部任用等重点领域、关键环节的监管，增强了遵守《廉政准则》的自觉性。

3.推进了“创业服务年”活动。各台站公司都开辟专栏，加大宣传力度，大力宣传创业政策、创业典型和服务创业典型。市广电局被评为创业服务年活动先进单位。

4.抓好广播电视台机构改革。通过竞聘上岗，顺利完成了市广播电视台中层干部的选拔任用。建立健全了各项管理制度，强化岗位职责和考核办法，实行多劳多得、奖勤罚懒，营造团结和谐、干事创业的良好风气。

5.积极参与全市“万名干部下基层，和谐稳定进乡村”活动。抽调3名机关干部分别下到奉新和万载县乡村，参加稳护社会安全稳定集中行动月活动，他们深入实际，作风扎实，积极为基层办好事、做实事，受到当地干部群众好评。11月3日，江西卫视《新闻联播》头条报道了我局驻万载县马步乡寨下村工作组的先进事迹。

6.完成了《宜春市志》5万余字的供稿任务，完成了《江西广播电影电视年鉴》、《宜春年鉴》的供稿任务，出版了2009年版的《宜春广播电影电视年鉴》。年鉴工作被江西省广电局评为先进单位。

上饶市广播影视概况

一、新闻宣传精彩纷呈

上饶电视台在省电视台卫视用稿863条，其中《江西新闻联播》用稿613条，均列全省前列，在中央台用稿102条，其中《新闻联播》20条，也名列全省前列。此外，《天天看点》在中央台播出7期节目，在省卫视《社会传真》栏目上稿68期，在全省各设区市台名列第一。上饶电台在省台上稿352条，其中头条22条，中央台上稿10条，比去年同期有较大提高。上饶广电的宣传工作紧紧围绕市委、市政府的中心工作，推出了一系列重大主题宣传报道。一是在“时政要闻”板块先后推出了《科学发展，加快崛起》、《学习实践在基层》、《喜迎撤地设市十周年》等栏目，全面报道了上饶各地开展学习实践科学发展观活动的好经验好做法，宣传了各地在加快经济社会发展中新经验、新典型。二是加大了该市抗洪抢险救灾工作的宣传力度。广电媒体记者、编辑发扬’98大抗洪、’08抗冰雪精神，深入抗洪一线，发回了一幅幅鲜活的抗洪画面。“时政新闻”板块专门开设了“抗洪中的堡垒先锋”栏目，共有18条新闻在中央台播出；在江西卫视播出抗洪稿件23条，其中《江西新闻联播》18条。三是积极做好鄱阳湖生态经济的宣传工作，上饶电视台开办了《加快融入鄱阳湖生态经济区建设》栏目，重点宣传报道了上饶在加快鄱阳湖生态经济区建设过程中各地的具体措施、经验和典型，全方位反映了上饶加快建设鄱阳湖生态经济区的精神风貌。

二、事业建设如火如荼

9月3日，上饶市广播电影电视局正式启用上饶市广电中心，标志着上饶市广播电影电视事业进入了一个新的历史发展时期。

一是全市完成20户以上“村村通”工程建设任务。2010年度上饶市已完成“村村通”

直播卫星工程建设任务共485个，至此上饶市共计838个盲村都已扫除，已经全面完成20户以上“村村通”工程；二是努力完成农村电影放映任务。全市完成农村电影放映任务38441场，占总任务的101%。上饶市局在安全播出管理工作中坚持一套行之有效的“四个一”办法，即：每季度定期召开一次例会，开会前进行一次现场检查和观摩，会中进行一次讲评和交流，会后进行一次跟踪督查确保整改到位。由于制度健全，措施到位，防护得当，确保了各重要时段的安全播出。上饶八二一台和七〇五台被省局评为全省广播电视技术维护先进集体，七〇五台还被评为全省广播电视高山台站技术维护先进集体。

三、产业经营连创佳绩

上饶市网络分公司2010年完成各项经营收入2400余万元，再创历史新高。上饶电视台2010年到2013年广告经营权在市公共资源交易中心以6665万元的价格成功拍卖。与2007年上饶电视台首次将三年广告经营权进行拍卖所得的3920万元相比，此次拍卖比上一轮拍卖年平均数增长900多万元，实现了新的突破。在鄱阳湖国际生态文化节上，上饶市局与新加坡春城投资机构正式签定协议。该机构投资3000万美金（约合2亿元人民币），在行政新区内兴建一座建筑面积1万至1.5万平方米，包括1个3D电影厅在内共拥有12至15个电影厅的国际五星级标准院线的电影城。

四、行业管理规范有序

进一步完善了广电局行政审批流程编程，使行政服务审批事项办理电子文档和网上审批流程编排网页更加完整、流畅。继续坚持对县级电视台实行统一供片制度。根据省局部署，将3月15日至4月15日作为重点整治月，坚持每季度开展一次联合整治的行动，积极开展卫星设施整治工作。广告管理在电视台和电台自身做好经营、审查、播出、监管每一个环节的前提下，形成了四项监管制度：监听监看制度、广告例会制度、责任追究制度、代表提议制度。在具体管理中，一直重视观众对广告的投诉举报，对每一个观众反映的情况都认真核查落实，并尽快进行意见反馈回复。积极推进加扰电视管理工作，进一步在理顺体制、创新机制、改变管理方式上下功夫。

吉安市广播影视概况

2010年，吉安市共有市级广播电台、电视台各1座，县级广播电视台11座，中短波转播发射台2座，调频转播发射台81座，电视转播发射台91座。有系统内卫星收转站112座，系统外卫星收转站41037座。全年开办市级广播、电视节目各2套，县级广播、电视节目各11套。市、县两级共播出广播节目34094小时5分钟，其中自制节目14319小时15分钟；电视节目80859小时40分钟，其中自制节目9621小时10分钟。全市广播人口综合覆盖率94.6%，电视人口综合覆盖率96.65%。全市广播电视从业人员1445人，其中市级 360 人，县级 1085 人。

一、新闻宣传迈上新台阶

1.主题宣传反响强烈。组织“主攻项目，决战两区，进位赶超，跨越发展”、鄱阳湖生态经济区建设、抗洪抢险、撤地设市十周年等重大宣传战役，开辟“实践三民活动”“大建促大变”等几十个专栏，特别是对“十一五”成就和“十二五”规划进行全方位解读，取得了较好的宣传效果。

2.外宣上稿保持前列。电视新闻在中央台上稿 71 条，其中《新闻联播》25 条，在全省保持前五；在江西卫视上稿 588 条，其中《江西新闻联播》427 条，头条 33 条。广播新闻在中央台《新闻和报纸摘要》上稿 46 条，名列全省第三；在《江西新闻联播》上稿 757 条，头条 32 条，名列全省第四。吉安电视台因在中央台发稿量大，在全国城市台中起到模范带头作用，中央电视台专门发来感谢信给予赞扬。

3.大型活动精彩纷呈。中央电视台《星光大道》栏目首次走出北京，到吉安举办“红歌唱万代”专场文艺晚会。举办“和谐吉安·魅力乡镇”百场文艺演出、红色经典诵读大赛、撤地设市 10 周年广场晚会、“时尚佳丽”评选、百对新人秀等系列活动，许多活动通过市场化运作，实现文化与经济互动双赢。

4.精品创优喜获丰收。在江西新闻奖、江西广播电视奖评选中，有 54 件作品获奖，其中 6 件作品分获一等奖和特别奖。

二、事业发展迈上新台阶

1.重大项目取得新突破。投资 1.3 亿元的吉安市文广传媒中心奠基；投资 2.5 亿元的吉安文化艺术中心竣工。吉安县、新干县等各县（市、区）的广电基础设施建设也在推进。

2.争资立项取得新进展。市本级财政文化经费投入 1004.3 万元。向上争取各类资金 1734 万元，其中中央传媒补助地方文化事业发展专项资金 765 万元、城市影院改造资金 70 万元、总价值 100 多万元的流动放映车 6 部。各单位设备大有改善，吉安电视台投入 500 多万元购买一辆多讯道数字转播车；八〇二台 1170 工程完工，正在满功率试运行。

3.民生工程超额完成。20 户以上已通电自然村“村村通”完成 791 个，占任务数 123%，解决 9000 多户偏远农户收听收看难题；农村电影放映 40378 场，占任务数 102.3%；新干县广播“村村响”工程有序推进;完成永丰县中央广播电视节目无线覆盖工程验收，全市广播、电视人口覆盖率分别由 2009 年的 94.5%、96.6%提高到 2010 年的 94.6%、96.65%。

4.文化产业有所突破。市统计局数据显示，与上年度相比，2010 年全市文化产业增加值由 13.37 亿元增长到 23.4 亿元，占 GDP 比重由 2.29%增长到 3.25%。“十二五”文化产业发展专项规划列入全市 17 个专项规划。投资 1 亿美元的天腾科技落户吉州，成为吉安市首家创意文化产业园。投资超亿元的河北双洁包装制品有限公司、江西青之蘋实业有限公司分别落户新干、泰和。井冈山华严文化发展有限公司被命名为全省第二批文化产业示范基地。

三、社会管理和队伍建设迈上新台阶

1.广电市场平稳有序。查处非法地面卫星接收设施销售点 27 个，拆除非法卫星接收设施 227 套，查处偷接私接有线电视用户近 2000 户，为吉安广电网络分公司挽回经济损失 36 万元。

2.安全播出万无一失。建立健全各项管理制度和应急预案，保障元旦春节、“两会”、撤地设市十周年、玉树地震、上海世博会、广州亚运会等重要时段的优质播出，实现全年安全播出无事故。

3.队伍素质明显提高。开展“三项学习

教育”和捐书读书活动，选派一批业务骨干到中央电视台及沿海发达地区跟班学习，选派1名同志援疆，举办专业技术人员继续教育培训班，开展国家二类城市语言文字迎评工作。市两台面向社会公开招考20名采、编、播人员，形成良好用人导向。

4.创先争优效果显著。开展创建学习型党组织、“三民”走访、新农村建设帮扶、灾后重建、社区共建创建、创业服务年等活动。吉安市局连续三届被省委省政府表彰为江西省文明单位，荣获全省广电技术维护先进集体，荣获2010年度市直机关工作考评先进单位，囊括全市党建、纪检、组织、综治、计生、团建、新农村建设帮扶、社区共建创建等各项工作考评先进，涌现全省双拥工作先进个人、全国全省广电技术能手、全省全市劳模和先进工作者、全市抗洪抢险先进个人和优秀共产党员、全市“五好文明家庭”等一批先进典型。

抚州市广播影视概况

抚州市共有市级电视台1座，市级广播电台1座，县（区）广播电视台10座；调频转播发射台148座（其中：市2座、县区146座），总发射功率37.8KW；电视转播发射台12座（其中：市2座，县区10座），总发射功率44.6KW。抚州电视台有2套节目，每天播出总量为34小时，自制有《抚州新闻联播》、《今日现场》、《今日关注》等节目。抚州人民广播电台有新闻综合频率和交通音乐频率两套节目，每天播出总量为36小时，自制有《抚州新闻》、《政风行风热线》、《倾情夜话》、《955 交通在线》等节目。全市全年放映城市和农村电影共30538场。广播综合覆盖率97.21%,电视综合覆盖率98.78%,全市有线广播电视传输干线网络总长4923.75公里,有线电视总用户数36.56万户。全市共有广播电视从业人员980人，其中专业技术人员255人。

2010年，抚州市局自觉融入和主动服务全市赶超发展大局，紧紧围绕市委市政府重大战略部署和工作安排，广播影视宣传、事业建设、行业管理和产业发展都取得了新的成效。具体体现在以下“六个抓”：

一、抓创优，开展了两项活动

1.在全市广电系统持续开展了以“树广电人新形象，树广电行业新风”和 “上班前想一想，我今天应该做什么；下班后问一问，我今天做成了什么”为主要内容的“两树”、“两问”活动，在此基础上，评选全市广电“十佳工作者”，举办全市十佳广电工作者表彰暨先进事迹报告会，在全系统营造了浓厚的干事创业氛围，树立了正气。

2.在电视台、电台、广播电视报坚持开展评优稿活动。每月开展一次广播电视优秀稿件评选，评选结果在局政务公开栏、《抚州广电信息》公开，年底汇编成书，激发了新闻工作者抢第一时间、赶第一现场、创一流业绩的工作热情，提高了广播电视新闻工作者的业务水平，提升了宣传质量。

二、抓宣传，打了两场硬仗

1.围绕抗洪抢险，打了一场宣传硬仗。在2010年6月的抗洪救灾关键时期，全市广电系统干部职工发扬特别能吃苦、特别能战斗的顽强作风，与中央电视台和江西电视台等上级台积极合作，在中央台和省台播发各类抗洪救灾宣传稿件500多篇，每天为中央台综合频道、新闻频道、经济频道、海外频道、英语频道做直播20多场（次），市电视台打破常规，及时调整节目安排，实现了特殊时期的新闻滚动播出，推出系列新闻和特别节目，为全市抗洪救灾胜利营造了良好的内外舆论环境，发挥了团结、鼓劲的作用。

2.围绕市委、市政府的中心工作，打了一场主题报道硬仗。精心策划，聚焦“主攻两区，建设两城，项目带动”，“打好五大攻坚战，实施四大工程”，“赶超发展，提速进位，争创一流”和“两抓、两化、两转变”，推出了一系列的专栏、专题、专访，抚州电视新闻联播全年播出新闻稿4945条，为全市的中心工作营造了浓厚舆论氛围。2010年电视上《江西新闻联播》596条，其中头条38条，上中央台联播22条，创历史最好水平。

三、抓发展，推进了两大工程

1.推进了广播电视“村村通”工程。当年完成1299个点的“村村通”建设任务，电视综合人口覆盖率达到98.77%，广播综合人口覆盖率达到97.5%。全面完成了“十一五”期间国家和省下达的“村村通”建设任务，被评为全国广播电视“村村通”工作先进单位，获得国家发改委、国家广电总局的表彰。

2.推进了农村电影放映工程。全市十二个县区的近千名农村放映员，顶寒风，冒酷暑，进村入组放映农村电影28545场，达到了每村“一月放映一场电影”的要求，超额完成了省局和市政府下达的民生工程任务。为7个县争取到了上级支持的电影放映车各一辆。

四、抓保障，确保了两大安全

1.健全宣传管理制度，确保了宣传导向的安全。视导向为生命，把导向安全的要求全面落实到包括广告在内的所有宣传工作中，特别是对新闻导向安全的管理，通过建立健全新闻三级审稿制度，重要稿件局台领导亲自把关，确保了宣传导向安全。

2.加强设备更新改造和技术技能演练，确保了播出安全。七〇八台增加了一套卫星信号接收设施，解决了卫星节目信号的接收问题，提高了节目安全播出保障水平；抚州广电网络分公司及各县区分公司坚持重点播出时段领导带班值班制度，成立巡线小组，加强了干线和城网巡视管理，确保了安全播出。通过层层选拔和竞赛，七〇八台代表队获得2010年国家广电总局广播电视技能竞赛二等奖，为全省广电系统争得了荣誉。

五、抓机遇，启动了两件实事

1.市传媒中心工程前期工作进展顺利。争取到市政府对传媒中心项目建设的支持，明确为BT建设模式，目前完成了土地征用、规划选址、立项和设计招标工作。

2.八三一台搬迁重建工程前期准备工作有序开展。自觉服从服务大局，配合全市旧城改造工程，将八三一台搬迁出城区，另外择址重建。

六、抓效能，全面完成市委市政府交办的各项工作任务

1.全面完成招商引资任务。其中，团队完成一个3亿元的项目，单位引进一个固定投资了5000万元以上的项目,引进资金1905万元（含老项目进资）。

2.全面完成灾后有线电视网络的恢复和重建任务。组织有线电视专业维修小分队进村入户，及时修复了临川唱凯水淹区近10万户有线电视线路。市县网络分公司及时抽调精干力量全力修复了省干线网络、二级干线城乡网，为全省有线电视安全播出作出了贡献，特别是在灾情严重的资溪县，上百根水泥杆倒塌，光缆冲断，50%的用户无法收看电视节目，该县分公司工程人员步行到灾情点抢修杆路故障，日夜奋战在抗洪抢险一线，通过艰苦奋战，在较短时间修复了杆路故障，保证了广大用户正常收看电视节目的需要。

3.争资金争项目完成1019.5万元。其中：国家财政补助文化传媒和体育事业发展专项资金 180万元，国家财政补助抚州洪灾损失专项资金50万元，国家广电总局“村村通”项目资金（设备）649.5万元，国家广电总局无线覆盖项目运行维护经费140万元。

大事记

2010 年江西省广播影视大事记

综合记事

1 月

1 日

△萍乡市局实行局领导安全播出带班制，由局党组成员和局总工担任每日全市广播电视安全播出的带班领导，负责当日全市各县区、市局属播出单位、市广电网络分公司安全播出的监督管理。

6 月

△瑞昌市新落成的电影院正式投入营业。

9 日

△九江市局举行九江市数字广播电视枢纽基站开工奠基仪式。该枢纽基站集中心机房、传输、会议、多功能开发于一体，建筑总面积 14400 平方米，总投资 3000 万元，由九江市广电局和省广电网络公司合作投资建设，是九江市广播电视覆盖网的一项控制性工程。

12 日

△宜春市第二届农民自制电视节目评比在市广电局举行。

△中央电视台《星光大道》相聚井冈山特别节目“红歌唱万代”专场文艺晚会在吉安体育馆隆重举行。

13 日

△由中央电视台、江西省委宣传部、福建省委宣传部联合出品，中央电视台电视剧制作中心、江西电视台等单位摄制的 29 集重大历史题材电视连续剧《红色摇篮》首映式暨新闻发布会在北京举行。国家广电总局电视剧管理司司长李京盛，江西省广电局局长黄晔明，赣州市委常委、市委宣传部部长彭光华等出席了首映式。

△赣州市文化和广播电影电视局正式组建成立。

14 日

△省局召开收听收看工作座谈会。副局长、局收听收看小组组长梁勇出席会议并讲话。

16 日

△2009 年度江西省地市电视台协作体年会在抚州市召开。

19 日

△省局召开 2009 年度“宣传工作创新奖”评审会，省电台民生频率创新创优团队等 7 个项目荣获 2009 年度“宣传工作创新奖”。局长黄晔明、副局长梁勇、省电台台长龚邦国出席评审会。

20 日

△赣州市广播电视 800 ㎡演播厅建设正式启动。该演播厅集演艺直播为一体，计划历时一年，投资 1600 万元。

23 日

△由中国唱片总公司、江西电视台、中国中外名人文化研究会、中央人民广播电台及中国国际广播电台等单位联手打造的“2010 江西电视台新春红歌会暨第七届中国金唱片颁奖盛典”在北京奥体中心举行。

29 日

△省局召开 2009 年度全局处级领导干部述职述廉大会。局机关各处室、局属各单位主要负责人作了述职述廉报告。

本月

△南昌广电和海尔集团在青岛签定战略合作框架协议，双方将在宣传互动、产品和服务合作、内容开发、高层互访和专业对话等多方面进行深入合作。

2 月

4 日

△全省广播影视工作会议在南昌召开。

△在省国家安全领导小组召开的 2009 年度工作总结暨表彰会议上，省广电局被评为“2009 年度国家安全小组先进单位”。

△上饶市春节联欢晚会在新落成的上饶市艺术中心上演，标志着上饶市艺术中心建成并正式投入使用。该中心按国家一类剧院标准设计，建筑面积 15000 平方米，设 1200 个座位，总投资 7000 多万元。

5 日

△省广播电视网络传输有限公司在南昌召开全省广电网络工作会议。省广电局局长黄晔明、纪委书记刘玉东到会讲话。全省各级分公司总经理（或负责人）共 90 人参加会议。

10 日

△萍乡市委书记刘和平和市委常委、宣传部长黄芝乡，市委常委、市委秘书长孙家群到市广电局看望慰问广播电视工作者。同日，萍乡市市长陈卫民、副市长崔传鹏来到长丰发射台，走访慰问坚守岗位的广电职工。

11 日

△吉安市委书记周萌、市长王萍和市领导吴敏、兰付生、李文彩、杨群宝、刘连根、左继生来到市广电局，走访慰问节日期间坚守一线、服务百姓的广电干部职工。

12 日

△宜春市委书记谢亦森、市长龚建华和市领导任桃英、杨晓宁、周亚夫等来到宜春广播电视台，看望慰问春节期间坚守岗位的编辑、记者，并察看了电视播出机房，了解新闻采编制作播出工作。

21 日

△中共吉安市委、吉安市人民政府联合下发《关于印发<吉安市人民政府机构改革实施方案>的通知》（吉发[2010]5 号），组建吉安市文化广播电影电视局，将市文化局的职责、市广播电影电视局的职责，整合划入市文化广播电影电视局，不再保留市文化局、市广播电影电视局。

22 日

△鹰潭市委书记杨宪萍、市长钟志生来到市广电局，看望慰问节日坚守岗位的广电干部职工。杜德春、邵奇生、潘赞海、徐琳琳等市领导随同看望。

25 日

△全省广电系统党风廉政建设工作会议在南昌召开。局党委书记、局长黄晔明与省局直属各单位、机关各处室主要负责人签订了 2010 年党风廉政建设责任状。

26 日

△省局召开局属各宣传单位及频率频道

主要负责人座谈会，认真学习贯彻省委常委、省委宣传部部长刘上洋在全省广播影视工作会上的重要讲话精神，分两个半天分别就提高新闻节目质量、打造优秀品牌栏目进行座谈，找差距，谈想法，拿办法。局长黄晔明出席会议并讲话，副局长梁勇主持会议。

本月

△日前，省广播电影电视局和省财政厅根据省政府文件要求，对国家电影事业发展专项资金江西省管理委员会进行了调整。管理委员会人员由省广播电影电视局和省财政厅有关负责同志组成，管委会办公室设在省广播电影电视局电影管理处，负责办理日常工作。

3月

1日

△省局召开加快广电文化产业发展专题会议。与会的局属有关单位和机关相关处室负责人围绕 2010 年及今后省局产业发展目标要求，谈思路、谈体会、谈打算。局长黄晔明、副局长杨文英出席会议并讲话。

△省工商局正式办理了“江西电影制片厂有限责任公司”的营业执照，标志着江西电影制片厂转企改制工作告一段落。

2日

△九江市局召开全市广电局长会议。

3日

△景德镇市局召开全市广播影视工作会议。

4日

△宜春市局召开全市广播影视工作会议。

8日

△副省长孙刚在北京拜会了中宣部副部长、国家广电总局局长王太华，副局长张丕民。省广电局局长黄晔明随同拜会。

9日

△中部六省广播电台台长座谈会在北京中土大厦举行。江西电台台长龚邦国在座谈会上致辞。中部六省电台台长就如何进一步加强中部电台合作、提升中部广播影响力等话题进行了深入探讨和交流。

△抚州市局召开全市广播电视工作会议。

10日

△吉安市人大常务委员会发布第 79 号公告，决定任命曾富善为吉安市文化广播电影电视局局长。

11日

△“中影集团电影惠民”系列公益活动——2010 年江西老区行捐赠仪式在江西省鄱阳县举行。中影集团将向江西老区捐赠公益电影放映 5000 场次。

17日

△新余市局召开全市广播影视工作会议。

24日

△省局召开廉政风险防范管理工作动员会。省局纪委书记刘玉东出席会议并讲话。

24～26日

△2009 年度江西广播电视奖——优秀广播节目评选在南昌举行。

25日

△上饶市局召开全市广播影视工作会议。

26日

△萍乡市广播电影电视工作会议召开。

29～30日

△省电台 2010 年记者年会在南昌召开。省局副局长梁勇、省电台台长龚邦国出席会议。

30日

△省局在南昌召开全省广播影视科技工作会议。省局副局长杨文英出席会议并讲话。

△瑞昌市广播电视台投入 300 多万元搭建的电视演播厅正式投入使用。

30 日～4 月 1 日

△国家广电总局办公厅在江西南昌举办 2010 年全国广播影视系统新闻发言人培训班。广电总局新闻发言人、办公厅主任朱虹，中央电视台播音指导李瑞英，中国传媒大学教授段鹏分别授课。各省（区、市）广电局、部分信息直报点及总局有关直属单位办公室负责同志参加了培训。

31 日

△全省加扰卫星电视管理工作会大黎川县召开。

本月

△鹰潭市委、市政府下发《鹰潭市人民政府机构改革实施方案》（鹰发〔2010〕7 号），整合市文化局、市广播电视局、市新闻出版局（市版权局）职能，成立市文化广电新闻出版局。

4 月

2 日

△根据中共新余市委、新余市人民政府《关于印发〈新余市人民政府机构改革实施方案〉的通知》（余发〔2010〕8 号）精神，组建新余市广播电影电视局，将市广播电视局的职责、市文化局的电影管理职责，整合划入市广播电影电视局，不再保留市广播电视局。6 月，新余市人民政府印发《新余市广播电影电视局主要职责内设机构和人员编制规定》，增设电影管理科。

3～9 日

△国家广电总局组织的广告检查组对省局、上饶市局、景德镇市局、婺源县局、浮梁县局以及省电台、省电视台、省教育电视台、南昌市电视台、上饶市广播电视台等 13 家单位进行实地检查。检查组对我省贯彻落实 61 号令及广告监管工作给予了肯定。

12～17 日

△省局科技委无线专业委员会和省局节目传输中心在井冈山举办江西省县级广播电视无线覆盖运行维护培训班。全省承担 2007 年、2008 年农村中央广播电视无线覆盖工程的 42 个县级无线发射台共计 80 余人参加了培训。

13 日

△朱凌任九江市广播电影电视局党委副书记、局长。欧阳文成任九江市广播电影电视局党委书记。

13～16 日

△2009 年度江西广播电视奖——优秀电视节目评选在九江举行。

15 日

△省局召开全局综治安全保卫工作会议。局长黄晔明出席会议并讲话，局纪委书记刘玉东主持会议，局党委委员、省电台台长龚邦国宣读表彰通报，局副巡视员陈峰作工作报告。

△吉安市召开全市文化广播电影电视局长会议。

18 日

△吉安人民广播电台联合中国广播电视协会、中国广播电视协会交通宣传委员会启动全国交通广播自驾游井冈赏花月活动。活动期间，先后有来自 35 座城市的自驾游车队的 3000 多名自驾游车友上井冈赏杜鹃。

19 日

△省电台在庐山西海召开“创新、创优、创业，促进广播跨越发展”座谈会。

21 日

△鹰潭市召开全市文化广电新闻出版工作会议。

22 日

△江西电视台电视剧制作中心正式转企改制成江西电视剧制作有限公司。省委常委、

宣传部部长刘上洋出席挂牌仪式，并为新成立的公司揭牌。

△省局召开省广电媒体宣传创业服务年座谈会。局创业服务年活动领导小组副组长、副局长梁勇，局创业服务年活动领导小组副组长、局纪委书记刘玉东，省电台台长龚邦国出席会议。会议特邀省监察厅效能监察室负责人到会指导。

△省电台召开2010年工作会议。省局局长黄晔明出席会议并讲话，副局长梁勇、杨文英出席，省电台台长龚邦国作工作报告。

22～23日

△省局召开全省电影管理工作座谈会。省局副局长杨松到会讲话。

23日

△省电视台召开2010年工作会议，总结2009年工作，对先进集体和个人进行表彰，部署2010年工作。省局局长黄晔明出席会议并讲话，省电视台台长杨玲玲作工作报告。

24日

△中部六省广播电台台长、总监座谈会在江西南昌举行，会议就加强合作，提升中部广播影响力等议题进行了探讨和交流。

26～27日

△全省广播电视科技管理培训班在星子县举办。省局副局长杨文英主持培训班并讲话。

30日至5月3日

△由省广电局和南昌市政府主办、江西电视台承办的2010（第二届）中国中部（南昌）国际汽车文化节在南昌国际会展中心举行。

月底

△根据景市[2010]15 号文件精神，景德镇市文化局与市广播电影电视局合并，组建景德镇市文化和广播电影电视局（挂市文物局牌子），为市人民政府工作部门，景德镇市广播电视台为市委直属事业单位。

本月

△萍乡市广电发展中心召开全市广播电影电视工作会议。

△经上饶市政府批准，上饶市广播电视局更名为上饶市广播电影电视局。

5月

4日

△省电台举行首届“江西人民广播电台十大青年标杆”颁奖典礼暨座谈会。

△九江市市长曾庆红、副市长吴锦萍来到九江广播电视演播中心工地，检查工程进展情况。

6日

△省广播电视网络传输有限公司在南昌市召开股东会2010年度第二次会议。会议一致通过选举吴建钢为公司董事、董事长，免去戴劭军董事、董事长职务，免去曹曙光董事职务。

7日

△省委常委、省纪委书记尚勇在省广电局关于创业服务年宣传工作专题报告上作出批示，充分肯定广播电视宣传部门充分发挥主流媒体优势，为创业服务年活动的广泛健康开展营造了良好舆论氛围。

△省广播电视网络传输有限公司在南昌市召开全省广电网络设区市（县）总经理工作会议。

14日

△萍乡市广播电影电视发展中心召开全市电影工作座谈会。

20日

△省局印发《关于进一步加快广播影视发展的意见》，提出了省局2010~2015年加快发展的总体要求、奋斗目标、主要任务和保障措施。

21 日

△萍乡市广播电影电视发展中心召开全市广电行业管理工作会议。

22 日

△吉安市首届“红色经典诵读”电视大奖赛决赛在市体育馆举行。活动自 4 月份启动以来，经历了海选、预赛、复赛、决赛等环节，通过层层选拔，最后共有 12 名选手进入决赛。赛前，吉安市通过电视、报刊、网络等媒体广泛宣传发动，报名人数达到 2000 多人。

25 日

△省广电局和中国移动通信集团江西有限公司签署战略合作框架协议。根据协议，双方将充分发挥各自优势，积极推进 TD 网络、CMMB 业务及互联网、手机音视频业务拓展；开展互联网数据传输、宽带运营及相关增值业务的合作；大力推进城乡信息化、数字化，村村通广播电视等；共同参与电子政务网络平台建设、电子商务应用和产业发展等。

△由省广电局主办、今视网集成运营的江西手机电视正式开通。省委常委、省委宣传部部长刘上洋出席开通仪式。

28 日

△省局召开深入开展创先争优活动动员大会。

△在第八届省直机关“十大杰出青年”颁奖大会上，省电台新闻频率记者张吉昌被授予省直机关“十大杰出青年”光荣称号；省电视台新闻部记者谢永芳被评为第八届省直机关优秀青年。

本月

△省电台成立江西广播艺术团，艺术团设立舞蹈队、语言表演队、声乐队、器乐队等。

△省电视台《社会传真》栏目组被授予 2008 年度“全国青年文明号”光荣称号。

6 月

1 日

△宜春市广播电视台开播大型电视娱乐秀栏目《快乐星工厂》，节目时长 20 分钟，每半周一期。

3 日

△“2010 年江西交通广播高考爱心车队”出发授牌仪式在省广播电影电视局举行。这一爱心助考活动已连续九年在全省进行。

9 日

△《清流在线——萍乡市党风政风行风聚焦》直播节目开播仪式在萍乡市广电发展中心举行。该节目分党风热线、政风热线、行风热线三个栏目，每周一至周五上午播出。

22 日

△共青团江西省广播电影电视局直属机关第四次代表大会在南昌召开。

23 日

△抚州电视台推出“抗洪救灾 特别报道”专栏，每天 7:30 至 23:30 在抚州一套、二套两个频道连续滚动播出来自抗洪一线的最新报道。截止 6 月 27 日晚，共播出相关新闻 228 条，时长达 312 分钟。这是抚州电视台新闻节目首次实现全天候滚动播出。

30 日

△我省全面完成 2009 年“村村通”工程建设任务。我省涉及建设任务的 19 个县共下发安装 26210 套直播卫星接收设备，每套设备能接收 48 套电视节目、43 套广播节目及农村信息服务内容，26210 户农村家庭从中受益。

本月

△在抗洪救灾关键时期，抚州市广电新闻工作者发扬特别能吃苦、特别能战斗的顽强作风，与中央电视台和江西电视台等积极合作，播发各类抗洪救灾宣传 500 多篇，每

天为中央台综合频道、新闻频道、经济频道、海外频道、英语频道做直播20多场（次）。

7月

5日

△会昌县电视直播“风景独好”杯亚洲女篮四强赛开幕式。

13～14日

△赣州市推进本地广播电视节目进村入户工作会议在安远县召开。会议就推进全市电视村村通、广播村村响工程建设，加快构建完善的广播电视公共服务体系和减灾预警应急广播体系等工作进行了部署。

15日

△赣州文广局申报的《区域性广电传媒跨区域发展策略研究》课题，历时二年时间通过了2010年度部级社科研究项目评审，获得国家广电总局立项。

20日

△萍乡市市长陈卫民，市委常委、宣传部长黄芝乡，副市长朱信萍一行来到市广播电影电视发展中心，就文化产业发展情况进行调研。

28日

△全省广播影视局长座谈会在井冈山召开。

本月

△江西卫视（新闻综合频道）实行频道制运营。频道运营实行统分结合。卫视频道制改革后，总监对频道运营包括节目生产和创新、品牌打造、专业团队培养等负责，与台长签定目标责任状，主要考核指标为收视排名、创收任务完成、节目创新等。台里将对总监给予严格考核，完成指标任务，台里将给予重奖。同月，新闻部更名为新闻中心，成立联播部、通联部。

△景德镇市广播电视台增设硬盘播出系统备份，在江西省内首家运用卫星接收与硬盘播出系统联网转码播出，节约了大量的人力物力。

8月

1日

△由江西电视台都市频道主办的“都市星主播”2010签约主持人选拔活动正式启动。

6日

△国家广电总局副局长赵实会见江西省广电局局长黄晔明、副局长兼江西电视台台长杨玲玲、副局长杨文英一行，就广电总局支持江西举办首届鄱阳湖国际生态文化节有关事项进行了座谈，对有关事项进行了细致研究和安排。总局办公厅、宣传管理司、电影管理局、电视剧管理司、科技司、国际合作司等有关司局负责同志参加会见和座谈。

20日

△省局召开收听收看工作座谈会。

23日

△省广电局与中国证监会江西监管局召开加强广播电视证券节目管理工作协调会，确定建立我省证券节目监管协调机制。

25日

△省局召开2009年度先进基层党组织、优秀共产党员、优秀党务工作者暨抗洪抢险先进基层党组织和优秀共产党员表彰报告会。

26日

△省电台民生广播开播五周年暨江西广播艺术团成立庆典仪式在南昌举行。省委常委、宣传部长刘上洋出席仪式并为江西广播艺术团授旗。

27日

△由新余市委宣传部、新余市广播电影电视局主办，新余电视台承办的“南昌啤酒杯”第三届全市歌手电视大奖赛落幕。

本月

△鹰潭电视台开展第六届助学圆梦行动。

9月

1日

△新余市委市政府下发《关于深化文化体制改革 加快文化事业和文化产业发展的意见》（余发[2010]24号）。根据文件精神，新余人民广播电台、新余电视台全面推行人事制度、收入分配制度、社会保障制度改革。

△上饶市广电中心正式启用。

10日

△抚州市局召开全市十佳广电工作者表彰暨先进事迹报告会。

12日

△由中国电视艺术家协会、江西电视台主办，《当代电视》、《声屏世界》杂志社协办的“中国红歌现象”高峰论坛在南昌举行。

14～15日

△全省广播电视（有线电视系统、供配电系统）技术知识讲座暨技术能手竞赛在南昌举行。

16～17日

△省局在南昌举办全省广播影视知识产权培训班暨局党委中心组学习会。国家广电总局法规司副司长余爱群、中央人民广播电台法律顾问徐迅等专家为培训班授课。

16～18日

△全省广告播放管理培训班在上饶市举办。

17日

△省局科技创新奖评审会在南昌召开。

18～21日

△江西人民广播电台农村频率与江西省农业厅、江西省农民体育协会联合承办的2010年全国农民农耕健身大赛在江西宜春明月山举行。中国农村广播联盟中的14家省级农村广播应邀参加报道与比赛活动。

20日

△江西省昌九城际高速铁路正式开通运营，江西人民广播电台综合新闻频率与江西交通频率联合推出直播特别节目《赣鄱追风》，并首次实现在时速250公里的和谐号动车组上进行直播。

中旬

△南丰县局“南丰文化网”（www.nfwh.gov.cn）正式上线运行，成为南丰县文化体育广播电视新闻出版系统又一信息发布平台。

26日

△国家广电总局副局长李伟到省广电局考察指导工作。李伟先后考察了省电台、省电视台和省广电网络公司，详细了解了我省广播影视宣传和改革发展情况，亲切慰问在一线工作的广电干部职工，并听取了省局负责人对有关情况的汇报。

△江西人民广播电台联合中部其他五省广播电台对第五届中国中部博览会开幕式进行了一个半小时的大型联合直播《让世界为中部喝彩》。

27日

△萍乡市广播电影电视发展中心举办萍乡市首届婚庆文化博览会暨“美丽新娘”大型集体婚礼电视直播活动。

29日

△江西电视台建台40周年纪念大会在南昌举行。省委书记苏荣、省长吴新雄专门发来贺信，充分肯定了江西电视台40年来取得的成就，就新形势下办好电视提出了明确要求。省委常委、省委宣传部部长刘上洋出席纪念大会并讲话。省人大常委会副主任蒋如铭、副省长史文清、省政协副主席汤建人出席会议。

△赣州电视台“未来新主播”首届电视

主持人大赛历时近半年圆满结束。

10月

9日

△上饶市委书记蔡晓明来到市广电中心，了解工程建设情况。市领导程建平、汪东进、张鸿星等陪同。

14日

△省委教育工委委员、省教育厅副厅长彭世东一行到江西广播电视学校检查指导“提升质量年”活动情况。省广电局纪委书记刘玉东陪同检查。

15日

△由省文明办和省电台共同主办、省电台民生广播承办的江西省第四届文明健康艺术活动周在南昌八一公园拉开帷幕。

15～20日

△景德镇市广播电视台发起并承办了“全国电视文化节目交流与协作高峰论坛”，全国30多家电视台参会，中国广播电视协会会长李丹为论坛发来贺信。论坛期间，与会电视台共同发起成立了全国电视文化节目交流协作网。

16日

△由省电台民生广播承办的江西省十大孝子、十大敬老模范表彰暨江西老年节庆祝大会在南昌市八一广场举行。

24日

△由文化部、国家旅游局主办的首届中国国际文化旅游节特别设立的“文化旅游发展贡献奖”的前三强作品产生，其中，我省已故作家毕必成编剧的《庐山恋》入选“影响中国旅游的一部电影”三强。

25～28日

△省局在景德镇市举办全省广电系统综治保卫工作骨干培训班。

30日

△吉安市文广传媒中心隆重开工奠基。省政协副主席、省科协主席李华栋，吉安市委书记周萌，市委副书记、市长王萍等领导为项目开工培土奠基。吉安市文广传媒中心是吉安市社会事业建设重点项目和2010年中心城区建设六大形象工程之首。项目位于城南新区行政中心西北面，项目总占地面积23.74亩，总建筑面积约3万平方米，是集广播电视节目策划、演播、制作、发射、传输和城市文化休闲为一体的多功能综合性建筑，预算总投资1.2亿元。

31日

△由鹰潭文广新局承办的江西省第十三届运动会闭幕式文艺晚会《飞翔在仙境》在市体育馆举行。

本月

△省电台投入近10万余元采购设备，进行总控矩阵和慢录系统的扩容和升级改造。

△由省电台主办的江西广播网建成并上线运行。

△景德镇市广播电视台整合了原有《景德镇新闻》、《新闻晚8点》、《昌南对话》三档新闻类栏目，推出全新电视新闻版块栏目《今日看瓷都》。该栏目以“资讯平台、人生舞台”为定位，以景德镇时政、民生新闻为主体，每晚7.35播出，节目时长35分钟。

△在中国广播电视协会主办的首届中国西安国际影像节上，景德镇市农民导演周元强执导的当代农村青少年教育题材电视剧《妈妈您在哪》荣获二等奖。这是本届节展唯一一部由农民导演拍摄的作品。

△赣州市瑞金、兴国、龙南、宁都、石城、会昌、安远、定南、全南、崇义等10个县（市）被国家广电总局正式批准纳入广播电视数字化试点项目，使用分米波频道转播中央电视台1套高清、中央电视台7套标清、

省电视台1套标清和赣州市电视台1套标清节目，成为我国第一批地面数字电视试点县（市）。

11月

5日

△由中华全国体育总会、中国农民体育协会主办，江西人民广播电台农村频率承办的“荣裕杯”全国农民健身秧歌大赛在宜春市体育中心举行。

8日

△都昌县广播电视台演播大厅正式竣工投入使用。

10日

△江西卫视举办的“中国红歌会”的“姐妹篇”——大型电视活动“中国山水情歌会”全面启动。

10～11日

△2010年江西省电视新闻年会在抚州市召开。抚州市委书记甘良淼看望了与会代表。省局副局长、江西电视台台长杨玲玲，抚州市委常委、宣传部部长黄晓波出席会议并讲话。

16日

△瑞昌市城区影院正式加入全国城市院线，成为九江地区第一家县级数字影院。

18日

△省委常委、副省长陈达恒，副省长朱虹等领导到上饶市广电中心视察。

△德安县磨溪乡正式开通青年广播站，每天分三个时段播音。随着有线电视和互联网络的快速发展，德安县在上世纪90年代后期全面中断了所有广播。此次磨溪乡政府投入1万余元重新建立广播站，标志着该县重新恢复了广播播音。

19日

△国家广电总局副局长田进到省局考察指导工作。田进在省电台、省电视台等地详细了解新闻宣传、安全播出、新媒体发展、行业管理等方面的情况，对正在一线工作的广电干部职工表示亲切慰问，并听取了省局负责人对有关情况的介绍。省局领导黄晔明、杨玲玲、杨松、刘玉东、龚邦国、杨文英陪同考察。田进一行在出席完中国鄱阳湖国际生态文化节开幕式后，到鹰潭市考察，对鹰潭局的广电工作予以了充分肯定。

20～22日

△首届中国鄱阳湖国际生态文化节在南昌国际会展中心举行。全国政协副主席张榕明宣布文化节开幕。中国鄱阳湖国际生态文化节组委会名誉主任、江西省委书记、省人大常委会主任苏荣，国家广电总局副局长田进，分别致辞。中国鄱阳湖国际生态文化节组委会主任、江西省委常委、省委宣传部部长刘上洋主持开幕式。本届文化节由中共江西省委、江西省人民政府主办，以“生态中国、绿色江西”为主题，以招商、招展和交易为核心，全力打造面向国际、面向未来的生态文化产业和生态文化产品交易平台，全方位多角度反映国际国内生态文化建设的成果，传播生态文化理念。为期3天的文化节吸引了国内外345家文化企业参展，吸引招商引资项目162个，总投资额1030.16亿元。签订合作项目110个，项目总投资758.5亿元。涵盖传媒出版、网络文化、动漫产业、影视音像等领域，3天时间共有超过15万人次参观者到文化节参观。

24日

△赣州自主研发的RDS可寻址调频应急广播系统项目技术方案通过了国家广电总局专家委员会的论证。

△吉安电视台投资500多万元购置了一辆多讯道数字转播车。

28 日

△由中国人民解放军总政治部话剧团、中共赣州市委宣传部、江西人民广播电台红瑶文化传播有限公司联合拍摄的红色题材数字电影《赣南 1934》在南昌举行开机新闻发布会。

30 日

△全省电影行业统计暨农村电影放映工程管理平台培训班在星子县举办。

本月

△省局积极参与首届鄱阳湖国际生态文化节，取得丰硕成果。共完成招商引资金额 53.15 亿元，其中签约项目 4 个，签约资金 12.15 亿元。

△在中国城市广播联盟年会上，江西人民广播电台都市频率荣获中国城市广播联盟首届“杰出贡献奖”。

12 月

24 日

△国家发改委外资司以发改外资核字[2010]081 号文确认赣州市文化和广播电影电视局借用北欧投资银行贷款购置广播电视设备项目外债规模 600 万美元，主要用于购置高清数字转播系统、新闻制播系统等，有效期自 2010 年 12 月 24 日起 2 年。

28 日

△铜鼓县提前两年完成宜春市政府下达的农村广播“村村响”工程建设任务，实现了农村广播的全县覆盖，有 92 个自然村开通广播，有效解决了农村群众听广播难的问题。

30 日

△省政府召开全省有线电视数字化整体转换动员电视电话会议。副省长孙刚出席会议并作重要讲话。

△在由中华全国新闻工作者协会主办的第二十届中国新闻奖评选中，江西电视台的电视专题《透视中国姓名权第一案》荣获二等奖，电视消息《江西：伏秋连旱凸显水利工程缺失》荣获三等奖。

本月

△新余人民广播电台直播室前端设备技术改造工程全面完工，工程投资 50 余万元。改造后的直播室前端播音设备实现了数字光缆传输、立体声广播，声音清晰稳定。

本年

△为支持广播影视事业发展，分宜县政府先后给分宜县文化广电新闻出版局下拨 861 万元用于更新广播电视采编播设施和广电大楼建设。

△余江县文化广电新闻出版局全力配合县委、县政府打造“网上余江”，搞好电视网络“村村通”这一民生工程，完成了余江县大部分乡（镇）村电视网络工程的铺设任务，新安装农村有线电视 2 万余户。

专题记事

全省广播影视工作会议在南昌召开

2 月 4 日，全省广播影视工作会议在南昌召开。会议传达了全国广播影视工作会议和全省宣传部长会议精神，总结了 2009 年全省广播影视工作，表彰了一批先进单位，研究部署了 2010 年任务。省委常委、省委宣传部部长刘上洋出席会议并讲话。副省长孙刚出席会议。省局党委书记、局长黄晔明作工作报告。

刘上洋充分肯定了2009年全省广播影视工作取得的成绩，并对2010年工作提出了明确要求。他强调，全省广播影视系统要充分认清形势，化压力为动力，进一步强化措施，改进工作，全力以赴，奋力开拓。要制定新目标，打造新栏目，发展新媒体，抓好新产业，树立新品牌，搭建新平台，在促进广播影视事业和产业发展上有新的突破。要在解放思想、开拓创新上下功夫，进一步更新观念，开阔思路，创新机制，改进作风，推出人才，加强管理，努力完成今年广播影视改革发展的各项任务，不断推动全省广播影视业又好又快发展，为促进全省进位赶超、跨越发展作出新的贡献。

黄晔明提出，全省广电系统2010重点要做好八方面工作：一要突出抓好新闻宣传和舆论引导，努力营造加快发展的浓厚氛围；二要强化责任和保障措施，努力做好安全播出工作；三要坚持精品战略和品牌建设，努力繁荣内容生产；四要推进工程建设和长效机制，努力完善农村广播影视公共服务；五要抓住机遇用好政策，努力促进传统媒体和新兴媒体融合发展；六要深化体制改革，努力增强广播影视发展活力；七要加强依法管理，努力推进广播影视健康有序发展；八要加强队伍建设和人才培养，努力推进广播影视可持续发展。要认清形势，增强责任，更加扎实有效地做好广播影视工作，要坚定不移地坚持广播影视工作的主要任务不动摇；坚定不移地坚持广播影视工作新要求不动摇；坚定不移地坚持广播影视大发展大繁荣的目标不动摇；坚定不移地坚持广播影视工作四个重大原则不动摇。

全省广播影视局长座谈会在井冈山召开

7月28日，全省广播影视局长座谈会在井冈山召开。会议传达贯彻了全省宣传部长会议和全国广播影视局长座谈会精神，总结了上半年工作，部署了下半年任务。省局领导、各设区市局局长，省局机关各处室和直属各单位负责人参加了会议。

省局党委书记、局长黄晔明在座谈会上讲话中指出，广播影视是党、政府和人民的喉舌，全省广电系统要充分认识广电工作的政治属性，把宣传工作作为广电工作的重中之重，把坚持正确舆论导向作为广电工作的灵魂，进一步增强做好广电工作的使命感、责任感。下半年要着重从六个方面推进广播影视工作。一是要坚持新闻立台，完成好各项宣传任务。要大力抓好我省经济社会科学发展、鄱阳湖生态经济区建设、抗洪救灾和灾后重建等宣传，积极营造江西加快发展的浓厚氛围。二是要坚持精品战略，着力抓好广播影视内容生产。要打造一批精品栏目，树立一批创意文化品牌，创作一批影视精品，抓好新媒体播出内容的创作生产，更好地满足人民群众个性化、多样化需求。三是要坚持科学发展，加快广电事业建设步伐。要加快村村通、无线覆盖、农村电影放映等广电民生工程建设，做好洪灾损毁广播电视基础设施设备修复工作；要积极应对三网融合，加快网络整合和新业务开发；要加快移动多媒体广播电视发展；要加快城市数字影院的建设和改造。四是要坚持乘势而上，推动广电文化产业快速发展。要积极争取支持，主动寻求突破，大胆开拓创新，切实把广播影视文化产业做强做大。五是要坚持依法行政，加强科学高效管理。通过加强宣传管理、媒体机构管理、电影管理等，以管理保导向，以管理保安全，以管理促改革促发展。六是要坚持正确方向，积极稳妥推进和深化改革。要准确把握两台合并的原则和要求，积极稳妥地推进制播分离改革，加快影视剧中心等经营性事业单位的转企改制，按照公司法的要求建立法人治理结构等。

江西电视台建台40周年纪念大会在南昌召开

9月29日，江西电视台建台40周年纪念大会在南昌举行。省委书记苏荣、省长吴新雄专门发来贺信。省委常委、省委宣传部部长刘上洋出席大会并讲话，省人大常委会副主任蒋如铭、副省长史文清、省政协副主席汤建人等到会祝贺。省广电局党委书记、局长黄晔明主持大会，江西电视台党组书记、台长杨玲玲致辞，省局在家的领导出席会议。

苏荣、吴新雄在贺信中对江西电视台成立40周年表示热烈祝贺，对江西电视台为繁荣发展社会主义文化、推动全省改革开放和现代化建设作出的贡献给予充分肯定，勉励江西电视台要建设成为拥有全国一流节目、一流技术、一流管理、一流队伍的电视媒体。

刘上洋在讲话中指出，40年来，我省电视事业在艰难中创业，在探索中进取，在改革中发展，在竞争中壮大，尤其是近些年来，江西电视台推出了一大批内容积极健康、群众喜闻乐见的优秀品牌节目，不仅丰富了群众的精神文化生活，而且营造了良好的舆论环境。希望江西电视台始终坚持政治家办台，紧紧围绕省委、省政府的中心工作，唱响主旋律，打好主动仗。始终坚持提高宣传艺术，多用群众的鲜活语言，多用群众身边的生动事例。始终坚持打造特色品牌，充分发挥我省红色、绿色和古色资源优势，努力推出一批立足新的实践、顺应时代潮流的特色品牌。始终坚持改革创新，不断激发内部活力，形成推动我省电视事业又好又快发展的强大动力。始终坚持培养优秀人才，努力造就一批群众喜爱的名记者、名编辑、名评论员、名主持人，形成一个人才辈出、人才纷至、人尽其才、共创事业的良好局面。

江西电视台于1970年10月1日正式开播。经过40年的发展，江西电视台品牌价值不断提升，形成了一台九频道的发展新格局，收视份额总和占据本地市场的45%以上。江西卫视已经在除了台湾以外的全国所有省会城市落地，有效覆盖人口超过7亿，连续5年收视率居全国省级卫视前6位，经营创收居省级卫视前8位。

文件选载

江西省广播电影电视局
关于进一步加快广播影视发展的意见

为积极贯彻落实中央关于推动文化大发展大繁荣的精神，在省委、省政府的正确领导下，省广播电影电视局为了更好地明确思路，争创一流，奋发进取，跨越发展，特制定进一步加快广播影视发展的意见。

一、目标要求

1.总体要求：以邓小平理论和“三个代表”重要思想为指导，深入学习实践科学发展观，按照高举旗帜、围绕大局、服务人民、改革创新的要求，紧紧围绕“科学发展、进位赶超、绿色崛起”的目标，在2010年至2015年，力争全局工作每年迈一大步、三年有关键性突破、五年实现整体跨越，努力实现广播影视“大宣传、大服务、大产业”又好又快发展。

2.六大奋斗目标：一是围绕中心，服务大局，着力在把好导向、提高引导能力上下功夫，不断增强广播、电视、电影、网站、报刊等各类广电媒体的舆论引导力和社会影响力，努力把省级主要广电媒体打造成为在全国有一定影响的强势媒体。二是立足江西，面向全国，着力在宣传创新、节目创优上下功夫，不断推出有影响、有特色的广播影视文化精品，努力打造一批具有江西文化名片特征的系列品牌。三是突出关注民生，扎实推进广电民生工程，着力在确保安全播出、建立长效机制、构建公共服务体系上下功夫，不断推进“村村通”工程、无线覆盖工程、农村电影放映工程、数字电视整体转换工程，努力保障广大人民群众听广播、看电视、观电影的基本文化权益。四是把握大局，发挥优势，着力在盘活资源、优化配置上下功夫，不断促进广播影视传统媒体与新媒体融合发展，努力扩大宣传阵地和提高传播覆盖质量，更好地满足人民群众多样化、个性化的精神文化需求。五是勇于改革，善于创新，着力在理顺体制、激活机制上下功夫，不断解放广播影视生产力、提升市场竞争力，努力打造几家经营收入超 10 亿元的广播影视经济实体，产业总收入在 2009 年的基础上翻三番，达到 100 亿元以上。六是以人为本，科学发展，着力在健全人才培养、激励机制上下功夫，不断激发广大干部职工改革创新、争创一流的积极性、自觉性，努力使广电各项工作始终走在全省宣传文化系统的前列。

二、主要任务

1.着力打造有全国影响的强势媒体，更加有效有力地服务全省发展大局。

(1)强化新闻立台，切实把好正确导向、提高引导水平。紧紧围绕省委、省政府中心工作，牢牢把握正确舆论导向，坚持正面宣传为主，精心组织媒体宣传活动，重点办好新闻节目。认真贯彻“三贴近”原则，大力推进新闻宣传内容形式、方式方法和业态手段的创新，加强广播、电视、报刊、网站等媒体的联动、互动，不断增强广电媒体宣传的影响力、亲和力、吸引力、感染力，切实提高舆论引导的针对性、时效性和到达率，使广电宣传工作更加紧密地围绕中心，更加有效地服务大局，更加有力地引导社会舆论。

（2）加强品牌创建，努力形成江西特色文化品牌集群。着力挖掘我省红色、绿色、古色文化资源，巩固和创新“中国红歌会”、《传奇故事》、《政风行风热线》等名牌栏目，精心办好“中国山水情歌会”，努力培育和打造更多特色鲜明的名牌节目、栏目和文化创意品牌，以及一批有品牌影响支撑的频率频道、节目制作机构和文化企业。省级主要广电媒体要力争每年推出 2 个在全国有影响的品牌栏目和文化创意产品。到 2012 年，在全国有一定知名度的品牌栏目及文化创意品牌达到 10 个以上；到 2015 年，在全国有一定知名度的品牌栏目及文化创意品牌达到 20 个以上。

（3）加大研发力度，不断提升我省广电媒体的影响和形象。大力支持广电各类媒体成立节目研发机构，完善研发机制，形成研发、评估、样片、试播、正式播出的新节目生产流水线。力争各频率频道每年重点研发并推出 1 ~ 2 个新栏目，不断提高广电媒体的收听率、收视率和社会影响力。到 2012 年，省电视台本地总体收视份额达到 42%，同类型品牌节目进入全国前 10 名的 3 个以上，每年要有 1 个地面频道进入全国前 10 名，卫星频道的影响力和在全国 35 城市的收视排名均保持在前 6 位；到 2012 年，省电台在南昌的市场占有率由 2009 年的 40.23%提高到 50%。到 2015 年，省电视台卫视频道在全国的收视排名保持前列；省电台在南昌的市场占有率达到 52%。

（4）坚持精品战略，努力创作生产更多的精品力作。每年均有 1 件以上作品获得中国新闻奖和中国广播影视大奖，并在“长江韬奋新闻奖”、“金话筒奖”等奖项上实现突破。认真组织创作一批反映鄱阳湖生态经济区建设的广播影视作品，抓好和谐社会题材、农村题材、未成年人教育题材等现实题材和革命历史题材的广播剧、电视剧、电影的生产。每届全国“五个一工程”评奖均有广播剧、电视剧、电影等获奖，要有更多的精品获得“彩虹奖”、“彩桥奖”、“星光奖”、“金鸡奖”、“百花奖”、“飞天奖”、“华表奖”等全国大奖。

2.着力推进数字化网络化，更加有效有力地延伸服务和引领发展。

（1）积极跟进新技术，加快传统媒体与新媒体的融合发展。着力推进电台、电视台等传统媒体的升级改造，强化一台多频率多频道的宣传格局，坚持以“网为台服务，台为网铺路”的原则，积极发展网络广播电视，适时开办江西网络广播电视台，把广播电视的传播触角延伸到互联网；加快推进今视网转企改制，强化视听特色和市场机制，使其成为江西强势综合视听网站，2012 年综合点击率在现有基础上翻一番，达到 600 万次以上，2015 年综合点击率达到 1000 万次以上。努力打造网络传播平台，积极拓展网上舆论宣传阵地。

（2）稳妥推进“三网融合”，加快新媒体新业态发展。充分利用广电媒体的资源优势，通过全方位的整合、联合，吸纳社会各方力量和资本，着力发展手机电视、公共视听载体等新兴媒体业务，稳步推进 IP 电视业务，加快建设高清电视、数字声音广播、下一代广播电视网络。通过盘活现有资源，加强省市合作，加快发展移动多媒体广播电视，2010年成立全省移动多媒体广播电视公司并正式营运，力争2012年用户达到100万户，2015年用户达到500万户。不断扩大广电宣传阵地和信息传播平台，为社会提供内容更加丰富、形式更加多样、接收更加便捷的视听产品和信息服务。

（3）大力推进民生工程建设，切实加强广电公共服务。按照科学发展观的要求，统筹城乡广电事业发展，坚持把事业建设的重点向农村倾斜、向基层倾斜，着力建立健全广电公共服务保障体系、技术保障体系和运营维护长效机制，切实把惠及百姓的广播影视文化服务落到实处。继续扎实推进“村村通”工程建设，2010年内全面完成4476个20户以上自然村“村村通”的建设任务，认真做好“十二五” 20 户以下自然村的“村村通”工程规划和建设工作；全面完成县级无线发射台和中波台的改造任务，加快广播电视安全监测网工程建设，切实提高无线覆盖效果；精心组织农村电影放映工程，确保完成一村一月一场电影和中小学校每个学期两场电影放映任务，不断改善放映条件和放映质量，力争 2010 年实现全省农村数字电影放映全覆盖，支持开展城镇广场、城乡社区等电影公益放映活动。

3.着力做大做强广播影视产业，更加有效有力地壮大实力，促进可持续发展。

（1）做大产业总量，力争全国排位前移。以2010年为基准，通过3~5年的努力，全省广播影视整体实力显著提高，发展水平在全国的位次前移，产业收入 2012 年达到 30 亿元以上，2015年达到100亿元以上。

（2）抓好重大项目建设，带动相关产业发展。广播影视基础设施，既是广播影视事业发展和公共服务的平台，也是广播影视产业发展的平台。

坚持媒体品牌和形象建设，促进媒体广告创收持续平稳增长。到2012年，省本级广告收入达到13.5亿元，其中，广播广告达到1亿元，电视广告达到12.3亿元，其他媒体广告达到0.2亿元。到2015年，省本级广告收入达到20亿元，其中广播广告达到1.3亿元，电视广告突破18亿元，其他媒体广告达到0.7亿元。

大力发展影视内容产业，加大市场运作和营销。到2012年，省本级影视制作业年收入在现有7000万元的基础上翻3倍多，达到2.4亿元，影视产品年生产量达到300部集。到2015年，省本级影视制作业年收入达到5亿元，影视产品年生产量达到600部集。

加快有线电视数字化整体转换和多功能业务开发，大力发展数字影视产业。积极推进网络整合，2010 年要基本实现“全省一张网”，在全省 11 个设区市和 30%的县级城市完成有线电视数字化整体转换；2012年县级以上城市的有线电视基本实现数字化，用户总数达到 500 万户，其中数字付费电视用户330万户，年收入达到15亿元；2015年全省有线电视与全国同步全面实现数字化，用户总数达到600万户，收入达到25亿元。

重点推进“江西国际影视文化城”、“江西数字影视节目中心”等工程建设，建立影视文化创意产业基地，延伸产业链条，带动旅游、餐饮、租赁等相关服务业发展。

大力发展电影产业。加快电影体制改革，继续推进江西电影制片厂和全省电影发行放映单位转企改制，积极支持省内外国有大型企业或控股企业参与电影院线和电影院的建设，着力培育一批有实力、有特色的骨干电影院线和数字多厅影院；创新电影制片机制和营销机制，整合电影制片、发行、放映资源，适时组建江西影视集团。到2012年，基本完成设区市和部分县级市数字影院建设与改造，全省城市主流影院票房达到 2 亿元；到 2015 年，基本完成县级市和有条件的县城的数字影院建设与改造，全省城市主流影院票房达到 7 亿元。

（3）整合各类资源，大力发展广播影视相关产业。

一是大力发展艺术培训产业。盘活媒体、学校、企业的资源，着力打造广播影视演艺、主持和影视动漫制作等培训基地。全局艺术培训产业产值到 2012 年达到 5000 万元，到 2015 年达到 1 亿元。

二是大力发展电视购物产业。着力把江西电视台风尚购物频道打造成为能够满足用户购物、时尚、休闲、娱乐等多方面需求的服务平台。电视购物产业收入到 2012 年达到 5 亿元，到 2015 年达到 20 亿元。

三是大力发展广电会展业。充分利用广电媒体影响和节目品牌资源等优势，着力培育一批主题突出、专业性强，并具有较强影响力的品牌会展活动。广电会展业收入到 2012 年达到 3000 万元，到 2015 年达到 2 亿元，拉动吃、住、行、购等消费 50 亿元以上。

三、保障措施

1.进一步解放思想、更新观念。观念决定思路，思路决定出路。在加快广播影视发展中，要始终坚持政治家办台、党管媒体不动摇，要解放思想，创新发展理念，转变发展方式，坚决摒弃阻碍发展的旧观念和思维定势，准确把握广播影视意识形态属性和产业属性，正确处理社会效益和经济效益的关系，遵循新闻传播规律和市场经济规律，统筹发展公益性事业和经营性产业，切实按照中国特色社会主义文化发展规律的要求，理清发展思路，谋划发展战略，明确发展重点，优化发展布局，努力在加快发展中解放思想，在观念更新中促进发展。

2.进一步深化改革、大胆创新。改革创新是加快发展的强大动力。在广播影视宣传工作、事业建设、产业发展、体制机制、行业管理、队伍建设等方面进行积极探索。敢于创新，善于创新，善待失误，宽容失败，切实促进宣传内容形式上的创新突破，节目样式和品牌战略上的创新突破，体制机制和发展理念上的创新突破，科技变革和传播手段上的创新突破，资源整合和资产重组上的创新突破，市场运作和营销上的创新突破，用人机制和人才培养上的创新突破，大力推进主要工作和关键环节实现重点突破。

3.进一步健全制度、完善机制。坚持和健全多年来形成的宣传管理例会制度、安全播出例会制度、产业调度例会制度、安全保卫工作例会制度等，切实加强和改进广播影视行业管理、市场监管、公共服务。完善宣传工作创新奖评选等激励保障机制，建立重要工作和重大项目统筹协调机制，健全企事业单位内部劳动人事、收入分配和社会保障制度，对有突出贡献的单位或个人予以重奖，切实转变工作作风，创新管理手段，提升服务效能，努力形成科学高效、运转顺畅的行业管理体制和产业发展推进机制。

4.进一步争取政策扶持、社会支持。积极争取各级财政对广播电视“村村通”、无线覆盖、农村电影放映等公共服务体系建设的政策支持和资金投入，推进广播影视公共服务长效机制建设。积极争取国家和省里对文化体制改革、文化创意产业、产业技术平台，以及产业基地建设、数字影院建设、重点骨干文化企业、重大文化产业项目、重点题材影视剧和国产动画片制作、农村少儿科教题材影视节目的发行放映、重点产品出口等方面给予的资金、贴息和税收优惠政策的支持。鼓励和引导社会力量和民营资本依法参与广播影视公共文化体系建设和市场经营活动，重点支持一批实力强和前景好的国有、国有控股和民营文化企业做大做强，鼓励有条件的骨干文化企业上市融资发展。

5.进一步加强人才队伍建设。大力实施人才战略，突出培养高层次、复合型创新人才，大力引进培养重点领域专门人才，着力培养一批广播影视名家，包括专家型新闻宣传人才、创新型科技人才、创意型艺术人才、复合型经营管理人才、专业型视听新媒体人才、外向型国际传播人才等六类人才。统筹抓好党政人才、企事业管理人才、专业技术人才、高技能人才等各类人才队伍建设，健全人才评价发现、选拔使用、流动配置、激励保障机制，促进人才结构调整。创新广播影视人才工作机制，积极为人才成长创造环境和搭建平台，努力建设一支政治强、作风正、业务精的规模适宜、结构合理、梯次分明、素质优良的广播影视人才队伍。

（赣广局字〔2010〕38 号）

江西省广播电影电视局
2010 年推进依法行政工作要点

根据《省政府办公厅关于印发<江西省2010 年推进依法行政工作要点>的通知》(赣府厅字〔2010〕22 号)、《国家广电总局关于印发<2010 年广播影视法制工作要点及任务分解>的通知》(广发〔2010〕25 号)、《省效能办关于印发<全省进一步优化创业环境实施方案>的通知》(赣效能办发〔2010〕1 号)要求，现结合本局实际，提出本局 2010 年推进依法行政工作要点。

一、总体要求

全面贯彻落实科学发展观，以“推进广播影视依法行政、服务广播影视科学发展”为主题，以“增强依法行政理念、推进科学民主决策、规范行政执法行为、建立高效运行机制”为重点，紧紧围绕省委、省政府关于创建最优发展环境的目标要求，进一步完善制度、健全机制、夯实基础、推动落实，为促进和保障广播影视的改革、发展与繁荣创造良好的法治环境。

二、工作要点

1.继续深化广播影视行政审批制度改革。

（1）坚决兑现 2009 年作出的缩减行政审批事项清理、改进审批方式和兑现缩减审批时限的承诺，已经取消的项目、下放的项目和改变审批方式的项目，要坚决落实到位。

（2）切实做好与国家广电总局再取消和调整的行政审批事项的衔接工作。对国务院决定取消，而我省保留的行政审批项目，要坚决取消；对国务院决定下放给省级及以下广电行政部门的行政审批项目，要做好接收工作，并严格规范化管理；对国务院决定改变管理方式的行政审批项目，要参照国务院的办法处理。

（3）进一步规范行政许可项目审批程序，科学设定行政审批流程，加快推行网上审批和电子监察系统建设，在继续办好“电视剧办事服务大厅”电子平台的基础上，争取再推出“电影办事服务大厅”等电子平台，不断提高项目审批效率。

2.强化规范性文件的监督管理。

（1）严格规范性文件制定权限和发布程序，特别是对管理性规范文件的制定和发布要严格把关。明确规定，凡以省局名义制定和出台管理性的规范性文件，由相关处室牵头起草，应当广泛征求相关单位意见；涉及细化现行法规、规章制度，或对全行业或社会有重大影响的管理措施、制度，发布前应送局法制部门进行合法性审核，局领导审定。

（2）落实规范性文件定期清理制度。年内要全面开展规范性文件的评估清理，向社会公布现行有效的规范性文件目录，供公众查询、监督。及时受理群众关于规范性文件合法性的审查申请，纠正违法的规范性文件。

3.推进行政执法规范化建设。

（1）进一步规范行政执法权、行政处罚自由裁量权，切实做到规范、文明执法。重点做好新颁布法律、法规、规章有关行政处罚自由裁量权细化标准的制订工作，建立行政处罚典型案例类比制度，制订全省统一的广播影视执法文书，编制广播影视执法手册，积极组织参加省里举办的优秀行政许可、行政处罚案卷的评选活动，以及完成行政执法证件的换发工作，建立行政执法人员信息管理系统等，促进行政执法行为规范化。

（2）加强对市、县纳入综合执法的广播影视执法的指导监督工作。按照国家广电总局的指导性意见，切实理清纳入综合执法的广播影视执法职责，依法确定综合执法项目的执法主体，确保基层广播影视执法工作不削弱。

4.深入推进政务公开，加快电子政务建设。

（1）进一步完善政务公开制度，切实做好政府信息及其它政务信息、审批信息、处罚信息等依法公开工作，增强政务工作的透明度和公正性。

（2）继续加大电子政务建设工作力度，加快局办公自动网络建设，加强局政务网站建设，进一步提高办事效率。

5.建立健全科学民主的行政决策机制。

（1）细化重大行政决策范围。根据《江西省县级以上人民政府重大行政决策程序规定》，以下事项纳入省局本级重大行政决策范围：制定或调整全省广电事业发展重大政策措施，编制发展规划、年度计划；编制本局财务预决算、重大资金安排；研究本局重大投资项目和重大国有资产处置；研究全局内设机构调整、体制改革方案和干部任免、工作人员奖惩。

（2）完善局本级行政决策规则和决策程序。对重大行政决策事项，在决策动议、方案选择、决策讨论参与人员、专家咨询论证、合法性审查，以及决策方式、公布形式等环节应预先作出合理安排并严格实施。建立决策后评估机制，定期对决策实施情况进行分析评估，适时调整和完善决策事项。规范行政决策档案的记录和管理，组织开展行政决策档案评查工作。

6.规范机关处理群众行政诉求行为。

（1）落实行政争议信访件转办工作制度，完善群众利益协调、诉求表达、权益保障、矛盾纠纷调处机制，有效防止和处理群体性事件。进一步拓宽和畅通群众诉求渠道，坚持“领导干部接访日”制度，办好网上“局长信箱”，及时受理群众来信来访，并且认真负责地妥善处理，积极化解矛盾，维护社会和谐稳定。

（2）认真贯彻行政复议法，加强行政复议工作。完善行政复议听证制度，进一步规范听证程序、听证人员职责、听证结果的运用。对符合法律规定的行政复议申请，必须依法受理；审理行政复议案件，要重依据、重证据、重程序，公正作出行政复议决定，发现违法、明显不当的行政行为要坚决纠正。

7.进一步提高普法工作的针对性和实效性。

（1）做好全省广电系统“五五”普法总结验收工作，研究起草全省广电系统“六五”普法规划。

（2）加强公务员学法用法工作，重点抓好领导干部学法用法，健全领导干部学法制度，举办局党委理论学习中心组专题法制学习活动。

（3）大力开展法制培训工作，重点抓好岗位适应性法律培训，重点抓好国务院 566 号令、国家广电总局 60 号令、61 号令、62 号令、63 号令等新出台的法律、法规、规章的培训，重点抓好新增电影行政管理职能所及的相关法律、法规、规章的培训。

（4）不断创新普法形式，开拓利用信息网络的普法渠道，充分利用《全国广播影视系统学法用法实用软件》等普法材料，对全员进行普法教育。

（5）充分发挥广播电视媒体的法制宣传作用，提高法制栏目、节目质量的质量，办好“12·4”法制宣传日活动。

（赣广局字〔2010〕41 号）

省广电局开展创业服务年活动实施方案

根据《江西省开展创业服务年活动实施方案》，为巩固我局机关效能年活动成果，进一步转变机关作风，提升创业服务水平，制定我局开展创业服务年活动实施方案。

一、指导思想和工作目标

以邓小平理论、“三个代表”重要思想为指导，深入贯彻落实科学发展观，全面贯彻党的十七大、十七届四中全会、中央经济工作会议和省委十二届十一次全会、全省经济工作会议精神，紧紧围绕省委、省政府的有关工作部署，以服务创业、富民兴赣为主题，以服务重大产业项目建设为重点，以深化改革为动力，以打造中部地区乃至全国最优创业环境为目标，充分发挥广播影视在舆论宣传、信息服务、行政审批等方面的职能作用，努力在营造吸引投资兴业的环境方面有更大的作为，在建立健全创业服务体系方面有更大的作为，在营造服务创业的浓厚舆论氛围上有更大的作为，在提高广播影视行政审批效率方面有更大的作为，在推动广播影视产业发展上有更大的作为，为进一步创建最优创业环境，实现江西崛起、富民兴赣的目标作出新的贡献。

二、活动主体和服务对象

我局参加创业服务年活动的主体是局机关和电台、电视台、公共频道、红色经典频道、网络公司、广电报社、今视网站等等具有行政管理、新闻宣传职能的单位和公共服务部门及其工作人员。全局各单位要认真贯彻创业服务年活动的有关部署和要求，进一步深化作风建设，提高工作效能，积极为创优创业环境服务。创业服务对象为：优势产业、高科技、低碳经济等大项目、大企业的招商引资；中小企业和非公有制经济培育发展；企业“二次创业”和升级改造；广播影视文化产业；全民创业。

三、工作内容和任务分工

根据《江西省开展创业服务年活动实施

方案》明确的五个方面的重点工作任务和全省创业服务年活动重点工作任务分工，我局开展创业服务年活动的工作内容是：

1.营造服务创业的浓厚舆论氛围。组织电台、电视台、公共频道、红色经典频道、广电报社、今视网站等媒体，积极做好“建设鄱阳湖生态经济区、探索科学发展新路子”主题教育活动的宣传；围绕创业服务年活动的有关要求和五个方面重点工作，大力宣传创业政策，使创业者人人知晓，促使各级政府和部门全面落实创业优惠政策；大力宣传创业典型和服务创业典型，充分发挥示范作用，进一步激发全省创业热情和活力，全力营造政府鼓励创业、社会支持创业、劳动者积极创业的浓厚氛围。

牵头单位：局宣传管理处。

配合单位：电台、电视台、公共频道、红色经典频道、广电报社、今视网站等媒体单位。

2.推进创业服务体系建设。电台、电视台、公共频道、红色经典频道、广电报社、今视网站等媒体单位，发挥各自媒体的特点，积极搭建节目、栏目和网络平台，在项目开发、创业培训、开业指导、政策咨询、政策扶持等方面，为创业者提供便捷、高效的信息服务，为全省创业服务体系建设作出新的努力。

牵头单位：局宣传管理处。

配合单位：电台、电视台、公共频道、红色经典频道、广电报社、今视网站等媒体单位。

3.进一步优化创业环境。认真贯彻落实中央关于促进经济又好又快发展的各项政策和省委、省政府《关于创建最优发展环境的决定》，按照创建优质高效的政务和服务环境、宽松透明的市场和企业经营环境、优越的创新创业成长环境、公平正义的法制和社会环境的要求，加强广播影视法律法规和有关政策的宣传，扩大影响，充分发挥优惠政策的效率；建立对创业对象回访制度，定期上门进行政策咨询和服务，提高为广播影视行业创业者提供政策服务的主动性；进一步提高行政审批效率，巩固和扩大去年行政审批改革的成果，坚决落实行政审批“三个至少缩减30%”，全面执行审批“两集中、两到位”；进一步规范行政行为，加强行业监管，及时受理创业者提出的行政复议申请，为进一步优化创业环境作出新的努力。

牵头单位：局办公室。

配合单位：宣传管理处、电影管理处、社会管理处、科技处、计划财务处、产业管理处、组织人事处、稽查总队。

4.建立完善重大产业项目招商引资和建设管理协调推进机制。按照建立完善重大产业项目招商引资和建设管理协调推进机制的工作部署，积极配合做好相关工作。同时，积极推进省十大优势新产业的江西国际影视文化城、全省有线电视数字化整体转换等重大项目建设，加快江西数字电视中心项目工程前期准备工作，大力发展电视购物、手机电视、移动多媒体等广播影视新媒体项目发展，加快广播影视剧为主的内容生产，进一步解决影响广播影视产业发展的突出问题，进一步完善项目建设进度监督、项目建设督办、项目稽查和效能监察等制度，提高项目管理效能，努力取得重大产业项目新的突破。

牵头单位：局产业管理处

配合单位：局机关各处室。

5.深化机关作风建设。大力倡导服务之风，强化服务意识，完善服务机制，把握服务重点，努力建设服务型机关，争做服务型干部。大力倡导创新之风，创新发展思路，创新工作机制，创新服务方式，工作中敢于突破、敢负责任、敢于争取，努力建设创新型机关，争做创新型干部。大力倡导务实之风，强化为民意识，建立责任机制，努力建设务实型机关，争做务实型干部。大力倡导廉洁之风，带头遵纪守法，严守各项纪律，廉洁自律，努力建设廉洁型机关，争做廉洁型干部。在全省广电系统开展“文明行政、文明采访、文明服务、文明经营”为主要内容的学习教育活动，进一步弘扬职业精神和职业道德。

牵头单位：局直属机关党委。

配合单位：局属各机关党组织。

6.加大投诉受理和查处力度。继续下大力气解决影响机关效能、损害创业发展环境方面的突出问题，进一步做好我局“百千万”内设机构测评工作，严肃查处和纠正在广播电视新闻采访、行政执法、经营创收等工作中，违反规定损害创业者利益的行为和现象。

牵头单位：局纪委、监察室。

配合单位：局机关各处室、局属各单位。

四、工作步骤

活动分为学习动员、组织实施、总结考评三个阶段。

1.学习动员（2010年1月4日~2010年2月28日）

召开动员会，认真组织学习全省机关效能年活动总结暨创业服务年活动动员电视电话会议精神，学习中央和省委、省政府有关支持创业方面的政策文件以及有关法律法规等，结合实际，对我局开展创业服务年活动进行部署。各单位进行层层动员，成立领导机构和工作机构，制定开展创业服务年活动具体的可操作性的实施方案，于2010年1月31日前报局创业服务年活动领导小组。

2.组织实施（2010年3月1日~2010年10月31日）

创业服务年活动各项重点工作任务的牵头部门和配合部门，根据任务分工，制定针对性强、操作性强的实施方案，于3月15日前报局创业服务年活动领导小组办公室。全局各单位紧密结合实际，创新活动载体，抓好各项任务落实，确保创业服务年活动取得明显成效。

3.总结考评（2010年11月1日~2010年12月31日）

以五个方面重点工作落实情况为主要内容，按照干部管理权限，制定量化、便于操作的科学绩效考核工作方案，严格绩效考评；对创业服务年活动开展情况进行认真总结，召开总结大会，交流经验，表彰先进。

五、工作要求

创业服务年活动涉及面广，要求高，全局各单位要周密部署，精心组织，务求实效。

1.加强领导，明确责任。成立局创业服务年活动领导小组，局党委书记、局长黄晔明任组长，副局长梁勇、局纪委书记刘玉东任副组长，领导小组成员为局机关各处室和局属有关单位主要负责同志。各单位要把开展创业服务年活动作为落实扩大内需，推进广播影视工作，促进全省经济社会发展的一项全局性工作，列入重要议事日程，加强组织领导。要做到思想到位、组织到位、措施到位，把创业服务年活动落到实处。

2.建立健全服务创业的长效机制。各单位要在开展创业服务年活动中，勇于创新，大胆实践，善于总结，及时将服务创业的有效做法和成功经验完善提高，上升到制度层面，从而形成服务创业的长效机制。

3.强化督查，注重实效。要完善效能监察方式，充分运用日常督查、明察暗访、受理效能投诉、发展环境监测等四种手段，发现并解决创业服务活动中存在的突出问题，确保活动顺利推进。加强对创业服务年活动开展情况的监督检查，着重督查重点部门、重点单位、重点岗位，并及时通报监督检查结果。（赣广局字〔2010〕7号）

江西省广播电影电视局关于加快广播影视文化产业发展和建立项目管理协调机制的方案

为加快我省广播影视文化产业发展，落实省委、省政府大力培育重大产业项目，拉动我省投资增长，推进产业升级，转变经济发展方式，增强发展后劲的要求，根据《江西省开展创业服务年活动方案》，结合广播影视工作实际，制定加快广播影视文化产业发展和建立项目管理协调机制的实施方案。

一、工作目标

深入贯彻落实科学发展观，坚持广播影视文化产业项目带动战略，提升产业项目服务水平，科学规划、严格管理、精心运作、全力推进，努力实现全省广播影视文化产业项目在建设上有新进展、管理上有新提高、服务上有新成效、融资上有新突破，促进全省广播影视文化产业又好又快发展。

二、工作任务

1.认真谋划，抓好广播影视文化产业项目的储备。

局属各单位要以科学发展观为指导，紧紧围绕省委、省政府重大决策部署，根据省局《关于进一步加快广播影视发展的意见》，本着做大做强广播影视产业、壮大产业实力要求，着眼全局和长远谋划文化产业项目，着眼于鄱阳湖生态经济区建设谋划文化产业项目，着眼于江西广播影视发展现状和比较优势谋划文化产业项目。各单位要根据自身的职能和业务范围，在广播电影电视的内容产业、网络产业、广告产业，移动多媒体广播电视、IP 电视、手机电视、车载电视、网络广播电视等视听新媒体产业，电影院线、电视购物、电视相关会展、影视教育以及影视基地建设等方面，推进一批符合国家规划和广播影视政策的高科技文化产业项目，促进我省广播影视文化产业进位赶超、科学发展。

按照谋划衔接一批、对外招商落地一批、加快建设一批的要求，做深、做细、做实项目的前期工作。对广播影视文化产业项目的形成过程，各产业单位要发挥创新思维，反复研究论证，必要时要进行考察，并在一定范围内试运行。要建立广播影视文化产业项目储备库。实行局和直属单位两级项目储备管理机制。局由产业管理处、各单位由产业部（未设立部门的由各单位指定部门）牵头，各有关部门、企业（事业）和相关专业人员共同参与。紧扣项目建议书、可行性研究报告、项目申请报告、初步设计、论证审核的各个环节，逐项完成。

2.围绕重点，优化要素资源配置，加快招商引资步伐。

围绕《我省十大战略性新兴产业发展规划》（赣府发〔2009〕29 号），充分利用建设鄱阳湖生态经济区的各种经贸洽谈会和鄱阳湖国际生态文化节等活动，切实推进全省广播影视文化产业与中央企业、外资企业（政策允许）、沿海和民营企业的对接，带动产业优化升级，提高招商引资洽谈项目的成功率。

加强与政府有关部门的联系，帮助全省广播影视文化创意产业项目优先配置土地资源、优先通过环境评估、尽快享受到建设资金保障优惠和优先得到建设资源配置。

3.加强管理，保障广播影视文化产业项目顺利实施。

（1）完善广播影视文化产业项目绿色通道，加快项目审批速度。建立广播影视文化产业项目并联审批系统，完成项目绿色通道建设任务，有效缩短项目审批时限，为广播影视文化产业项目建设提供全方位的服务。

一是，缩短省局实施的行政许可事项的审批时限。

设立广播电视节目制作经营单位审批。法定办理期限为 20 个工作日，缩短至 10 个工作日办理。办理部门：社会管理处。

国产电视剧片审查。法定办理期限为 50 个工作日，缩短至 35 个工作日办理。办理部门：宣传管理处。

设区市行政区域内经营广播电视节目传送业务审批。法定办理期限为 20 个工作日，缩短至 10 个工作日办理。办理部门：社会管理处（有线方式）、科技处（无线方式）。

电影发行单位许可。法定办理期限为 60 个工作日，缩短至 30 个工作日办理。办理部门：电影管理处。

电视剧制作许可（乙种）审批。法定办理期限为 20 个工作日，缩短至 10 个工作日办理。办理部门：社会管理处。

二是，缩短省局下放设区市广电局实施的行政许可事项的审批时限。

开办视频点播业务（乙种）审批。法定办理期限为 20 个工作日，缩短至 10 个工作日办理。办理部门：设区市广电局社会管理科。

三是，缩短须经省局审核同意、转报国家广电总局批准的行政许可事项的审批时限。

网上传播视听节目许可证核发。法定办理期限为 20 个工作日，缩短至 10 个工作日办理。办理部门：社会管理处。

省级行政区域内或跨省经营广播电视节目传送业务审批。法定办理期限为 20 个工作日，缩短至 10 个工作日办理。办理部门：社会管理处（有线方式）、科技处（无线方式）。

广播电视设备器材入网认定审批。法定办理期限为 20 个工作日，缩短至 10 个工作日办理。办理部门：科技处。

开办视频点播业务（甲种）审批。法定办理期限为 20 个工作日，缩短至 10 个工作日办理。办理部门：社会管理处。

（2）加强对广播影视文化产业项目的调度。对全省广播影视文化产业重大项目，实行全程跟踪服务。建立每季度一次广播影视文化产业项目调度会制度。加大对广播影视文化产业重大项目的招商引资和建设推进力度，及时跟踪落实广播影视文化产业项目的前期工作及实施进度，协调解决项目进程中所遇到的困难和问题。

（3）强化广播影视重大文化产业项目建设责任制。省委、省政府要求，省重大产业项目主管单位，其主要领导是所属项目建设工作的主要责任人，分管领导是直接责任人。根据《江西省十大战略性新兴产业发展规划》，我局江西国际影视文化城、有线电视数字化整体转换、省电视台数字影视节目制作中心等三个项目被确定为全省文化创意产业重大产业发展项目。其中，江西国际影视文化城项目由局实业总公司实施；有线电视数字化整体转换项目由省网络公司实施；省电视台数字影视节目制作中心项目由省电视台实施。重大产业项目的法人单位，对项目建设手续办理、资金落实，以及建设进度工作负责。

（4）完善广播影视文化产业项目的监督检查制度。局机关要加强对广播影视文化产业项目前期工作和工程实施进度的督查力度。按职能加强对项目工程质量与安全生产责任制、保障管理体系、操作规程、技术措施情况和执行国家标准或行业标准等情况进行监督检查。

三、工作要求

1.加强领导，形成合力。各有关单位要把完善广播影视文化产业项目招商引资和建立管理协调机制工作放在重要位置，切实加强领导。各部门之间要加强沟通衔接，及时协调解决建设管理运行中的难点问题和各种矛盾，确保项目建设顺利进行。

2.上下联动，大力协调。完善广播影视文化产业项目管理协调推进机制。各相关部门主要领导要亲自抓，并完善工作方案，精心组织，分解任务，落实到人，要严格按本方案提出的具体措施，突出重点，稳步推进。

3.落实责任，务求实效。广播影视文化产业重大项目单位要加强项目的组织领导。要成立专门的项目领导小组及专门机构，精心组织，周密安排。要制订详细的工作进度表，列明项目工作内容、质量、时间节点、责任人等，保证各项工作扎实有序推进。

4.严格检查，奖优罚劣。纪检监察部门要对广播影视文化产业重大项目进行全程监督；局机关各部门对发现实施过程中存在的问题要及时解决，确保项目快速、高效推进。广播影视文化产业项目的主管单位，要完善考核办法，对参与单位进行考核和奖惩。

（赣广产字〔2010〕6号）

江西省广播电影电视局工程建设项目、设备采购管理暂行办法

第一条 为加强我局基本建设项目的新建、改建、扩建、建筑装饰和技术改造工程，供水、排水、燃气、道路、园林等管理，规范招投标和设备采购行为，根据《中华人民共和国招标投标法》、《中华人民共和国政府采购法》、《江西省实施〈中华人民共和国招标投标法〉办法》和其它有关规定，结合我局实际，制订本办法。

第二条 本规定适用于局机关各处室及局属各单位。

第三条 局机关各处室以及全额拨款和差额拨款事业单位的工程建设项目、设备采购招标按照《中华人民共和国招标投标法》、《中华人民共和国政府采购法》、《江西省实施〈中华人民共和国招标投标法〉办法》执行，即：工程建设建筑面积1000平方米（含1000平方米）以上或者总投资50万元（含50万元）的新建、改建、扩建、建筑装饰和技术改造工程，供水、排水、燃气、道路、园林等工程应全部公开招投标；设备采购全部报省政府采购办，按政府采购办批复的采购形式进行采购。

第四条 局机关各处室以及全额拨款和差额拨款事业单位工程建设建筑面积1000平方米以下或者总投资50万元以下的工程建设项目采用邀请招标、竞争性谈判确定。邀请招标、竞争性谈判必须先经本单位领导班子会议集体研究，报局领导审批，并报局计财处、监察室备案。5万元（含5万元）以上50万元以下的邀请招标、竞争性谈判确定单位和厂商，局计财处、监察室必须派人全程参与监督。

电台、电视台工程建设项目5万元（含5万元）以上20万元以下的邀请招标、竞争性谈判自行组织，并接收同级财务与纪检部门监督；20万元（含20万元）以上50万元以下的邀请招标、竞争性谈判确定单位和厂商，局计财处、监察室必须派人全程参与监督。

第五条 局属企业单位和自收自支事业单位的工程建设建筑面积1000平方米（含1000平方米）以上或者总投资50万元（含50万元）以上的新建、改建、扩建、建筑装饰和技术改造工程，供水、排水、燃气、道路、园林等工程应全部公开招投标；设备采购单项或批量一次性达到50万元以上的，采用公开招标方式进行采购。

第六条 局属企业单位和自收自支事业单位的工程建设建筑面积1000平方米以下或者总投资50万元以下的新建、改建、扩建、建筑装饰和技术改造工程，供水、排水、燃气、道路、园林等工程，设备采购50万元以下采用邀请招标、竞争性谈判确定。邀请招标、竞争性谈判必须先经本单位领导班子会议集体研究，报局领导审批，并报局计财处、监察室备案。5万元（含5万元）以上50万元以下的邀请招标、竞争性谈判确定单位和厂商，局计财处、监察室必须派人全程参与监督。

电台、电视台自收自支的事业单位、网络公司工程建设项目、设备采购5万元（含5万元）以上20万元以下的邀请招标、竞争性谈判自行组织，并接收同级财务与纪检部门监督；20万元（含20万元）以上50万元以下的邀请招标、竞争性谈判确定单位和厂商，局计财处、监察室必须派人全程参与监督。

第七条 任何单位和个人不得将依法进行招标的项目化整为零或者以其他任何方式规避招标。各单位必须严格按照批准的内容和规模实施项目，不得超过预算（概算）的15%。严禁任意提高标准、扩大规模、改变内容，特殊情况需变更的，必须按上述规定程序另行报批。

第八条 凡项目建设、设备采购等，超过5000元以上的，都必须有合同（或协议书），合同书一旦签定即有法律效力，如有追加项目、追加经费、变更型号、规格等事项，必须按原程序报批并办理补充协议书才能生效。

第九条 各单位基本建设项目开工建设后，项目法人单位应加强项目建设的监督管理，确保工程质量和施工安全，定期向局主管部门简报建设情况。各单位建设项目竣工、设备采购活动结束后，项目法人单位应收集整理资料，及时将相关材料送局计财处备案。

第十条 任何违反以上规定程序和管理规定的，发生违法、违规和其他各种不良后果均由违反单位（部门）主要负责人承担。如果属于计财处拨专项款的项目，计财处不予拨款。

第十一条 本办法执行过程中如与国家、省相关法律、法规相抵触的，从其规定。

第十二条 本暂行办法自发布之日起实行。由局计财处、监察室负责解释。

（赣广局字〔2010〕30号）

江西省广播电影电视局
关于首届鄱阳湖国际生态文化节的宣传报道方案

由省委、省政府主办，主题为"生态中国，绿色江西"的首届鄱阳湖国际生态文化节定于2010年11月19日至21日在南昌国际展览中心举行。这是实施《鄱阳湖生态经济区规划》后江西省举办的首次大型生态文化盛会。为做好首届鄱阳湖国际生态文化节的宣传报道，特制定本方案：

一、指导思想

按照省委、省政府进一步推进鄱阳湖生态经济区建设的总体部署要求，集中展示江西独特的生态文化，充分展现我省文化产业发展取得的新成就，重点做好服务鄱阳湖生态经济区建设、开展系列生态文化宣传推介以及文化产品和项目招商交易活动的宣传报道，全面推动江西生态文化产业快速发展，进一步激发各类文化企业投资江西的热情，为开创我省科学发展、进位赶超、绿色崛起的新局面营造浓厚氛围。

二、宣传重点

此次鄱阳湖生态文化节将有中国鄱阳湖国际生态文化节开幕式和大型歌舞演出、重大文化产业项目签约仪式、中国山水情歌会、"大美鄱湖"——鄱阳湖国际生态摄影展、中国鄱阳湖国际生态文化论坛、"放歌鄱阳湖"全国诗歌大赛、"传承民族魂脉、守望精神家园"——江西非物质文化遗产成果展、中国鄱阳湖国际生态文化产业交易会等八大系列活动。局属各宣传单位要高度重视首届鄱阳湖国际生态文化节的宣传报道工作，把做好鄱阳湖国际生态文化节的宣传报道工作作为当前的一项重点宣传工作和重要政治任务，发挥各自媒体的特点，大力宣传举办鄱阳湖国际生态文化节的重要意义，及时报道鄱阳湖国际生态文化节的各项筹备活动和进展情况，全面报道文化节开幕式及节会期间举办的各项活动，突出报道文化节的各项成果及社会各界的热烈反响。

三、宣传安排

1.会前宣传报道

（1）江西人民广播电台、江西电视台11月10日起在《全省新闻联播》、《江广早班车》和《江西新闻联播》节目栏目中开设专栏，其它各频率频道新闻节目栏目要积极跟进，报道鄱阳湖国际生态文化节的筹备工作。要做好11月16日新闻发布会的宣传报道。

（2）即日起至文化节开幕，江西人民广播电台综合新闻频率在《全省新闻联播》、《江广早班车》节目前，江西电视台卫视频道在《江西新闻联播》节目前播出倒计时宣传片"距首届鄱阳湖国际生态文化节开幕还有XX天"。

（3）11月12日前，江西人民广播电台各频率、江西电视台各频道每天播出8次生态文化节活动宣传片和预告；11月13日至21日，江西人民广播电台各频率、江西电视台各频道每天播出5次宣传片和生态文化节活动预告。今视网在首页挂出鄱阳湖生态文化节标识，设置倒计时牌。

2.会期宣传报道

（1）重点报道好鄱阳湖国际生态文化节

的开幕式。江西人民广播电台综合新闻频率、江西卫视、今视网对鄱阳湖国际生态文化节开幕式等重大活动进行现场直播。

（2）重点报道省委、省政府主要领导和中央有关部委领导出席鄱阳湖国际生态文化节的各项活动。

（3）突出做好鄱阳湖国际生态文化节八大活动宣传。

（4）江西人民广播电台、江西电视台主要新闻节目就此次鄱阳湖国际生态文化节成功举办对我省经济发展的拉动和推进作用播发评论。

（5）各单位要切实做好省广电局自展区有关活动和内容的宣传报道，充分展示江西广电的新发展、新形象。

3.会后宣传报道

（1）11月22日，江西人民广播电台综合新闻频率《全省新闻联播》、江西电视台卫视频道《江西新闻联播》和23日江西人民广播电台《江广早班车》播出本届鄱阳湖国际生态文化节综述，江西人民广播电台《新闻广角》、江西电视台《社会传真》等栏目播出新闻专题，综合分析江西文化产业发展面临的形势、发展潜力和优势等，分析本次生态文化节的圆满召开对今后文化产业发展产生的深远影响。

（2）各有关新闻节目栏目对在鄱阳湖国际生态文化节上的签约项目展开跟踪报道，关注各项目的合作、落实和实施情况。

四、宣传要求

1.高度重视，精心组织。局属各媒体单位要高度重视首届鄱阳湖国际生态文化节的宣传报道工作，充分认识做好首届鄱阳湖国际生态文化节宣传工作的重要意义，切实加强对新闻宣传工作的组织领导；要制定详细的报道计划，选派政治强、业务精、纪律严、作风正的记者，全力以赴完成此次采访报道任务；要结合实际精心组织，合理安排，认真落实，注重创新，力求实效。

2.加强联系，严守纪律。要加强与鄱阳湖国际生态文化节组委会的联系，严守新闻报道纪律，按照统一口径和内容进行宣传，对把握不准的内容要及时请示，重大稿件要按规定送审。在采访报道过程中，要严格遵守新闻宣传纪律，服从统一指挥。

3.创新形式，讲究效果。要创新报道手法，多层次、多侧面、多形式地进行报道，使报道既有广度，又有深度；既有数量，又有质量。要多发消息、多发言论，增强新闻的感染力和吸引力。

4.多方沟通，扩大影响。在做好自身采访报道的同时，要加强与中央媒体的联系沟通，积极主动提供新闻线索，努力扩大鄱阳湖国际生态文化节的影响，形成良好的舆论氛围。

（赣广宣字〔2010〕31号）

江西省广播影视行政处罚自由裁量权细化标准（二）

（试行）

一、《卫星电视广播地面接收设施安装服务暂行办法》（国家广电总局令第60号）

第十四条　违反本办法规定，擅自提供卫星地面接收设施安装服务的，由县级以上人民政府广播影视行政部门没收其从事违法活动的设施、工具，对个人可以并处5000元以下的罚款，对单位可以并处5万元以下的罚款。

卫星地面接收设施安装服务机构和卫星地面接收设施生产企业之间，存在违反本办法规定的利益关联的，由县级以上人民政府广播影视行政部门责令改正，可以并处3万元以下的罚款；情节严重的，由原发证机关吊销《卫星地面接收设施安装服务许可证》。

细化标准：

1.擅自提供卫星地面接收设施安装服务的：

（1）情节轻微的：

对个人擅自提供卫星地面接收设施安装服务25套（次）以下，且为首次违反本办法的，给予没收其从事违法活动的设施、工具，可并处500元（不含）以下罚款的处罚。

对单位擅自提供卫星地面接收设施安装服务50套（次）以下，且为首次违反本办法的，给予没收其从事违法活动的设施、工具，可并处1000元以下罚款的处罚。

（2）情节较为严重的：

对个人擅自提供卫星地面接收设施安装服务25套（次）以上100套（次）以下，或为再次违反本办法的，给予没收其从事违法活动的设施、工具，并处500元以上至2000元以下罚款的处罚。

对单位擅自提供卫星地面接收设施安装服务50套（次）以上1000套（次）以下，或为再次违反本办法的，给予没收其从事违法活动的设施、工具，并处1000元以上至2万元（不含）以下罚款的处罚。

（3）情节严重的：

对个人擅自提供卫星地面接收设施安装服务100套（次）以上，或为第三次以上违反本办法的，给予没收其从事违法活动的设施、工具，并处2000元以上至5000元以下罚款的处罚。

对单位擅自提供卫星地面接收设施安装服务1000套（次）以上，或为第三次以上违反本办法的，给予没收其从事违法活动的设施、工具，并处2万元以上至5万元以下罚款的处罚。

2.卫星地面接收设施安装服务机构和卫星地面接收设施生产企业之间，存在违反本办法规定的利益关联的：

（1）情节轻微的：

卫星地面接收设施安装服务机构和卫星地面接收设施生产企业之间，除依法形成的供货关系外，存在其他利益关联，首次违反本办法的，责令改正，可给予1000元以下罚款的处罚。

（2）情节较为严重的：

卫星地面接收设施安装服务机构和卫星

地面接收设施生产企业之间，除依法形成的供货关系外，存在其他利益关联，且拒不改正，再次违反本办法的，给予 1000 元以上至 2 万元（不含）以下罚款的处罚。

（3）情节严重的：

卫星地面接收设施安装服务机构和卫星地面接收设施生产企业之间，除依法形成的供货关系外，存在其他利益关联，拒不改正，第三次以上违反本办法的；或者是相关供货产品的维修网点，双方不通过委托、代理、合作方式设立，卫星地面接收设施生产企业自行建立或者参股的，给予 2 万元以上至 3 万元以下罚款，由原发证机关吊销《卫星地面接收设施安装服务许可证》的处罚。

3.违反本办法其他规定的，由县级以上人民政府广播影视行政部门依据《卫星电视广播地面接收设施管理规定》、《广播电视管理条例》及国家有关规定予以处罚；构成犯罪的，依照相关规定移送司法机关处理。

4.广播影视行政部门在查处违反本办法规定的行为时，发现存在无照经营情形的，依照相关规定移送工商行政管理部门依法处理。

二、《广播电视广告播出管理办法》（国家广电总局令第 61 号）

第四十条　违反本办法第八条、第九条的规定，由县级以上人民政府广播影视行政部门责令停止违法行为或者责令改正，给予警告，可以并处 3 万元以下罚款；情节严重的，由原发证机关吊销《广播电视频道许可证》、《广播电视播出机构许可证》。

细化标准：

1.情节轻微的：

违反本办法第八条第（六）、（八）、（十）、（十一）项和第九条规定，且为一年之内首次违法的，给予警告，可并处 1000 元以下罚款的处罚。

2.情节较为严重的：

一年之内再次违反本办法第八条第（六）、（八）、（十）、（十一）项和第九条规定的；首次违反本办法第八条第（五）、（七）、（九）项规定的，给予警告，并处 1000 元以上至 2 万元（不含）以下的罚款。

3.情节严重的：

第三次违反本办法第八条第（六）、（八）、（十）、（十一）项和第九条规定的；第二次以上违反本办法第八条第（五）、（七）、（九）项规定的；违反本办法第八条第（一）、（二）、（三）、（四）项规定的，给予 2 万元以上至 3 万元以下罚款，由原发证机关吊销《广播电视频道许可证》、《广播电视播出机构许可证》的处罚。

第四十一条　违反本办法第十五条、第十六条、第十七条的规定，以及违反本办法第二十二条规定插播广告的，由县级以上人民政府广播影视行政部门依据《广播电视管理条例》第五十条、第五十一条的有关规定给予处罚。

细化标准：

依照《广播电视管理条例》相应条款的细化标准量罚。

第四十二条　违反本办法第十条、第十二条、第十九条、第二十条、第二十一条、第二十四条至第二十八条、第三十四条、第三十六条、第三十七条的规定，或者违反本办法第二十二条规定替换、遮盖广告的，由县级以上人民政府广播影视行政部门责令停止违法行为或者责令改正，给予警告，可以并处 2 万元以下罚款。

细化标准：

1.违反本办法第十条、第十二条、第十九条、第二十条、第二十一条、第二十二条规定替换、遮盖广告，第二十四条、第二十六条、第二十七条、第二十八条、第三十四条、第三十六条、第三十七条规定的：

（1）情节轻微的：

一年之内首次违法的，给予警告，可以并处 1000 元以下罚款的处罚。

（2）情节较为严重的：

一年之内再次违法的，给予警告，并处 1000 元以上至 1 万元以下的罚款。

（3）情节严重的：

一年之内第三次以上违法的，给予 1 万元以上至 2 万元以下的罚款。

2.违反本办法第二十五条规定的：

（1）情节轻微的：

广播电台每套节目每小时播出的烈性酒类商业广告达到 3 条；电视台每套节目每日播出的烈性酒类商业广告达到 13 条，其中 19:00 至 21:00 之间达到 3 条的。一年之内首次违反本办法的。

给予警告，可以并处 1000 元以下罚款的处罚。

（2）情节较为严重的：

广播电台每套节目每小时播出的烈性酒类商业广告达到 4 条的；电视台每套节目每日播出的烈性酒类商业广告达到 14 条，其中 19:00 至 21:00 之间达到 4 条的；或为一年之内第二次违反本办法的。

给予 1000 元以上至 1 万元以下罚款的处罚。

（3）情节严重的：

酒类商业广告在以未成年人为主要传播对象的频率、频道、节（栏）目中播出的；广播电台每套节目每小时播出的烈性酒类商业广告达到 5 条以上的；电视台每套节目每日播出的烈性酒类商业广告达到 15 条以上，其中 19:00 至 21:00 之间达到 5 条以上的；或为一年之内第三次（含）以上违反本办法的。

给予 1 万元以上至 2 万元以下罚款的处罚。

三、《广播电视安全播出管理规定》（国家广电总局令第 62 号）

第四十条　违反本规定，有下列行为之一的，对直接负责的主管人员和直接责任人员依法给予处分；构成犯罪的，依法追究刑事责任：

1.发生安全播出特大、重大责任事故造成恶劣影响的；

2.造成广播电视技术系统严重损害的；

3.对特大、重大安全播出事故、事件隐瞒不报、谎报或者拖延不报的。

细化标准：

有上述行为之一的，对直接负责的主管人员和直接责任人员依法给予处分；构成犯罪的，依照相关规定移送司法机关处理。

第四十一条　违反本规定，有下列行为之一的，由县级以上人民政府广播影视行政部门给予警告，下达《安全播出整改通知书》；逾期未改正的，给予通报批评，可并处 3 万元以下罚款；情节严重的，对直接负责的主管人员和直接责任人员依法给予处分：

1.机构和人员设置、技术系统配置、管理制度、运行流程、应急预案等不符合有关规定，导致播出质量达不到要求的；

2.对技术系统的代维单位管理不力，引发重大安全播出事故的；

3.安全播出责任单位之间责任界限不清晰，导致故障处置不及时的；

4.节目播出、传送质量不好影响用户正常接收广播电视节目的；

5.从事广播电视传输、覆盖业务的安全播出责任单位未使用专用信道完整传输必转的广播电视节目的；

6.未按照有关规定向广播影视行政部门设立的监测机构提供所播出、传输节目的完整信号，或者干扰、阻碍监测活动的；

7.妨碍广播影视行政部门监督检查、事故调查，或者不服从安全播出统一调配的；

8.未按规定记录、保存本单位播出、传输、发射的节目信号的质量和效果的；

9.未按规定向广播影视行政部门备案安全保障方案或者应急预案的。

细化标准：

1.机构和人员设置、技术系统配置、管理制度、运行流程、应急预案等不符合有关规定，导致播出质量达不到要求的：

（1）情节轻微的：

导致播出质量达不到要求，且为首次违反本规定的，给予警告，下达《安全播出整改通知书》。

（2）情节较为严重的：

逾期未改正，导致播出质量仍达不到要求的，给予通报批评，并处5000元（不含）以下罚款的处罚。

（3）情节严重的：

导致播出质量仍达不到要求，且为第三次以上违反本规定的，给予5000元（含）以上3万元以下罚款的处罚；并对直接负责的主管人员和直接责任人员依法给予处分。

2.对技术系统的代维单位管理不力，引发重大安全播出事故的：

（1）情节较为严重的：

引发重大安全播出事故的，给予通报批评，并处5000元以上1万元以下罚款的处罚。

（2）情节严重的：

再次引发重大安全播出事故，或者经通报批评拒不改正的，给予1万元以上3万元以下罚款的处罚；并对直接负责的主管人员和直接责任人员依法给予处分。

3.安全播出责任单位之间责任界限不清晰，导致故障处置不及时的：

（1）情节轻微的：

造成一般事故，且为首次违反本规定的，给予警告，下达《安全播出整改通知书》。

（2）情节较为严重的：

造成重大事故，或为再次违反本规定的，给予通报批评，并处5000元以上1万元以下罚款的处罚。

（3）情节严重的：

造成特大事故，或为第三次以上违反本规定的，给予1万元以上3万元以下罚款的处罚；并对直接负责的主管人员和直接责任人员依法给予处分。

4.节目播出、传送质量不好影响用户正常接收广播电视节目的：

（1）情节轻微的：

节目播出、传送质量未达到国家相关规定标准，质量不好影响用户正常接收广播电视节目，且为首次违反本规定的，给予警告，下达《安全播出整改通知书》。

（2）情节较为严重的：

节目播出、传送质量未达到国家相关规定标准，质量不好影响用户正常接收广播电视节目，逾期未改正的，给予通报批评，并处5000元（不含）以下罚款的处罚。

（3）情节严重的：

节目播出、传送质量未达到国家相关规定标准，质量不好影响用户正常接收广播电视节目，屡次不改正的，给予5000元（含）以上3万元以下罚款的处罚；并对直接负责的主管人员和直接责任人员依法给予处分。

5.从事广播电视传输、覆盖业务的安全播出责任单位未使用专用信道完整传输必转的广播电视节目的：

（1）情节轻微的：

未使用专用信道完整传输必转的广播电视节目达1套，且为首次违反本规定的，给予警告，下达《安全播出整改通知书》。

（2）情节较为严重的：

未使用专用信道完整传输必转的广播电视节目达2套，或者再次违反本规定的，给予通报批评，并按未使用专用信道完整传输必转的广播电视节目每套2000元，处4000元罚款的处罚。

（3）情节严重的：

未使用专用信道完整传输必转的广播电视节目达 3 套以上，或者第三次以上违反本规定的。

按未使用专用信道完整传输必转的广播电视节目每套 2000 元，给予 6000 元以上 3 万元以下罚款的处罚；并对直接负责的主管人员和直接责任人员依法给予处分。

6.未按照有关规定向广播影视行政部门设立的监测机构提供所播出、传输节目的完整信号，或者干扰、阻碍监测活动的：

（1）情节轻微的：

未按照有关规定向广播影视行政部门设立的监测机构提供所播出、传输节目的完整信号，且为首次违反本规定的，给予警告，下达《安全播出整改通知书》。

（2）情节较为严重的：

未按照有关规定向广播影视行政部门设立的监测机构提供所播出、传输节目的完整信号逾期未改正，或者干扰、阻碍监测活动的，给予通报批评，并处 5000 元以上 2 万元以下罚款的处罚。

（3）情节严重的：

第三次以上未按照有关规定向广播影视行政部门设立的监测机构提供所播出、传输节目的完整信号，或者再次干扰、阻碍监测活动的，给予 2 万元以上 3 万元以下罚款的处罚；并对直接负责的主管人员和直接责任人员依法给予处分。

7.妨碍广播影视行政部门监督检查、事故调查，或者不服从安全播出统一调配的：

（1）情节轻微的：

妨碍广播影视行政部门监督检查、事故调查，且为首次违反本规定的，给予警告，下达《安全播出整改通知书》。

（2）情节较为严重的：

妨碍广播影视行政部门监督检查、事故调查，逾期未改正的，给予通报批评，并处 5000 元以上 2 万元以下罚款的处罚。

（3）情节严重的：

第三次以上妨碍广播影视行政部门监督检查、事故调查，或者不服从安全播出统一调配的，给予 2 万元以上 3 万元以下罚款的处罚；并对直接负责的主管人员和直接责任人员依法给予处分。

8.未按规定记录、保存本单位播出、传输、发射的节目信号的质量和效果的：

（1）情节轻微的：

首次违反本规定的，给予警告，下达《安全播出整改通知书》。

（2）情节较为严重的：

逾期未改正的，给予通报批评，并处 5000 元以上 2 万元以下罚款的处罚。

（3）违法情节严重的：

经通报批评拒不改正，且为第三次以上违反本规定的，给予 2 万元以上 3 万元以下罚款的处罚；并对直接负责的主管人员和直接责任人员依法给予处分。

9.未按规定向广播影视行政部门备案安全保障方案或者应急预案的：

（1）情节轻微的：

首次违反本规定的，给予警告，下达《安全播出整改通知书》。

（2）情节较为严重的：

逾期未改正，且尚未造成不良后果的，给予通报批评，并处 5000 元以上 2 万元以下罚款的处罚。

（3）情节严重的：

逾期未改正，且造成不良后果的，给予 2 万元以上 3 万元以下罚款的处罚；并对直接负责的主管人员和直接责任人员依法给予处分。 （赣广局字〔2010〕39 号）

关于规范我局编制外用工制度的意见

随着广电事业的不断发展和广电体制机制改革的不断深化，我局部分单位(部门)因事业发展和工作需要聘用了部分编制外人员，但在聘用编制外人员的同时又存在用工中劳动合同签订不规范、用工形式不规范、劳动报酬发放标准不规范、社会保险缴纳不规范和管理制度不规范等问题。为深化我局劳动人事制度改革，建立规范的编制外自聘人员管理制度，构建新型和谐的劳动关系，促进广播影视事业的发展，根据《劳动法》和《劳动合同法》等法律法规及相关政策精神，现对规范我局编制外用工制度提出如下意见：

一、建立规范的编制外自聘人员管理制度

1.对编制外用工中存在的问题进行整改。各编制外自聘人员用工单位（以下简称用人单位），要按照《劳动法》、《劳动合同法》和《劳动合同法实施条例》的要求，对本单位存在的编制外用工问题进行整改。在整改没有到位前，停止自聘人员的招聘活动。用人单位整改到位后，经局组织人事审核同意，方可在编制人数限额内（或省人事厅审核备案的总岗位数限额内）根据工作需要招聘自聘人员。工作特殊需要拟超编制人数限额（或超总岗位数限额）招聘自聘人员的，必须事先报局里审批。

2.按照规范要求与自聘人员签订劳动合同。《劳动合同法》规定，自用工之日起1个月内订立劳动合同，对自聘人员拒不签订劳动合同的，要保留向自聘人员送达要求签订劳动合同通知书等相关证据。自聘人员全日制用工应使用规范的劳动合同文本签订合同（建议使用省劳动人事部门制作的《江西省劳动合同(示范文本)》)。自聘人员非全日制用工，可订立口头协议，也可订立书面简易劳动合同（从劳动争议的实际情况考虑，建议使用书面简易劳动合同)。

3.实行不定时工作制岗位应报批。由于工作性质、工作岗位的特点，需要实行不定时工作制的，用人单位应及时向省人保厅申请审批。

4.及时支付工资。用人单位应按时足额支付自聘人员工资，且支付的工资不得低于南昌市最低工资线。

5.依法缴纳社会保险。社会保险费是《劳动法》规定强制缴付的费用，用人单位须依法为自聘人员缴纳社会保险费。

6.用人单位须按《劳动合同法》第七条的规定建立自聘人员名册备查。名册应当包括劳动者姓名、性别、公民身份号码、户籍地址及现住址、联系方式、用工形式、用工起始时间、劳动合同期限等内容。

7.用人单位须按《劳动合同法》的要求建立和完善劳动规章制度，将直接涉及自聘人员切身利益的规章制度和重大事项决定公示或者告知自聘人员，并要留有自聘人员的确认依据。

8.按程序办理解除劳动关系手续。在解除与自聘人员的劳动关系时，要注意相关的程序和资料保管。如果用人单位因为自聘人员严重违反劳动纪律和单位规章制度而与其解除劳动关系的，要将该自聘人员违纪违规的证据保留下来，必要时可以将情况反映到省劳动管理部门登记备案。自聘人员因为自己的原因提出辞职的，需要有书面辞职报告才能与其办理相关的手续。

9.建立编制外自聘人员的激励机制。省电台、省电视台、公共频道、红色经典频道等单位编制外自聘的优秀播音员、主持人和优秀经营、广告管理人才，达到优秀标准条件的，可申请局里聘用。对申请局里聘用的优秀人员给予事业单位公开招聘考试政策方面的支持。对达到上岗资格条件的优秀播音员、主持人，经局里审核并报省人事部门同意后，可不参加事业单位公开招聘笔试考试而直接采取面试考核的办法聘用；对优秀经营、广告管理人才，经局里审核同意后，可为其参加公开招聘考试设定倾斜照顾条件。优秀播音员、主持人和优秀经营、广告管理人才的标准条件由各单位根据实际制定并报局里审核平衡后执行。

对优秀的业绩突出的单位编制外自聘人员，可在单位先进工作者指标范围内予以表彰。

二、建立编制外用工检查和责任制度

1.建立用人单位权责一致的编制外用工责任制，用人单位主要领导为第一责任人，分管领导为第二责任人。

2.建立全局编制外用工情况检查通报制。每年结合省里的劳动保障年审工作，局组织人事处对用人单位编制外用工制度情况进行专项检查，并将检查情况在一定范围内进行通报。

3.用人单位要按局里编制外用工整改规定对本单位存在的编制外用工中存在的问题进行整改，对违反整改规定的用人单位将下发限期改正通知书，对限期内未改正到位的用人单位，将给予通报批评。对用人单位用工中存在的问题不积极按要求进行整改，因行政不作为，致使本单位成为被告并败诉的直接负责人，将依据有关规定予以降职、免职等组织处理和调整。

（赣广人字〔2010〕24号）

频率频道 节目栏目

节目栏目

2010 年新开办的节目栏目

江西人民广播电台

百姓健康

综合新闻频率 2010 年 6 月 1 日开办。节目秉承关注健康、服务百姓的宗旨，下设《健康快报》、《名医咨询》、《健康小贴士》、《健康时评》等多个板块，为听众提供及时的医疗资讯，畅谈时下流行的健康话题，传播时尚的养生方法。每天 7:40 播出，时长 20 分钟。

家有儿女

都市广播 2010 年 3 月 15 日开办，是江西省第一档亲子谈话节目。节目聘请全国亲子专家，为每个家庭提供最新的亲子理念，权威、全面、实用的教子方法和亲子方式。每天 12:00 播出，时长 60 分钟。

私家车上班路上

都市广播 2010 年 7 月 1 日开办，是一档专属私家车主、白领精英、行业领袖的大型资讯类节目。节目传递国内外的最新资讯，以专业人士的角度深度解读时事民生焦点以及网上新辣话题。每天 7:30 播出，时长 120 分钟。

汽车音乐漫步

都市广播 2010 年 7 月 1 日开办，是一档伴随性音乐节目。主持人以极富个性和感性的方式，营造一种轻松享受音乐的感觉，带听众一起品味时下并不流行但却经典的歌曲。每天 17:00 播出，时长 90 分钟。

OK 女王

文艺音乐频率 2010 年 1 月 5 日开办，是一档以节目主持人的个性魅力征服听众的脱口秀节目。主持人以麻辣有趣的主持风格、独特的视角，说说新近发生的热门事件和话题。每天 12:00 播出，时长 120 分钟。

1034 爱现场

文艺音乐频率 2010 年 3 月 5 日开办，是一档让听众轻松享受来自电台直播间绝对真实的演奏和歌声的节目。主持人怀抱吉他，与一位能弹能唱能聊的客座嘉宾，从直播间送出听众最爱的歌曲。每周五 21:00 播出，时长 60 分钟。

1034 晚高峰看城市

文艺音乐频率 2010 年 5 月 17 日开办。节目以放送轻松优美的流行歌曲，舒缓上下班高峰车上人群心情为宗旨，充分发挥媒体三贴近和服务听众的功能，围绕“看城市”的内容，开通热线，引导听众参与表达城市生活的见闻、心情、故事、感悟及对一些热点话题的看法。节目融时尚、生活、科技和互助于一体，参与性强。每天 17:00 播出，时长 120 分钟。

苏遥说天下

信息交通频率 2010 年 5 月 4 日开办，是一档新闻杂志节目。节目以新闻资讯、热点社会问题、坊间市井段子为主，主持方式是评说、讲述、议论。每周一至周六 12:00 播出，时长 60 分钟。

直播世界

信息交通频率 2010 年 8 月 2 日开办，是频率与中国国际广播电台合作推出的一档全新的新闻资讯节目。节目以最新最及时的国际资讯为主，满足不同听众的收听需求。每周一至周六 11:00 播出，时长 60 分钟。

1019 行天下

民生广播 2010 年 7 月 6 日开办，是一档综合性汽车服务节目。节目定位是聚焦车市，讲评汽车文化，权威报道汽车市场全新资讯，倾情拉近车商与消费者的距离。节目由专家型主持人发布权威信息，评论汽车业界和市场热点，在购车养车用车方面为百姓提供一条龙服务。每天 11:00 播出，时长 60 分钟。

江西电视台

中国山水情歌会

卫视频道从 2010 年 11 月 10 日起录制，至月底结束。该活动是鄱阳湖国际生态文化节的重点活动之一，也是江西电视台新创的大型活动。活动有别于电视选秀，不设唱区，参与者只需通过网络进行视频报名，就可能直接获得进入电视录制阶段比赛资格。活动必须以情侣、夫妻或组合的形式参与；演唱的歌曲以健康的情歌为主，鼓励原创，唱山唱水、唱人间真情。整个活动分山水的呼唤（晋级赛）、万水千山总是情（决赛）、情深谊长（总决赛）三个部分。活动安排在卫视频道晚间播出，总时长 540 分钟。

有才你就来

影视频道 2010 年 4 月推出，是一档真正无门槛的平民才艺大赛。活动推出后，吸引了无数省内外身怀才艺者的热情参与。比赛采取车轮战赛制，节目精彩跌宕，悬念迭起。海选每日 18:10 播出，复赛及总决赛每周六 20:40 播出。

男儿向前冲

影视频道 2010 年 5 月推出，是全省首档男性选秀活动。在为期 3 个月的活动中，集结了来自全国各地甚至海外的优秀男儿。活动以阳光、睿智、才艺、有型为选择标准，从海选、复赛、踢馆赛，到总决赛，数千名青春男儿在舞台上尽情释放，挥洒激情。该活动还举办了 4 场别开生面、规模盛大的地市巡演，吸引了近万名观众前往观看。海选每日 18:10 播出，淘汰赛每周日 20:40

播出，时长45分钟。

极速60秒

影视频道2010年9月开办。节目创意来自美国2010年最新流行的游戏娱乐节目模式。每个游戏必须在60秒内完成，游戏道具来自生活中常见的小物件，如铅笔、饮料瓶、硬币等。节目组自主研发出多个具有本土特色和贴近生活的趣味游戏，使节目更具本土娱乐特色。每周日20:40播出，时长45分钟。

加油！好儿女

少儿频道2010年开办，是一档主打家庭亲情、展示选手勇气与智慧的大型亲子益智节目。栏目下设《HAPPY大智慧》、《HAPPY小当家》、《HAPPY ABC》等环节，参与对象为全省6~12岁的少年儿童和他们的父亲。栏目每期邀请3组选手参加，他们共同闯关，完成游戏、答题、竞技及默契考验回合，最终胜出的家庭有机会由子女亲手将其父亲“救”出，并获得父亲送出的一份“成长礼物”，栏目组也将送上奖牌。每周六18:00播出，时长45分钟。

活色生香每一天

红色经典频道2010年2月14日开办，是一档时尚资讯类栏目。栏目以为观众提供最新、最全的时尚资讯为宗旨，下设《潮流新主张》、《时尚发布》、《淘一族》、《家有爱宠》等板块。每天18:10播出，时长20分钟。

爱生活

红色经典频道2010年4月16日开办。栏目以推荐美食美景，传授养生之道为宗旨，下设《好吃好玩跟我走》、《养生谈》等板块。每天18:50播出，时长20分钟。

九江人民广播电台

动感早上

交通音乐频率2010年3月1日开办，是一档互动性直播节目。节目主持人通过调侃和轻松的话语来缓解出行人的心理疲劳情绪；通过实时播报路况信息，及时传递最新路况，为广大市民提供出行参考。每周一至周五7:30播出，时长90分钟。

音乐在路上

交通音乐频率2010年3月1日开办，是一档音乐类节目。节目全程播放音乐。每周一至周五9:00播出，时长60分钟。

音乐听天下

交通音乐频率2010年3月1日开办，是一档音乐类节目。节目以轻松娱乐的方式解读新闻，以亲切平实的语言讲述事件，音乐和新闻相结合，达到轻松聆听。每周一至周五10:00播出，时长30分钟。

开心逗逗碰　越夸越开心

交通音乐频率2010年3月1日开办。节目通过两位主持人幽默逗趣的方式娱乐解读当前热点事件，同时与听众互动，对听众发来的笑话灵活地将角色表演融入其中。节目轻松幽默，让听众在聆听的过程中放松心情。每周一至周五11:30播出，时长30分钟。

老歌最动听

交通音乐频率 2010 年 3 月 1 日开办，是一档音乐类节目。该节目为听众推荐记忆中的老歌，和听众一起在歌声中拾起往事中的喜悦或感伤。每周一至周五 12:00 播出，时长 30 分钟。

有事我帮你

交通音乐频率 2010 年 3 月 1 日开办，是一档生活服务类节目。节目宗旨是在忙碌的生活中，给大家提供信息和帮助。听众通过节目进行求助，主持人在节目中通过互动帮助听众解决问题。节目选取招聘、求职、求购、出售、生活讯息等进行播报，给听众生活带来最大的便利。每周一至周五 13:00 播出，时长 30 分钟。

民歌也流行

交通音乐频率 2010 年 3 月开办，是一档音乐类节目。节目全程播放民歌。每周一至周五 13:30 播出，时长 30 分钟。

音乐零负担

交通音乐频率 2010 年 3 月 1 日开办，是一档音乐类节目。节目音乐节奏劲爆，动感十足，为忙碌紧张的生活寻找一个放松的出口。每周一至周五 14:00 播出，时长 60 分钟。

唱片馆

交通音乐频率 2010 年 3 月 1 日开办，是一档音乐类节目。节目每天推荐 2 张唱片专辑。每天 15:00 播出，时长 60 分钟。

你的故事我的歌

交通音乐频率 2010 年 3 月 1 日开办，是一档音乐类节目。节目在播放音乐的同时，聆听听众讲述的故事。每周一至周五 16:00 播出，时长 60 分钟。

九江电视台

社会广角

新闻综合频道 2010 年 11 月 1 日开办，是一档社会民生新闻类栏目。栏目宗旨是服务大局，服务百姓，倾听民声，反映民意，在党委政府与广大人民群众之间架起沟通的桥梁，为观众倾力打造和奉献一档贴近、平实、公信的栏目。每天 19:50 播出，时长 22 分钟。

特别关注

新闻综合频道 2010 年 11 月 1 日开办，是一档以新闻评论为主的深度报道栏目。栏目宗旨是权威报道，深度解读，做党和政府与人民群众的连心桥。构建党政部门、社会公众以及媒体本身的意见沟通平台。每天 20:17 播出，时长 8 分钟。

经济生活

公共频道 2010 年 11 月 1 日开办，是一档板块结构的综合性经济栏目。栏目宗旨是以当日新闻焦点和经济热点为内容，关注百姓生活。每周一至周四 19:00 播出，时长 15 分钟。

hello，九江

公共频道 2010 年 11 月 1 日开办，是一档本土人文栏目。栏目宗旨是传播地域文化，讲述人物故事，展示九江人的风采。主要子栏目有《九江达人》、《拍客秀》、《浔阳江电视散文展播》等。每周五、六 19:00 播出，时长 30 分钟。

东西南北九江人

公共频道 2010 年 11 月 1 日开办，是一档纪实专题栏目。栏目宗旨是充分挖掘九江人的精神特质，展示聪慧的九江人在外拼搏的足迹，打造一个以情招商的载体，搭建一个老乡联系老乡的平台。每周一至周四 19:17 播出，时长 15 分钟。

武宁县广播电视台

行走武宁

2010 年 5 月 30 日开办，是一档综合性社教类栏目。栏目宗旨是深入武宁每个角落，展示山水人文风情，透视人间万象，反映百姓生活。主要子栏目有《古艾流韵》、《乡域风情》、《神奇山水》等。每周日 19:35 播出，时长 8 分钟。

湖口县广播电视台

政法在线

2010年4月开办，是一档专题法制电视栏目。栏目宗旨是创建平安湖口，稳定社会环境，普及法律知识，通过案例介绍，剖析社会热点。主要子栏目有《法制动态》、《政法资讯》、《以案说法》。每周一、三、五 20:00 播出，时长 8 分钟。

景德镇市广播电视台

今日看瓷都

新闻综合频道 2010 年 10 月开办，是一档电视新闻板块栏目。该栏目整合原有《景德镇新闻》、《新闻晚 8 点》、《昌南对话》三档新闻类栏目，以“资讯平台、人生舞台”为定位，以景德镇时政、民生新闻为主体，下设《景德镇新闻》、《今日新闻》、《今日视线》、《昌南对话》4 个子栏目。每天 19:35 播出，时长 35 分钟。

萍乡电视台

绿风

新闻综合频道 2010 年 9 月开办。栏目宗旨是立足生态江西，真诚为林农服务。栏目以宣传报道农村林业改革、林业发展和农民增收致富、介绍省内外林业信息为主要内容，立足生态江西建设，弘扬绿色经济生态文化，搭建林业交流平台。常设子栏目有《乡村绿风　专家热线》、《乡村绿风　新闻版》、《乡村绿风　特别节目》。每月第二周周二 20:00 首播，第三周周二 20:00 重播，时长 12 分钟。

大话百科

教育频道 2010 年 5 月开办，是一档周播科普类栏目。栏目以表演为主要表现形式，通过主持人幽默风趣的情景剧表演来传达生活时尚、文化教育、旅游体育、健康保健等各方面的知识和信息。每周六 20:00 首播，时长 15 分钟。

新余人民广播电台

我们恋爱吧

新闻综合频率2010年5月1日开办，是一档以婚恋交友为主题的大型互动栏目。栏目通过举办交友派对活动，创新婚恋方式，引领婚恋时尚，让大众在家门口享受派对乐趣，拓展交友范围。每周六16:00播出，时长120分钟。

新余市渝水区广播电视台

开车听资讯

2010年3月开办，是一档资讯类广播节目。节目以最新最全的视角，用一句话新闻的形式解读时下热点新闻，内容包括时事、财经、体育等。每天8:00~22:00整点播出，时长1~2分钟。

鹰潭人民广播电台

听游天下

交通音乐之声2010年1月1日开办。节目围绕“吃、住、行、游、购、娱”，体现绿色旅游、快乐旅游、养生旅游的宗旨。节目下设《听游万花筒》、《听游气象站》、《听游回音壁》等子栏目。每周一至周五11:00播出，时长60分钟。

鹰潭电视台

鹰潭科技天地

2010年3月26日开办，是一档科技类电视专栏。栏目宗旨是充分发挥电视媒体综合优势，及时反映鹰潭科技成就和科技工作新进展，宣传科技人物，展现科技在全市经济社会发展中的突出贡献，倡导科技是第一生产力的理念，引导观众学好科技知识，用好科技知识，促进鹰潭科学发展、协调发展、健康发展。栏目下设《科技动态》、《科技人物》、《科技专题》3个子栏目。每周五新闻综合频道18:30、公共频道21:15首播，下周同一时间重播，时长15分钟。

名医堂

2010年10月3日开办，是一档健康服务类电视栏目。栏目邀请医学专家做客演播室，介绍养生保健和疾病预防等知识，为广大民众解疑答惑。每周日新闻综合频道21:00首播，次日公共频道8:00、新闻综合频道12:00重播，时长10分钟。

赣州电视台

今日聚焦

2010年12月8日开办，是一档以褒扬正气、舆论监督为主的新闻评论性栏目。栏目解读赣州市委、市政府的大政方针，报道群众关注的热点、难点、焦点，宗旨是聚焦热点、关注难点、立足赣州、放眼全球。每周一、三、五20:00首播，周二、四、六12:00、20:00重播，时长10分钟。

今日新闻

2010年12月12日开办，是一档时效性强、可看性强的杂志性综合类新闻栏目。栏目滚动播报当天发生的主要时政新闻、最新资讯、民生热点，让赣州观众第一时间了解当天发生的新闻事件。每天21:00播出，时长10分钟。

赣州市章贡区广播电视台

美食 GOGOGO

2010年1月开办,是一档网罗赣州吃喝玩乐、时尚类的广播节目。节目以赣州的人文特色和饮食文化为依托，向广大消费者推介并展示虔城内优秀的餐饮企业，介绍餐饮特色及品牌优势，传递最新餐饮消费时尚，同时也监督行业欺诈等不良行为。每周一至周五 17:00 播出，时长 60 分钟。

923 汽车联盟

2010 年 1 月开办，是一档定位为汽车时尚类的广播节目。节目关注汽车时尚动态，传递热点新鲜资讯，现场直播车展活动，下设汽车风向标（汽车新闻、资讯）和汽车物语（汽车话题）两大板块。每周一至周五 14:00 播出，时长 30 分钟。

赣县广播电视台

科技与服务

2010 年 1 月开办，该电视栏目始终坚持以服务农业、农民为出发点，强化服务意识，坚持“促进科技下乡、沟通需求稳定、激活农村市场、发展农村经济”为服务宗旨，受到农民朋友的普遍欢迎。栏目每周一、三、五 18:30 首播，二、四、六重播，时长 10 分钟。

于都县广播电视台

创先争优先锋行

2010 年 5 月 20 日开办。该电视栏目宣传报道于都县委关于创先争优活动的重大决策部署，充分展示于都县各行各业先进基层党组织和优秀共产党员的典型事迹、开展创先争优活动的经验做法和事迹效果，大力营造学典型、创佳绩、争优秀的浓厚氛围。每周五 20:10 首播，周六、日 12:40、20:10 重播，时长 3 分钟。

干部下基层，“三送”暖民心

2010 年 12 月 10 日开办。该电视栏目以“贴近实际、贴近生活、贴近群众”为目标，全景式展现于都送政策、送温暖、送服务活动，多角度反映于都农村在“三送”活动工作中呈现的新面貌，发生的新变化，让广大受众更全面、深入地了解民生、民情、民意。每周一 20:10 首播，周二 12:40、20:10 重播，时长 2 分钟。

平安于都

2010 年 4 月 16 日开办，由于都广播电视台与政法委联办。该电视栏目主要围绕于都县政法系统推出的一系列工作举措、涌现的先进事迹进行深入、全面报道，展现于都县政法系统的风采与业绩，为构建和谐平安于都营造浓厚氛围。每周三 20:10 首播，周四 12:40、20:10 重播，时长 5 分钟。

上犹县广播电视台

精彩 2010

2010 年 12 月 1 日开办。该电视栏目以反映“十一五”以来上犹县在推进实施“四湖两岸”生态经济区建设、“三化”建设、“两茶”开发、招商引资、城市建设等各领域取得的新成就、新经验、新亮点为主，充分展示上犹人民秉承“尚德务实、开放包容、创新奋进、勇争上游”的新时代精神，自强不息、务实拼搏、艰苦创业、加快发展取得的巨大成就。每周一、三、五 20:00 首播，周二、四、六 12:40 重播，时长 3～5 分钟。

石城县广播电视台

赣江源讲坛

2010 年 1 月开办。该电视专题栏目邀请有关专家、学者对石城民风民俗、历史古迹及旅游资源等方面知识进行专题讲座。每周五至周日 21:00 首播，次日 13:00 重播，时长 50 分钟。

三创之窗

2010 年 1 月开办。该电视栏目及时反映各创建职能部门的工作进展情况，传达百姓关于创建的呼声和建议。同时，履行舆论监督职责，对一些影响、损害环境和不文明行为进行曝光。每周一、三、五 19:50 首播，21:50，周二、四、六 7:40、12:50 重播，时长 8 分钟。

会昌县广播电视台

三农新风

2010 年 8 月开设，是一档以全方位报道会昌涉农时政，农业、农村经济发展的电视栏目。栏目面向农村，贴近农民，服务农业，下设《田野新风》、《农事我帮您》2 个子栏目。栏目宗旨是宣传党的农村富民政策，展现乡村风貌，服务农业生产，介绍致富经验，传递致富信息，引导广大农民致富奔小康。每月 15 日、30 日一套 18:00 首播，二套 7:30、17:30 重播，时长为 15 分钟。

崇义县广播电视台

机关效能建设访谈

2010 年 5 月开办。该电视栏目宗旨是全面反映全县开展民主评议政风行风工作情况，切实解决服务对象反映的政风行风建设方面存在的问题。每周六 20:10 播出，周日 12:40 重播，时长 10 分钟。

消费警示

2010 年 3 月开办。该电视栏目宗旨是提示广大市民如何正确识别和选购商品。每周五 20:10 播出，周六 12:40 重播，时长 5 分钟。

大余县广播电视台

庾岭讲坛

2010 年 1 月 8 日开办。该电视栏目宣传本土特色文化，激发受众建设美好家乡的雄心壮志。每周六 19:45 首播，21:45 重播，时长 10 分钟。

工业园区建设百日决胜

2010 年 2 月 21 日开办。该电视栏目主要跟踪报道工业园区百日大会战的工作进展、工程进度、典型事迹和经验措施等，在全县营造加压鼓劲、比学赶超、你追我赶的浓厚氛围。每周一 20:15 首播，22:15 重播，时长 5 分钟。

创先争优　进位赶超

2010 年 3 月 2 日开办。该电视栏目对大余县各个部门、各单位开展创先争优活动中涌现出的先进典型进行及时准确的报道，宣传时代先锋，展示党员风采。每周三20:15首播，22:15重播，时长5分钟。

送政策 送温暖 送服务 千名干部下基层

2010年12月8日开办。该电视栏目着重宣传“三送”活动的重要意义，报道党员干部深入一线办实事、好事的典型。每天20:10首播，22:10重播，时长5分钟。

信丰县广播电视台

法治天地

2010年5月10日开办，是一档由信丰县委政法委与县广播电视台联合开办的电视专题栏目。栏目宗旨是普及法律知识，提高法律意识，弘扬道德风尚，构建和谐社会，下设《政法动态》、《举案说法》、《与法同行》等。每周一、二20:00首播，22:15、次日12:15和次周同一时间重播，每两周1期，每期时长15分钟左右。

宜春人民广播电台

早高峰听明月

明月之声频率2010年9月15日开办，是一档音乐交通类节目。节目下设《带上耳朵深呼吸》、《有我陪着你》等板块。节目及时宣传有关政策、法规，第一时间报道路上突发事件，用实例来进行交通法规解读和案例分析；为出行者提供最新最及时的路况、民航、铁路、公路信息和违章查询；直接解答交通参与者的出行疑问，营造广播互帮互助的氛围。每周一至周六7:40播出，时长50分钟，21:00播出，时长60分钟。

午高峰说明月

明月之声频率2010年9月15日开办，是一档资讯、娱乐类节目。节目下设《爱上传媒网》、《开心大擂台》等板块，有《开心家族》、《宜春话比土》、《闯关智多星》、《K歌讲笑话》、《心有灵犀》等环节。每周一至周六10:30首播，20:00重播，时长60分钟。

晚高峰爱明月

明月之声频率2010年9月15日开办，是一档生活类节目。节目下设《奈的独角戏》、《快乐动动嘴》等板块。每周一至周六10:00播出，时长30分钟，16:30播出，时长120分钟。

宜春电视台

法治宜春

新闻综合频道2010年9月15日开办，是一档法制题材专题栏目。栏目宗旨是以法治为特色，以深度为优势，以媒体监督为力量，以为观众服务为桥梁。栏目重视可视性，注重案件的追踪与展现，具有节奏紧张、内容真实、表现深刻的特点。每周三20:00首播，周六21:00重播，时长15～18分钟。

游我做主

新闻综合频道2010年9月20日开办，是一档休闲旅游杂志性栏目。栏目强势覆盖宜春旅游各方面信息，既有宣传旅游政策、旅游资讯的《旅游风向标》、《为您荐游》，又有展现宜春魅力的《月都之旅》板块，还设置了有奖问答环节。栏目以主持人参与、体验式介绍为主，首次采用虚拟主持人串接各板块，形式新颖、时尚、活泼，内容体现知识性、服务性、观赏性、趣味性和互动性。每周六 21:20 首播，每周日 22:10、次周三 21:20 重播，时长 15 分钟左右。

樟树市广播电视台

药都警视

2010 年 2 月，樟树电视台与樟树市公安局联合开办，是一档反映公安工作的新闻栏目。栏目下设《警方动态》、《警方行动》和《温馨提示》3 个子栏目。栏目每两周 1 期，每周三 21:40 首播，周日 21:40、次周三和周日 21:40 重播，时长 15 分钟。

靖安县广播电视台

政法时空

2010 年 6 月 3 日，靖安电视台与靖安县政法委联合开办，是一档法制类专题栏目。栏目宗旨是聚焦政法前沿，传播法律知识，对普及法律常识，改变法治理念，提供法律服务，提高百姓法律素质和用法水平起到了极大的作用。栏目下设《政法动态》、《平安建设》、《平安提示》、《大案追踪》、《法在身边》5 个子栏目。每周五 20:15 首播，次日 20:15 重播，时长 10 分钟。

上高县广播电视台

城市视点

2010 年 8 月 10 日开办。该电视栏目把宣传报道的重点放在群众关心的城市建设 3 年大会战上，制作的节目对于引导市民养成讲文明讲卫生的习惯，引领城市文明风尚起到了很好的作用。每周五 20:10 首播，21:00 重播，时长 15 分钟。

高安市广播电视台

重大项目追踪

2010 年 3 月开办。该电视栏目通过对高安市亿元重大项目进行追踪采访报道，使全市创业者了解全市各重大项目的由来，由此为自身发展量体裁衣，为高起点发展提供动力。每周一、二 20:15 首播，22:15 重播，时长 10 分钟。

优化干部作风，加快经济发展

2010 年 3 月开办。该电视专栏以高安市委、市政府的有关干部任用政策、干部与经济建设等相关内容为主线，让全市各级干部互相得到了解，共同找出工作中存在的问题，为全市经济建设起到积极促进的作用。每周四、五 20:15 首播，22:15 重播，时长 10 分钟。

励创业之志，兴富民之业

2010 年 3 月开办。该电视栏目通过对高安在外创业成功人士及高安市成功人士进行采访报道，由此激发高安创业者的创新激情、创业热情。每周六 20:15 首播，周日 21:45 重播，时长 15 分钟。

党员干部谈科学发展观

2010年3月1日开办。该电视栏目邀请优秀党员及党员干部做客电视台，谈个人创业、事业发展，谈科学发展观新思维、新方法。每周二20:15首播，22:15重播，时长15分钟。

奉新县广播电视台

每日一歌

2010年年初开办，是一档电视文艺栏目。栏目选取中外红色经典歌曲，进行介绍、播放，弘扬红色经典文化，激发积极向上的精神，提升全县干部群众的精气神。每天19:55首播， 21:40、次日12:40重播，时长5分钟。

宜丰县广播电视台

法制中国

2010年6月1日，宜丰县电视台与最高人民检察院影视中心合作开办，是一档法制栏目。栏目通过典型案例报道和案情分析，开展普法宣传，教育警醒群众知法守法。每天18:30播出，时长10分钟。

发展中的宜丰县工业园

2010年8月5日，宜丰县电视台与县工业园区管委会合作开办。栏目通过宣传报道宜丰县工业园建设发展情况，进一步激发全县干部群众的创业激情，营造良好的招商安商氛围。每周四20:15播出，周五20:15重播，时长6分钟。

每日一法

2010年11月6日，宜丰电视台与县普法办合作开办，是一档普法专栏。栏目以采访和字幕介绍的方式，针对群众最为关心的热点和敏感话题，每日宣讲一条法律法规，内容深入浅出，起到了为群众解疑释难的作用。每周日19:50播出，时长5分钟。

音为有你

2010年11月22日开办，是一档通过音乐传递祝福的电视栏目。栏目以MTV音乐为画面，同时通过滚动字幕播放观众发来的短信祝福。每天12:00、18:00播出，时长60分钟。

万载县广播电视台

心情咖啡馆

2010年3月15日开办，是一档广播音乐综合性聊天节目。节目以热点话题、社会新闻、网络热贴、生活娱乐为主要内容，通过不同的话题、不同的感悟，配以相应风格的音乐，让人如品尝各类咖啡，用耳朵聆听音乐，用心感受生活。每天15:00播出，时长120分钟。

音乐百分百

2010年3月15日开办，是一档广播音乐类直播节目。节目受众定位为青年、时尚人士、开车族。节目以最新最流行的歌曲、专辑为主，时尚前卫，为广大喜爱音乐的听众提供了一个共享空间。每天9:00播出，时长120分钟。

弋阳县广播电视台

品味弋阳

2010年1月开办,。该电视栏目系统地介绍弋阳县的人文景观、习俗传统、地形地貌、城乡建设等，让观众了解弋阳，品味弋阳，激发弋阳人民热爱家乡、建设家乡的热情。栏目每周2期，在黄金时段首播，时长15~20分钟。

吉安人民广播电台

新闻家常饭

新闻综合频率2010年3月开办，是一档新闻资讯类节目。节目以大众关注的民生新闻和社会新闻为主，以说新闻的形式，说报大家关注的、想听的、发生在自己身边的新闻，从新闻中透析家常，缩短传受双方的心理距离，让听众在接受信息传递的同时，感受到亲切与自然。每周一至周五7:30首播，12:00重播，时长30分钟。

传情歌飞扬

新闻综合频率2010年3月15日开办，是一档点歌送祝福节目。节目宗旨是通过音乐表达心意，通过电波传递祝福。每周一至周五8:00播出，时长60分钟。

超级娱乐秀

新闻综合频率2010年3月15日开办，是一档娱乐脱口秀节目。节目以轻松搞笑的风格娱乐听众，分上半场和下半场。上半场，以网络笑话、身边笑话为主；下半场，主持人用卡通声秀出生活中的囧人囧事，并且加入惟妙惟肖的模仿，进一步体现节目个性特色，凸现节目轻松、娱乐效果。每周一到周五10:00播出，时长60分钟。

1021来帮忙

新闻综合频率2010年3月开办，是一档专题服务类节目。节目从百姓日常生活需求出发，为民搭建帮忙平台，为听众发布信息、提供帮助，内容涉及招聘、招租、求职等方面，为听众解决生活中的愁事、难事、琐事、烦心事。节目中，主持人如一位热心肠的邻家“大妈”，与听众亲和互动，热心热情，架起信息服务桥梁，提供贴心服务，深受广大听众，尤其是求职者的好评。每周一至周五11:00、15:00播出，时长60分钟。

文明交通大家谈

交通娱乐频率2010年6月10日开办，是一档专题服务类节目。节目邀请各交警大队负责人做客直播室与群众直接对话，携手社会各界共同构建畅通、平安、文明、和谐的道路交通环境。每周四9:30直播，时长60分钟。

消费者之声

交通娱乐频率2010年6月14日开办。节目宗旨是引导消费者建立健康、科学、理性消费观。节目内容以接受听众咨询和投诉，为广大消费者答疑解惑为主。每周一、三、四、五16:30直播，时长30分钟。

吉安电视台

人在他乡

新闻综合频道2010年10月29日开办。栏目以独特的视角，介绍当代吉安人在全国各地奋发图强的精神风貌，以及全国各地有志之士扎根吉安创业的感人故事。每周二、五 20:18 播出，时长 15 分钟。

遂川县广播电视台

新闻视点

2010 年 1 月 1 日开办，是一档民生新闻电视栏目。栏目定位是开展舆论监督，纵览社会万象，主要内容是群众衣食住行、社会新闻和民生新闻，特色是本土化内容与平民化视角。每周三 20:15 播出，时长 15 分钟。

吉水县广播电视台

创先争优

2010 年 4 月 16 日开办，是一档电视专题栏目。栏目通过报道吉水县在创先争优活动中涌现出来的先进人物和事迹，或者请活动开展得好的单位主要领导谈思路、谈目标或者谈活动开展的心得，大力营造全县创先争优的浓厚氛围，激发吉水人民干事创业的热情。每周一、日 20:30 播出，时长 10 分钟。

抚州人民广播电台

女人天空

新闻综合频率 2010 年 11 月 27 日开办，是一档专为女性打造的服务类节目。节目主要内容是服务女性，服务生活，为女性提供美容护肤、服装搭配、瘦身纤体、时尚彩妆等方面的知识；关注业界精英，了解她们的创业历程，讲述女人的情感、喜悦、烦恼、渴望、困扰等方面的心情故事。每周一至周五 19:00 播出，时长 60 分钟。

联通你我　快乐冲关

交通音乐频率 2010 年 10 月开办，是一档互动参与类节目，由抚州交通音乐频率和中国联通抚州分公司共同主办。节目通过电话参与互动答题，赢取丰厚奖品，让听众通过收听参与节目，快乐答题，获取知识。每周一至周六 12:30 播出，时长 60 分钟。

抚州电视台

才乡抚州

公共频道 2010 年 1 月 16 日开办，是一档教育专题服务类栏目。栏目以集知识性、指导性、互动性为特色，宗旨是宣传教育品牌，解读教育政策，报道教育动态，追踪教育热点，展示教育成果。栏目下设《教育资讯》、《教育视点》、《杏坛人生》等 7 个子栏目。每周二、四、六 18:45 播出，时长 10 分钟。

人车生活

公共频道 2010 年 1 月 16 日开办，是一档汽车文化类栏目。栏目传播和弘扬汽车时代的汽车文化。在选材上，以新颖独特的新闻视角，时尚自如的镜头语言，及时海量的信息资讯和独到专业的分析评论，从各个角度体察和反映人与车之间发生的故事。栏目下设《车市新闻》、《靓车欣赏》、《名车秀场》等子栏目。每周一、三、五 18:45 播出，时长 10 分钟。

2010年有较大改进的节目栏目

江西电视台

欢乐4频道

影视频道2008年12月开办，是一档全省首创的零门槛户外游戏竞技类栏目。栏目集幽默性、趣味性、互动参与性于一体，秉承“欢乐无处不在”理念。每天主持人带上游戏道具走上街头，来到社区和各类社会团体，甚至是直接走进观众家中，与观众朋友进行趣味游戏互动和竞技比拼，用欢乐感染观众朋友们。2010年欢乐4频道快乐升级，推出特别策划《快乐旋风 全省巡游》。节目组陆续走进全省11地市，在当地繁华街头摆下游戏擂台，在全省各地掀起快乐旋风。栏目还根据全年不同的时段不同的特点，不断穿插各种阶段性的小活动。栏目开播2年来，坚持平民草根路线，直接参与游戏挑战的观众已达上万名，现场助阵加油的人更是高达10万人次。这个与观众零距离接触的欢乐平台不仅扩大了栏目的影响力，赢得众多忠实观众，而且对整个频道影响力的提升起到积极的促进作用。每天18:40播出，时长15分钟。

九江电视台

九江新闻

新闻综合频道1984年开播。开播16年来，一直是九江地区收视率最高、影响力最强的电视新闻节目。2010年11月1日，全新推出的《九江新闻》从报道的理念、题材、手法上进一步创新，努力挖掘时政新闻的民生元素，改变会议新闻过多的现状，明确板块设置，增强节目的信息量。栏目下设《要闻快报》、《县区速递》板块，增强新闻特写和现场报道的份量，使节目形式更丰富，可看性更强。每天19:35播出，时长15分钟。

鹰潭电视台

都市会生活

2010年11月8日，《生活周刊》栏目改版升级为《都市会生活》，是一档生活类电视栏目。栏目追踪生活时尚，提倡科学消费，以群众生活中的热点为话题，通过轻松明快的风格、通俗风趣的语言，努力为广大民众当好生活参谋。栏目下设《时尚购物》、《车行天下》两个板块。每周一、日公共频道21:15、新闻综合频道22:55首播，次日新闻综合频道11:00、公共频道18:00重播，时长15分钟。

丰城市广播电视台

剑邑观察

2009年8月开办，是一档电视新闻专题栏目。经过2010年不断完善，栏目形成了主持人演播室口播+外景访谈+追踪调查+背景资料介绍+主持人评论/专家评论的形式。栏目获宜春电视台2010年创新栏目奖。每周日20:00播出，时长15分钟。

上高县广播电视台

我爱上高

2010年，为宣传推介上高良好的经济发展环境，挖掘上高的文化历史积淀，打造“上高最大优势就是上高人”这一品牌，展现上高自然人文环境，栏目进行改版。栏目改版后以展现上高历史、人文、地理为主要内容，着力挖掘、展现上高自然人文环境。栏目内容和形式更加注重知识性、趣味性、地方特色性、观众的参与性。栏目制作了走进社区、走进工业园、走进客商企业等一大批特别节目。每月12日、28日12:00播出，时长15分钟。

政法在线

2005年开办，2010年4月10日进行扩版，由过去的每两周1期扩版为每周1期。栏目开播以来，用以事说法的形式，宣传普及法律知识，全面展示政法、综治工作成就。2010年扩版后，栏目内容更加丰富，从深层次报道上高政法工作，突出反映政法战线保一方平安取得的成就；形式更加活泼，更加贴近实际、贴近百姓、贴近生活。每周一19:20播出，时长15分钟。

铜鼓县广播电视台

相约900

2010年3月1日全面改版。栏目下设《现场目击》、《记者体验》、《民生资讯》等6个板块，定位于百姓视角、百姓情怀、百姓故事，关注百姓生活，反映社情民意。栏目改版后在贴近性、可视性、生活性上更加突出，强化了节目的平民化、现场感、故事性和互动性。每周六21:00播出，时长15分钟。

党旗飘飘

2010年4月12日铜鼓县委组织部与铜鼓电视台合办的一档电视专栏。栏目由《为党旗增辉》更名而来。栏目宗旨是宣传政策理论，关注基层党建，报道先进典型，推动工作创新。栏目采取党建动态、书记访谈、党员风采等形式，报道基层党组织抓党建工作的做法和经验，宣传在党建工作中涌现出来的先进典型。每半个月播出1期，每周一19:36在《铜鼓新闻》后播出，21:30、次日8:00、12:00重播，时长约10分钟。

2010年有特色有影响的节目

江西电视台

2010中国红歌会

江西电视台为纪念红军长征胜利70周年，2006年首创推出了大型电视文艺活动“中国红歌会”。该活动以“唱响红色经典，弘扬先进文化，建设中华民族共有精神家园”为宗旨。2010年，江西电视台继续举办“中国红歌会”，于6月22日到8月29日期间阶段性地播出，节目总长度为4410多分钟。“2010中国红歌会”整个赛事过程更加贴近时代和时事，并在许多方面进行了创新：一是设立了10大唱区和若干赛点，报名参赛的选手达15万多人，再创纪录。其中，设立警营唱区，第一次把红歌会赛事引入到了行业系统，使参与的人员更加广泛；设立网络唱区，吸引了更多年轻人的参与；设立悉尼唱区，进一步激起了海外华人的爱国热情。二是“突围战”

的直播从4场扩大到10场，形成了播出强势。三是增设了“红色知识问答”环节，把它作为关键性的赛制组成部分，使“中国红歌会”同时成为传播红色知识的载体。四是把当代英雄群体的模范事迹融入节目中，用最壮美的歌声讴歌时代英雄。

“致敬2009”年度颁奖典礼

“致敬2009”从2009年11月起开始策划，12月27日正式启动，全省14家主流媒体以及新华网江西频道、搜狐网、金色传媒网全程参与活动的报道与互动。2010年1月2日起，《都市现场》用20天的时间对每位值得致敬的候选人和候选团体的事迹进行展播，并开通短信和网络投票平台，接受观众和网友的投票。截至2010年1月27日投票平台关闭时，网络和短信投票超过了700万票。“致敬2009”年度致敬人物评选活动颁奖典礼2010年1月30日晚在江西电视台600㎡演播大厅隆重举行。“十个奖项的颁发，十次心灵的触动”。颁奖典礼受到社会各界广泛好评。

江西音乐“映山红”奖优秀创作歌曲演唱大赛

江西音乐“映山红”奖优秀创作歌曲演唱大赛从2010年4月3日开赛，历时1个多月，来自全省11个设区市的近400名参赛选手汇集南昌，参加初赛、复赛、决赛、总决赛。4月15日20:20，都市频道联合新华网江西频道、搜狐网、新浪网、江西文明网等国内各大网站，同步直播江西音乐“映山红”奖优秀创作歌曲演唱大赛的颁奖典礼。颁奖典礼上，不仅揭晓了演唱类一、二、三等奖，同时还揭晓了“群众最喜爱的歌曲”奖。大赛期间，网络总点击率200万人次，网络投票50万人次。据央视索福瑞的调查数据显示，4月15日都市频道直播的颁奖晚会盛况收视率6.5，市场份额20%。

都市星主播

2010年8月，都市频道开展《都市星主播》全国主持人选拔大赛。本次活动是江西电视媒体首次在全国选拔主持人。活动设置北京、杭州、南京等7大赛区，走进10所知名高校选拔主持人才，报名参与活动的选手近万人。整个活动集专业性、娱乐性、参与性和互动性于一体，邀请马斌、钉铛、章艳等全国知名的主持人担纲评委。频道除通过强势新闻栏目《都市现场》每天进行宣传报道外，还与省内外各大媒体积极联动，在优酷网等视频网站开设《都市星主播》网络比赛专区，新华网、中新网、搜狐网、凤凰网等网络媒体陆续对《都市星主播》给予重点关注。截至2010年11月8日，百度搜索“都市星主播”相关介绍网页近10万篇。当地媒体江南都市报、南昌晚报、江西晨报等媒体也对比赛动态进行了跟踪报道。活动还与搜狐微博合作，推出都市星主播官方微博。截至2010年11月8日，围观人数已经突破61万人次，关注粉丝数达4万余人，在搜狐微博粉线人气总榜中排名全国第38位。通过7场比赛最后抢位成功的6名选手，虽然还没有上岗，但已成为不少观众心目中的“星主播”。借此契机，频道老主持人也参与到活动中，着力对频道的老主持人和品牌栏目进行宣传，提升了都市频道的品牌价值。该活动获江西省广电局2010年度广播电视宣传工作创新奖。

“金色童年”江西省首届原创少儿歌曲电视大赛

2010年4至6月，江西电视台少儿频道举办“金色童年”江西省首届原创少儿歌曲电视大赛。大赛由中共江西省委宣传部、省文明办、省广电局、省文联主办，由江西电视台、江西音乐家协会、江西文明网承办。经过历时1个月的初选，共有来自全国各地的122首原创少儿歌曲进入大赛复评。根据网络投票结果和评委的严格把关、审慎评选，有30首歌曲顺利突围，进入复决赛。6月12、13日，“童歌赛”复决赛在全国青少年教育基地共青城举办。经过现场演唱和评比，共选出10首优秀少儿歌曲参加央视全国少儿歌曲电视大赛。其中《小猴过马路》、《森林里飞来啄木鸟》入选全国百首优秀少儿歌曲；《森林里飞来啄木鸟》获2010全国少儿歌曲电视大赛铜奖；江西电视台少儿频道获优秀组织奖。

2010 年江西省省级、设区市级广播电台、电视台节目时间表

广 播

江西人民广播电台综合新闻频率

4:00 开始曲 每周一歌
4:10 快乐集结号
5:20 养生堂
6:30 转播中央人民广播电台新闻和报纸摘要
7:00 江广早班车
7:40 百姓健康
8:00 729 健康网
8:40 怀旧音乐盒
9:00 杏林漫步
11:00 新闻 110
12:00 正午播报
12:10 正午阳光
13:00 心灵家园
14:00 经典长书
14:30 空中百花洲
14:50 每周一歌
15:00 养生秘笈
18:00 全省新闻联播
18:30 天使加油站
19:30 走进直播室
20:30 律动生活
21:30 投资与理财
音乐 E 时代（周六、日）
22:00 全省新闻联播
22:35 怀旧音乐盒
23:00 空中百花洲
23:20 焱姐咨询
0:00 新闻
0:05 子夜书场
0:30 午夜相伴
1:10 空中百花洲
1:30 全天播音结束

江西人民广播电台都市广播

6:00 都市新空气
7:00 私家车音乐早餐
7:30 私家车上班路上
8:00 壹周立波秀（周六、日）
9:00 生活在路上
9:30 私家车上班进行曲

12:00　私家车午餐倾听
13:00　私家车午后时光
15:00　私家车上班进行曲
　　　　生活在路上（周六、日）
17:00　私家车下班路上
　　　　爵色周末（周六、日）
19:00　私家车派对
20:30　私家车夜养生
22:00　私家车环游世界

江西人民广播电台文艺音乐频率

7:00　早高峰看城市
9:00　1034 I 路上
12:00　1034 I 午间
13:00　1034 I 路上
17:00　晚高峰看城市
19:00　1034 I 夜色
22:00　1034 I 未眠
0:00　1034 I 无言

注：周六、日全天播出《1034 周末派》。

江西人民广播电台信息交通频率

6:00　1054 早航班
7:30　交通在线
9:00　唱游天下
10:00　方向盘俱乐部
11:00　转播直播世界
12:00　苏遥说天下
13:00　爱车音乐时间
14:00　1054 劲爆体坛
15:00　车舞飞扬
16:00　交广双声道
17:00　一路畅通
18:30　滴滴叭叭乐哈哈
20:00　嘻哈八点档
21:00　超级大喇叭
22:00　心的旅程
23:00　子夜短歌行
1:00　城市漫游
2:00　相约黎明

注：1.9:00 ~ 18:00 整点播出《新闻全接触》；

2.每逢整点、半点播出《路况信息》；

3.每逢 7:00 ~ 22:00 整点播出《交通天气预报》；

4.周日全天播出《轻松相伴》。

江西人民广播电台农村频率

5:40　开机试音
6:00　绿色音乐吧
6:20　健康时空
7:55　三农快讯
8:00　养生讲习所
9:00　985 服务热线
10:00　三农快讯
10:05　超级农家乐

11:00 健康驿站
12:00 三农快讯
12:05 农歌大家唱
13:00 惠农直播室
14:00 天天保健所
15:00 985 服务热线
16:00 养生大课堂
19:00 惠农直播室
20:00 健康有约
21:00 乡村夜话
23:00 子夜剧场

注：周一至周六 7:55、10:00、12:00 播出《三农快讯》，9:30、12:30、15:30 播出《气象与农事》。

江西人民广播电台民生广播

5:00 养生早餐
5:30 专题节目
10:00 健康直通车
11:00 1019 行天下
12:40 民生 365
13:00 小说连播
14:00 爱心小屋
15:00 健康直通车
16:30 音乐
17:00 娱乐小妖
17:30 金融万花筒
18:20 二手车时间
18:50 健康之声
19:00 我的地盘谁最雷
19:30 小说连播
20:00 英语专题
20:25 音乐
22:00 心灵家园
0:00 夜色阑珊

南昌人民广播电台新闻综合频率

4:30 健康养生馆
6:30 转播中央人民广播电台新闻和报纸摘要
7:00 917 新闻直通车
人间传奇（周六、日）
8:00 健康养生馆
9:00 天下体育
音乐心情（周六、日）
10:00 时尚生活手册
音乐心情（周六、日）
11:00 健康养生馆
12:00 917 新闻直通车
小叮当（周六、日）
13:00 花样年华
14:00 福彩天天乐
14:30 纪实广播文学
15:00 健康养生馆
16:00 音乐不过期
17:00 健康养生馆
18:00 917 新闻直通车
人间传奇（周六、日）
19:00 转播中央电视台新闻联播
19:30 健康养生馆
21:00 留声印象
22:00 今晚
缘分百分百（周六、日）

23:00 健康养生馆

0:00 917 听书场

南昌人民广播电台交通音乐频率

7:00 文化南昌
何文说周易（周日）
7:30 951 早班车　城市新鲜人
城市音乐天（周日）
9:00 小寒的天空
音乐新干线（周日）
10:00 天天好帮手
经济与法（周日）
11:00 一路顺风　我的汽车有话说
城市音乐天（周日）
11:30 都市爱生活
城市音乐天（周日）
12:30 听书馆
13:00 驾车游城快活人
城市音乐天（周日）

15:00 我爱我车
质量报告（周日）
16:00 摩登直播室　鼓声掌励
城市音乐天（周日）
17:00 951 马路锵锵行
新闻 1+1（周日）
18:30 文化南昌
音乐新干线（周日）
19:00 汽车天天汇
19:30 养生博医堂
20:30 音乐狂欢场
22:00 商业咨询
23:30 都市不眠夜
5:00 养生博医堂

南昌人民广播电台经济生活频率

6:00 博客部落
商界传奇（周六、日）
6:30 转播中央电视台朝闻天下
7:30 城市快跑
快乐串流行（周六、日）
9:30 博客部落
新闻周刊（周六）
体育周刊（周日）
10:00 八颗牙齿晒太阳
10:30 Hi music
脑大福大（周六、日）
11:30 商界英雄传
财富周刊（周六）
娱乐周刊（周日）

12:00 快乐串流行
Hi music（周六、日）
13:00 音乐 High 一点
14:00 八颗牙齿晒太阳
14:30 音乐纵贯线
15:30 妙趣横生
16:00 大牌主打歌
17:00 快乐不塞车
脑大福大（周六、日）
19:00 转播中央电视台新闻联播
19:30 商界英雄传
新闻周刊（周六）
体育周刊（周日）
20:00 卡拉永远 ok

周末音乐会（周六、日）
21:00　妙趣横生
周末音乐会（周六、日）
22:00　我们读书吧
商界英雄传（周六、日）
22:30　光阴的故事
妙趣横生（周六、日）
23:30　博客部落
财富周刊（周六）
娱乐周刊（周日）
0:00　快乐串流行
音乐不打烊（周六、日）
1:00　好时光旧回忆　音乐不打烊

九江人民广播电台新闻综合频率

5:25　开始曲　预告节目
6:30　转播中央人民广播电台新闻和报纸摘要
7:30　九江新闻联播
7:50　新闻直通车
8:30　916 新闻早晨
9:00　百姓热线
10:00　新闻直通车
12:00　新闻 30 分
12:30　百家讲坛
13:00　小说联播
14:00　健康专题
16:00　体育在线
18:00　九江新闻联播
18:20　教育导航
19:00　转播中央电视台新闻联播
19:30　在清华听演讲
23:00　我听你说
0:00　零点剧场

九江人民广播电台交通音乐频率

5:30　音乐　全天节目预告
7:00　转播中央电视台第一时间
7:30　新闻抢鲜报动感早上
9:00　一路畅通
中银理财（周六、日）
10:00　音乐好享听
梦想家园（周六、日）
11:00　车事通
周末音乐日（周六、日）
12:00　转播中央电视台新闻 30 分
12:30　小说联播
13:00　IQ 无限
音乐好享听（周六、日）
14:00　884 服务热线
娱乐现场（周六、日）
15:00　老歌不老
16:00　快嘴小花
周末音乐日（周六、日）
16:30　汽车天天汇
17:00　美食当家
城市书吧（周六、日）
18:00　新闻顺风耳
18:30　小康说事
19:00　转播中央电视台新闻联播
19:30　一路畅通
23:00　娱乐现场

23:30 音乐
0:00 全天播音结束

景德镇广播电视台新闻综合频率

5:30 开始曲
5:35 健康大药房
6:30 转播中央人民广播电台新闻和报纸摘要
7:00 景德镇新闻
7:20 大众呼声
8:00 空中门诊（周一、三、五）
健康咨询台（周二、四、六、日）
9:00 新闻视野
9:30 瓷都新播客
飞越城市（周六）
11:00 965 帮忙热线
12:00 景德镇新闻
12:20 广播书场
14:00 CHINA 印象
15:00 时尚手册
16:00 爱车天天汇
16:35 健康心感觉
17:00 玫瑰之约
17:30 大众呼声回音壁
18:00 景德镇新闻
18:20 快乐成长
19:00 965 点歌台
20:00 转播中央人民广播电台新闻和报纸摘要
21:00 娱乐百分百
22:00 健康咨询台
22:30 优秀节目
23:00 健康大药房

景德镇广播电视台交通音乐频率

7:00 新闻早班车
8:00 欢乐方向盘
10:00 新闻会客厅
10:30 交广警务通
12:00 七度诱惑
14:00 导航仪
15:00 城市擂台
16:00 动感旋律
17:00 天天美食
18:00 交通信息网
19:00 转播中央电视台新闻联播
19:30 锵锵兄妹行
20:30 与法同行
21:30 健康直通车
22:00 人在旅途
23:00 零点音乐

注：周日全天播出《音乐第七天》。

萍乡人民广播电台新闻综合频率

5:55 开机晨曲
6:00 专题时间

6:30 转播中央人民广播电台新闻和报纸摘要
7:00 萍乡新闻
7:30 音乐　频道宣传片花
9:00 信息加速度
9:30 音乐无限大
10:00 1068 快乐升级
10:30 清流在线
11:30 明星魔幻秀
12:00 萍乡新闻
12:30 天下故事会
13:00 午间城市剧场
14:00 音乐下午茶
15:00 新闻直播间
15:30 在清华听演讲
16:00 鲁豫有约
17:00 新闻直播间
17:30 1068 快乐升级
18:00 萍乡新闻
18:30 转播江西人民广播电台江西新闻联播和天气预报
19:00 转播中央电视台新闻联播
19:30 转播中央电视台天气预报　歌曲
20:00 全城都能点
21:00 专题时间
23:00 明星魔幻秀
23:30 音乐无限大

萍乡人民广播电台交通文艺频率

6:30 体育晨报
8:30 一路好心情
9:30 交广留声机
10:00 993 交通直播室
11:00 993 新闻速递　交广加油站
12:00 转播中央电视台新闻 30 分
12:30 法治在线
13:00 汽车天天汇
13:30 广播剧场
14:00 993 新闻速递　音乐风云榜
15:00 993 交广服务热线
16:00 993 新闻速递　最佳现场
17:00 车行天下
18:00 体育新闻
18:30 一路相伴
19:00 转播中央电视台新闻联播
19:30 993 乐轻松
21:00 评书
21:30 交广留声机
22:00 晚间新闻
22:30 环球视线
23:00 广播剧场

新余人民广播电台新闻综合频率

6:00 小说连播
6:30 转播中央人民广播电台新闻和报纸摘要
7:00 转播江西人民广播电台江广早班车
7:20 新余新闻
7:35 音乐串流行
7:50 移动天地
8:00 一路畅通
9:00 转播中央人民广播电台新闻和报纸摘要

9:30 步步高直播室
10:30 供求金桥
11:30 音乐自驾游
12:00 新余新闻
12:15 音乐自驾游
12:30 小说连播
13:30 音乐自驾游
15:00 政风行风热线
16:00 音乐榜样
16:30 老歌情未了
17:30 百家讲坛
18:20 心情日记
19:00 转播中央电视台新闻联播
19:30 爱心十分
19:45 新余新闻
20:00 健康之声
21:00 你我有约
23:00 午夜的收音机
0:00 城市日记
0:30 音乐自驾游
1:00 纪实六十分
2:00 全天播音结束

新余人民广播电台经济频率

6:00 小说连播
6:30 汽车理想国
7:00 转播中央电视台第一时间
8:00 昨日黄牌
9:00 音乐在路上
10:00 交广前沿
11:00 帮忙热线
12:00 午后咖啡馆
14:00 城市日记
14:30 汽车天天汇
15:00 我们的歌
16:00 昨日黄牌
17:00 音乐在路上
18:00 一路点点情
19:00 味出新余
20:00 音乐在路上
21:00 健康有约
23:00 零点说再见
0:00 音乐在路上
2:00 全天播音结束

鹰潭人民广播电台新闻综合频率

6:00 广播书场
6:30 转播中央人民广播电台新闻和报纸摘要
7:00 鹰广新闻
7:30 市民热线
第一时间（周六、日）
8:00 第一时间
9:00 专题
怀旧金曲（周六）
广播书场（周日）
10:00 信息金桥
怀旧金曲（周六）
广播书场（周日）
11:00 新闻故事
11:30 音乐外引
音乐排行榜（周六、日）
12:00 市民热线
央视新闻频道（周六、日）

12:30 广播书场
14:00 音乐无限
老扁讲古（周六、日）
15:30 投资与理财
16:30 广播书场
午后音乐风（周六）
17:30 音乐排行榜
午后音乐风（周六）
广播书场（周日）
18:00 新闻故事
18:30 环球旅行家
乐光宝盒（周六、日）
19:00 转播中央电视台新闻联播
19:30 鹰广新闻
20:00 广播书场
征友热线（周六、日）
21:00 非常开心
征友热线（周六）
22:00 广播书场
网络情缘（周六）

鹰潭人民广播电台交通音乐之声

6:00 朝闻天下
8:00 热线 800
8:30 广播书场
9:00 交通在线
10:00 生活麻辣烫
11:00 听游天下
12:00 新闻 30 分
12:30 天翼智慧乐园
13:30 摇滚音乐
14:30 956 汽车俱乐部
15:30 经典老歌
16:30 广播书场
17:30 音乐娱乐网　体育新闻（周日）
18:00 音乐娱乐网
18:30 移动开心百分百
19:30 乐点乐快乐
21:00 中华文化大讲堂
21:30 音乐万花筒
23:00 广播书场

注:周日 8:00 ~ 18:00 播出《音乐随身听》。

赣州人民广播电台新闻综合频率

6:00 清晨音乐风
6:30 转播中央人民广播电台新闻和报纸摘要
7:00 赣广早新闻
7:30 赣广早新闻
生活空间（周日）
8:00 937 最新闻
赣广早新闻（周一至周六）
生活空间（周日）
8:30 937 最新闻
赣广早新闻（周一至周五）
在清华听演讲（周六、日）
9:00 937 最新闻
937 乐动听（周一至周五）
怀旧经典（周六）
只听好歌不听话（周日）
9:30 937 最新闻
股市开盘点评（周一至周五）
怀旧经典（周六）
只听好歌不听话（周日）

10:00 937 最新闻
阳光热线（周一至周五）
飞越城市（周六） 百家讲坛（周日）
10:30 937 最新闻
阳光热线（周一至周五）
飞越城市（周六） 百家讲坛（周日）
11:00 937 最新闻 937 乐动听
11:30 天下体育
12:00 赣广午新闻
法制生活（周六）
只听好歌不听话（周日）
13:00 937 最新闻
乡村纵横（周一至周五）
937 乐动听（周六）
只听好歌不听话（周日）
14:00 937 最新闻
937 乐动听（周一至周五）
财富故事会（周六、日）
15:00 尾市盘点
937 乐动听（周六）
只听好歌不听话（周日）
16:00 专题
17:00 937 最新闻
阳光热线（周一至周五）
飞越城市（周六）
只听好歌不听话（周日）
17:30 阳光热线
飞越城市（周六）
只听好歌不听话（周日）
18:00 赣广晚新闻
19:00 天下体育
19:30 937 最新闻 937 乐动听
20:30 专家在线
21:00 幸福生活
22:00 心灵相约
23:00 专题

赣州人民广播电台交通音乐频率

6:00 城市日历 小五看天气
音乐晨飞扬
6:30 听着音乐去旅行 音乐晨飞扬
7:00 城市日历 小五看天气
健康养生宝典
7:30 嘻哈杂货铺 健康养生宝典
8:00 飞讯时刻 小五看天气
音乐味道（周一至周六）
945 I 音乐（周日）
8:30 OL 美丽人生
音乐味道（周一至周六）
945 I 音乐（周日）
9:00 飞讯时刻 小五看天气
音乐味道（周一至周六）
945 I 音乐（周日）
9:30 百科全说
音乐味道（周一至周六）
945 I 音乐（周日）
10:00 飞讯时刻 小五看天气
945 达人生活馆
10:30 最新碟报 非常好听榜单
945 达人生活馆
11:00 飞讯时刻 小五看天气
fun song11 点（周一至周六）
945 I 音乐（周日）
11:30 网络炫歌会 非常好听榜单
fun song11 点（周一至周六）
945 I 音乐（周日）
12:00 飞讯时刻 小五看天气
非常好听（周一至周六）

945 I 音乐（周日）
12:30 嘻哈杂货铺 网络炫歌会
非常好听（周一至周六）
945 I 音乐（周日）
13:00 中国音乐流行榜
13:30 车旅杂志
14:00 飞讯时刻 小五看天气
乐活虔城（周一至周六）
945 I 音乐（周日）
14:30 城市日历 百科全说
乐活虔城（周一至周六）
945 I 音乐（周日）
15:00 飞讯时刻 小五看天气 钟情此声
15:30 听着音乐去旅行 钟情此声
16:00 飞讯时刻 小五看天气
音乐不了情（周一至周六）
945 I 音乐（周日）
16:30 OL 美丽人生
音乐不了情（周一至周六）
945 I 音乐（周日）
17:00 飞讯时刻 小五看天气
945 达人生活馆
17:30 最新碟报 非常好听榜单
945 达人生活馆
18:00 飞讯时刻 小五看天气
秀歌场（周一至周六）
红歌榜（周日）
18:30 最新碟报 非常好听榜单
秀歌场（周一至周六）
音乐新干线（周日）
19:00 飞讯时刻 小五看天气
环球音乐时间（周一至周六）
月光宝盒（周日）
19:30 网络炫歌会 绝对意外
20:00 飞讯时刻 小五看天气 钟情此声
20:30 OL 美丽人生 钟情此声
21:00 专题
22:00 音乐风云榜
22:30 专题

赣州人民广播电台农村科教广播

6:00 广播剧场
6:30 天气 音乐放轻松
7:00 天气 转播中央电视台朝闻天下（周一至周五）
转播中央电视台第一时间（周六、日）
9:00 播报 高速 天气
都市卡通（周一至周五）
乐光宝盒（周六、日）
9:30 天气
一路顺心（周一至周五）
唱游天下（周六、日）
10:00 播报 天气
一路顺心（周一至周五）
唱游天下（周六、日）
10:30 天气
汽车时代（周一至周六）
音乐放轻松（周日）
11:00 播报 天气
汽车时代（周一至周六）
音乐放轻松（周日）
11:30 路况 天气 吃遍赣州
12:00 播报 路况 天气 吃遍赣州
12:30 新闻 天气 音乐正当午
13:00 播报 天气 音乐正当午
13:30 天气 天下体育
14:00 路况 天下体育

14:30 高速路况　天气
音乐放轻松（周一至周六）
周末好快乐（周日）
15:00 播报　天气
音乐放轻松（周一至周六）
周末好快乐（周日）
15:30 天气
我爱汽车俱乐部（周一至周六）
周末好快乐（周日）
16:00 播报　天气
我爱汽车俱乐部（周一至周六）
周末好快乐（周日）
16:30 天气　音乐放轻松（周一至周六）
周末好快乐（周日）
17:00 播报　路况　天气　畅通992
17:30 路况　天气　畅通992
18:00 播报　路况　天气　畅通992
18:30 高速路况　天气　音乐放轻松
19:00 转播中央电视台新闻联播
19:30 天气　天下体育
20:00 播报　天气
虔城夜色（周一至周五）
音乐放轻松（周六、日）
20:30 天气　虔城夜色
红歌榜（周六、日）
21:00 天气　汽车CD
22:00 专题

宜春人民广播电台明月之声
（2010年9月15日起执行）

6:20 第九套广播体操
转播中央人民广播电台新闻和报纸摘要
7:00 宜春新闻
7:25 民生直通车
7:40 早高峰听明月
8:00 早高峰听明月　1011早新闻
音乐自驾游（周六、日）
8:30 有我陪着你
9:30 明月播客堂　广播剧
10:00 晚高峰爱明月
10:30 午高峰说明月　爱上传媒网
11:30 开心大擂台
12:30 明月播客堂
转播中央电视台今日说法
13:00 转播中央电视台军事纪实
13:30 宜春新闻
14:00 明月播客堂　汽车天天汇
14:30 广播剧
15:00 下午茶品明月　音乐不塞车
16:00 娱乐星荐队　音乐自驾游（周六、日）
16:30 晚高峰爱明月
18:30 宜春新闻
19:00 转播中央电视台新闻联播
19:30 单田芳小说联播
20:00 明月播客堂　开心大擂台
音乐自驾游（周六、日）
21:00 早高峰听明月
22:00 广播专题
23:00 倾听夜色

上饶人民广播电台新闻综合频率

6:30 新闻
8:00 环球资讯
9:00 听音乐道
10:00 供求直通车
11:00 开心 TAXI
12:30 超级歌词王
14:00 环球音乐杂志
15:00 阳光咖啡屋
16:00 城市大搜索
17:00 资讯最前沿
18:00 点点好心情
19:30 智慧树
20:00 你的故事我的歌
21:00 移动欢乐时空
22:00 专题

注：周六、日全天播出《音乐放轻松》。

上饶人民广播电台交通音乐频率

6:00 上饶新闻
7:00 快乐早班车
8:00 昨日黄牌
9:00 交广双通道
10:00 音乐城市
11:00 智勇大冲关
12:00 上饶新闻
12:30 女生 2 人组
13:30 966 广播剧场
14:00 泡东泡西
15:00 缤纷车世界
16:00 经典老爷车
17:00 美食乐翻天
18:00 欢乐夜晚顺风车
19:00 转播中央电视台新闻联播
19:30 动感地带音乐我最红
20:30 曙光健康专题
21:00 非常 hp 非常夜
22:00 966 挚爱金曲排行榜
23:00 午夜聊吧

吉安人民广播电台新闻综合频率

6:30 转播中央人民广播电台新闻和报纸摘要
7:00 吉安新闻联播　天气预报
7:30 新闻家常饭
8:00 新闻抢先报　移动说天气
8:05 传情歌飞扬
9:00 新闻抢先报　移动说天气
9:05 百姓心声（周一、二、四）
行风热线（周三、五）
10:00 新闻抢先报　移动说天气
10:05 超级娱乐秀
11:00 新闻抢先报　移动说天气
11:05 美丽家园
12:00 新闻家常饭　天气预报

12:30 1021 来帮忙
13:00 新闻抢先报 移动说天气
13:05 1021 来帮忙
13:30 商业专题
14:00 百家讲坛
15:00 新闻抢先报 移动说天气
15:05 1021 大剧院
16:00 背后的故事
17:00 新闻抢先报 移动说天气
17:05 乐行天下
18:00 吉安新闻联播 天气预报
18:30 非常柠檬
19:30 在清华听演讲
20:00 新闻抢先报 移动说天气
20:05 专题
21:00 王刚讲故事
21:30 商业专题
23:00 夜惊魂

吉安人民广播电台交通娱乐频率

6:00 清风晨曲
6:30 转播中央人民广播电台新闻和报纸摘要
7:00 阳光早餐车
7:30 1006 早班车
8:22 庐陵美家乡情原创歌曲
8:30 交广热线
9:30 交广车友会 司机交警面对面
10:30 交广剧场
11:00 两只辣椒
12:00 庐陵美家乡情原创歌曲
12:05 音乐自驾游
12:30 音乐畅快游
13:30 引进节目
14:00 交广剧场
15:30 快乐神州行
16:30 消费者之声
17:00 吃在吉安
18:00 娱乐动感地带
19:00 转播中央电视台新闻联播
19:30 交广夜航
20:30 音乐自驾游
21:30 百家讲坛
23:30 交广剧场

抚州人民广播电台新闻综合频率

5:55 开播曲 节目预告
6:00 风行晨曲
6:30 转播中央人民广播电台新闻和报纸摘要
7:00 转播江西新闻
7:30 抚州新闻
8:00 转播中央台中国新闻
9:00 风行传奇
10:00 风行快报（周一、二）
点点心意点点情（周三至周日）
11:30 风行快报（周一、二）
964 生活大搜索（周三至周五）
快乐周末（周六、日）
12:30 说娱道乐
13:00 天下体育
快乐周末（周六、日）
13:30 风行快报（周一、二）
最佳现场（周三至周日）

14:30 风行剧场
15:30 证券 60 分
快乐周末（周六、日）
16:30 三室一厅
17:00 风行快报（周一、二）
964 新闻茶馆（周三至周五）
快乐周末（周六、日）
18:00 抚州新闻
18:30 说娱道乐
19:00 女人天空
快乐周末（周六、日）
20:00 健康专题
22:00 倾情夜话
快乐周末（周六、日）
23:00 纪实 60 分
0:00 全天播音结束

抚州人民广播电台交通音乐频率

6:00 音乐叫醒你
6:30 跳跃节拍
7:00 朝闻天下
8:30 955 汽车俱乐部
9:00 在清华听演讲
9:30 奇闻趣事
10:00 955 交通在线
11:00 一杯清茶
12:00 明星魔幻秀
12:30 联通你我 快乐冲关
13:30 955 信息超市
14:00 城市乐飞扬
15:30 证券 60 分
16:30 财富之声
17:00 抚州生活
18:00 955 汽车违章查询
19:00 音乐传情
20:30 岁月流淌
22:00 广播剧
22:30 缘分天空
23:00 一杯清茶

电 视

江西电视台卫星频道

6:02 导视快报
6:07 社会传真
6:18 传奇故事
7:00 新闻早报
7:33 早间影院
9:10 剧场
11:58 午间气象
12:00 经典传奇
周末剧场（周六、日）
12:32 杂志天下
周末剧场（周六、日）
12:56 剧场
18:16 社会传真
18:30 江西新闻联播

18:50 江西天气预报
19:00 转播中央电视台新闻联播
19:33 剧场
22:10 传奇故事
22:45 新闻夜航
井冈先锋（周四）
23:01 剧场
1:24 午夜影院
3:29 经典传奇
江西天气预报（周二）
3:59 传奇故事
检修（周二）
4:29 午夜电影
检修（周二）
5:59 江西天气预报
检修（周二）

江西电视台都市频道

5:00 都市现场
6:00 快乐健身一箩筐
6:30 快乐生活一点通
7:00 e 早晨报
8:00 剧场
11:20 快乐生活一点通
12:00 都市 60 分
13:00 谁是赢家
14:03 剧场
17:30 动画片剧场
18:00 都市现场
19:30 都市情缘
20:00 晚间 800
20:20 剧场
老爸你真棒（周日）
21:10 剧场
22:00 钟山拍案
22:30 江西新闻联播
22:50 剧场

江西电视台经济生活频道

5:58 最爱是车
7:05 天天健康
8:00 电视剧
12:15 电视购物
13:00 电视剧
17:00 天天健康
18:00 动物传奇
18:30 江西房地产
18:50 最爱是车
19:05 玩车大圣
19:40 电视剧
21:15 非常会生活
21:35 家庭演播室
21:58 小刘理财
22:10 股市汇
23:05 电影
0:45 夜夜播不停

江西电视台影视频道

6:00 开播 宣传片
6:05 娱乐杂志
6:38 娱乐现场
7:10 剧场
11:50 娱乐杂志
动漫假日（周六、日）
12:35 影院
17:23 动画乐园
18:12 欢乐四频道
18:55 剧场
21:35 娱评天下
22:00 影院
23:58 娱乐现场
0:38 影院
2:50 全天节目结束

江西电视台公共频道

5:30 谈讬
6:00 中国法制时空
7:00 目击者
7:30 经典剧场
12:30 第五社区
14:00 经典剧场
大型活动（周六、日）
17:00 电视剧
魅力江西（周六、日）
17:30 谈讬
18:00 第五社区
19:30 目击者
20:10 好剧直通车
23:00 探秘

江西电视台少儿频道
（2010年10月1日起执行）

6:35 健身教室
7:00 动画片
9:00 迪士尼动画世界
9:30 小神龙俱乐部
10:00 缤纷剧场
11:30 体育时报
12:15 健康365
12:45 全民夺标
13:30 电影
16:30 迪士尼动画世界
17:00 小神龙俱乐部
17:30 少儿模特大赛
18:00 棉花糖剧场
19:00 健康365
19:30 缤纷剧场
21:30 CSPN体育节目转播

注：每周六15:30～17:30播出中超比赛；18:00播出《加油好儿女》。

江西电视台红色经典频道

6:00 电影
17:55 红色大篷车
18:10 活色生香每一天
18:30 每日房产报道
18:50 爱生活
19:10 老马讲故事
19:30 电视剧
21:50 经典影院

江西电视台移动电视

7:00 移动音乐榜
7:11 美食大搜索
7:29 女人喔
7:49 电影酷乐吧
8:00 第一时间
8:35 江湖新势力
8:43 旅行天下
9:02 爱在阳光下
9:10 新闻早报
9:37 天天把歌唱
9:42 都市快报
9:59 新闻在线
10:02 自然密码
10:19 移动音乐榜
11:02 消费智囊团
11:07 体坛快讯
11:17 综艺星天地
11:25 天天把歌唱
11:32 很卡通
14:00 东东西西
14:39 图片新闻
14:44 电影酷乐吧
15:37 家有好主妇
15:43 洪城万象
15:54 城市之间
15:59 越生活越健康
16:05 今日快讯
17:58 健康 365
18:09 江湖新势力
18:14 轻松十分
19:00 转播中央电视台新闻联播
19:30 移动气象站
19:36 新闻在线
19:37 体坛快讯
19:39 家有好主妇
19:50 今日快讯
19:55 新闻在线
19:58 图片新闻
20:02 娱评天下
20:17 综艺星天地
20:21 旅行天下
20:35 图片新闻
20:38 新闻在线
20:43 女人喔
20:49 很卡通
20:55 转播中央电视台中国新闻
21:00 新闻在线
21:35 图片新闻
21:36 爱在阳光下
21:44 移动音乐榜

21:57 江湖新势力
22:03 图片新闻
22:04 美食大搜索
22:16 新闻在线
22:20 影视同期声
22:32 电影

江西电视台风尚购物频道

0:00 缤纷饰界
3:00 数码 e 时代
6:00 养生大发现
7:30 风尚大美人
11:00 尚品手机
13:00 魅力生活
15:00 风尚家居
17:00 家居好帮手
19:00 数码达人
22:00 风尚坐标

南昌电视台新闻综合频道

6:40 拍案惊奇
7:00 每日新闻
7:30 新闻说报
8:55 老剧 30 年
12:00 每日新闻
13:05 电视剧
17:40 南昌健康新闻
18:04 拍案惊奇
18:30 每日新闻
19:00 转播中央电视台新闻联播
19:35 新闻说报
20:15 黄金剧场
22:00 每日新闻
22:32 拍案惊奇
22:52 南昌健康新闻
23:17 电视剧

南昌电视台都市频道

6:35 新闻说报
7:05 直播南昌
7:38 都市剧场
12:15 天天美味
12:50 健康百分百
13:07 解密南昌
14:00 电视剧场
18:08 今晚节目介绍
18:17 天天美味
18:42 拍案惊奇
19:00 直播南昌
19:30 都市气象站
19:38 全魅力剧
21:30 天天美味
21:55 健康百分百
22:12 开车看房
22:37 都市气象站
22:45 八毫米电影
0:02 健康百分百
0:22 打捞碎月

0:42 预告明天节目

南昌电视台资讯频道

6:35 打捞碎月
6:55 开车看房
7:18 电视剧
9:33 电影
12:50 生活质量报告
13:28 健康百分百
13:43 电视剧
17:45 今日荧屏
17:53 故事片
19:27 气象了望
19:30 每日新闻
20:05 开车看房
20:30 打捞碎月
20:55 直播南昌
21:25 NCTV 会客室
21:45 解密南昌
22:20 气象了望
22:28 健康有约
22:45 电视剧
0:25 解密南昌
0:45 打捞碎月
1:05 预告明天节目

南昌电视台公共频道

6:30 新闻说报
7:00 南昌健康新闻
7:20 电视剧
8:00 电影
11:45 南昌健康新闻
12:35 电视剧
17:55 动画片
18:40 南昌健康新闻
19:25 生活质量报告
19:50 新闻说报
20:20 天气预报
20:23 南昌健康新闻
20:48 自然妙趣
21:19 拍案惊奇
21:40 打捞碎月
22:05 影院
23:55 天气预报
23:58 生活质量报告
0:28 新闻说报
0:58 明天节目预告

九江电视台新闻综合频道

6:30 台标曲
7:35 九江新闻
7:52 社会广角
8:17 特别关注
8:35 收视指南
8:42 剧场
11:43 法治中国
12:00 九江新闻

12:17 社会广角
12:42 特别关注
18:15 晚间节目预告
18:30 法治中国
19:00 转播中央电视台新闻联播
19:35 九江新闻
19:52 社会广角
20:17 特别关注
20:29 天气预报
20:42 黄金剧场
22:30 九江新闻
22:47 社会广角
23:12 特别关注
23:30 大片影院
1:25 全天节目结束

九江电视台公共频道

8:29 台标曲　节目预告
8:30 早间剧场
11:33 收视指南
11:35 生活
12:00 财经点击
12:17 东西南北九江人
12:32 天气预报
17:50 动画片
18:20 生活
18:30 动画片
18:59 节目预告
19:00 财经点击
19:17 东西南北九江人
19:35 大片影院
21:30 晚间天气预报
21:37 生活
21:50 财经点击
22:07 东西南北九江人
23:09 夜归人剧场
0:07 全天节目结束

九江电视台教育频道

6:00 开机
7:00 娱乐现场
7:30 浔阳区新闻
7:40 健康生活
8:06 最佳现场
8:47 原创歌曲展播
8:58 音乐风云榜
9:39 影视风云榜
10:25 笑傲江湖
11:10 最佳现场
11:50 浔阳区新闻
12:00 健康生活
12:16 原创歌曲展播
12:27 音乐风云榜
13:16 影视风云榜
14:04 娱乐现场
14:51 电影
18:15 娱乐现场
18:50 浔阳区新闻
19:00 健康生活
19:21 原创歌曲展播
19:32 音乐风云榜
20:07 最佳现场
20:08 我爱看电影

20:44 浔阳区新闻
21:00 健康生活
21:15 原创歌曲展播
22:05 娱乐现场
22:30 影视风云榜
0:41 笑傲江湖
0:14 全天节目结束

景德镇广播电视台新闻综合频道

7:00 今日看瓷都
7:40 法治中国
8:10 电视剧
9:50 国际时尚
12:00 陶瓷视界
12:20 昌南对话
13:40 健康直通车
14:20 电视剧
18:00 陶瓷视界
18:20 健康直通车
18:45 瓷都房地产
19:00 转播中央电视台新闻联播
19:35 今日看瓷都
20:15 天气预报
20:25 时尚生活
20:40 瓷都房地产
21:00 电视剧
22:45 清风车影
23:05 天气预报
23:15 法治中国
23:35 国际时尚

景德镇广播电视台陶瓷文化频道

7:30 瓷都房地产
7:55 陶瓷视界
8:30 电视剧
10:50 时尚生活
12:00 今日看瓷都
12:40 古镇珠山
14:35 专栏
15:50 电视剧
16:30 民间收藏
17:45 时尚生活
18:10 电视剧
20:00 陶瓷视界
20:20 天气预报
20:28 盛世收藏
20:52 奇趣宝典
21:16 健康直通车
21:41 清风车影
22:00 陶瓷视界
22:20 专栏
23:00 今日看瓷都
23:40 电视剧

景德镇广播电视台公共频道

7:30 健康第一线
7:55 娱乐现场
9:00 清风车影
9:20 健康直通车
10:00 景德镇新闻
10:20 新闻晚 8 点
10:40 陶瓷视界
12:00 瓷都房地产
12:20 时尚生活
13:30 电视剧场
18:00 动画片
18:30 时尚生活
18:50 清风车影
19:10 音乐风云榜
19:45 天气预报
19:50 娱乐现场
20:25 我爱看电影
21:30 景德镇新闻
21:50 最佳现场
22:25 影视风云榜
22:50 健康直通车
23:10 瓷都房地产
23:30 健康第一线

萍乡电视台新闻综合频道

7:15 萍乡新闻
7:30 九点一刻
8:00 电视剧
13:00 萍乡新闻
13:15 九点一刻
13:30 电视剧
18:21 少儿节目
19:00 转播中央电视台新闻联播
19:41 萍乡新闻 资讯荟萃
20:00 专栏
20:20 第一剧场
21:15 九点一刻
22:30 剧场
23:00 萍乡新闻 资讯荟萃
23:15 九点一刻

萍乡电视台公共频道

8:10 开机
8:30 栏目
9:00 精品剧场
12:30 栏目
13:30 精品剧场
18:20 栏目
19:05 黄金剧场
19:55 专栏
20:02 生活气象
20:05 开发区之窗

20:15 黄金剧场
21:07 栏目

萍乡电视台教育频道

7:30 开心艺苑
8:30 早间剧场
9:30 就业创业指南
12:30 自办栏目
13:30 剧场
13:40 就业创业指南
17:00 自办栏目
18:35 动漫在线
19:00 美丽俏佳人
19:40 魅力自然
19:50 天气预报
19:55 就业创业指南
20:00 自办栏目
20:20 剧场
21:15 就业创业指南
22:10 盛世收藏　我的抗战
22:30 剧场

新余电视台新闻综合频道

7:24 今日导视
7:30 直播新余
8:52 剧场
12:00 直播新余
12:40 时尚消费
13:35 剧场
18:15 今日导视
18:18 少儿节目
18:42 天气预报
18:45 房产视界
19:00 转播中央电视台新闻联播
19:35 直播新余
20:20 剧场
22:20 直播新余
23:05 剧场
0:00 新华纵横
0:25 天气预告
0:30 今日导视
0:31 晚曲　彩条

新余电视台公共频道

7:30 收视指南
7:35 电视剧
12:56 收视指南
12:57 电视剧
16:55 栏目
18:02 收视指南
18:20 剧场
19:58 房产视界
22:15 电视剧
0:30 晚曲

新余电视台教育频道

8:00 电视剧
17:10 健康宝典
18:20 笑傲江湖
19:25 我爱看电影
20:35 影视风云榜
21:50 娱乐现场
0:00 全天节目结束

鹰潭电视台新闻综合频道

6:50 测试卡
7:00 台标　节目预告
7:02 民间收藏
7:20 8 毫米
7:55 开心园
8:30 鹰潭新闻
8:45 专题服务类节目
10:00 科普大篷车（周一）
生活周刊（周二）
财富零距离（周三）
鹰潭党建（周四）
鹰潭警务报道（周五）
鹰潭科技天地（周六）
鹰潭教育视窗（周日）
10:25 电视剧
12:00 晚间播报
12:30 电视剧
17:00 台标　晚间节目指南
17:01 中国医药（周一）
资本人物（周二）
移山（周三）
星火科技 30 分（周四）
环保前线（周五）
安全与法（周六）
郎咸平说（周日）
17:33 少儿节目
18:00 音乐流行风
18:30 生活周刊（周一）
财富零距离（周二）
鹰潭党建（周三）
鹰潭警务报道（周四）
鹰潭科技天地（周五）
鹰潭教育视窗（周六）
生活周刊（周日）
18:55 荧屏导视
19:00 转播中央电视台新闻联播
19:35 鹰潭新闻
19:53 鹰潭天气预报
19:59 电视剧
22:40 晚间播报
生活周刊（周日）
23:00 生活周刊（周一）
财富零距离（周二）
鹰潭党建（周三）
鹰潭警务报道（周四）
鹰潭科技天地（周五）
百家讲坛（周六、日）
23:30 民间收藏
0:00 全天节目结束

鹰潭电视台公共频道

7:00 台标节目预告
7:01 生活服务类节目
8:00 晚间播报
8:30 电视剧
11:30 影视界
12:00 8毫米
12:30 鹰潭新闻
13:00 电视剧
16:30 民间收藏
17:00 台标　晚间节目预告
17:31 音乐流行风
18:01 奇趣宝典俱乐部
18:01 动画剧场
18:30 科普大篷车（周一）
生活周刊（周二）
财富零距离（周三）
鹰潭党建（周四）
鹰潭警务报道（周五）
鹰潭科技天地（周六）
鹰潭教育视窗（周日）
19:00 电视剧
21:00 晚间播报
科普大篷车（周日）
21:17 生活周刊（周一）
财富零距离（周二）
鹰潭党建（周三）
鹰潭警务报道（周四）
鹰潭科技天地（周五）
鹰潭教育视窗（周六）
生活周刊（周日）
21:40 法治中国
22:00 鹰潭新闻
22:12 鹰潭天气预报
22:26 生活服务类节目
0:00 全天节目结束

赣州电视台新闻综合频道

7:30 630播报
8:10 一周新闻日历
8:30 黄金剧场
12:00 赣州新闻联播
12:20 赣南党建
12:30 630播报
13:15 真实
14:55 剧场
17:59 奇趣大自然
18:30 630播报
19:00 转播中央电视台新闻联播
19:39 赣州新闻联播
20:00 今日聚焦
20:12 黄金剧场
21:10 今日新闻
21:20 黄金剧场
22:20 630播报
23:00 真实
0:10 赣州新闻联播

赣州电视台公共频道

7:00 民生一线
7:25 经济生活
7:42 有房有车
8:30 生活剧场
11:00 赣州新闻联播
11:50 四季养生
12:00 民生一线
12:25 经济生活
12:42 有房有车
13:30 好剧连连看
16:50 四季养生
17:48 大国医
18:45 网罗天下
19:30 民生一线
19:55 经济生活
20:12 有房有车
20:40 生活剧场
21:40 赣州新闻联播
22:00 民生一线
22:32 生活剧场

赣州电视台教育频道

6:30 快乐生活一点通
7:33 娱乐双响炮
7:45 乡村报道
7:58 电视剧场
11:22 幽默风向标
11:48 七彩欢乐园
12:00 赣州新农村
12:48 午夜出租车
14:40 电视剧场
17:26 快乐生活一点通
18:05 动画片
18:30 七彩欢乐园
18:45 赣州新农村
19:24 每日农经
19:35 电视剧场
21:30 赣州新农村
22:02 娱乐双响炮
22:30 电影

宜春电视台新闻综合频道

7:24 开始曲 收视指南
7:25 民生直通车
8:15 剧场
9:05 栏目
9:40 剧场
10:30 宜春新闻
12:50 栏目
14:00 剧场
15:45 环球流行电影精选
党旗飘飘（隔周五）
18:05 栏目
18:40 民生直通车

19:00 转播中央电视台新闻联播
19:35 宜春新闻
19:54 天气预报
20:00 栏目
20:33 剧场
22:25 栏目
22:45 民生直通车
23:05 快乐星工场
乡音乡土乡情（周日）

宜春电视台公共频道

7:40 开始曲 收视指南
8:15 宜春新闻
8:30 明星剧场
11:30 栏目
12:35 快乐星工场
13:05 民生直通车
14:00 剧场
19:01 快乐星工场
19:32 情感剧场
21:15 天气预报
21:25 栏目
22:00 宜春新闻
22:20 情感剧场

上饶电视台新闻综合频道

8:30 好剧重放
13:30 金色童年（周一、二、六、日）
北纬 28（周三至周五）
14:05 剧场
17:10 动画片
科普大蓬车（周一）
19:35 电视剧

上饶电视台公共频道

8:15 电影
13:30 剧场
18:45 今日城西
19:50 信州新闻
20:05 说事（周一、二、五、六、日）
乡土乡情乡音（周三、四）
22:10 百姓影院

吉安电视台新闻综合频道

7:45 开播
8:32 电视剧
12:29 栏目
13:42 电视剧
14:59 栏目
19:00 转播中央电视台新闻联播

19:35 吉安新闻联播
19:53 吉安天气预报
20:00 今晚八点
20:18 自办栏目
20:40 电视剧
23:26 引进栏目
0:34 全天节目结束

吉安电视台公共频道

7:45 开播
8:12 电视剧
12:31 吉安新闻联播
12:56 今晚八点
13:14 自办栏目
14:01 电视剧
17:38 栏目
18:15 乡镇天气预报
18:19 栏目
19:01 电视剧
20:50 吉州新闻
21:08 青原新闻
21:27 电视剧
22:17 栏目
22:31 吉安新闻联播
22:49 吉安天气预报
22:56 今晚八点
23:14 栏目
0:30 全天节目结束

抚州电视台新闻综合频道

7:30 节目预告
7:40 精选剧场
12:00 抚州新闻联播
12:50 家住抚州（周一、二、四、六）
健康抚州（周三、五、日）
13:10 剧场
19:00 转播中央电视台新闻联播
19:40 抚州新闻联播
19:57 今日天气
20:02 今日现场
20:15 今日关注
20:30 家住抚州（周一、三、五、日）
健康抚州（周二、四、六）
20:45 剧场

抚州电视台公共频道

7:30 频道宣传片
8:00 人车生活
8:10 健康宝典
9:40 养生一点通
10:20 麻辣看天下
12:10 人车生活
12:20 家住抚州（周一、二、四、六）
健康抚州（周三、五、日）
13:30 我爱看电影
14:40 最佳现场

17:50 音乐风云榜
18:40 娱乐现场
19:15 我爱看电影
20:25 影视风云榜
21:00 抚州新闻联播
21:58 人车生活
22:13 家住抚州（周一、三、五、日）
健康抚州（周二、四、六）
22:28 大国医
23:03 最佳现场

经　验

省广电局参加中国鄱阳湖国际生态文化节组织广播影视展览工作总结

由省委、省政府主办的中国鄱阳湖国际生态文化节（以下简称“文化节”）于2010年11月20至22日在南昌国际展览中心成功举办。省广电局把办好广播影视招商和展览工作作为下半年全局的重点工作，全局上下以高度的政治责任感和集体荣誉感，开展了大量深入细致、卓有成效的工作，确保了省广电局参加鄱阳湖国际生态文化节各项工作取得丰硕成果。省广电局主办的文化节广播影视展览以“新媒体、新业务、新视野、新生活”的主题，在充分展示省广电局广播电影电视事业和产业取得的成果的同时，还集中体现了现代广播影视数字高新技术给人们带来的新视觉，给人们留下了深刻的印象，得到了省委、省政府领导的表扬和社会各界一致的好评。

一、高度重视，精心组织

省广电局高度重视参加文化节的工作，自2010年4月份启动该项工作以来，一直把它作为下半年全局的一项重要工作全力推进。局成立了局招商招展领导小组，组长由局长黄晔明担任，副组长由副局长杨文英担任，组员包括局机关相关处室和局属相关单位负责人。局领导先后十多次召开专门会议研究招商招展和参加文化节的具体工作，还亲自带领、组织局机关和局属有关单位相关人员到外地招商招展，并在招商招展、设计布展、宣传推广、会务接待、安全保障等各个方面都提出了严格要求和明确指示，极大地提高了本次参展工作的内涵和质量。

另外，为加强领导，确保各项工作顺利进行，省广电局在展览实施阶段还成立了广播影视展区组委会，下设4个工作小组，分别是综合协调组、宣传推广组、接待保障组、安全保卫组，具体承办各项具体工作。

二、高起点组织招商工作

为圆满完成文化节组委会下达的招商引资任务，局领导高度重视，局招商招展领导小组多次召开会议，研究部署省广电局招商引资项目事宜。黄晔明局长、杨文英副局长两次率领局机关相关处室负责同志前往北京，争取国家广电总局支持。另外，还组织局机关相关处室人员先后参加了深圳文博会、上海世博会、北京国际广播电影电视设备展览会等大型展览会，学习借鉴展览经验，并借机与各影视相关单位积极洽谈、对接。通过努力，文化节期间，省广电局共完成广播影视文化产业招商引资金额 53.15 亿元，其中签约项目 4 个，签约资金 12.15 亿元，分别为省电台签约1.45亿元，省电视台签约

9 亿元（作为生态文化节重大文化产业上台签约项目之一进行了现场签约），江西五套签约 0.5 亿元，电影处落实广东大地影院建设有限公司投资江西省大地影院项目签约金额 1.2 亿元；完成招商引资意向性投资项目 3 个，资金 41 亿元，分别为江西省电视台数字影视基地项目 16 亿元，省有线电视网络技术设备投资和网络运营投资项目 21 亿元，江西省数字影院项目 4 亿元。

三、高标准精选参展单位

省广电局对广播影视展区的参展商严格按照层次高、质量高、知名度高、内容丰富的要求进行筛选，在 53 家国际、国内知名文化企业中精选了 25 家知名企业在广播影视展区参展。这些参展单位展示内容精彩，受到了观众的一致好评。如海润传媒、银润传媒、国安传媒等知名影视制作机构展示了 30 余部最新的影视剧；总局科技司组织的三网融合试点城市展示了广电在迎接三网融合、创新广电新业务方面的积极进展；广东大地院线等知名院线组成的 3D 数字电影体验区，3 天时间接待了近万名参观者，被称为文化节“最热展区”；北京卡酷、上海炫动等动漫机构展示国产动画片、动漫电影的品牌开展动画发行的宣传，受到了参观者尤其是青少年朋友的关注；江西电视台风尚购物频道、中广移动传播的电视购物展示和手机移动电视体验，使参观者更加熟悉了这些新媒体新业务；日本 NHK 展示了日本 NHK 的品牌和形象等等。

广播影视展区还特别设置了省广电局自展区，通过灯箱展板、视频、现场体验等多种表现形式，突出特点，形成看点，放大亮点，充分展示了全省广播影视事业和产业取得的成果，更好地体现了江西广播电影电视的新发展、新形象。

四、高标准实施设计、布展工作

为了实现高标准、高水平的展示目标，局领导会同专家以及北京柏丽斯展览展示有限公司设计人员根据实际条件，亲临现场或组织会议，多次对方案进行修改补充，并对展区参展单位展位设计方案进行了认真审查，确保了广播影视展区在风格上整齐划一、外观上美观大方、功能上科学合理、特色上特点鲜明。在文化节组委会对各设区市、省直单位参加文化节展览展示方案的评审会议上，得到了有关领导、专家和参观群众的一致肯定和好评。

五、精心安排，现场组织严密

1.精心谋划展示工作

为了做到统筹安排、协调行动，省广电局在整个文化节的筹备和举行过程中，在各个阶段和各个方面都制定了周密细致的工作方案，包括总体方案、宣传方案、接待保障方案、安全保卫方案和展区现场工作安排等，对文化节过程中和每项活动中可能出现的问题都进行了具体、详尽的考虑分析，确保了各项工作顺利有序进行。

2.全力做好现场活动组织

文化节期间，展区共安排了 10 余项丰富多彩的活动，吸引了人气，扩大了影响，展示了形象。如广电艺术幼儿园、广电艺术小学的才艺表演活动组织有序，现场气氛热烈，得到了省领导和参观者的好评；由今视网推出的“我爱鄱阳湖·即拍即秀”互动节目，吸引了很多观众进行互动展示；江西电视台与银润传媒合作拍摄的电视剧《党的女儿》开机发布会以及红色经典频道的百部电影推介会、《虎王归来》卡通人物形象营销发布会等活动，宣传了影视节目，扩大了广电影响。江西五套《一见钟情》栏目还在广播影视展区现场进行了鄱阳湖环保人士相亲交友现场录制，成为一大看点。省广电局还制定了周密的宣传计划，采取得力措施，加大宣传力度，利用电视、广播、报纸、网络等媒体，有计划、有重点地做好展区及各项活动的宣传报道，并组织主持人、播音员与观众见面互动。

3.精心实施来宾接待和安全保卫工作

省广电局制定了周密细致的接待服务方案，对国家广电总局领导、兄弟省市广电局领导和各参展单位，全部实行了“一对一”接待，使参展者和来宾得到了宾至如归的感觉，不少参展商说，像江西广电这样热情周到的服务在其他展会上是体会不到的。我们还组织全省广电系统近3000人来展区参观。文化节3天时间里，广电展区参展人数突破10万人次。省广电局安全保卫组选调得力干部维持维护现场用电、消防和治安秩序，确保文化节广电展区展示安全稳定。

六、发挥优势，各展所长，形成合力，为文化节营造浓厚的氛围

省广电局多次召开会议，专题研究文化节的有关宣传工作，制定了《江西省广播电影电视局关于首届鄱阳湖国际生态文化节的宣传报道方案》，组织省电台、省电视台、今视网等局属各媒体单位积极开展文化节的宣传报道工作，及时报道了文化节的各项筹备活动和进展情况，全面报道了文化节开幕式及节会期间举办的各项活动，集中展示了江西独特的生态文化，充分展现了我省文化产业发展取得的新成就，突出报道了文化节的各项成果及社会各界的热烈反响，进一步激发了各类文化企业投资江西的热情。

文化节开幕前，省电台、省电视台在《全省新闻联播》、《江广早班车》和《江西新闻联播》等主要新闻节目中设立了倒计时宣传牌“距首届鄱阳湖国际生态文化节开幕还有XX天”，在《全省新闻联播》、《江广早班车》和《江西新闻联播》节目栏目中开设了“鄱阳湖国际生态文化节”专栏，其它各频率频道新闻节目栏目积极跟进，报道了文化节的各项筹备工作。今视网开辟了“鄱阳湖国际生态文化节”专题，并在首页挂出了文化节标识，设置了倒计时牌。文化节期间，省电台、省电视台、今视网对文化节开幕式进行了现场直播，各媒体单位重点报道了中央和省委、省政府主要领导及中央有关部委领导出席文化节的各项活动；突出做好了开幕式和重大文化产业项目签约仪式、中国山水情歌会、中国鄱阳湖国际生态文化论坛、中国鄱阳湖国际生态文化产业交易会等八大系列活动的宣传报道。11月20日开幕式当晚，文化节隆重开幕的消息即在中央电视台《新闻联播》和中央人民广播电台《全国新闻联播》中播出。据不完全统计，在文化节筹备和举办期间，省电台发稿300余条次，省电视台发稿100余条次，今视网发稿200余条次，为文化节在广播、电视和网络上营造了浓厚的氛围。

2010年江西广电抗洪救灾报道特色和原因分析

6月13日以来，江西省先后有34条河流发生超警戒洪水。6月21日18时30分左右，江西抚河干流右岸唱凯堤发生决口。6月28日20时开始至30日8时，大洪水汇入鄱阳湖，鄱阳湖星子站的水位在超警戒水位1.20～1.29米之间徘徊。

灾情就是命令，灾情就是号角。在这场特大洪涝灾害面前，江西省的广电媒体和新闻工作者克服种种困难，在长达三个月的时间里，发扬连续作战的精神，出色地完成了各项报道任务。纵观各大媒体的行为和报道，与以往的突发事件相比，在注重人文关怀和讲究新闻规律方面得到了稳步提升，宣传报道基调既有感性的体现，又有理性的引导，媒体的议程设置能力和舆论引导效果得到充分展现。

一、媒体行为更为理性，充分体现了灾难报道的人文关怀精神

经过多年的实践演练，广电媒体已经在突发事件报道方面形成了一种自觉，包括应急机制的建立以及突发事件时参与报道的人员安排和报道形式的策划等，这种自觉性行为在这次抗洪救灾的报道中体现得较为突出。

在6月17日江西省出现今年以来最强降雨前后，全省广电各个媒体就开始了防汛预警报道，预先派出记者前往相关防汛重点地区进行采访报道，做好了打硬仗的准备。江西新闻广播从17日起在《全省新闻联播》、《江广早班车》早晚两档主要新闻节目中详细报道了各地的水情雨情；江西卫视在主档新闻节目《江西新闻联播》中集中播发了来自抚州、吉安、赣州和鹰潭、南昌、上饶、宜春等地的综合消息。随着灾情的发展，江西新闻广播在派出本部记者深入抗洪一线采访的同时，积极调动驻抚州、鹰潭等记者站及各地市台资源，大篇幅报道各地及时转移安置灾区群众的情况；江西卫视派出多路骨干记者分赴灾情最重的鹰潭、抚州等地，《江西新闻联播》也打破常规编排，整期节目内容以防汛抗洪、抢险救灾为主。这些大量来自现场的报道，时效快、吸引力强，迅速地消除了灾区群众和广大受众的恐慌心理，掌握了突发灾害报道的主动权。

二、宣传报道形式多样，媒体联合作战的能力得到加强

形式多样一直是各媒体日常宣传报道追求的目标，但在突发事件报道中追求形式多样具有一定的难度。在这次抗洪救灾报道中，许多媒体在紧急情况下充分发挥了自身的优势，采制了一组组独具特色的报道。广播媒体的特色是传播快捷迅速，江西新闻广播大量采用记者连线的形式，第一时间播发各路记者在抗洪一线发回的报道。电视媒体的优势在声画俱佳，江西卫视把直播室设置在唱凯堤的堵口现场，并和中央电视台一起动用了两架直升飞机和一架三角翼飞机实行航拍，从空中、水上和陆地全方位、立体式地直播决口封堵全过程，将观众带到堵口现场。网络媒体在互动上有着自己的优势，今视网站开设了《江西抗洪抢险》和《读者直击》栏目，积极和网民、手机用户展开互动，获知第一手的汛情、险情，并把相关情况报告给防汛救灾部门。

这些媒体的报道为广大受众提供了多样化的选择，同时也为其他媒体提供了丰富的报道素材。比如在唱凯大堤上，抚州电台的记者轮班值守，除了不停地向本台、省台发稿外，还积极和全国10多家广播电台进行现场连线，及时准确地报道了广大军民奋力抗洪抢险救灾的动人场景。江西新闻广播的前方记者在做好向本台提供稿件的同时，还积极做好外宣工作，一方面向中央台和兄弟省市台提供有关雨情灾情的详细报道，让外界了解江西省遭受的重大灾害；另一方面向中央台和外省市电台介绍江西省干部群众奋勇抗灾的感人事迹。据不完全统计，自6月21

日以来，江西新闻广播记者向20多家电台供稿100多篇，为争取全国支持、全面夺取抗洪救灾胜利发挥了重要作用。江西电视台非常注重与中央电视台的合作，自江西的灾情发生后，每天都向中央电视台传送大量反映江西抗洪救灾的报道。

三、媒体议程设置能力提高，舆论引导效果明显

在这次抗洪救灾报道中，大量从抗洪救灾一线发回的客观、真实的报道没有在“悲天悯人”上做文章，而是营造了“上下一心、众志成城”积极向上的氛围，颂扬了灾区人民“在悲愤中奋发”的精神。

据悉，江西特大洪水发生后，新华社、人民日报、中央电视台等国家级主流媒体都派出精兵强将，香港文汇报、新加坡联合早报、CNN等海内外媒体纷纷派出记者前来采访。据抚州市委宣传部统计，抗洪救灾期间，有一百多家媒体、三百多名记者前往抚州采访。这些媒体的记者从各地赶赴江西的各大重灾区，将注意力放在汛情发展、受灾群众转移和安置、决口封堵、各地人民支援灾区和灾后自救的报道上，宣传了抗洪救灾以人为本的理念，引导了国外媒体的报道基调。

可以说，这次抗洪救灾的众多报道为人所称道源于各大媒体的集体发力、关注点集中，遵循新闻规律，做到了“三贴近”，体现了人文关怀精神。析而言之，又得益于三大关键因素的共同促成。

第一，上下一心，党和国家领导人的亲切关怀，省委省政府领导靠前指挥，为这次抗洪救灾报道提供了信心和着力方向。唱凯堤决堤后，胡锦涛、温家宝等中央领导第一时间作出重要指示，要求全力以赴抢险救援，把人民群众生命放在第一位。胡总书记亲自指示南京军区组织800多人抢险队伍连夜赶赴抚州，开展抗洪抢险。回良玉副总理指示启动国家防汛二级响应。6月24日，温家宝总理亲临抚州灾区，冒雨察看汛情、灾情，代表党中央、国务院、中央军委和胡锦涛总书记看望受灾群众，慰问奋战在抗洪抢险一线的解放军、武警、公安民警和消防官兵，指导抗洪救灾工作。

22日凌晨，江西省委书记苏荣从鹰潭重灾区赶到临川区孝桥乡政府的“6·21”防汛抗洪前线指挥部，和先期赶到的省长吴新雄及其他省领导一起紧急部署救援工作。

第二，江西省干部群众和广大解放军指战员、公安武警消防官兵、民兵预备役人员感天动地的抗洪救灾行动为媒体提供了客观、生动报道的素材。6月21日唱凯堤决堤后，南京军区指战员、武警消防官兵在第一时间内从四面八方向罗湖、唱凯、罗针、云山聚拢。在7月中旬雨线北移后，长江沿线、环鄱阳湖区成为江西抗洪抢险的主战场。长江沿线、环鄱阳湖区各地市积极组织干部群众护堤巡堤，严阵以待，与肆虐的洪魔展开了护堤大决战，实现了“不亡一人、不溃一堤、不垮一坝”的目标。以人为本，人民生命高于一切，在滔滔洪水中得到鲜活的印证。

第三，经过98抗洪、2008年初的抗冰救灾和汶川地震、玉树地震等多次突发事件的报道历练后，媒体的行为和报道思想更为成熟。多难兴邦，砥砺担当。在各种突发事件发生时，新闻工作者总是和救援队伍同一时间出现在灾民面前。虽然在一些报道中，有些媒体的行为和报道方式还存在不足，但是那些不成熟之处正在不断地得到改进，一支作风优良、具有大局意识、责任感强、能打硬仗且人民信得过的新闻队伍正在形成，他们用自己的笔、话筒、镜头、节目和版面记录历史的步伐，反映大众的心声，弘扬社会正义，鞭挞丑恶现象。

6月26日，在江西的抗洪救灾取得阶段

性胜利的前夕，苏荣向新闻工作者提出“三个广泛宣传”、“七个深度报道”的要求后，对做好抗洪救灾宣传工作提出了更高要求，强调要坚持公开透明、积极开放的态度，主动为新闻媒体提供抗洪抢险信息，发挥好政府新闻发言人的作用，努力把抗洪救灾宣传工作做得更好。这些要求既是媒体的职责所在，也是媒体作为党和人民喉舌的最高要求。

（原载《声屏世界》2010年第8期，作者陈道生）

《都市星主播》：“星主播”启动新思维

随着《都市星主播》“新老主播决战夜”11月6日晚以6.03的高收视率火热收官，至此，江西电视台都市频道历时3个月的全国大型主持人选拔活动《都市星主播》精彩落幕。盘点节目制作的全过程，《都市星主播》实现了频道大型电视活动新的成长。

一、全媒体推广：从被动出击到主动突围

在这次《都市星主播》的推进全过程中，节目组在宣传推广方面下足了力气。

微博因其独特的传播特点，影响力持续放大。2010年7月活动筹备期间，《都市星主播》节目组就立刻安排专人与搜狐微博进行直接接触，经过精心策划实施，《都市星主播》的官方微博开通两天，围观人数就达到6.6万人次，截至活动结束的11月6日，围观人数已经突破60万人次，关注粉丝数超过4万人。除了活动官方微博，节目组还特别安排参赛选手、评委、主持人、导演同时开通微博并进行手机绑定，及时开通“微群”，在节目直播和赛后活动中，选手和主创团队之间、选手和网友之间产生了更新、更近的实时互动方式。

在微博“发力”的同时，《都市星主播》还在百度贴吧、天涯、猫扑等论坛开设专页，特别在优酷网、56网开设了网络比赛专区。一方面各视频网站积极转载本台《都市现场》、《新闻夜航》对《都市星主播》的持续报道，另一方面，通过对“孔雀哥哥”等话题选手在各大视频网站发布比赛视频片段和在人人网、开心网等社交网站的分享、评论、投票，使相关视频的网络热度不断看涨。

《都市星主播》在推进宣传推广工作时以协作媒体、媒体支持多种方式联合省内外的主流报媒、网媒，不仅使《都市星主播》出现在了各大报纸的突出版面，也使得新华网、中新网、搜狐网、凤凰网、中国播音主持网等主流网络媒体陆续对《都市星主播》给予重点关注，截至10月15日，百度搜索《都市星主播》相关介绍网页突破10万篇。

媒介融合的潮流已经袭来，大型电视活动要做大做响，必须建立起一个打通电视、广播、报纸 、通讯社、网络门户、社交网站，同时结合户外广告、手机互动的全媒体品牌推广体系，《都市星主播》在这方面做了一些初步的探索，也为今后频道更大力度的品牌推广积累下了一定的资源和经验。

二、高起点策划：从“硬复制”到“软着陆”

作为一档融合招聘、选秀两种元素于一身的《都市星主播》，如何把节目做得好看

又不失主持人选拔的专业水准，让这个算不上全新的节目模式焕发新的魅力是节目主创人员一直在思考的问题。为此，节目组在对一系列相关的优秀节目样态进行观摩后，突破固有思维模式，大胆聘用外脑，在全国范围内进行海选，重金打造炫目舞美，精心制作高品质 VCR，还设置了大量在江西电视娱乐节目中未曾使用的新元素，例如“变装出镜”环节，将主持人的应急能力、服装搭配能力、即兴表达能力完美结合；“非常现场”中外地选手经受南昌方言考验；新老主播列队 PK；黄金蟒、高空威亚和选手的互动出现在“恐怖演播室”；韩国选手郑首龙、网络红人孔雀哥哥积极参赛；知名主持人马斌、李好、钉铛、章艳联袂本土名嘴金飞、廖杰、钟山犀利点评……

对节目主创团队自身而言，如果说此前制作的节目多少有些对国外电视模式“硬复制”的痕迹，那么这次《都市星主播》则通过对比赛环节的创新设置和互动方式的升级以及节目包装高起点要求，实现了电视主持人选秀模式的“软着陆”。

（江西电视台都市频道）

调查研究

赴北京、河北、河南广电局学习调研情况的报告

2010年3月中旬，省广电局副局长梁勇带领宣传管理处处长万里波、《声屏世界》杂志社副总编邱学锋等，专程赴北京、河北、河南三省市广电局学习考察，形成了学习调研报告，就江西省广电系统如何借鉴三省市跨越发展的成功经验，贯彻落实全省广播影视工作会议精神，加速推进广电工作大发展提出了一些思考。省委书记苏荣，省委常委、省委宣传部部长刘上洋作出了重要批示。此文系梁勇等同志的调研报告。

为更好地贯彻落实刘上洋部长在全省广播影视工作会议上的重要讲话精神，经省广电局局长黄晔明同意，3月中旬，我们一行三人专程赴北京、河北、河南三省市广电局学习调研。三省市在全力提升广播影视宣传水平，大力发展广播影视事业、产业等方面进行的有益探索、取得的成功经验和推进改革的激情，令我们深受启发和鼓舞。

一、三省市广播影视发展的关键话

北京广电局

●“国内一流、亚洲第一、世界前列、实力强大、效果卓著的大众传媒”的战略目标

●广电系统首家通过“ISO9001质量管理体系”认证

●北京歌华网络有限公司2009年实现利润3.3亿元

●全面进军“网游市场”

河北广电局

●“办一流节目、让人民群众满意”活动

●创办“京东文化产业园”

●开通全国第一家涵盖所有通讯运营商的“手机电台”

●承建“津巴布韦全国广电项目”

河南广电局

●实施“节目创新行动”计划

●建设新栏目、新品牌“创意园区”

●赴英国、美国培训采、编、播人员

●品牌节目“宝岛行”、“拉美行”推广活动

二、三省市加快发展广播影视的基本经验

北京市、河北省、河南省三地广电局都在积极探索推进广播影视改革和发展的新路子，取得了许多成功的经验。

1.体制创新使广播影视事业焕发出新的活力。北京市于2001年成立北京广播影视集团，实行管办分离。2005年，北京广播影视集团转制为企业集团，更名为“北京北广传媒集团有限公司”。现在，北广传媒集团已基本形成四个业务集群和17家二级企事业单位的产业布局。北京人民广播电台的改

革取得了很大的成功，他们全面实行广告经营代理制、节目制作招标制、采编首席制等几项重要的制度，逐步形成了比较开放的体制，有效地解放了广播影视的生产力，2009年实现收入6.5亿元，成为全国经营收入最高的电台。河南省、河北省至今一直保持传统的体制架构，目前都在积极组织调研，比较一致的看法是推进体制改革势在必行，十分必要。

2.树立新的目标以引领大的发展。北京人民广播电台确立了“国内一流、亚洲领先、世界前列、实力强大、效益卓著大众传媒”的目标。河北人民广播电台确定创建大台强台、树立主流媒体形象的目标，坚持“频道专业化、栏目特色化、节目精品化”的理念，把不断提高节目质量作为立台之本，创造了一批优秀的广播节目。河南电视台提出努力建成河南绝对强势的媒体集团，实现由地方性媒体向全国性媒体的突破，实现传统媒体向现代媒体的突破，实力、传播力、影响力、竞争力稳居全国电视台先进之列。

3.积极实施广播影视重大文化项目。河北省广电局于2008年5月开工建设的京东文化产业园，总投资3个多亿，依托北京的大市场，重点开发内容产业、服务产业和科技产业。作为专业动画卫星频道的北京电视台卡酷动画卫视频道，正在进军网络游戏市场，目前已经开始相关的招聘工作。北京市2009年8月开始，举办庆祝新中国成立60周年文化活动“银幕上看祖国”，该项目历时4个月，展映爱国主义影片50部，观众达千万人次，票房同比增加1.09亿元。河南文化影视集团打造影城建设项目，脚踏实地地走过了一条创造品牌、打响品牌、输出品牌的良性发展之路。目前正常经营的影城32家、银幕123块、座位27217个，票房收入、观众人次连续3年以60%的幅度递增，实现了自身规模的有效扩张和快速发展。河北人民广播电台在全国率先开通全通信领域手机电台和电话广播，听众只要拨打16891166这个号码，就可以实时收听，开播一年多来拨打率已超过500多万人次，发展势头强劲。

4.用差异化打造核心竞争力。三省市广电部门都认识到，要在当今百舸争流的媒体市场立足，就必须走自己的路，形成自己的核心竞争力。河北电视台在全国许多卫视频道走娱乐化路线的时候，却在实施“办一流节目让人民满意”活动，着力打造全国省级一流的新闻中心和新闻节目，《河北新闻联播》在石家庄的收视份额增长94%，得到河北省委领导的充分肯定，河北省委办公厅派调研组进行专题调研。北京广电局实施“走出去”战略，每年3月组织播出机构参加戛纳电视节，2008年与俄罗斯、美国、东南亚等境外参展商签订了购买合同，成交额达400多万美元。2010年组织播出机构参加新加坡电视节，开拓亚洲市场。河南电视台不断挖掘厚重的本土文化，打造《梨园春》、《武林风》、《华豫之门》等知名栏目，进而打造一批既有深厚的文化积淀，又融合时尚元素，流行、大气的节目，形成媒体特有的戏曲文化特质，《梨园春》和《武林风》两个栏目2009年分别创收4千多万元。

5.着力在节目创新上下功夫出特色。三省市广电部门都十分重视栏目的创新，在打造新栏目、新品牌上敢于出奇招、舍得花“银子”。三省市广电部门都普遍成立了专门的研发机构，组建创新团队，同时利用社会资源，在局内、台内甚至全国范围内，征集节目创意新点子。特别是三省市广电媒体的创意工作已经走上了常态化轨道。河北广电局2010年收到新点子250多个，已筛选出38个新点子，由台里出资组织做样片。河南广电局正在实施创新行动计划，开展创新大讨论，举办创新创意金点子展示会。河南电视台拿出100万元栏目创新经费，用于制作样片，同时为了检验新栏目的收视效果，还拿出一个频道作为“创意园区”，专门试播新的栏目，全台形成了出点子、制样片、试播出的创新节目生产流水线，现在已有4套节目样片准备在创意频道试播。

6.用超常规手段全力增强整体实力。北京市于1999年9月成立北京歌华有线电视网络有限公司，公司注册资本1.9亿元，并于2001年2月在上海证交所正式上市。由于获得资本市场的有力支持，公司实现了跨越式发展。公司先后两次融资共25亿元，至2009年底，公司资产总额达58.63亿元，股本由1.9亿股发展为10亿多股，流通市值达到150多亿元，有线电视注册用户达413万户（其中数字电视用户240余万户)，2009年度公司实现营业收入15.16亿元，实现利润总额3.32亿元。为贯彻落实中宣部、财政部、广电总局等九部委联合发布的《关于金融支持文化产业振兴和发展繁荣的指导意见》，近日，北京市广电局与北京银行股份有限公司正式签署了《支持北京市广播电影电视产业发展全面战略合作协议》。根据协议，北京银行将在未来三年内为首都广播、电影、电视为代表的文化创意企业提供意向性100亿元人民币专项授信额度，并优先对北京市广电局推荐的优秀广播影视制作企业和重点项目提供绿色通道。

7.千方百计打造高素质人才队伍。三省市采取四种手段推进人才队伍建设。一是加大人才选拔的频度。北京人民广播电台每年面向社会组织主持人大赛，选拔优秀的播音员、主持人；河北广电局面向全国公开招聘了40名编辑记者和播音员主持人。二是加大人才培养的力度。河南省广电局邀请专家和业内资深人士开办专题讲座，组织业务骨干到外省挂职学习，赴英、美等国家考察培训。河北省广电局开办广电大讲堂，坚持每两周一次请名师名家讲学。三是加大激励机制的力度。北京人民广播电台自2005年实行首席聘任制，对聘任为首席的记者、编辑、播音员、主持人，每月额外奖励2万元，已有8名同志荣获此项待遇。河北省广电局坚持每年开展广电栏目、播音员主持人“双十佳”评选活动。四是加大人才引进的力度。河南电视台在引进人才上不惜代价，计划引进文艺方面较有经验的人担任一定的职务，甚至是台一级的职务。

三、三省市广播影视发展的启示

1.坚定不移地推进体制改革，是解放和发展广播影视生产力的根本。随着社会主义市场经济体制的建立和完善，特别是面对“三网融合”的新形势，作为生产关系范畴的广播影视体制存在诸多不适应和不符合的方面，改革体制的任务十分紧迫而艰巨。三省市推进体制创新的做法和经验表明，我们必须知难而进，坚定不移地推进广播影视体制改革。

2.媒体核心品牌是实现可持续发展的重要引领。核心品牌是媒体影响力的一个重要标志，是媒体的文化灵魂。品牌化过程对广电媒体是一次“凤凰涅槃”的过程。如北京电视台青少频道构建以新北京、新青年为口号，青春、励志、时尚、亲切的青年电视社区“第八区”品牌。又如重庆卫视“中国红”品牌脱胎于“故事中国、人文天下”，追寻全国乃至全球范围内的“中国红”故事；浙江卫视围绕“中国蓝”品牌，打造全线贯通的晚间综艺带，成为全国卫视综艺先锋，多次占据全国卫视收视排名第一。这都说明核心品牌日益成为媒体影响力迅速扩张的基础，只有树立强大的核心品牌，一个媒体才能彰显自己的价值取向，形成较强的影响力，走得更高，走得更远。

3.实施重大文化产业项目形成广播影视发展新的增长极。三省市的实践表明，文化产业作为一个产业，同样应该自觉地贯彻中央和省委、省政府的部署，精心谋划和着力抓好一个或几个重大的文化产业项目，发挥重大项目带动、示范和辐射作用，形成强有力的增长极。

4.利用资本市场为广电产业跨越发展提供重要驱动力。资本是一个产业实现跨越式发展必不可少的要素。北京的歌华有线以及陕西的广电网络、深圳的天威视讯等广电网络公司超常规发展，都通过直接或间接上市的方式得到资本市场的有力支持。

5.政府给予的政策和资金投入是广电发展的重要条件。歌华有线公司高清电视机顶盒项目将获得专项补贴资金达1.26亿元，获得2009年所得税返还0.48亿元。北京广播公司所属悦龙数字广播公司2006年获得政府提供的6000万元拨款，用于数字广播的覆盖网络建设。

6.加快人才队伍建设是发展广播影视的战略任务。三省市广电部门都把建设广播影视人才高地作为关键环节和战略任务来抓，优秀的影视人才队伍，为事业和产业的发展起到了关键作用。

四、推进我省广播影视发展的思考

面对三省市广播影视发展的昂扬之势，面对当今广播影视传媒业千帆竞发、百舸争流的新形势，我们应该直面差距，抢抓机遇，是否可以考虑迅速启动“加速赶超行动”，以抓好“节目”和“项目”为根本，积极推进我省广播影视业的大发展，为实现到2020年基本建成文化强省作出新的贡献，迈出坚实的步伐。

1.制定“跳起脚来摘桃子”的发展目标。我省广电部门要在更高的水平上发展，就应该确定新的更高的目标。在品牌栏目建设上，在尽可能短的时间内，创造几个在全国有影响的精品栏目，迅速扩张媒体的影响力；在发展广电产业上，目前我们已经落后安徽省5年，如果我们要在5年左右的时间接近安徽的水平（安徽按现在20%的增速发展），就要求将我们的增速调到40%，5年后年创收达到56.84亿元。当然，这只是一个探讨的数据。

2.积极实施重大文化产业项目。着重谋划和全力实施一批发展前景好、带动作用强、经济效益高、影响力大的广播影视文化产业项目，形成我省广播影视产业发展强有力的增长极。目前是否可以考虑抓住当前的有利时机，抓紧实施四个方面的新项目：一是抓好提高媒体品质的项目，实现广告产业快速增长；二是着力推进广电网络公司走上现代企业的经营轨道；三是抓紧实施新媒体产业项目，可以考虑加快推进CMMB移动多媒体广播电视的产业化和加紧进入网络游戏产业；四是抓紧实施江西国际影视文化城等项目，同时推进电影院线建设工程。

3.加快广电产业与金融和资本市场的对接。实现广电事业的进位赶超，很大程度上要依靠建立多元化的投融资机制，争取金融资本的支持。4月8日，国家九部委出台了《关于金融支持文化产业振兴和发展繁荣的指导意见》，这是文化产业进一步迈向市场经济体制、实现跨越发展的重要历史性机遇。我省广电局可以抓住机遇，包装好可经营的产业，加快与金融和资本市场的对接，走出一条媒银、媒股合作的发展之路。特别是对于广电网络的优质资产，是否可考虑以上市融资为抓手，尽早立项，在尝试“借壳”上市的同时，进入转企改制、辅导期、申请期等为期三年多的上市实质推进工作，争取早日上市融资。

4.用特色文化构建媒体核心品牌。挖掘我省传统文化资源，弘扬推进建设鄱阳湖生态经济区过程形成的、具有时代特色、江西地域特色和面向全国、面向未来的文化，构建具有江西特色媒体核心品牌。良好的生态环境是江西最大的优势、最大的财富、最大的潜力、最大的品牌。宣传江西的山水生态文化对于推进鄱阳湖生态经济区建设具有重要意义，是宣传江西的新的里程碑。按照刘上洋部长的要求，尽快将山水生态文化打造成为我们广播影视媒体特别是卫视频道的媒体核心品牌，通过打造这块生态文化品牌，使之成为我省的一张绿色文化名片，与“中国红歌会”等一起形成江西特色的文化品牌集群，树立江西广电媒体品牌新形象。

5.走好外国媒体走过的成功之路。实践证明，将国外成功的节目本土化不失为一条开发“新”节目的捷径。湖南卫视模仿美国平民选秀节目《美国偶像》，成就了《超级女声》；浙江卫视模仿风靡美国的《合唱小蜜蜂》，成就了《我爱记歌词》。从中我们可以至少得出两条经验：一是可以模仿，二是必须第一个模仿。我们广电部门可借鉴这些成功经验，是否可以考虑建立面向欧洲、美国等地的若干个媒体信息站，及时反馈当地收视率高的成功节目，并组织人员对这些节目进行解剖和本土化，通过版权合作、版权购买或改造等方式在第一时间成功嫁接、成功落地。

6.探索长效常态的节目创新之路。可考虑尽快建立一支有较高水平一定人数的研发队伍，采取博士后工作站的流动工作模式，实行人员动态管理，使研发工作始终保持较高的智力支持。可否考虑尽快建立研发机制，形成研发、评估、样片、试播、正式播出的新节目生产流水线；可否考虑尽快设立研发专项基金，拿出不少于100万元的研发经费，用于支持节目研究开发、制作样片，培育新节目。

7.强化“经营媒体”、“营销品牌”、“打造人才”理念。着力提升媒体的品质，不断创新营销媒体的方式，完善媒体价值评价体系，充分实现媒体的市场价值，使广播电视媒体形成强盛的竞争力，赢得更大的市场份额。可否考虑尝试实行主持人签约制，通过专业公司包装、推介、宣传主持人，提升主持人的品牌价值和知名度、影响力，让主持人、栏目、媒体在打造品牌过程中一起成长。可否与高级人才培训机构合作，采用EMBA的培训模式，分类组织广播影视各专题的高级培训班，打造广播影视高级人才。

8.大胆实施广电产业专业化经营。总体上看，我们广电部门产业发展上一定程度地存在分散、弱小、经营水平低等问题。以广告经营、传输网络为主的主体产业还不够强大；影视剧等衍生产业大多数处于起步阶段，业务量少，实力小；以教育、培训为特征的关联产业还没有形成大的实力。这些问题的存在要求我们推进广电产业的专业化经营。我省广电网络整合较早。广电网络公司是否可以考虑集中精力做强做大广电物理网，提高经营水平和经济效益。同时，可否考虑成立一家专业水平较高的传媒内容经营公司，专门负责网络内容产业的经营。两家公司在同一个架构下，作为我省广电网络产业的上游和下游产业，形成产业链。对于广告经营、影视剧、教育培训等产业可否考虑在做强的基础上做大，尽快组建专业经营公司。同时，加速组建新媒体公司。

9.创新激励机制，推动高素质人才队伍建设。建立记者、编辑、播音员、主持人及工程技术人员的首席制，拉开分配差距，推出一批名记者、名编辑、名主持人；完善节目评估机制，构建收听收视率、市场份额、专家评价、群众满意度和投入产出比等指标在内的综合评价体系；设立重点项目扶持基金，对有创意、有潜质、有前景的节目和活动，对引进急需的优秀人才，对重点文化产业项目，加以扶持和推动；设立局长基金，对在广播影视各项工作中作出突出贡献的集体和个人给予重奖。

10.用只争朝夕的精神加快发展速度。国务院《文化产业振兴规划》的颁布、“三网融合”的实质性推进和省委、省政府《关于深化文化体制改革加快文化事业和文化产业发展的决定》的实施，是我省广播影视发展的历史性机遇，我们应该增强使命感，坚定信心，抓住机遇，加快发展。

江西人民广播电台2010年听众收听调查报告

2010年，江西人民广播电台在南昌地区和全省收听市场牢牢占据主导位置。据赛立信媒介研究有限公司的调查结果显示，江西人民广播电台2010年在南昌地区和全省的市场份额占有明显优势，且呈现稳步上升的趋势，表明江西人民广播电台拥有的听众规模进一步扩大，听众忠诚度进一步提高，发展态势良好。

一、江西人民广播电台在南昌地区的收听情况分析

1.南昌地区广播听众市场主要特征

在南昌地区上空覆盖有包括周边地区在内共计5家左右的电台，有超过15套频率。2010年，南昌地区广播市场各电台频率之间的竞争态势呈现以下主要特征：

（1）江西人民广播电台竞争优势明显。江西人民广播电台在南昌地区广播市场上竞争力呈现持续增强的趋势，2010年平均市场份额达到43.6%，超过第二名10个百分点，稳居首位。

（2）音乐类频率最受欢迎。新闻、交通和音乐类频率仍然是南昌地区的主流频率。其中音乐类频率在南昌地区的收听市场最大，同质化竞争也较为激烈。在南昌地区广播市场，音乐相关类型的频率占1/3。

2.江西人民广播电台在南昌地区市场的动态表现

江西人民广播电台2010年在南昌地区的平均收听率和市场份额总体呈双双稳定上行趋势。3月份的收听水平比1月份有所下滑，后期持续上升，至11月份收听率达到1.08%，市场份额更是攀升至48.1%，创开展收听率调查以来的历史新高。全年平均收听率达0.98%，市场占有率达43.6%。

3.江西人民广播电台在南昌地区的听众构成

江西人民广播电台各系列频率有各自的定位，因此吸引的听众群均有所不同：综合新闻频率在40岁以上的中老年听众中较具影响力，他们多为退休人员、工人等工薪阶层，还有部分个体私营业主；都市广播在20～29岁和60～69岁的听众群中具有较大的影响力，较受公务员、个体业主、工人的欢迎；文艺音乐频率较受40岁以下的中青年听众欢迎，他们主要是企业管理人员、公司职员和学生；信息交通频率的听众主要是

30～49岁的中青年听众，在企业管理人员、私营业主、司机等人群中的影响力较大；农村频率和民生广播在50岁以上的中老年听众中较受欢迎。

二、江西人民广播电台在全省的收听情况分析

1.江西人民广播电台在全省收听市场表现概况

2010年，江西人民广播电台在全省收听市场继续保持绝对领先优势。所属系列频率在全省地区竞争优势明显，包揽了收听率与市场占有率排名榜前四名。其中，江西人民广播电台文艺音乐频率在全省地区竞争力最强，其后依次是综合新闻频率、信息交通频率和都市广播。据赛立信公司的调查结果显示，江西人民广播电台2010年在全省的平均市场份额由2009年的39.0%提升到44.7%，上升幅度远远高于其它电台。此外，江西人民广播电台的日到达率、周到达率和频次比率也都较2009年有所上升，分别为23.4%、66.1%和35%，表明其听众规模有所扩增，且听众稳定性有所增强。

2.江西人民广播电台在全省的时段收听表现

江西人民广播电台文艺音乐频率全天收听率水平较高，黄金时段收听优势明显，全天收听最高峰主要集中在7:00～7:59时段，12:00～12:59时段和20:00～21:59时段呈次高峰。江西人民广播电台信息交通频率全天形成多个收听高峰，分别是7:00～7:59时段、12:00～12:59时段和20:00～21:59时段。早间时段新闻类频率表现突出，江西人民广播电台综合新闻频率、中央人民广播电台中国之声和南昌人民广播电台新闻综合频率均呈现全天收听高峰，其中江西人民广播电台综合新闻频率在7:00左右达到其全天收听最高峰。

三、具体频率表现

江西人民广播电台综合新闻频率2010年在南昌地区的平均市场占有率由2009年的10.32%上升至11.62%，收听走势先呈持续上升态势，到11月份略有下降。在全省市场，综合新闻频率的平均市场占有率由2009年的9.75%上升至10.55%，在全省位居第二，下半年比上半年略有下滑。时段表现上，全年的时段走势变动不大，基本都是早高晚低的趋势。早间的收听情况表现最具优势，但2010年以来该收听高峰呈现逐渐下降的趋势，而中午的收听高峰在上半年表现下降，下半年则有所改善。节目层面上，《江广早班车》等表现不错。

江西人民广播电台都市广播2010年在南昌地区的平均市场占有率由2009年的4.55%上升至4.98%，全年走势总体呈稳中有升态势，11月份的收听表现最佳。在全省市场，都市广播的平均市场占有率由2009年的6.90%上升至7.75%，在全省位居第4。时段表现上，8:00～9:00以及12:00～14:00两大收听高峰在2010年表现逐渐上升，而15:00～16:00在3月份表现较佳后未能维持，18:00～19:00的收听表现在11月份则改善较大。节目层面上，《私家车上班进行曲》等竞争力较强。

江西人民广播电台文艺音乐频率2010年在南昌地区的平均市场占有率由2009年的7.58%上升至8.92%，全年走势总体平稳，3月份比1月份有所下滑，3月至9月呈持续上升态势，11月份又略有下降。在全省市场，文艺音乐频率的平均市场占有率由2009年的9.60%上升至12.85%，在全省居首位。时段表现上，全天呈现多个收听高峰，全年的收听曲线走势差异不大，中午以及晚上的收听高峰在下半年呈现下降趋势，傍晚的收听表现改善较大，至11月份上升至全年的最高收听水平。节目层面上，《早高峰看城市》等表现较好。

江西人民广播电台信息交通频率 2010 年在南昌地区的平均市场占有率由 2009 年的 9.03%下降至 8.58%，全年呈逐渐小幅下滑走势,9月份下滑后11月份又有明显上升。在全省市场，信息交通频率的平均市场占有率由 2009 年的 7.75%上升至 9.10%，在全省位居第 3。信息交通频率时段收听走势全年的表现较为平缓，收听高峰时段的收听表现逐渐上升，但午后以及晚间时段在下半年有逐渐下降的趋势。节目层面上，《交通在线》等表现较好。

江西人民广播电台农村频率 2010 年在南昌地区的平均市场占有率由 2009 年的 2.12%上升至 2.55%，全年走势稳中有升，上半年呈持续上升态势，7 月份达到全年最高收听水平，市场份额接近 3%，而后开始回落，下半年保持在 2.6%左右。在全省市场，农村频率的平均市场占有率由 2009 年的 1.10%上升至 1.40%。时段表现上，7:30、10:00 ~ 11:00 以及 19:30 基本可以保持收听高峰，19:30 的收听水平改善比较大，显示逐期上升的状态，而 13:00 ~ 14:00 的收听小高峰在下半年逐渐收缩，表现不如上半年。节目层面上，竞争力较强的有《985 服务热线》等。

江西人民广播电台民生广播 2010 年在南昌地区的平均市场占有率由 2009 年的 6.30%下降至 5.07%,收听走势在上半年呈持续下滑态势，7 月份稍有上升，9 月又有所回落，11 月份上升至全年平均水平。在全省市场，民生广播的平均市场占有率由 2009 年的 3.80%下降至 2.55%。时段表现上，7:00 ~ 8:00、9:00 ~ 11:00 以及 12:00 ~ 13:00 的收听高峰逐渐表现下降的趋势直接影响了该频率的整体表现。11 月份 21:00 以后的收听表现有较大改善。节目层面上，午间的《民生 365》等表现较好。

2010 年省级卫视频道 35 城市收视分析

2010 年，对于省级卫视频道来说，又是不寻常的一年：随着技术的不断升级、内容的日益丰富，网络、手机电视等新媒体对传统媒体的市场竞争已全面展开，特别是电视剧的网络版权带来的同步播映权，使得对电视媒体的竞争更为直接；《广电总局电视剧管理司关于进一步规范卫视综合频道电视剧编播管理的通知》5 月 1 日正式实施，在规范电视剧播出管理的同时，极大地激发了各电视台、频道的节目创新，卫视频道对电视剧资源的争夺更为白热化；覆盖成本进一步走高，使得省级卫视频道之间的有效覆盖差距有再次扩大的趋势，优势进一步向经济强势的省、市台靠拢……这一切都对 2010 年省级卫视频道的竞争格局产生影响。下面依据索福瑞媒介公司（CSM）提供的 35 中心城市（31 个省会城市和深圳、大连、青岛、厦门 4 个计划单列市）2010 年的收视数据，对 2010 年省级卫视频道的收视状况作一简要分析。

一、总体收视情况

1.35 城市全天平均开机率在 2008 年（13.01%）、2009 年（13.08%）相对稳定的基础上，2010 年出现走低，降到 12.85%，频道间的竞争更加激烈。但相对中央电视台近年竞争力持续下降（其在 35 城市的总体份额由 2008 年的 33.74%降至 2009 年的 28.25%,直至 2010 的 25.62%）的低迷状态，省级卫视（包括深圳卫视，共计 32 个频道）总体表现出良好的竞争势头，市场份额持续走高，由 2008 年的 21.6%升至 2009 年的 24.3%，2010 年更达到 26.2%。收视率也稳步走高，由 2008 年的 2.81%到 2009 年的 3.18%，到 2010 年的 3.36%，开机率的下降并没有对省级卫视总体收视带来多大冲击。

2.2010 年，省级卫视频道在 35 城市收视排名前 10 位的依次是湖南卫视、江苏卫视、浙江卫视、安徽卫视、北京卫视、辽宁卫视、天津卫视、江西卫视、山东卫视和黑龙江卫视。在这 10 个频道中，天津卫视和黑龙江卫视分别由 2009 年的第 12 和 15 位新进入前 10 位，其它 8 个频道则是保住了 2009 年的前 10 位位置,但之间竞争很激烈，除前三保持稳定外，其它的座次发生了明显变化，上海东方卫视和重庆卫视更是被淘汰出前 10 位。同时，前 10 位频道总体出现滞涨趋势，涨幅明显落后于卫视大盘，份额之和由 15.2%升至 15.7%，涨幅仅为 3.3%（卫视总体由 24.34%升至 26.15%，涨幅为 6.9%）。

但是，排名第 11～15 位的频道竞争力明显增强，2009 年第 11～15 位 5 频道的份额之和为 3.66%，2010 年则达到了 4.22%，涨幅达到 15.3%，表现出良好的增长势头，将是 2011 年有力的竞争者。

3.与 2009 年相比，2010 年相邻频道间的差距在缩小，全天平均市场份额超过 1%的频道数由 8 个提高到 9 个，第 10 位的份额由 2009 年的 0.9%提高到 0.98%，竞争的集中度在前 10 位，特别是前 5～10 位（北京卫视、辽宁卫视、天津卫视、江西卫视、山东卫视、黑龙江卫视）的频道间越发显现。

表 1：2010 年省级卫视频道 35 城市收视排行：

排行	频道	收视率（000）	市场份额(%)	总体份额中所占比例(%)	累计比例(%)
1	湖南卫视	587.8	3.099	11.85	11.85
2	江苏卫视	448.2	2.364	9.04	20.89
3	浙江卫视	386.6	2.037	7.79	28.68
4	安徽卫视	294.2	1.550	5.93	34.61
5	北京卫视	236.7	1.250	4.78	39.39
6	辽宁卫视	229.1	1.208	4.62	44.01
7	天津卫视	214.3	1.132	4.33	48.34
8	江西卫视	199.4	1.053	4.03	52.36
9	山东卫视	192.3	1.016	3.89	56.25
10	黑龙江卫视	185.3	0.977	3.74	59.98
11	四川卫视	170.2	0.900	3.44	63.43
12	上海东方卫视	167.3	0.884	3.38	66.81

13	云南卫视	162.0	0.855	3.27	70.08
14	河南卫视	157.1	0.829	3.17	73.25
15	重庆卫视	142.0	0.749	2.86	76.11
16	贵州卫视	136.0	0.719	2.75	78.86
17	深圳卫视（新闻综合频道）	133.9	0.707	2.70	81.56
18	湖北卫视	128.8	0.679	2.60	84.16
19	福建东南电视台	114.6	0.604	2.31	86.47
20	广东卫视	103.7	0.547	2.09	88.56
21	河北卫视	85.7	0.452	1.73	90.29
22	吉林卫视	83.2	0.438	1.67	91.96
23	广西卫视	79.5	0.419	1.60	93.57
24	青海卫视	56.6	0.299	1.14	94.71
25	山西卫视	49.1	0.259	0.99	95.70
26	陕西卫视	48.7	0.256	0.98	96.68
27	内蒙古卫视	36.6	0.193	0.74	97.42
28	旅游卫视	34.1	0.180	0.69	98.11
29	宁夏卫视	30.6	0.163	0.62	98.73
30	西藏二套（汉语卫视）	28.5	0.150	0.57	99.30
31	新疆卫视	18.9	0.099	0.38	99.68
32	甘肃卫视	16.2	0.085	0.33	100.00

说明：在总体份额中所占比例指该频道在 35 城市的市场份额在所有省级卫视频道总体份额（26.15%）中所占的比例。

表 2：主要频道 2010 年与 2009 年收视比较：

频道	2010 年				2009 年			
	收视率（000）	收视率（%）	市场份额（%）	排行	收视率（000）	收视率（%）	市场份额（%）	排行
湖南卫视	587.8	0.399	3.099	1	578.3	0.435	3.310	1
江苏卫视	448.2	0.304	2.364	2	366.2	0.273	2.096	2
浙江卫视	386.6	0.262	2.037	3	362.5	0.270	2.075	3
安徽卫视	294.2	0.200	1.550	4	229.2	0.171	1.312	5
北京卫视	236.7	0.160	1.250	5	234.4	0.176	1.342	4
辽宁卫视	229.1	0.155	1.208	6	190.0	0.143	1.088	7
天津卫视	214.3	0.145	1.132	7	151.8	0.113	0.869	12

江西卫视	199.4	0.135	1.053	8	192.3	0.144	1.101	6
山东卫视	192.3	0.131	1.016	9	181.4	0.136	1.038	8
黑龙江卫视	185.3	0.126	0.977	10	106.9	0.080	0.612	15
四川卫视	170.2	0.116	0.900	11	152.5	0.114	0.873	11
上海东方卫视	167.3	0.114	0.884	12	168.2	0.126	0.963	9
云南卫视	162.0	0.110	0.855	13	101.8	0.076	0.583	16
河南卫视	157.1	0.107	0.829	14	101.1	0.076	0.579	17
重庆卫视	142.0	0.096	0.749	15	157.5	0.118	0.902	10
贵州卫视	136.0	0.092	0.719	16	84.2	0.063	0.482	21
深圳卫视	133.9	0.091	0.707	17	111.4	0.084	0.638	14
湖北卫视	128.8	0.087	0.679	18	116.3	0.087	0.666	13
福建东南卫视	114.6	0.078	0.604	19	85.5	0.063	0.490	20
广东卫视	103.7	0.070	0.547	20	65.9	0.049	0.377	23

二、主要卫视频道收视与节目情况

1.湖南卫视保持强势，全天以3.1%的平均收视份额在省级卫视频道中继续处于领先位置。但与2009年相比，其收视率和市场份额有所走低，分别由2009年的0.44%和3.3%降至0.40%和3.1%，相对后续卫视的优势进一步缩小。全年收视波动较大，春节、暑期等假期优势明显，2月和8月的平均收视千人数超过700，11月则以436千人为全年低点。频道的节目优势是综艺节目，《快乐大本营》、《天天向上》、《我们约会吧TAKE ME OUT》、《智勇大冲关》、《快乐男声》等一大批节目引来众多观众的追捧。频道全年综艺节目播出比例达到23.12%，在所有省级卫视频道中居第2位，收视贡献则以34.7%在所有省级卫视频道中居首位。

表3：主要频道几大主要节目类别播出量与收视贡献（%）：

类别	电视剧		电影		新闻/时事		专题		综艺	
单位	时长（%）	分钟数（%）	时长（%）	分钟数（%）	时长（%）	分钟数（%）	时长（%）	分钟数（%）	时长（%）	分钟数（%）
湖南卫视	44.4	40.4	0.0	0.0	10.0	2.5	1.9	2.1	23.1	34.7
江苏卫视	45.3	45.1	6.0	2.3	8.5	3.7	3.4	5.0	8.9	21.3
浙江卫视	34.5	31.7	0.0	0.0	9.8	3.7	1.6	0.3	11.7	20.9
安徽卫视	52.3	57.2	0.1	0.1	13.7	5.6	4.6	6.5	5.5	9.5
北京卫视	28.5	37.1	0.0	0.0	28.0	24.9	11.7	9.3	4.5	5.2
辽宁卫视	39.5	38.0	0.0	0.0	13.6	7.7	7.6	8.5	18.4	26.2
天津卫视	44.2	54.8	0.0	0.0	16.2	7.3	7.8	7.0	7.4	7.9
江西卫视	51.4	59.1	5.9	4.7	12.8	6.3	7.6	9.6	5.2	5.9
山东卫视	47.3	55.3	0.0	0.0	7.7	4.5	11.1	11.4	7.1	10.2

黑龙江卫视	40.8	41.8	0.2	0.0	12.3	6.6	0.5	0.3	24.7	34.3
四川卫视	47.4	62.2	0.2	0.3	12.8	5.8	3.1	2.3	5.9	5.5
上海东方卫视	28.4	25.7	0.3	0.3	24.8	16.7	11.4	13.9	10.9	22.2
云南卫视	43.6	53.2	6.8	4.3	8.5	5.0	6.0	5.9	5.4	6.5
河南卫视	55.4	65.5	0.2	0.2	13.1	3.6	1.0	0.5	5.5	4.5
重庆卫视	28.5	45.8	5.6	4.7	14.7	12.2	19.6	8.5	3.9	1.6
贵州卫视	43.6	50.0	0.0	0.0	10.1	3.7	10.3	16.7	3.7	5.2
深圳卫视	35.5	37.1	8.9	11.7	16.2	14.9	8.3	5.3	3.3	4.6
湖北卫视	29.4	20.3	0.3	0.3	9.9	5.7	0.9	0.2	10.3	22.7
福建东南	37.2	47.3	0.0	0.0	16.7	11.9	2.2	1.1	9.1	10.3
广东卫视	47.5	59.2	0.0	0.1	12.4	6.7	1.4	0.8	8.6	11.3

说明：时长（%）为该类别节目播出量占频道总节目量的比例；分钟数（%）为在34城市（缺南宁）该类别节目收视分钟数占频道总收视分钟数的比例，亦称收视贡献。

2.江苏卫视全年平均收视率由2009年的0.27%提高到0.30%，市场份额由2.1%提高到2.4%，保持第2位的频道排名，全年收视比较稳定。其晚间电视剧以独播和独首为主，具有较强优势，而1月推出的综艺节目《非诚勿扰》更是扩大了频道晚间的优势。《非诚勿扰》在周六、周日的21:10连续播出2期，35城市平均收视千人数超过4700，绝对收视率达到3.3%，对频道的贡献巨大。2期约3小时的节目，首播对频道全周的收视贡献接近20%，加上多次重播，节目的利用率大增。而全年总体结果是，频道以它为主的综艺娱乐类节目以不到9%的节目播出量取得了超过21%的收视贡献。通过这一节目，同时也大大提高了频道的人气、知名度和影响力。

3.安徽卫视全年平均收视率由2009年的0.17%提高到0.20%，市场份额由1.3%提高到1.6%，排名由第5位提升至第4位。频道仍是主打电视剧，全年电视剧播出量超过52%，收视贡献达到57%。晚间黄金档以独播、自制和大剧为主，表现强劲，各部剧的收视千人基本在800以上，5月份首播的《三国》则超过1580，自制剧《娘家的故事》也表现不俗，特别是第二部收视千人超过1300；白天则基本以引进的独播剧为主，保障了白天的竞争力，在7、8月份特别编播了《海派甜心》、《丘比特的圈套》等多部偶像剧，稳固了频道一直以来的暑期黄金收视。节目方面，1月份引进的《爱传万家说出你的故事》也有着良好表现，带来收视的同时也丰富了频道的节目构成，更快、更好地消化了5月开始的电视剧限播的不利影响。

辽宁卫视小幅走高，天津卫视和黑龙江卫视则大幅走高。

辽宁卫视全年平均收视率由2009年的0.14%微升至0.16%，市场份额由1.1%升至1.2%，排名由第7位升至第6位。它的电视剧和自办节目，都不属于顶级，但是通过有效编排获得了最有效的收视效果。电视剧方面，在年初它就调整黄金剧的排播，将2009年的2集排播改为3集连排，提前应对5月开始的“电视剧限播令”，培养观众收视习惯。全年除《乡村爱情故事》、《老大的幸福》比较强势外，其他剧目都一般，但却取得了黄金剧全年平均收视千人超 570 的效果，在所有省级卫视频道中排第 8 位。自办节目方面，充分利用本地资源，高举东北风，创出了一条东北特色的娱乐之路。诸多综艺节目避开晚间热点时段，在中午、傍晚和深夜等时段播出，全年综艺节目以 18.4%的播出量取得了超过 26%的收视贡献。

天津卫视全年平均收视率由 2009 年的 0.11%提高到 0.15%，市场份额由 0.87%提高到 1.13%，排名由第 12 位提升至第 7 位。频道具有明显的本地优势，本地贡献达到了 52%。但它节目本身也具有相当实力：一是电视剧比较强势，年初的自制剧《杨光的快乐生活》系列，收视一路走高；同时对其他强势剧目的争抢毫不示弱，《三国》、《婚姻保卫战》、《铁梨花》等既带来了高收视，同时也带来好的口碑和影响力。全年电视剧播出量 44.2%带来的收视贡献达到 55 %，黄金剧平均收视千人超过 800。二是自办节目结构合理，既有日播的专题类节目《今夜有戏》，又有周播的综艺类节目，周末的《津夜嘉年华》、《综艺食 8 街》、《爱情保卫战》等，都有较好的收视，在计算重播的情况下，播出量与收视贡献基本能保持平衡。

黑龙江卫视全年平均收视率由 2009 年的 0.08%提高到 0.13%，市场份额由 0.61%提高到 0.98%，排名由第 15 位提升至第 10 位。全年收视先强后弱，并且波动很大，2 月凭借春节期间的娱乐节目，平均收视达 236 千人，3 月凭借《乡村爱情故事》和《老大的幸福》两部剧，平均收视达 292 千人，其他时间则全部在 200 以下，大多在 160 上下。与"本山传媒"的合作，是它 2009 年的最大收获，以《本山快乐营》为主的综艺娱乐节目遍布白天和夜间（22:00 后）各时段，播出比例达到 24.7%，居所有省级卫视频道首位，同时也带来了极好的收视回报，收视贡献达到 34.3%，仅次于湖南卫视，在所有省级卫视频道中居第 2 位。

4.浙江卫视、北京卫视和山东卫视都小幅走低。浙江卫视全年平均收视率由 2009 年的 0.27%微降至 0.26%，市场份额由 2.08%降至 2.04%，排名保持第 3 位。全年收视表现出明显的走低趋势，频道平均收视千人前 8 个月基本保持在 400 上下，但从 9 月开始降至 330 以下，11 月和 12 月则直降到了 300 以下。其黄金档电视剧有一定优势，但不明显，无法与强势的江苏卫视、安徽卫视和北京卫视抗衡；综艺娱乐节目有一定优势，全年以 11.7%的节目播出量取得了 21%的收视贡献，但缺乏特色；青少节目《喜羊羊与灰太狼》是该频道的最大特色，周末和假期的白天为频道带来极高收视，全年以 15.8%的节目播出量取得了 20%的收视贡献，但随着重播次数的增加，收视效果也大打折扣，同时也给频道形象带来一定的负面影响。在卫视频道激烈的竞争环境中，不进则退，创新力度的减弱，势必导致频道竞争力的下降。

北京卫视全年平均收视率由 2009 年的 0.18%降至 0.16%，市场份额由 1.34%降至 1.25%，排名由第 4 位降至第 5 位。一是频道具有极大的本地优势，凭借早上、中午、傍晚几档新闻类节目，在本地具有很好的收视表现，加之人口优势，本地贡献超过 60%，（但与前两年的 80%相比，已大幅下降）。频道全年"新闻/时事"类节目播出比例高达 28%，收视贡献接近 25%，两者在省级卫视频道中都居于首位。二是自 2009 年开始，大幅增加电视剧的投入，其播出的《媳妇的美好时代》和《铁梨花》是 2010 年省级卫视收视前三的强势剧目，另外还囊括了《铁齿铜牙纪晓岚（第四部）》、《婚姻保卫战》、《杜拉拉升职记》等优势剧目，全年晚间电视剧平均收视千人高达 1000，仅次于江苏卫视和安徽卫视。

山东卫视全年平均收视率由 2009 年的 0.14%降至 0.13%，市场份额由 1.04%降至 1.02%，排名由第 8 位降至第 9 位。频道对电视剧的依赖度较高，使得全年收视波动较大。全年电视剧播出量为 47.3%，收视贡献达到 55.6%，但剧目很难达到顶级，主要是“首轮四家”的中等剧目，黄金档剧全年平均 530 左右，位列第 10 位。自办节目方面，日播专题节目《说事拉理》一直有着稳定的高收视，是江西电视台《传奇故事》最大的竞争者；而综艺娱乐节目，周末板块先后有《先声夺人》、《中华达人》、《爱情来敲门》等，收视基本与晚间电视剧持平。下半年，其在夜间推出一档综艺竞技类节目《爱拼才会赢》，并在傍晚重播，效果都不错，对频道贡献不小。总体上，专题类和综艺娱乐类节目对频道的的收视贡献都超过其节目播出比例。它的收视弱势主要在零时到六时的深夜时段，在电视剧限播后，其在该时段填充的是大量没有收视保障的生活服务类节目。

5.四川卫视、云南卫视、河南卫视和贵州卫视的收视率及排位相对 2009 年都有较大幅度的提升。频道收视对电视剧的依赖度都较高，4 个频道电视剧的收视贡献都超过 50%，特别是河南卫视和四川卫视，电视剧的收视贡献分别达到 65.5%和 62.2%，在所有卫视频道中居第 1 位和第 3 位（第 2 位是陕西卫视，64.5%）。

三、江西卫视收视与节目特点

江西卫视全年平均收视率由 2009 年的 0.144%降至 0.135%，市场份额由 1.10%降至 1.05%，排名由第 6 位降至第 8 位。全年收视走势波动较大，4 月和 9 月走势强劲，月平均收视超过 240 千人，而 6 月处于低点，月平均收视不到 150 千人。

频道对电视剧、电影的依赖很强。在“电视剧限播令”实施前的 1～4 月，电视剧的播出比例高达 62.2%；5 月电视剧限播后，将绝大部分超标时间给了电影，少量的时间用于重播自办节目，电视剧、电影的播出比例分别为 42.7%和 15.8%。全年而言，电视剧、电影播出比例分别为 51.4%、5.9%，总体达到 57.3%，在省级卫视频道中居首位。编排上对电视剧的高依赖，导致频道总体收视随着剧的强弱起伏不定。4 月电视剧《战后之战》、《猎鹰 1949》，9 月电视剧《江城令》、《雾都猎狐》、《天敌》都取得了很好的收视，频道走势也就强劲。尽管高度依赖电视剧，但以江西电视台的财力，基本只能参与中等剧目“首轮四家”的竞争，像《媳妇的美好时代》、《铁梨花》、《雪豹》、《三国》等强势剧目，难以参与争抢。所以，全年黄金剧的平均收视 515 千人，只能排在省级卫视的 10 位以后。

自办节目方面，专题类节目是江西电视台的强项，晚间的《传奇故事》，在播出时间移后至 22:10 后，仍能取得较好的收视效果，千人数维持在 630 以上，特别是 10 月份以后，随着节目自拍量的增加，收视也明显走高，平均超过 770 千人。一档像《传奇故事》这样的节目，已引得很多频道羡慕不已。而 2010 年 2 月又在午间时段新推出了《经典传奇》，全年平均收视千人达到 200，同时段排行第 8，也具有较好的竞争力。在计算重播的情况下，专题节目仍以 7.6%的播出量收获了 9.6%的收视贡献。

相对来说，综艺娱乐类节目是江西电视台的弱项，全年播出比例仅为 5.2%，主要是“中国红歌会”和编辑类节目《娱乐巅峰》。

四、2011 年省级卫视竞争形势

1.电视剧的竞争更加激烈

（1）各台对强势剧目的争抢更激烈。

继湖南卫视的独播策略后，江苏卫视宣布2011年黄金剧全部独播或独首（包括相当数量的自制剧）；安徽卫视仍走引进剧独播路线，大量引进韩剧和泰剧，拼抢非黄金时段。浙江卫视、北京卫视和上海东方卫视等经济强台纷纷调高卫视购剧预算至3~5亿元，争抢强势剧目，并将时间由晚间黄金时段扩至白天非黄金时段。

在传统的电视剧平台——辽宁卫视、天津卫视、江西卫视、山东卫视、云南卫视、河南卫视之后，后起之秀深圳卫视和四川卫视也强势加入电视剧的争抢，并且力度更胜一筹。2010年12月深圳卫视改版，电视剧强势回归晚间黄金档；四川卫视则从2010年第四季度的《雪豹》开始，也倾向于独播剧和首播剧战略，2011年将推出《毒刺》、《瑶山剿匪记》、《菩提树下》、《绞杀1949》等6部独播大片。

（2）自制剧、定制剧渐成气候。继2010年湖南卫视、浙江卫视、天津卫视、安徽卫视等频道推出少量自制剧、定制剧，试水市场成功后，2011年，经济强台相继加大了自制剧、定制剧数量，以在市场上争取主动，抗衡影视公司提供的强势剧目越来越高涨的价格和越来越严格的排播条件。

（3）来自视频网站的竞争更为直接。2011年年初，乐视网以每集30多万元的价格买下清宫大剧《后宫甄嬛传》的网络版权，与电视台同步播出。视频网站的强势介入，势必分流年轻的观众群体，并将进一步推高优质、热门剧目的价格。

2.自办节目加速推新。湖南卫视2011年相继将有10余档节目与观众见面，其节目特别是综艺娱乐节目的创新能力不但非其他省级卫视可比，就连中央电视台也难以比肩。而继浙江卫视、天津卫视、深圳卫视于2010年底相继推出新栏目，提前布局2011年的节目架构外，北京卫视、上海东方卫视、河南卫视、四川卫视等台也纷纷亮出了2011年的改版规划，大量的新节目将在1月陆续推出，其中尤以北京卫视和上海东方卫视来势最猛。

北京卫视1月1日将以新口号、新标识、新编排、新节目强势亮相。北京科教频道王牌节目《养生堂》移至北京卫视，强势栏目《档案》由周播改为日播，在21:35打造全新“BTV秀场”，周一至周日分别推出了《顶尖秀》、《非凡秀》、《收藏秀》、《焦点秀》、《幸福秀》、《巨星秀》、《喜剧世界》7个新栏目。

上海东方卫视将于新年改版，力度相当大，独家在晚黄金档开辟两条综艺线（21:15档和22:00档）抢市场。

从创意到制作，电视台已逐渐摆脱传统节目模式的束缚，节目来源更趋多元，版权引进、制播分离等节目模式进一步丰富卫视频道的节目来源。辽宁卫视将推出《你好达尔文》，是一档斥巨资购买意大利原版版权引进的大型综艺娱乐节目；上海东方卫视将筹备一档全新的节目，据悉也是引进国外成熟的节目模式，选择目前全球最火热的综艺节目，购买版权后制作播出。

2010 年南昌电视收视市场简析

2010 年是央视索福瑞在南昌地区的收视率调查摒弃日记法测量的方法，改用更精确的收视仪自动跟踪调查的第二年。本文借助央视索福瑞的收视数据，分析南昌电视市场竞争现状，把握观众收视差异，解析频道收视特点，对 2010 年南昌地区收视概况作一全景式的扫描。

一、总体竞争格局

1.电视收视市场进一步繁荣

2010 年，南昌人均每天收看电视的时间为 185 分钟，比 2009 年的 181 分钟增加了整整 4 分钟，全天开机率也由 2009 年的 12.56%上升为 2010 年的 12.83%。就观众总体投入时间而言，收看电视依然是观众闲暇时间中的主要活动选择。开机率与观众收视时间小幅上升，显示出即使是在观众闲暇活动选择多样化和新兴媒体发展的大背景下，南昌电视荧屏的精彩纷呈依然使得本地观众的收视热情得到进一步提高。

2010 年，南昌观众的全天收视规律与 2009 年相比，基本维持稳定。全天收视率曲线呈现双峰形，最突出的一个高峰出现在 20:00 ~ 22:00，最高收视率水平超过 40%；第二个收视高峰出现在 12:30 前后，最高收视率在 16%左右。总体来说，观众全天收视率走势由于与观众日常工作和生活习惯相符，将长期保持稳定。在收视规律基本稳定的情况下，与 2009 年相比，2010 年 9:00 ~ 12:00 时段以及 20:00 ~ 22:00 黄金时段的收视率有所上涨， 而在 19:00 ~ 19:45 时段，收视率出现较明显下降。

2.江西电视台依然是观众最重要的收视选择

与 2009 年相比，2010 年南昌收视市场上不同电视台（频道）间的竞争格局尽管出现了一定程度的改变，江西电视台依然是南昌观众最重要的收视选择。江西电视台 7 个频道整体市场份额之和由 34.19%上升为 38.74%，进一步扩大了领先的优势。中央电视台整体份额出现较大滑坡，由 30.99%走低至 24.65%。外省卫视频道组整体维持了 2009 年的良好表现，由 20.78%小幅走低至 20.68%。南昌电视台的竞争力依然不强，整体份额由 3.33%下降为 3.13%。而包括各级教育频道、落地境外频道和数字电视等在内的其他频道，在南昌的市场份额由 10.71%走高至 12.8%。

3.年度排位有所波动

分频道而言，江西卫视以 12.45%的份额排在第 1 位；江西电视台都市频道紧随其后，收视份额为 11.62%；江西电视台公共频道位居第 3 位，全天平均收视份额为 5.57%；江西电视台影视频道排在第 4 位，份额为 4.92%；湖南卫视名列第 5 位，收视份额为 4.31%；第 6 位和第 7 位被中央电视台一套和六套占据，收视份额分别为 4.14%和 3.08%；中央电视台三套、五套以 2.79%和 2.5%的市场份额排在第 8 位、第 9 位；中央电视台少儿频道位居第 10 位，市场份额为 2.25%；江西电视台红色经典频道、经济生活频道和少儿频道全天平均收视份额为 1.89%、1.39%和 0.91%，分列第 14、18 和

21位（见表1）。

表1：2010年南昌市场各主要频道的市场份额情况

频道	2010年市场份额(%)	2009年市场份额(%)	2010年度排名	排名升降
江西卫视	12.45	10.62	1	+1
江西电视台都市频道	11.62	10.95	2	-1
江西电视台公共频道	5.57	4.63	3	+1
江西电视台影视频道	4.92	4.48	4	+1
湖南卫视	4.31	3.69	5	+3
中央电视台一套	4.14	5.37	6	-3
中央电视台六套	3.08	3.81	7	-1
中央电视台三套	2.79	3.4	8	+1
中央电视台五套	2.5	2.22	9	+4
中央电视台少儿频道	2.25	2.71	10	±0
江西电视台红色经典频道	1.89	2.17	14	+1
江西电视台经济生活频道	1.39	0.92	18	+3
江西电视台少儿频道	0.91	0.41	21	+23

4.市场竞争集中度处于较高水平

在学术界，经常以CRn指数反映的市场集中程度，体现了市场的垄断程度，一般以某一市场排名前4位的频道所占份额的比例来度量。CR4越大，说明该市场的集中度高，市场竞争趋向垄断竞争；反之，集中度低，说明市场竞争趋向完全竞争。

观察2010年各省会市场的CRn指数，不难发现以拉萨、南宁、兰州为代表的西部地区省会城市的市场集中度非常高，收视份额排名前4位的频道份额之和在35%以上，前8位的份额之和在50%以上。南昌市场集中程度不是最高，但也处于较高的水平，南昌收视排行前4位的频道均为江西电视台所属频道，CR4指数为34.56%，CR8指数为48.88%，这说明，南昌的市场竞争趋向于垄断竞争，其中江西电视台强势频道占据了较高的市场份额。

5.各频道组受众群存在差异

江西电视台整体的领先优势也体现于细分市场上，在所有细分群体中的市场份额都接近或超过30%。中央电视台和外省卫视在个别群体中的份额可圈可点，在一定程度上反映出在细分收视市场上频道影响力的侧重。

在以性别为细分标准的收视市场，中央电视台更吸引男性观众的收视，男性观众对中央台的收视份额超过所有观众平均水平近3%，江西电视台和外省卫视则对女性观众更具吸引力。在以年龄为标准的收视市场上，江西电视台在吸引的观众的年龄层次上较为丰富，中央电视台对55岁以上的观众吸引力更强，外省卫视则在24岁以下观众中表现相对突出。在以学历为细分标准的收视市场上，江西电视台对初中以下学历的收视群体更具吸引力，中央电视台则在大学以上高学历人群中份额最大。在以收入为细分标准的收视市场上，中央电视台对个人月收入达到1700元以上的高收入群体的吸引力明显超过平均水平，江西电视台对个人月收入 1700 元以下的观众吸引力更强，外省卫视在个人月收入 0~600 元的观众中收视份额相对较高。在以职业为细分标准的收视市场上，江西电视台整体在个体/私营企业人员中的收视份额表现优秀，中央电视台对干部/管理人员以及初级公务员/雇员的吸引力较强，外省卫视在学生群体中具有相当的号召力。

6.全天时段竞争多头并起

基于整体市场竞争形势的复杂，在全天时段竞争上，南昌收视市场也呈现出一派多头并起、多时段开花的繁荣局面。具体来看，中央电视台在 7:30~8:45 时段和 12:00~13:30 时段具有较大的领先优势，收视曲线运行在各个频道组的上方，在 19:00《新闻联播》时段也出了一个收视波峰。而在 9:00~12:00 以及 14:00~23:00 时段，江西电视台整体以较为明显的优势领跑收视。外省卫视从全天走势来看起伏较大，尤其是在 17:00 以后就一直呈现收视大幅跳水态势，直至 20:00 以后收视才缓慢爬升。

7.江西电视台各频道全天走势各具特点

结合江西电视台所属各个频道全天收视率走势可以发现：

江西卫视频道收视曲线崛起较早，早间《传奇故事》的重播以及《新闻早报》节目造就了第一个收视波峰，随后整个白天时段的收视曲线一直在高位运行，位居各个频道首位，18:15 点左右开始被都市频道超出。19:00~19:30 转播中央电视台《新闻联播》节目，由于观众分流严重，收视落幅较大。不过随着晚间黄金剧播出，收视曲线重新上扬。都市频道则是 18:15~22:00 晚间黄金时段的霸主。19:45~20:00 成为全天收视率最高值。另外在《都市现场》午间版时段也有一个收视小高峰。经济生活频道的全天表现比较平稳，晚间时段的竞争力相对较强，20:00~21:00 出现一个收视高潮。影视频道整个白天时段一直运行在公共频道上方，到 17:00 左右被公共频道超出，一直到 23:00 以后，收视率才重新胜出。公共频道的走势颇具特点，整个白天档收视表现疲软，收视曲线趴在众多频道下方。而从 17:00 左右开始发力，19:00 左右更是一举走高，挺进前 3 位。少儿频道全天表现不温不火，收视高峰同样是出现在晚间黄金时段。红色经典频道白天时段的收视曲线与公共频道交织在一起，互有高低。不过进入晚间黄金时段，尽管收视也水涨船高，不过起伏不大，不仅远远被公共频道甩在后面，比经济生活频道也稍显逊色。

8.分月走势研究

（1）处于南昌电视市场竞争前列的江西卫视、都市频道，全年各月市场份额的变化不大，月均市场份额都突破 10%，这表明江西卫视和都市频道作为南昌本地的双子星座，地位几乎难以撼动。这也是它们较为多元化的竞争力来源所决定的。江西卫视和都市频道都不仅拥有晚上黄金剧的明显竞争优势，而且在其它时段的一些节目同样具有很强的竞争力，如江西卫视《江西新闻联播》、《经典传奇》、《杂志天下》、《传奇故事》等，都市频道《都市现场》、《晚间 800》、《都市情缘》等，多元的组合使得频道整体的竞争力的大小受单一因素的影响比较小，全年能保持比较稳定的走势。

（2）江西电视台公共频道和影视频道全年的收视走势相对也比较平稳，各自的品牌节目《第五社区》和《娱评天下》的收视表现都比较平稳。它们全天不同时段的几大影视剧场的收视受剧力影响相对较大。比如影视频道在 4 月份播出的《还珠格格》系列，为影视频道在 4 月份收视份额突破 6%立下汗马功劳，而公共频道 12 月份创下单月

7.3%的高收视份额则主要得益于谍战剧《X特工》的优异表现。

（3）湖南卫视在青少年群体中有相当的号召力，其收视份额的高峰出现在寒暑假时段。如在8月份，湖南卫视取得了5.85%的市场份额，是其在南昌市场全年单月的最好成绩。

（4）中央电视台一套的走势相对平稳，但受益于春节期间各类晚会、综艺节目的超高收视，在2月份取得了最高的收视份额。由于观众定位的清晰，中央电视台的几个专业频道也保持了稳定的收视走势。六套全年各月的平均市场份额波动的幅度相对较小，三套的走势有所不同，由于春节期间各种晚会较好的收视表现，提升了频道的竞争力，使得1、2月份的市场份额走高，但此后表现一直很平稳，直到年底，频道的竞争力又开始呈现出一种逐步上升的态势。五套受赛事影响较大，波动相对较为明显。在南非足球世界杯正酣的6月，五套一举取得了6.01%的收视份额，而在赛事较少的3月，五套全天的份额仅为1.52%。

（5）值得一提的是江西电视台少儿频道，10月份之前的收视表现一直并不理想。进入10月份之后，晚间时段的节目排播作出了重大调整，电视剧取代体育节目出现在晚间黄金时段，收视份额出现了巨大的提升，并呈现出逐步走高的态势。单月最高的12月市场份额为2.6%，将近是1月份该频道市场份额的7倍。

二、2011年竞争的思考

2010年，中央电视台进行了较大的改革和改版，众多电视台和频道也进行了一系列的尝试和创新，目的只有一个，就是尽可能吸引观众，留住观众。不难预测，2011年南昌电视收视市场的竞争程度将会进一步加剧。要取得更为理想的收视表现，从收视数据的角度分析，至少可以提出以下几个方面的思考：

1.是否能够根据目标观众构成情况和收视倾向，更有针对性地编排节目，塑造内容？（受新媒体的冲击以及观众闲暇活动选择多样化的影响，电视开机率走低，观众容量下降渐成趋势，忠诚度管理日益成为收视提升的突破口。增强观众约会意识，进一步提高观众忠诚度，一个重要的思路就是能否“看人上菜”。）

2.是否能够根据收视曲线的形态，在薄弱时段增强火力，提升份额？（份额竞争的时代是一个“全竞争”时代，你的短板往往就成就了对手的强项。比如从全天份额走势上可以看出，江西电视台整体在23:30～5:30，5个多小时的时间里，一直被中央电视台和外省卫视压下面，这个收视低谷要填平。）

3.是否能够适当增加资源使用率高的节目的播出，以期达到“四两拨千斤”的效果？（如2010年江西电视台都市频道电视剧的播出份额为42%，收视份额为37%，资源使用效率已经是负数。如果在有针对性地选择剧目，增强电视剧收视效果的同时，适当加大该平台已被证明的高资源使用效率节目的播出——法制、专题、新闻等，对其收视的贡献不容小觑。）

4.是否能够打造更多更好的原创节目和大型活动，提升平台的收视率及影响力？（2010年，江西卫视的《中国红歌会》、都市频道的《都市星主播》、经济生活频道的《玩车大圣》、影视频道的《男儿向前冲》等等，都在取得不错的收视表现的同时，增强了平台的整体品牌效应。频道不仅要依靠广告获得创收，更应在“内容为王”的基础上，从大文化角度出发，拓展电视的经营领域，释放更大限度的影响力。）（乐金金）

深化体制改革 激活运行机制 为赣州文化产业的发展和繁荣提供新“引擎”

在全国文化体制改革提速的背景下，江西省赣州市文化体制改革不断深入，整合机构，转企改制，激活机制，遵循文化发展的客观规律，适应社会主义市场经济的客观要求，坚持文化事业和文化产业双轮驱动、两翼齐飞的思路，文化产业已经从探索、起步、培育的初级阶段，进入较快、良性发展的新时期。文化体制改革为全市文化产业的发展提供了有力支撑，启动了新的发展“引擎”。

2010年5月，为认真总结近年来文化和广播电影电视体制改革的经验，进一步推动赣州市文化产业又好又快发展，赣州市文广局组织调研组深入兴国、于都、大余、上犹等县，并对市直文广系统的演出公司、广电广告中心、广电报社广告部以及创意大厦文化产业公司、休闲娱乐城等文化机构、文化企业进行了走访、咨询、调研，召开了9个座谈会，发放了200份调查问卷题，并到赣州市统计局、赣州市工商局收集了有关数据。在调查研究的基础上，调研组系统地梳理了赣州市文化体制改革助推文化产业发展的经验与做法，对赣州市如何通过深化文化体制改革，激活运行机制，加快文化产业发展进行了认真地思考，提出如下意见和建议：

一、理顺管文化与办文化分离的体制机制

管办不分的体制严重阻碍了文化产业的发展。加强和改善党对文化工作的领导，切实转变政府职能，理顺政府与文化企事业单位的关系，建立党委领导、政府管理、行业自律、企事业单位依法运营的文化管理体制。要提高党和政府的领导水平和执政水平，创新对文化领域的管理方式，从行政控制型向依法行政型转变。在市场经济条件下，产业政策和法律应取代行政指令，成为政府对文化进行宏观调控的基本手段。

二、统筹文化事业与文化产业和谐发展的体制机制

文化事业发展必须坚持“以政府为主导，以公共财政为支撑，以公益性文化事业单位为骨干，以基层为重点，鼓励全社会积极参与，创新公共文化服务体系”的方针，构建覆盖城乡的公共文化服务体系，体现公益性、均等性、基本性和便利性，以保障人民群众的基本文化权益，满足人民群众的基本文化需求。文化产业发展则必须坚持发挥市场在资源配置中的基础性作用，按照“创新体制、转换机制、面向市场、增强活力”的要求，坚持体制机制改革和创新，提高文化产业的整体实力和国际竞争力，努力满足人民群众日益多元化、多层次、多方面的文化消费需求。另外还应当重视文化事业发展与文化产业发展之间的衔接，以事业发展促进产业发展。

三、搭建文化与金融对接的体制机制

2010年4月，中宣部、中国人民银行、财政部、文化部、广电总局、新闻出版总署、银监会、证监会、保监会等九部门联合下发

《关于金融支持文化产业振兴和发展繁荣的指导意见》，这是新中国成立 60 年来第一个金融和文化密切结合的文件。金融支持、资本支持、市场规模是构成文化产业的基本要素。有学者认为，文化离金融有多远，也就是文化离资本有多远，文化就离产业有多远。文化部门的当务之急是要按金融的要求规范自身的管理，搭建文化系统、文化产业投融资公共服务平台，培养文化金融复合型人才，取信于金融机构。

四、畅通文化与产权交易的体制机制

经济学鼻祖亚当·斯密说，中国人勤劳而又不富有，是由于中国缺乏财富创造动力的产权制度。文化产业的大发展，必然带来产权交易的繁荣和兴旺。2009 年 6 月 15 日，上海文化产权交易所暨上海版权交易中心正式揭牌，开启了国内首个文化产权交易市场平台。文化产权交易所以各类文化产权的交易为核心，以文化物权、债权、股权、知识产权等各类文化产权为交易对象，为各类市场主体提供灵活、便捷的投融资服务。

2009 年 11 月，深圳文化产权交易所挂牌。在 2010 年深圳文博会上，赣州市举办了赣州红色收藏品的拍卖，形成 28 万元的交易额，这是一次赣州市文化产品产权交易的有益尝试。

五、建立文化与旅游深度结合的体制机制

旅游在很大程度上是一种文化活动，是一种文化消费，是一种文化鉴赏。将文化融入旅游，实际上是回归了旅游的本原，为旅游注入了原动力。目前，文化和旅游相结合而大发展也正面临千载难逢的大好机遇。国务院先后通过《文化产业振兴规划》和《关于加快发展旅游业的意见》，把分属不同领域的产业联系到了一起。文化部和国家旅游局对文化与旅游结合发展也都高度重视。文化部 2009 年出台了《关于加快文化产业发展的指导意见》，将文化旅游业列入文化系统文化产业的十大发展重点。文化部还联合国家旅游局发布了《关于促进文化与旅游结合发展的指导意见》，提出了推进文化与旅游结合发展的一系列举措。

六、创新文化与信息技术融合的体制机制

“三网融合”是电信、广电、互联网的技术突破，也是文化产业的一片崭新天地。未来，移动多媒体广播电视、手机电视、数字电视宽带上网等业务将广泛走入人们的生活。文化和信息两个产业的融合，为信息产业提供了新的内容和增值空间，为文化产业提供了落地的平台和展示的舞台。文化和信息的融合还催生了新的业态、新的产业链和新的价值理念，将带动现代服务业的发展。技术上的互联互通、无缝覆盖，业务层上的互相渗透和交叉，向着为消费者提供多样化、多媒体化、个性化服务的同一目标交汇，形成新的经济增长点。

七、探索公有资本与民间资本结合发展文化产业的体制机制

现行的文化体制对投资主体仍存在种种限制，文化产业大多实行“出身准入制”，导致民间资本进入文化产业壁垒高，社会闲散资金难以向文化产业靠拢。建设中国特色文化产业，要求完善以公有制为主体、多种所有制共同发展的文化产业格局，要求我们不断探索公有制在文化产业领域的新的实现方式，提高国有资本活力，更加注重发挥社会资本在活跃市场、提高产业整体竞争力等方面的优势，增强非公有资本进入的动力，促进国有资本和民间资本相结合，按照现代企业制度的要求建立和运转。

八、优化推进文化产业基地和园区建设的体制机制

赣州市市长王平在 2010 年的《政府工作报告》中提出，要加大文化体制改革力度，大力发展文化产业，实施重大文化项目带动战略，加快印刷产业基地和文化创意基地建设，努力形成一批具有较强自主创新能力和市场竞争能力的文化企业。因此，建议认真规划和建设创意产业园、印刷产业基地、影视拍摄基地、红色文化园、客家文化园、动漫基地等专业性文化产业园区，以园区为龙头，大力发展印刷、文化旅游、动漫、广播影视等各具特色、不同分工的文化产业集群。进一步优化推进文化产业基地和园区建设的体制，出台系列优惠政策，强势推进文化产业基地和园区的建设，增强园区建设实效，发挥示范带头作用。

（原载《声屏世界》2010 年第 12 期，作者钟家伟、黄宗清、黄斌）

连续、系列报道（1 件）

作品	作者	单位
630 爱心桥：救助脑瘤女孩钟小青	黎庆琮 董太金 钟春生 杨丽莉 吴永珊 郭永红	赣州电视台

专题（1 件）

作品	作者	单位
母爱的守望	董太金 李 帆 钟 嫾 陈 彦	赣州电视台

二等奖（10 件）

消息（6 件）

作品	作者	单位
瑞士老两口驾车 2 万多公里游庐山	刘笛笛 崔学涵	庐山区广播电视台
老师百岁生日 四代学生祝寿	邬庆华 赖学阳 赖丽卿 刘 枫	赣州电视台
昌九城际高铁今天正式开通运营	集体创作	九江电视台
抗洪救灾 生命至上	谢 红 曾钰斌 郭 龙 罗竞倬	吉安电视台
弋阳：占道经营摊位拍租为何拍了又退	吴峻峰 [illegible] 华 张 陆	上饶电视台
“蜗居”变宜居	丁宝华 陶 松 潘志文 钱忠义	南城县广播电视台

系列、连续报道（1 件）

作品	作者	单位
丹心为民铸丰碑	邓红霞 王勇刚 李 莉 程 洁	丰城市广播电视台

评论（1 件）

作品	作者	单位
别让网游“偷走”孩子心	肖 霖 肖 渊 刘锦清 钟鹭霞	赣州电视台

专题（2 件）

作品	作者	单位
冬兰与她那些身边的好心人	吉 喆 陈 力	景德镇市广播电视台
老人与桥	孙志红 杨小军 陈 静 方 雷	上饶电视台

三等奖（21 件）

消息（12 件）

作品	作者	单位
我国自主研制首架大型民用直升机成功首飞	帅志彦 高 靖	景德镇市广播电视台
“申遗”成功带热龙虎山“科普之旅”	刘剑荣 周正昌 杨航飞	鹰潭电视台
红色经典再次成为青春主旋律	刘峥嵘 岳绪敏 陈云峰 刘 蓉	吉安电视台
赣州：工地楼面坍塌 3 人被埋身亡	钟春生 朱 磊	赣州电视台
受浓雾天气影响 昌九高速德安段数十辆车连环追尾	陈 浔 杨罗军 林 海	九江电视台
万名干部下基层 撑起城乡	集体创作	宜春市广播电视台

稳定艳阳天		
中国首座大鲵生态园面向公众开放	吴运星 舒信佳 万年仔	靖安县广播电视台
蔡氏父子海南勇救落水少年传佳话	左小刚 邓红霞 李 莉	丰城市广播电视台
分宜县率先在全省实行一元化户籍管理	袁建兵 钟海华 兰韶强 袁 菡	分宜县广播电视台
南昌：降低含碳量 提高含金量 走绿色崛起之路	李良生 吴新胜 上官海宾 胡 萍	南昌电视台
冲头村：山旮旯里的民主实践路	文 锦 贺 贞 钟志宇	萍乡电视台
凌晨大搜救	罗慈锋 徐 剑 范 琴 李文静	抚州电视台

系列连续报道（3件）

物业新政报道一、二、三集	罗竞倬 莫春盛 李 丹 张珍珍 孙佳栋 张 豫	吉安电视台
爱心延续生命 你我共同接力	杨文娟 袁 立	上饶市广播电视台
王丹跑“两会”	董太金 钟 嬿 王 丹 黄惠倩	赣州电视台

评论（2件）

老字号 你好吗？	刘咏梅 彭 燕 刘海青 胡 波	赣州电视台
一张离奇的保单	李胜波 刘 洋 张庆圣 孙 浩	萍乡电视台

专题（4件）

先堵门后封路 医闹风波闹煞人	刘峥嵘 岳绪敏 郭文琼 陈志伟	吉安电视台
农民之子 草根之香	傅心明 邱海青 袁 源 陈志诚	赣州电视台
苏醒	张庆圣 孙 浩 李胜波 刘 洋	萍乡电视台
灵山	江 放 姜 涛	上饶县广播电视台

2010年度国家广电总局广播节目技术质量奖（金鹿奖）

录制技术质量奖

音乐类 二等奖

我为你歌唱	刘云龙 肖小三 涂晓路	江西人民广播电台

语言类 三等奖

大山深处的守护者	陶 清 高 远 杨慧荣	江西人民广播电台
广播剧类 三等奖		
悬崖	肖小三 涂晓路 吕翼翔	江西人民广播电台

2010年度国家广电总局电视节目技术质量奖（金帆奖）

标准清晰度电视录制技术质量奖		
新闻类 三等奖		
整点新闻——江西抗洪抢险特别报道	喻玉华 曾 珉 吴 睿 黄 勇	江西电视台
专题类 二等奖		
绝色婺源	高 勇 陈吉夫 张涌江 周小剑	江西电视台
综合文体类 三等奖		
《2009江西省青年歌手大奖赛》——民族组精选汇	陈吉夫 罗会勇 王礼雄 汤 跃 周 彧 饶健夫 张涌江 吴剑敏	江西电视台
高清晰度电视录制技术质量奖		
专题类 二等奖		
一飞而过	张 琪 高 勇 陈吉夫 周小剑 潘辛芊 刘 钧	江西电视台
体育类 二等奖		
2010“匹克杯”国际篮球挑战赛——约旦VS立陶宛	高 勇 陈吉夫 王礼雄 周小剑 朱 正 冯 爽 熊 辉 陈宇海	江西电视台
视频图形制作技术质量奖		
片头类 三等奖		
中国红歌会《红歌突围战》片头	孙春华 封 瑞 虞 勇	江西电视台
播出技术质量奖		
二等奖		
范晓琳 卢晓健 彭子舟 涂长炜 郭寿南 曾广华 盛 洪 赵 凯 刘海芸 王 辉 裘小江 朱 鹰		江西电视台

2010年度国家广电总局科技创新奖

科普（影视类）三等奖

大棚辣椒套种果蔗栽培技术	永丰县广播电视台	杨淑兰　王丽君　聂燕琴

2010年度全国广播电视（有线电视系统、供配电系统）技术能手

供配电系统

二等奖	江西七〇八台	吴明祥
二等奖	新余电视台	罗蕴军

有线电视系统

三等奖	南昌广播电视网络传输中心	朱卓尔
三等奖	省广播电视网络传输有限公司新余市分公司	肖瑶斌

江西省广电局2010年度广播电视节目技术质量奖

广播节目录制技术质量奖

二等奖

赣州城市宣传插花	邓桃英　钟　亮	赣州人民广播电台

三等奖

影音世界——国庆盛典预告片花	曹亚平　赖泽家	九江人民广播电台
捐献遗体引发热议	曾天娥　袁志鸿　胥明俊	抚州人民广电台

电视节目技术质量奖

录制技术质量奖新闻类 一等奖

吉安新闻联播 刘春根 余红英 胡绪伸 王建平 吉安电视台

录制技术质量奖新闻类 二等奖

今日报道 刘学文 罗蕴军 罗绍峰 李 斌 新余电视台

录制技术质量奖新闻类 三等奖

抚州新闻联播 胡 怡 傅 璟 田 芸 雷 鸣 抚州电视台

录制技术质量奖综合文体类 一等奖

绿色的精彩 叶伦涛 石 军 刘 华 王 洪 南昌电视台
夏 俊 汪 源 钟 琴 李 兆

录制技术质量奖综合文体类 二等奖

《男儿向前冲》复赛（上） 陈 坚 王志军 郭 华 江西电视台

录制技术质量奖综合文体类 三等奖

赣州电视台台庆晚会 韩超英 朱荣华 杨中武 钟 华 赣州电视台
陈思思全国巡演南昌演唱会 邓中军 刘 华 邵 勇 李 杭 南昌电视台
胡 蓉 李 兆 赵蒙华 喻璐滔

视频图形制作技术质量奖片头类 一等奖

第七届全国城市运动会宣传片 江 南 汪建军 石 军 李 兆 南昌电视台

视频图形制作技术质量奖片头类 二等奖

赣州新闻联播 韩超英 朱荣华 杨中武 钟 华 赣州电视台
星光影院 刘学文 罗蕴军 魏 鑫 新余电视台
《大话百科》片头 陈 超 杨 帆 何章松 萍乡市广电发展中心

视频图形制作技术质量奖片头类 三等奖

主持人宣传片 2010 刘学文 罗蕴军 魏 鑫 新余电视台
江西抚州宣传片 吴乐明 周俊光 饶 芳 抚州电视台
《旅游天地》片头 何章松 陈 超 陈鹏宇 萍乡市广电发展中心
《男儿向前冲》片头 陈 坚 曹慧芳 侯 可 江西电视台

2010 年度江西省广电局科技创新奖

二等奖

基于 Google Earth 和 AUTOCAD 制作网络资源电子管理档案 傅 玮 敖虞华 米希宏 高宜平 康 军 李 飞 江西广播电视网络传输有限公司新余市分公司

江西广播电视卫星地球站12米天线改造工程	徐天源 苏 干 晏 东 喻 波 龚江闽 欧阳小青	江西省广电局节目传输中心
南昌数字电视运营支撑系统	王士钦 程 谊 李 凯 马 翔 郑跃华 罗小成	南昌广电数字网络有限公司
基于 BroadCable 的数字电视 VOD 业务平台及整体解决方案	袁卫斌 周 波 刘云骏 曾根秀 敖虞华	江西广播电视网络传输有限公司新余市分公司
大棚辣椒套种果蔗栽培技术	杨淑兰 王丽君 聂燕琴	永丰县广播电视台
三等奖		
基于多模通信的 RDS 可寻址调频应急广播系统	肖益涵 黄 华 肖成彪 蔡遂龙 李焱雅	赣州人民广播电台
利用互联网及 USB 传输技术实现数据跨网络跨地域安全传输	刘学文 罗蕴军 罗绍峰 李 斌 廖庆龙	新余电视台
移动多媒体广播系统	卢建平 郑启华 曾志强 李 琼 刘志坚	赣州八五二台
南昌广电客服系统	刘 晖 邹春山 彭群英 万 俊 闵 杰 熊 军	南昌广电数字网络有限公司
基于 P2P 流媒体技术实现网站视频点播系统建设	刘学文 罗蕴军 罗绍锋 李 斌 廖庆龙	新余电视台

2010年度江西省广电局科技创新论文奖

一等奖		
声柱的特性及其应用	龚新华	江西人民广播电台
二等奖		
通过广电网络传送新闻和直播信号的方案设计	胡蔚星	江西省广播电视网络传输有限公司
高山电视调频台防雷研究与实践	钟士彪 万小春 王茂盛	抚州市广电局
对内网限速	杨晓东	江西省广播电视网络传输有限公司
三等奖		
浅析 HFC 双向网（汇集均衡）问题	朱长海	德兴市文化广播电视局

从“长尾理论”看中国手机电视发展之路	黄　敏	全南县文化和广播电影电视局
基于机顶盒的字幕终端处理系统设计	邹林辉　李海鹏	江西省广播电视网络传输有限公司
电视节目制作非线性网络系统初探	刘凌云　杨淑兰	永丰县广播电视台

表　彰

第十九届全国优秀新闻工作者

曾　佳　江西电视台新闻中心记者

江西省先进工作者

陈　琳　新干县文化广播电视局局长

肖运生　遂川县峨峰广播电视发射台值机员

2010 年度全国广播电视技术维护先进台站（集体）、先进个人

先进台站（集体）

二等奖

江西省广播电视网络传输有限公司运行维护部

江西省七〇四电视台

先进个人

二等奖

何向晖　江西电视台播出部

吴明祥　江西七〇八台

三等奖

雷　军　赣州市文化和广播电影电视局科技科

2010 年全国广播电视收听收看十佳优秀刊物

江西省广电局《收听收看简报》

江西省第十二届文明单位

新余市广电局
萍乡市广电局
武宁县广播电视台
鹰潭市广电局
抚州市广电局
吉安市文广局

2009 年度省直机关党的工作特别优秀奖

江西省广电局

省直机关第六届文明单位

江西省广电局
江西人民广播电台
江西广播电视学校
江西省广电局节目传输中心
江西广播电视报社

省直机关第五届人民好公仆

刘建芳　江西省广播电视节目中心主任

2010年度省直机关先进基层党组织、优秀共产党员、优秀党务工作者名单

先进基层党组织　江西电视台新闻中心党总支
优秀共产党员　姜　鹏
优秀党务工作者　丁晓胜

2010年度全省广播电视技术维护先进集体和先进个人名单

管理奖（6个）

赣州市文广局
吉安市文广局
抚州市广电局
新余市广电局
省广电局网络中心
江西电视台

先进台站（23个）

南昌广播电视网络传输中心
九江人民广播电台技术部
江西七〇一电视台
上饶电视台技术发射部
上饶人民广播电台技术部
抚州人民广播电台技术部
宜春八一一台
宜春广播电视台技术中心
吉安电视台技术部
江西七〇四电视台
赣州电视台播出部
江西七〇七电视台
瑞金市广播电视发射台
乐平市广播电视台
萍乡市广播电视播出中心
新余电视台技术中心
鹰潭人民广播电台技术部
江西电视台播出部上载科
省广电局网络中心运行维护部
省广电局七〇二台
省广电网络公司景德镇市分公司客户中心技术线路维护部
省广电网络公司萍乡市分公司技术部
省广电网络公司新余市分公司

先进个人（53名）

吴明祥　雷　军　何向晖　舒　靓　李良勇
徐琳峰　张忠芹　王晓丹　张旭京　罗　军
周忠华　王　腾　王勇进　谭华卫　杜　飚
金晓军　白小勇　蔡庄荣　李兵根　袁立新
施　伟　陈福强　周日明　周　娟　胡　霄

罗思焕 张 彤 巫开华 曾育荣 程来福 郭 俊 徐晓刚 龚江闽 李 杰 汪 巍
陆鹏飞 康 仲 邱润波 吴 侃 邓石萍 陈玖根 汪 利 王 勇 谢建飞 宋醒凡
袁卫斌 陈建平 邹小平 毛新民 吴振兴 冯永胜 王德征 吴克维

2010 年度“省广电局宣传工作创新奖”获奖项目

江西人民广播电台综合新闻频率系列直播活动《科学发展，绿色崛起》
江西人民广播电台文艺音乐频率节目《爱现场》
江西人民广播电台农村频率节目《惠农直播室》
江西电视台《中国山水情歌会》活动
江西电视台都市频道《都市星主播》新闻评论主播抢位赛

2010 年度省广电局先进基层党组织、优秀共产党员、优秀党务工作者名单

先进基层党组织

省广电局办公室支部
省广电局组织人事处支部
省广电局机关离退休干部第三支部
省电台人力资源部支部
省电台经营管理中心·产业发展部支部
省电台信息交通频率支部
省电台离退休干部支部
省电视台新闻中心党总支
省电视台影视频道支部
省电视台党纪工团支部
省电视台大型节目部支部
省电视台总编室支部
省电视台离退休干部支部
五六一台党委
江西广播电视节目中心支部
江西广电艺术幼儿园支部
省广电局七〇二台支部
江西广播电视学校支部

优秀共产党员

吴乾生 王富华 胡小玲 杨成东 杜广法
周 涛 何标泉 侯 强 余 恒 吴晓飞
吴晓勤 刘 剑 陶 苹 徐迎华 蔡恒兰
熊德亮 张小军 翟 量 熊 辉 黄 燕
邱国荣 康振军 饶小刚 谭颖琳 张亚平
罗 蔚 万良朋 黄 勤 徐一雳 肖 焰
辜建刚 刘 卿 范晓琳 李朝晖 曾素萍
裴强健 雷学锋 李大成 赵健妹 李 杰
万凤根 陈昌华 刘建平 饶 俊 刘 东
王 勇 张 宇 陶梅玲 郭建华 黄小英
曲元岐 陈根保 叶修怡 李国华 袁林云
周光成 余荣发 欧阳兰 林柳琼 丁淑勤

蒋春发

优秀党务工作者

兰丽华 李炳江 徐家伟 陈国庆 肖学辉 李永全 周海平 李广成 黄鹤林 舒礼荣 黄红卫 李德泽 王利明 肖必请 涂建平 聂志荣 陈小勇 童昌江

2010 年省广电局先进集体和先进工作者名单

先进集体

江西人民广播电台办公室

江西人民广播电台综合新闻频率

江西人民广播电台健康老年频率

江西电视台新闻中心

江西电视台广告中心

江西电视台都市频道

江西广播电视节目中心

江西省广播电影电视局节目传输中心

江西省广播电视“今视网”网站

江西省广电局产业管理处

先进工作者

程　普 温燕霞 蔡　静 戴宁江 冯　雷 李建国 王志奇 吕　帅 巫宜淞 龚穗娜 欧阳磊彬 靳晓曼 魏继有 姜　鹏 喻　波 汤蕴琳 何标泉 沈　欢 周　安 汪　巍 涂建平 高　勇 李　健 丁晓胜 胡桂香 马　力

2010 年度全省广播电视技术能手

有线电视系统

肖瑶斌 朱卓尔 胡炎平 周耿民 杨秋风 罗小成 吴克维 华立平 徐　吉 米希宏 周炳明 熊爱群 晏红贵 叶　毅

供配电系统

吴明祥 罗蕴军 罗　通 周小剑 赵瑞华 熊　巍 曾根秀 朱　鹰 王昕轶 汪　利 聂道东 汪振忠

2010 年度全省广播影视统计工作先进集体和先进工作者名单

先进单位（6 个）

宜春市广播电影电视局

南昌市广播电影电视局

抚州市广播电影电视局

赣州市文化和广播电影电视局
新余市广播电影电视局
景德镇市文化和广播电影电视局

先进工作者（6个）

盛海燕　黄心焱　杨朝晖　卢晓耘　方惠萍
徐　军

2010年江西广播电影电视年鉴工作先进单位、优秀特约编辑名单

先进单位

宜春市广播电影电视局
萍乡市广播电影电视发展中心
九江市广播电影电视局
吉安市文化广播电影电视局
江西人民广播电台
新余市广播电影电视局
江西省广播电视网络传输有限公司
抚州市广播电影电视局
江西电视台
南昌市广播电影电视局
景德镇市文化和广播电影电视局
赣州市文化和广播电影电视局

优秀特约编辑

卢杰春　李洪辉　吴宏雁　邱　明　万小初
黄媛斌　朱燕琳　黎　楠　祝秋华　刘　钰
程桂盛　林日东

其他表彰

△江西省广电局获2008~2009年度全国广播影视统计工作先进集体。江西省广电局组织人事处赵金余获全国广播影视人才统计工作先进工作者。

△江西省广电局获中部论坛南昌会议和第五届中部博览会组织工作先进单位

△江西省广电局获2010年全省创业服务年活动先进单位。

△江西省广电局获2009年全省政府系统督查工作先进单位。

△江西省广电局国家安全小组获2009年度省直单位国家安全小组工作先进单位。

△江西省广电局获2009年度全省信访专项工作先进集体。

△江西省广电局获2010年度《中国广播电视年鉴》工作先进单位；江西省广电局副局长梁勇被评为优秀组织工作者；江西省广电局宣传管理处处长万里波被评为优秀特约编辑。

△吉安市政府副秘书长、市文广局局长曾富善被江西省人民政府表彰为全省双拥工作先进个人。

△抚州市广电局获2010年度抚州市直机关目标管理考评业务工作先进单位。

△抚州市广电局获 2010 年度抚州市创业服务年活动绩效考核先进单位。

△抚州市广电局获 2010 年度抚州市直机关目标管理考评招商引资工作三等奖。

学术研究与出版

学术研究活动

2010年声屏论坛

2010年12月中旬，省广播电视协会与《声屏世界》杂志社联合举办了2010年“声屏论坛”，组织全省广播电视工作者以“认清形势　把握规律　提高宣传质量”为主题，围绕提高新闻报道质量、加快栏目创新、扩大媒体影响等议题，积极撰写论文参加研讨。省广电局党委书记、局长、省广电协会会长黄晔明，省广电局副局长、省广电协会常务副会长梁勇在会上做了重要讲话。省广电协会顾问李立功作了论坛主旨报告，黄鹤林、陈柏森分别从不同角度对论文进行了点评。省电台、省电视台分管领导、协会秘书长，部分设区市局分管领导、宣传科负责人及论文作者70多人参加了本次论坛。《声屏世界》开辟专栏推广研讨成果。“声屏论坛”系列活动因其广泛调研和深入宣讲相结合、走出去和请进来相结合、借用外脑和挖掘本土人才相结合的特色，获得省广电局2010年度宣传工作创新奖。

赣西片论文写作研习班

2010年10月，省广电协会联合《声屏世界》杂志社及有关设区市广电协会在宜春市举办了赣西片论文写作研习班，邀请有关专家向新余、宜春、萍乡三市广播电视新闻工作者讲授论文写作知识和开展学术理论研究应注意的问题。这次活动送专家、送服务下基层，受到基层广电工作者的欢迎。

论点摘编

好新闻是这样写出来的

陈东有在《声屏世界》杂志2010年第1期撰文认为：

2009年8月下旬，“中央主要媒体百名

记者编辑江西老区行”活动到江西赣南进行新闻调研和体验生活，《人民日报》记者夏珺采写的报道《跟老钟进城卖菜》告诉我们好新闻是怎样写出来的，那就是“贴近生活、贴近实际、贴近群众”。记者编辑到群众中去，到自己要写的对象中去，和他们零距离地接触，懂得他们的喜怒哀乐，知道他们的酸甜苦辣，晓得他们需要什么信息，才能知道自己要写什么，才能抓到问题的实质，写出自己发现的“新闻”来。深入生活、深入实际、深入群众，才能得到群众中大量存在的鲜活语言，才能获取生活为我们提供的逻辑框架，才能知道自己应该如何写。好的新闻报道从不故弄玄虚，结构清晰、条理清楚是最好的框架，生动活泼、喜闻乐见是最好的语言，人物性格鲜明、叙事详略得当、寓理于事、寓情于景是最有吸引力也最能打动人的写法。如何写好新闻报道，既要硬功夫，那就是自己的写作基础，更要软功夫，那就是在生活中获取营养。只强调硬功夫，没有软功夫，新闻报道或生硬或艰涩或无味；硬功夫未成，软功夫又缺，更是难以引起读者的注意。写好新闻报道稿，稿件的框架设计、语言的运用要有讲究，但讲究不是为了讲究而讲究，讲究的最高标准还是回到生活，回到实际，回到群众中。

广播电视科学发展之管见

王向东在《声屏世界》杂志2010年第1期撰文认为：

广播电视的科学发展，当务之急是要厘清发展思路，而对广播电视科学定位是其中重要的甚至是首要的条件和基础性工作，要把中国广播电视放到世界多种媒体大竞争格局中去定位。各级媒体对于自己应该处于什么样的位置要有清醒的认识，比如中央台要有走出中国冲出亚洲走向世界的雄心壮志，省级卫视如果不能解决“落地”问题，最好把主要精力放在如何满足区域性受众的需要上。要把广播电视放到全国四个文明建设的大格局中去定位，应该成为四个文明建设积极的参与者、冷静的评论员和公正的监督员。要把广播电视放到公众对广播电视媒体关注度的现实位置上去定位，真正以质取胜，以优秀的节目吸引更多的受众。广播电视的发展应该是有序的，因此必须有一个科学的规划。规划应该是分层次的总体部署与分步骤的具体推进相结合的纲领性文献，要建立在科学的调查研究基础之上，力求简单具体不冗杂，相关目标之间不产生非此即彼的冲突；要初步排出完成规划的时间表；应该对各级广播电视台站提出具体要求，对民族区域自治地区、经济欠发达地区要给予特别关注。另外，广播电视的科学发展要通过科学的评估体系来佐证。构建科学客观的评估体系除了覆盖率、收视（听）率、影视剧和娱乐节目影响力、栏目广告的投放量等基本量化指标外，要适当加大民众评价乃至偏好的权重。

受众接收方式与电视的独家竞争优势

曹学遥在《声屏世界》杂志2010年第1期撰文认为：

在当今多种媒体并存的形势下，电视的优势显然已不在影像技术上，而在大众接受其影像符号的独特方式与心态之中。首先，被当今众多研究者称为弱势、过时的单向线性传播解放了观众的手脚，节省了注意力，使收视行为能与其他活动很好地兼容。其次，单向被动传播带来了收视的随意性，加之家庭多人共享收视环境及其声画兼备、能与观众达成拟人际化交流的特点，电视已在观众心中培养起一种近乎天然的亲缘关系。这样的特点进一步表现在电视收视排行上。从题材内容上看，适应家庭共享氛围的亲情类娱乐类和本地民生新闻类节目总能激起较好的反响；从节目的表现形式上看，它更易于以非连贯的散状结构和非逻辑性的感性表达立足，并能引发其他媒体难以企及的长剧慢热效应。这种特点同时也在拷问着一些专家给电视开出的“以主流化、权威性和直播日常化应对新媒体挑战”的药方。从观众收视行为来看，观众一般会从家庭共享和伴随性收视需求出发选择电视节目，适合者多获青睐，不适合者可能遭遇冷落，而内容本身的所谓重要性、权威性倒在其次。电视这种独特的伴随性接收方式令其格外受到老年观众的青睐，长期以来它一直被认为是电视的竞争劣势和日渐没落的证明。然而，伴随全中国乃至全球老龄化社会的到来，吸引老年观众的优势又焉知不是电视未来实现跨越发展的独门秘笈？

广播“亮剑”：抓住机遇，超越自己

万小莉在《声屏世界》杂志2010年第2期撰文认为：

广播近年的发展实践给未来广播和发展方向提供了新的启示。我们可以从解决四个问题着手实现四个转变，从而抓住机遇，超越自己，迎接崭新形态的未来广播。一、加快适应从传统电子媒体向现代高科技广播的转变。我们应该利用中国广播在科技水平和产业装备上突飞猛进，主动推进广播生产方式的调整，在体制改革创新、机构和部门设置、人才队伍建设、生产流程和机制、工作制度和行为等方面与之相适应。二、加快实现从分立的广播向集约化规模化广播的转变。各个广播媒体应该尽快专门研究和落实如何利用这种形势，推进内部的改革创新和整合，趁势扩展媒体的产业链，谋取社会效益和经济效益的双丰收，向全国、全世界推广自己的品牌。三、加快由粗放的广播转变为精细化的广播。精细化广播的内涵包括广播节目和服务的分众化、个性化和广播生产全过程的精密化，是确定未来广播效率和效益大小的关键。四、进一步解放思想，明晰观念，全力搞好广播新闻宣传。我们应该准确辨析“宣传”和“新闻”的涵义，既要注意两者的不同之处，更要注意将二者有机地融为一体，应当把新闻作为宣传的主体，传播多元化的思想、观点、知识和信息，在加强服务性、贴近性上下工夫，形成特色和优势，才能自强自重，傲立于诸多强大媒体之林。

县级广电的困境及思考

邓京红在《声屏世界》杂志2010年第2期撰文认为：

目前，县级广电面临的困境主要体现在：政企不分、政事不分、管办不分，行政体制与市场化要求之间的矛盾越来越不可调和，广电系统上下不协调，各自为战，机构和人员以及设备更新维护未建立长效机制等机制体制层面的困境；法律空白、条规滞后，法规和政策相左、冲突或不科学、不合理等，是基层广电行业管理部门无所适从的政策法规层面的困境；网络建设滞后、市场空间缩减，逐步被边缘化的现实困境。要突破这种困境，首先，要深化机制体制改革，优化县级广电发展环境，转换行政体制，实行垂直管理，达到产业一条线、事业一条线与行政一条线相辅相成；严格执行政企分开、政事分开、管办分离的原则，最终实现合理的分离与良性的统一；加大扶持力度，增强县级广播影视事业发展能力；明确县级广电产业发展的改革方向，分清广播影视公益性事业和经营性产业的性质，该管的管，该放的放。其次，建立健全广电法律法规，出台行业法律，让执法工具更加有力；完善条例法规，增强可操作性；跟进形势，制订相关管理条例，规范新兴媒体管理，营造良好的政策法规空间。最后，科学统筹，加强横向联合，推进无线数字等补充方式扩大覆盖，全面向“双向化”迈进，增强广电网络的生命力和竞争力；落实县级广电受益渠道，让县级广电生存基础多点保障；加强行业之间的联合与统筹，实现资源共享；拓宽广电产品的有偿使用空间，实现增值，以提高竞争能力。

从“日常生活秀”到“日常生活审美”

李　文在《声屏世界》杂志2010年第3期撰文认为：

分析韩国青春偶像剧的审美文化特征，对我国同类题材的电视剧创作有借鉴作用。其文化审美特征之一是迎合或营造了流行的“日常生活秀”。韩剧中对家居装饰、流行服饰等日常生活文化的宣传与参与，十分符合现代年轻人的口味，如其中的服饰不仅日常生活化，还与剧情相吻合，甚至引发了“服饰模仿潮”，这是中国青春偶像剧所欠缺的。其二是完全迎合并参与探讨日常的伦理道德生活。我们能强烈地感受到韩剧中充满了“孝顺父母”、“相夫教子”、“长兄如父”、“长幼有序”等传统儒家文化思想，深深契合了深受儒家文化影响的广大亚洲观众的集体无意识。而在儒家文化发源地中国，其青春偶像剧中难觅传统儒家文化思想的踪迹，生活中的真和善在其中没有得到美的表达，很难从中感受到韩剧中所体现出的那份本属于我国的叩问心弦而又沁人心脾的古老传统。其三是情、景、叙事相得益彰，创造出较具深度的审美价值。我国偶像剧把重心放在故事的传奇性，讲究所谓的大手笔、大制作、大场面，而疏于对细节的追求，在情感、景别、叙事、信息传播、流行文化等方面的审美表达远未成熟。

影响电视新闻真实性的细节

吴春一　陈　静　苏丽娟在《声屏世界》杂志2010年第4期撰文认为：

影响电视新闻真实性的细节主要来自两个方面，一是画面不真实。画面是电视新闻最生动、最有力的语言表达，是历史记录的符号承载，不是简单的“看图说话”。然而，一些电视新闻中运用了导演出来的画面、移花接木的画面、物是人非的画面，影响了电视新闻的真实性。二是同期声不真实。这种不真实表现在出同期声的语境不真实，人物在出同期声的过程中表情不真实，人物说的同期声内容不真实等。一个好的细节能够放大人物和事件的特点，能够让整条新闻活起来、生动起来，从而将观众的视觉兴奋引向对新闻本体的关注，使主题凸显出来，但一个失败的细节也能使整条新闻走向我们报道意志的反面。我们要善于抓住细节，运用细节，真正让细节说话，不让细节毁了整条新闻，乃至我们所从事的新闻事业。

广播新商业模式探析

程　普　何淑华在《声屏世界》杂志2010年第4期撰文认为：

当今企业之间的竞争不是产品之间的竞争，而是商业模式之间的竞争。对于广播媒体来说，客户是听众和广告主，而现有的广播商业模式主要是以单位时间的收听率吸引广告主，产生效益，完全放弃了对听众这一客户群的经营。这种传统的以单一广告创收打天下的商业模式因为广告播出时间的有限性和广播媒体自身的局限性，形成了广播经营创收的“天花板”，要突破“天花板”需要改变形成“天花板”的经营模式。首先，要以全产业链模式经营广播听众。全产业链的节目运营模式要求节目完全走向市场，通过挖掘节目和各自频率的听众特点和需求，拓展出相应的产业，然后通过市场手段将该产业做大，实现节目和听众的商业价值。新的商业模式需要与之相配的组织架构来保证实施，节目只是一个为听众量身定制产品和服务的推广平台，支撑产品和服务的是社会上相应的实体公司的专业运作。其次，要以全媒体模式经营广告主。全媒体模式的运营做的是广告客户的品牌管家、营销顾问，全方位地服务客户，以帮助客户实现价值最大化来实现自身盈利的最大化。

当广播“遇见”汽车……

钟志荣　鄢　走在《声屏世界》杂志2010年第4期撰文认为：

我国汽车时代的到来，使得全国各地许多电台悄然转身，积极寻找汽车时代里的新坐标。在汽车时代，有三大变化直接影响着广播节目的生产模式变革。一是收听方式从固定式收听变为移动式收听，这种收听方式要求广播将原有的板块式节目碎片化、重复化和简单化，观众对频率品牌的认知超过对节目品牌的认知，推动类型化电台的发展。二是收听主体从老少群体变为高学历、高收入、高消费的中青年移动人群，导致广播内容和关注视点出现变化。三是传播方式多向传播、互动传播、多媒体传播更明显。在认清这些变化和变革之后，广播媒体首先要把握移动收听特征，突出品牌价值，丰富品牌内涵，注重“品质”和“招牌”的打造，形成质量、服务、知名度、美誉度、忠诚度及市场占有率。其次要转变经营观念，建立商业化运作思维，让听众成为消费者。传统媒体的生产链是收集——制作——发布——实现广告销售，而媒体商业化运作的思维则在最后一个环节，前三个环节完全是为最后消费行为的产生而服务的。第三要丰富传播手段，让新媒体助力广播的发展。我们应该把现代广播定义为“以声音传播为主要手段，提供信息与娱乐传播服务的新闻媒体”，那将更有利于我们看清广播在现代媒体环境中的地位与作用。

央视《中国财经报道》视角探析

曾　鸣在《声屏世界》杂志2010年第5期撰文认为：

在人们的印象中，经济报道总是与大量的数字和图表联系在一起，加之一些令人费解的专业术语和大段政策法规的引用，使得经济报道给人以晦涩难懂、枯燥乏味之感，似乎离百姓的生活很远，央视的《中国财经报道》为改善经济报道提供了思路。一、以百姓视角关注重大主题。在报道重大主题经济事件时，注重报道事件发生的原因及影响。二、以个体命运聚焦热点事件。热点事件需要媒体以更为专业和有效的传播方式引导舆论，为百姓释疑解惑，而要想百姓了解热点事件，关注热点事件，就必须以平视的人性化的角度解读热点事件背后的经济现象，特别关注热点事件中活生生的“人”。三、以个案剖析传播经营理念。这样报道的内容更可信，经营理念也更能让人接受。四、牵手新媒体提升影响力。与传统的传播方式相比，网络媒体的互动性更强，参与面更广，影响力更大。独特的视角，全方位、多元化的报道手法，虽展示的是宏观大略，却让普通百姓看得懂，看了有用，并且爱看。这就是《中国财经报道》展现出的魅力。

跨区域电视媒体合作的利与弊

戴志云　董　艳在《声屏世界》杂志2010年第5期撰文认为：

2007年底，深圳广电集团和桂林广电合作被国家广电总局列为跨地区合作的样板以后，其中的利、弊给了欲以寻求合作谋取发展的媒体提供了四点启示。启示一：跨媒体和跨区域合作是大趋势，媒体合作是推动媒体进步和发展的力量。两地媒体在合作初期取得了立竿见影的成效，即桂林电视台科教旅游频道的收视率在短时间内有较大幅度的提高，影响也越来越大，深圳电视台实现了非卫星频道在全国合作城市台的落地，达到了深圳广电集团上市前低成本扩张的目的。启示二：媒体合作必须尊重市场规律，尊重宣传规律，不可为合作而合作。两者合作不到一年就出现了许多问题，其中的原因在于合作更多的是从深圳方面的发展需要来考虑的，桂林方面对这次合作并不主动和积极，造成了合作条款一再修订补充，深圳方面的低端片源输出也使得桂林电视台出现了收视率高但广告收入却不理想的现象。启示三：媒体合作必须考虑体制和机制的对接。深圳广电集团无论是频道的考核体制，还是广告的代理制都和桂林电视台的现行体制有很大差距，加上不熟悉当地的情况，出现了“来也匆匆，去也匆匆”，桂林电视台只好重搭班子重开锣的现象。启示四：媒体合作必须建立在双赢的基础上。深圳广电集团与桂林广电的合作陷入停滞不前的泥淖，最主要的原因是没有实现双赢，所以媒体合作不能盲目求新，要脚踏实地。

新闻媒体在鄱阳湖生态经济区建设中的目标与任务

尹小玫　韩　晓在《声屏世界》杂志2010年第6期撰文认为：

在树立生态与经济同步发展理念的鄱阳

湖生态经济区建设伟大战略中，新闻媒体将发挥不可或缺的作用。一、要培育公众的生态经济意识。生态经济是一种复合经济形态，在发展经济的实践中，新闻媒体的责任在于报道片面发展经济的恶果以及在发展经济的同时保护环境与资源的成功范例，使人们形成经济与生态协调发展的意识，要注意长期性和全面性。二、要增强公众对鄱阳湖生态经济区的认识。新闻媒体要大力宣传鄱阳湖生态经济区，让更多的人了解《鄱阳湖生态经济区规划》，了解这一规划形成的历史背景，了解建设鄱阳湖生态经济区对江西经济社会发展的重大意义，对人类探索可持续发展道路的示范意义。三、要提高鄱阳湖生态经济区建设政策制定和实施的质量。在鄱阳湖生态经济区建设重要政策的形成过程中，引导并参与公众和专家学者的相关讨论，推动政府科学决策，为相关政策的出台奠定坚实的基础。在政策实施过程中，新闻媒体应把握各项政策目标的衔接，切实履行经济区建设的宗旨。四、要将鄱阳湖生态经济区打造成世界品牌。把鄱阳湖生态经济区建设好，具有全国和世界意义，因此，新闻媒体要全面报道立足点高、标准严、力图走出一条可供其他国家和地区借鉴的经济与生态协调发展之路。

打开城市电视台发展困境的金钥匙

孔 弘 郭 婷在《声屏世界》杂志2010年第6期撰文认为：

媒体融合是近年来我国传媒业发展的大趋势，它既包含了媒体对自身资源的整合，又涵盖了同类媒体甚至跨媒体之间的合作。对于各城市电视台来说，实行新闻融合可以打破区域市场壁垒，实现区域资源整合，实现区电视市场的无缝覆盖。另外，以SNG（卫星新闻采集）为新闻合作手段，可以提升收视份额。当前城市电视台合作出现了几种模式和特点，一是以大型活动为契机，开展短期的阶段性合作；二是以地缘亲近性为主要特征，结合现有区域板块经济城市圈组成媒体联盟；三是建立在以双惠双赢为目的的合作经营基础上的深度融合。虽然合作的目的是为了加速发展，但是要开展良好的合作，如何利用新元素，因势利导而又不被同化，除了要求合作双方在认识上高度一致以外，还要面对一些合作的艺术和技巧等方面的问题。首先要解决认识层面的问题，既要认识到自身的先天不足和局限性，意识到合作带来的社会效益和经济效益，更要以虚怀若谷的心态采众家之长，以达到提升媒体整体竞争力的目的。其次，城市电视台之间既要加强合作，又要保留城市台的地方特色。虽然开展合作的双方存在实力高下的区别，但是在合作中必须克服“高傲”和“自卑”两种意识倾向。权利与义务、付出与回报，总是生来不可分割的孪生兄弟，只有尊重才有合作，只有合作才能成功。

“风尚购物”频道的经营之道

李朝晖在《声屏世界》杂志2010年第7期撰文认为：

随着我国经济继续平稳、高速发展，家庭电视购物产业正如火如荼地发展，正以其新颖的消费方式和强大的市场渗透力赢得世人的认同和青睐，甚至被誉为“零售业的第三次革命”。江西电视台“风尚购物”频道作为国家广电总局正式批准开办的全国性上星电视购物频道具有良好的发展基础。首先网络购物的蓬勃发展为电视购物行业提供了很好的借鉴，数字电视发展迅速为数字电视购物提供了技术平台保障，国家宏观经济发展政策及配套管理措施为电视购物创造了良好的市场环境。其次，国内电视购物行业的先行者为“风尚购物”展示了广阔的市场前景，提供了丰富的实践经验。从 2009 年 12 月 18 日开播以来运行良好，实现了“采、编、播”一体化的播出方式，具有了一定的市场规模，建立了以电视、网络、DM 为主体的三位一体的成熟商业运营模式。应该承认，湖南的“快乐购”是大多数电视购物频道发展的标杆，也让许多同业人士惊呼“狼来了”，但它的发展模式确实为业界带来了很多全新的思路。中国幅员辽阔，任何一家电视购物频道都无法做到覆盖全国的每一个城镇、每一个村寨，与其重复建设，无谓内耗，不如互相合作，加强沟通，实现联合。“风尚购物”发展的关键词就是“合作、沟通、融合”，打破行业、区域壁垒，清除门户之见，与越来越多的电视同行们一起把这一产业做强做大，朝着可持续发展的方向前进。

对中国红歌会新媒体发展之路的启示

肖 艳 贺 军在《声屏世界》杂志 2010 年第 7 期撰文认为：

从创立起，淘宝网仅用了三年半的时间就超过了中国沃尔玛的交易额，预计到 2016 年，将超过全球沃尔玛的交易总额。淘宝网的发展奇迹给当前如火如荼的中国红歌会提供了发展启示。启示一：在网络时代，中国红歌会要实现可持续发展，必须借力新媒体，特别是互联网的力量。善战者，因其势而利导之。上网已成为近四分之一或许更多中国人日常生活的重要部分，中国红歌会必须顺应潮流，在目前国内电视媒体与网络媒体合作刚起步的当口，抢占先机，借网络的大潮把自己推到新的高度。启示二：中国红歌会走新媒体发展之路，不能简单套用传统电视媒体的运营手法，必须根据新媒体的特点创造出新的运作模式。淘宝网的制胜法宝就是“一切从实际出发”，不简单复制传统商业的经营模式，中国红歌会也可以创新的手法去经营，创造出一条具有新媒体特色的新红歌之路。启示三：中国红歌会走新媒体发展之路，不能丢失根本，依然要紧紧抓牢、大力建设好电视媒体主阵地，为中国红歌会的第二次飞跃搭建一个高起点的平台。淘宝网成功的经验是“以正合，以奇胜”，虽然奇招不断，但不断打牢传统商业的品牌，加固质量和信誉才是其根本。同样，面对数量众多的网络对手，中国红歌会也应坚持“以正合”战略，制作出更多更优秀的节目，营造“不对称竞争”的市场，使一般对手难以“同台竞技”。

任重道远的“三网融合”之路

曾曙光在《声屏世界》杂志 2010 年第 8 期撰文认为：

上世纪九十年代初期以来，广电网络在“三网合一”和“三网融合”论战中筹建、发展，正是互联网这个目前主要由电信网运营的虚拟网的安全性和公信力为人们所诟病，使得有关专家和用户对一贯以安全性能好、公信力高著称的广电网络在“三网融合”

中的作用和地位充满了期待。解决“三网融合”问题最佳方案是国家以宏观的战略思想成立国家网络公司，建设和管理全国光缆网络，电信、广电及其他运营商要开展网络业务，可以租用这个公司的光纤，这样既解决了各个物理网络融合的问题，也可以减少国家资产因重复建设带来的损失。如今，国务院的《三网融合试点方案》虽然出台，但广电网络的地位没有得到根本性的改变，要想谋求更大的发展空间，广电网络必须尽快完成数字化改革，尽快实现数字平移，推进双向机顶盒业务平台，和政府、用户牢牢结合在一起，真正成为政府的宣传平台、老百姓的信息平台。在“三网融合”这场采用技术手段提高服务质量、推陈出新的竞争中，广电部门必须使出自己的看家本领，建立科学的服务运行体制，这是广电网络面临的最大挑战。虽然有阵痛，但是只有经历脱胎换骨式的重生，广电网络才能发生质的变化，才能向现代运营商过渡，在“三网融合”中站稳脚跟，真正融入国家的信息文化产业，成为文化产业繁荣的助推器。

广播的舆论软引导

王　琍在《声屏世界》杂志2010年第8期撰文认为：

广播实现舆论软引导是对舆论引导规律的本质回归，是对广播传播规律的准确把握。首先，广播个人化、情感化的传播特征决定了广播的舆论引导只能是软引导；其次，广播收听载体的多样化、收听方式自主性和参与性的增强决定广播的舆论引导只能是软引导；第三，广播传播显著的接近性和地域性为广播舆论软引导提供了大有作为的空间和平台。广播进行舆论软引导符合并适应传媒市场竞争和发展的趋势，其实现途径有：一、广播舆论软引导必须全面覆盖各专业频率和各类型节目，形成舆论引导新格局；二、必须在彰显个性、突出特色上下工夫，提高宣传的针对性、实效性；三、必须创新舆论引导的手段方式，讲求新闻宣传艺术，实现思想性和艺术性的巧妙融合。广播舆论软引导是新闻传播对以人为本的生动实践，是对听众多样化个性收听需求的满足，是扩大广播公信力和影响力、提升广播形象的有效手段。

地方台灾害性事件报道的实践与思考

戴晓文　刘昌衔在《声屏世界》杂志2010年第9期撰文认为：

和其他媒体相比，地方电视台在进行灾害性事件报道时，在当地受众的心目中具有权威性和心理接近性的优势。抚州电视台在报道2010年洪涝灾害中抚河唱凯堤决口的事件中再一次树立了地方主流媒体的良好形象。这次灾害报道成功之处于快速、准确、有序、求变，打破原有部门设置，实现扁平化管理；改变以往以频道为主的节目编排方式，将主打新闻栏目打通，开办《抗洪救灾特别报道》，实行两个频道并机播出；赋予前方记者充分的自主权，提高了报道的贴近性和灵活性。这次成功的灾害报道再一次体现了电视灾害报道需要注意的几个原则。第一，在事实真相不明的情况下，“不乱语”应该是根本要求，否则不仅会扰乱视听，影响政府对救援的实施，甚至可能引起社会动荡。第二，所有的灾害不一定是人为的，电视媒体要按照有利于社会稳定和人心安定的要求，准确报道真相，不能为了追求轰动效应而不计后果地炒作渲染，要为政府分忧。第三，灾害事件不仅严重危害着灾区群众的生命安全，而且破坏了人们惯常的社会生活秩序，对非受灾群众的影响也是深刻的，新闻报道应尊重人的个体存在，肯定人的物质需要，关怀人的精神存在，关注人的可持续发展，体现出人文关怀。

新闻主持人自我培养的目标

王 霁在《声屏世界》杂志 2010 年第 10 期撰文认为：

一般而言，主持人尤其是新闻节目主持人在进入媒体工作之后，就进入了一个高消耗的状态，如果不制定自我培养的目标，就会陷入发展的困境。这种自我培养的模式和思路，在平台不尽如人意或者其他条件不甚理想的情况下，依旧可以使主持人自我成长，自我历练。首先，要使自己成为有基础技巧与能力的新闻主持人，具有语音规范、表达精准、语速适中的语言基本功。其次，要使自己成为有新闻敏感与判断力的新闻主持人，在直播资讯节目中与前方记者连线时，能迅速判断出事件的性质，准确掌握需要传播的核心内容。第三，要使自己成为有学习能力的新闻主持人，针对自己的实际情况制定一个具体的切实可行的学习计划，引领自身的业务水平不断提升。第四，要使自己成为麦穗型的新闻主持人，具有优秀的专业技能、完善的知识体系和广博的文化素养，并且谦逊低调，对受众饱含春风化雨般的人文关怀。只有明确了方法和目标，主持人在实践中才不会迷失方向，才能清醒地发现自己的不足，并且找出方法来弥补自身的不足，最终打造出自己的核心能力。

永远的红歌　永久的魅力

陈道生在《声屏世界》杂志 2010 年第 11 期撰文认为：

五年来，中国红歌会在江西这个红色文化的摇篮中孕育、成长、壮大，辐射全国，并且走出了国门，唱到了海外，在广大人民群众中掀起了一股听红歌、唱红歌的热潮。它为人民群众提供了缅怀和纪念的氛围，成为情感宣泄的突破口；挖掘和拓宽了红歌的内涵，成为弘扬主旋律的新形式；实现了娱乐与教育的双向结合，满足了广大观众向善、向美的精神需求。中国红歌会找到了一条既有别于其他类似节目的个性，又能体现广大观众喜爱共性的红色娱乐新路子，在五年的发展中，它以不断创新的姿态摆脱了其他媒体模仿和克隆的阻击，既锻炼了队伍，提高了驾驭电视宣传与娱乐艺术的能力，也明确了作为先进文化倡导者的责任，成为电视媒体反“三俗”的排头兵。受到成功举办中国红歌会的启示，江西省坚定了让红色文化的主旋律影响和感染广大人民群众，打造文化品牌，发展文化产业的思路。通过整合红色资源，深入挖掘红色文化、红色精神内涵，形成以红色文化为主干的江西文化，提升江西文化软实力，将有利于推动江西在市场大潮中实现经济社会的协调发展，已成为江西文化工作者的共识。五年来，中国红歌会立足于江西这片红色的故土，把红色做成特色、用经典带动流行、以主流引领多元，唱响红色文化，重塑人们的精神家园，已经成为江西弘扬先进文化的知名品牌。它彰显出的红色精神唱不完，传不断，与时俱进，迸发着激情与活力，焕发着无穷的魅力。

创新广播宣传 提升民生影响

温燕霞 曾学优在《声屏世界》杂志 2010 年第 11 期撰文认为：

江西民生频率开播时，确定了以中老年受众为主、主要提供医疗健康服务的节目定位。为了增强节目的可听性，提高传播效果，五年来，江西民生频率在节目宣传上进行了很多尝试和创新，取得了明显效果。如以广播情景剧的形式宣传医学常识和医疗科普知识，起到了寓教于乐的作用；将节目的直播间设置到各大医院门诊大楼和社区广场，拉近了广播媒体与受众之间的距离；设立导医天使往来于江西省属各大医院之间，确立了频率节目在健康传播方面的正规、权威形象；开通健康服务热线，为听众开展全天候的 24 小时服务。在创新节目宣传的同时，江西民生频率还在活动宣传上下工夫，它们遵循“开门办广播”的原则，拓宽广播内容产业的外延，在创收上尝试多条腿走路，将广播传播与文艺演出结合起来，开创了长时间的广场文艺演出活动形式，先后组织实施了四届江西省文明健康艺术活动周、连续五年的江西老年节活动和一系列的预防艾滋病、结核病知识的文艺演出活动，极大地提高了频率的社会影响力，为频率广告创收打下了坚实的基础。

新媒体时代电视如何争夺“眼球”

陈文清 刘仲良在《声屏世界》杂志 2010 年第 11 期撰文认为：

信息化浪潮下，我们已经迈入了多种媒体并存、竞争白热化的时代，电视要走出自己的特色之路，争夺更多的眼球，首先就要确立“平民化”的传播基础，让普通人成为电视的主角，在电视节目中找到“我”的感觉，记者和主持人要摒弃老师、评委的角色定位，成为传播者、引导者，节目要体现出“真诚、真实、真心”。其次要以新闻立台，提高权威性，用现场直播的形式全面、完整、生动地把事件本身呈现在观众面前，使观众产生与事件进展的同步感，体现出电视媒体信息、观点传播的主流舆论引导的权威地位。第三要与新闻媒体全面融合，全面拓展与广大观众互动的通道，让观众从“看电视”转变为“用电视”，提高电视媒体的不可或缺性。第四要加快实现数字化，让节目的提供者与播出机构协调一致为观众提供服务，完善售后，把数字电视节目销售与服务整合起来形成一个体系，成为新媒体内容生产的“供货商”。

中国广播电视产业化的经济学逻辑分析

易旭明 黄 俊在《声屏世界》杂志 2010 年第 12 期撰文认为：

经济学公共产品理论认为，社会利益观的演变以及媒介技术排他性、竞争性的增强，导致媒介产品外部性降低、公共产品属性削弱、私人产品属性增强，这是媒介产业化内在经济有效性、社会合理性提高的根本原因。要深入理解我国广播电视产业发展政策变化的内在合理性，就需要理解广播电视产品的外部性和排他性的技术特征，这是广播电视产业政策变化是否符合社会整体利益的内在经济学逻辑。改革开放以来，不同利益主体共同的价值取向发生了巨大变化，这为媒介产品由计划经济时代的公共产品向市场经济时代的私人产品转变提供了逻辑上的可能性。另外，技术进步改变了广播电视产品排他性。传统的无线电媒介被认为是一种公共产品，是因为它的非竞争性和非排他性，不具备产业化的特征，而技术进步则使得媒介产品的竞争性和排他性增强，具有了商品的属性，从而为媒介产业化提供了推动力。综合看来，社会价值利益观演变、技术进步，是广播电视完全由国家事业单位以计划形式供给向部分以企业形式、以市场形式供给转变的内在原因。对社会影响大、外部性强、可分割性弱、公共产品属性强的广播电视产品，则不宜实行市场导向的产业化。选择产业形式还是公共事业形式供给的内在经济学逻辑，都是以社会整体效率、整体福利最优为标准。

娱乐节目雷同现象的解决办法

谢　华　宋江云　王建树在《声屏世界》杂志 2010 年第 12 期撰文认为：

创新可被社会系统内成员感知的相对优势与该创新的采纳率成正比，对于电视节目来说就是该档节目的创新与当前其他同类节目相比所具有的优势。要走出一条适合自己的创新之路，解决娱乐节目雷同现象，首先节目的立意定位是关键，贯穿其中的节目内容应给人以美的享受，而不仅是一种感观上的刺激。其次要履行好“把关人”的义务和责任，对信息作出鉴别和选择，决定其能否进入大众传播渠道。第三要明确市场定位，做好市场调查，找到不同文化的共融点，突入非竞争领域的“蓝海”。第四要在移植引进时要有所选择。中国电视观众的欣赏习惯是大众媒体一定要传播符合传统道德标准，无论什么类型的娱乐节目都不可忽视平等尊重、人文关怀，要以娱乐之名行人文之实。向民间、草根寻找电视内容创新之源是当今中国电视、中国娱乐的一种整体性调整的方面。第五要充分发挥本位优势，将地方特色节目做大做强。不同的文化土壤会培养出不同风格的电视节目，同样，不同的电视节目只有与目标市场的文化环境相匹配才能吸引更多的受众。

深化体制改革为文化产业发展提供新“引擎”

钟家伟　黄宗清　黄　斌在《声屏世界》杂志 2010 年第 12 期撰文认为：

在全国文化体制改革提速的背景下，江西省赣州市文化体制改革不断深入，坚持文化事业和文化产业双轮驱动、两翼齐飞的思路，文化产业已经从探索、起步、培育的初级阶段，进入较快、良性发展的新时期。其经验在于文化体制改革纵深推进，为文化产业的发展奠定了坚实的基础，实行了以优化资源配置为核心，推进经营性文化单位转企改制；依托重点文化产业项目带动战略，推进文化产业和文化经济的发展；以培育市场主体为重点，推进广电系统组建文化企业。在全市文化消费水平提升，生活性文化消费市场还有巨大空间，新的数字技术带来文化产品形态与业态创新的机遇面前，赣州市的文化产业要进一步发展，急需与之相适应、相配套的体制机制，要进一步增强财税对文化产业的支持力度，进一步充实文化产业发展的基础。新一轮的文化产业发展迫切需要进行体制机制创新，一要统筹文化事业与文化产业和谐发展的体制机制；二要搭建文化与金融对接的体制机制；三是畅通文化与产权交易的体制机制；四要探索公有资本与民间资本结合发展文化产业的体制机制；五要建立文化与旅游深度结合的体制机制；六要创新文化与信息技术融合的体制机制；七要优化推进文化产业基地和园区建设的体制机制。

2010年《声屏世界》业务文章要目

第1期

专业成就深度　思想决定影响　廖望劭
好新闻是这样写出来的　陈东有
营造可信可靠网络环境　选择“三网融合”现实路径——以IBM“智慧地球”为切入点　申其辉
广电在“三网融合”中的作用及发展前景分析　陈共德
新中国广播电视行政管理体制的演变　黄金良
“单细胞”体征的舆论场建构——以新疆“7·5”事件报道为例　关琮严
媒体应对突发事件的“三态”“三时”——新疆“7·5”事件报道解析　冷　凇
突发事件网络信息传播：自由与监管并存　李文明
改革场域中传媒知识精英的角色“应然”与悖论考察　张　健
广播电视科学发展之管见　王向东
电视谈话节目的个性化生存　韩　杰　赵志伟
用行动彰显媒体社会责任——《新闻110》的几点启示　欧阳敏
解析电视专题片解说意境之美　田　丰　李峻岭
智能·素养——主持人感知能力浅议　吴　钰
“五心”打造交通热线节目　胡求堂　洪　玲
跨国采访的一次成功实践　李　飒
《解放》：以人写史 小中见大　闫　伟
影视评论写作之我见　刘建赟
影视动画蒙太奇叙事的自由元素　宋书利
打造三维场景的便捷方法　宋雷雨
纪实类电视节目人物形象表现手法初探　闫伟娜
纪实的力量　林　莉
大众传媒与文化创意产业关联性分析　李朝晖
县级台也可以做好舆论监督　雍家龙
用声音见证——广播投诉类节目录音报道浅议　石春芳
满目缤纷荧屏来——浅谈县级电视台节目设置　王海勇
新闻传播者的职业素养　骆正林
受众接收方式与电视的独家竞争优势　曾学远
传统媒体使用网民信源的伦理选择——从“网民曝”新闻争论说起　范明献
影视作品中的“傻子”与自救　段荣丰
默多克新闻集团的扩张之路　于海滨
江西七〇八台防雷接地系统现状分析及实践　万小春
SONY DSR-PD190P摄像机的维护与维修　杜志亲
SDH单板发热故障的排除　肖瑶斌　肖模辉

第2期

围绕大局　聚集中心　提高宣传水平　廖望劭

第3期

第4期

第5期

第 6 期

第 7 期

第 8 期

第 9 期

第 10 期

第 11 期

第 12 期

广播电视报刊

《声屏世界》月刊
主管单位：江西省广播电影电视局
主办单位：江西省广播电视协会
江西人民广播电台
江西电视台
月刊，公开出版。

江西广播电视报
主管单位：江西省广播电影电视局
主办单位：江西广播电视报社
周报，公开出版。

南昌广播电视天下闻摘
主管单位：南昌市广播电影电视局
主办出版：南昌广播电视报社
周报，公开出版。

九江广播电视周报
主管单位：九江市广播电影电视局
主办单位：九江电视台
周报，公开出版。

景德镇广播电视报
主管单位：景德镇市广播电视台
主办单位：景德镇市广播电视台
周报，公开出版。

萍乡广播电视报
主管单位：萍乡市广播影视发展中心
主办单位：萍乡广播电视报社
周报，公开出版。

新余广播电视
主管单位：新余市广播电影电视局
主办单位：新余广播电视报社
周报，公开出版。

鹰潭广播电视报
主管单位：鹰潭市文化事业发展中心
主办单位：鹰潭广播电视报社
周报，公开出版。

赣南广播电视报
主管单位：赣州市文化和广播电影电视局
主办单位：赣州市文化和广播电影电视局
周报，公开出版。

宜春广播电视报
主管单位：宜春市广播电影电视局
主办单位：宜春市广播电视台
周报，公开出版。

上饶广播电视报
主管单位：上饶市广播电影电视局
主办单位：上饶广播电视报社
周报，公开出版。

吉安广播电视报
主管单位：吉安市文化广播电影电视局
主办单位：吉安电视台
周报，公开出版。

抚州广播电视周报

主管单位：抚州市广播电影电视局
主办单位：抚州广播电视报社
周报，公开出版。

广播电视书籍

江西广播电影电视年鉴 2010 年版
江西省广播电影电视局《江西广播电影电视年鉴》编辑委员会编纂
中国传媒大学出版社出版
2011 年 1 月出版

机　　构

注：该栏目登载2010年12月31日人员任职情况。

省级广播电影电视机构

江西省广播电影电视局

邮编：330046
地址：南昌市洪都中大道207号
电话：（0791）8321168（局总机）
局党委书记、局长：黄晔明
局党委委员、副局长、局直属机关党委书记：梁　勇
局党委委员、副局长、江西电视台党组书记、台长：杨玲玲
局党委委员、副局长：杨　松
局党委委员、纪委书记：刘玉东
局党委委员、副局长：杨文英
局副巡视员：陈　峰
局办公室（法制处、党委办公室）
主任（处长）：兰丽华
副主任（副处长）：罗贤忠
调研员：华三庆
副调研员：刘本文
局宣传管理处
处长：万里波
副处长：凌文勇
局电影管理处
处长：陈建文
局社会管理处
副处长：谭燕凌
局科技处
处长：曹曙光（兼江西省广播电视安全播出调度中心主任）
副处长：蔡旦颖
局计划财务处
副处长：胡桂香
调研员：汤进科
副调研员：林　燕
局产业管理处
处长：肖　鹗
局组织人事处
处长：李炳江
调研员：王富华　宋志刚
局保卫处
处长：黄文宁
副调研员：吴乾生
局离退休干部处
处长：郭清平
副调研员：杜　红
局直属机关党委（宣传处）
专职副书记兼直属机关纪委书记（处长）：丁晓胜
副调研员：徐家伟
局直属机关团委
书记：徐家伟
局纪委（监察室）
副书记（主任）：汪东旺
副调研员：陈国庆
局机关后勤服务中心
副主任：陈　东
局动力保障中心

主任：蔡 克
党总支部书记：雷必佑
副主任：周吉芳 余灿国 罗 涛

局节目传输中心
主任：徐天源
副主任：肖 军 熊晓华 苏 干 姜 鹏

局七〇二台
台长：王利明
副台长：陈会华

江西广播电影电视学校
校长：苏晓东
党支部书记：肖必请
副校长：章 辉 吴新谱 周晓虹

江西电影制片厂（江西电影制片厂有限责任公司）
厂长（执行董事兼总经理）：余冰冰
党总支部书记、副厂长（监事）：张振平（正处级）

江西电视台红色经典频道
总监：余冰冰（兼）
副总监：刘颐静 汤军庆

江西省音像资料馆
副馆长：刘 星

局五〇五台
法定代表人：李炳春

江西省广播电视监测中心（局安全播出调度中心）
主任：叶修怡（兼局安全播出调度中心副主任）
副主任：杨汉洪（兼局安全播出调度中心副主任）
严 勇

局财务管理中心
副主任：胡桂香

江西省广播电视稽查总队
副总队长：施翔龙

江西广播电视报社
副社长：陶梅玲
副总编：许小平

江西省广播电视服务公司
总经理：余书辉
党支部书记：李安保

江西广播电视发展中心
主任：李炳春（兼江西省广播电影电视实业总公司总经理）
副主任：刘建平 龚平海

江西省广播电视节目中心
主任：刘建芳
副主任：陈小勇

江西音像出版社
社长：刘建芳（兼）
副社长：陈小勇（兼）

江西电视台公共频道
总监：刘建芳（兼）
副总监：李大成

江西省广播电视网络中心（江西省广播电视网络传输有限公司党委）
主任（书记）：吴建钢
党支部书记兼江西信息台台长：郑克建（正处级）
副主任：周 安
副主任（委员）：陈之彦 邓小雯

江西省广播电视“今视网”网站
总监：钟定娴（正处级）

江西广播电视《声屏世界》杂志社
副社长兼副总编：邱学锋

江西人民广播电台

邮编：330046
地址：南昌市洪都中大道 207 号
电话：（0791）8321498（台办公室）
网址：www.jxgdw.com/jxgbdt

副台长：史世海　邓季芳　周俊杰　程　普
机关党委专职副书记：肖学辉（正处级）
台长助理：白秋丰　温燕霞
办公室
主任：刘　政
副主任：胡建新　张广彪
人力资源部
主任：陆伟芳
副处级纪检员：李永全
团委书记：戴宁江
总编室
主任：周　围
副主任：王小平（保留副处级）
万小初　程先顺
研究室
副主任：王平湖（保留副处级）
程　敏
技术部
主任：白秋丰（兼）
副主任：龚新华（副处级）
王　勇　刘云龙
广播覆盖办公室
主任：（空缺）
广告经营管理中心
副主任：张小鹰　侯　强
产业开发部
主任：王　茉
副主任：吕　莉（保留副处级）
新媒体发展部
主任：杨永刚
新闻中心
主任：罗春瑜（兼）
副主任：史建春（副处级）　何　灵
杨盛海　吴晓勤
记者通联部
主任：顾建强
副主任：王小斌
设区市记者站
站长（副处级）：
熊晓芸（南昌）（保留正处级）
肖远义（景德镇）
徐人勋（上饶）　樊荣江（鹰潭）
袁建平（萍乡、宜春）
曾令斌（赣州）
副站长：王文华（九江）
仇小达（抚州）
综合新闻频率
总监：熊丽萍
副总监：徐建华　卢洁华　罗春瑜
总监助理：陈　芳
广告部
主任：陈　芳
管理部
主任：亢　路
都市广播
总监：吴立芳
副总监：钟志荣
总监助理：刘红玉
文艺音乐频率
副总监：罗峻伟　上官小正
总监助理：涂晓路
信息交通频率
副总监：周海平（主持工作）
张　明
农村频率
副总监：邓萍辉（主持工作）
刘崇智　王征球
民生广播
总监：温燕霞
副总监：曾学优　汪　勇

江西电视台

邮编：330046

地址：南昌市洪都中大道 207 号
电话：（0791）8337945（台办公室）
传真：（0791）8331432
网址：www.JXTV.com

党组书记、台长：杨玲玲
党组成员、副台长：刘 宁 张晓建 李建国 许运交 李广成
党组成员、台长助理：朱育松 王志奇
机关党委专职副书记：舒礼荣（正处级）

办公室
主任：邱国荣
副主任：刘 伟 王胜利 彭江红（兼） 孙宏翌

人力资源部
主任：傅安生
副处级纪检员：黄红卫

总编室
主任：周继革
副主任：廖 昕 谭颖林

新闻中心
主任：王志奇
副主任：郭浔生 温小力 尹毅剑

通联部
主任：万沪金

联播部
主任：朱 林

社教部
主任：徐一雳
副主任：吴学敏

精品创作部
主任：罗琍珍（保留正处级）
副主任：柳春江

大型节目部
主任：居丽娜
副主任：潘 平

电视剧制作中心
主任：辜建刚
副主任：徐正浩 张 勇

播出部
主任：卢晓键
副主任：刘会苗

制作部
主任：祁 冰
副主任：刘 洋 张 琪

技术规划部
主任：范晓琳
副主任：孙春华

广告中心（广告部）
主任：张晓建（兼）
副主任：王 可（副处级） 冯 磊 孟乐曲

覆盖推广办公室
主任：廖远奎
副主任：陈善红

数字电视节目部
副主任：曾素萍

产业部
主任：李朝晖
副主任：许志程

研究发展部
主任：王 澍

北京节目制作营销部
主任：彭江红

都市频道
总监：朱育松
副总监：郑忠杰 颜宗祥

经济生活频道
总监：刘小军
副总监：金石明

影视频道
副总监：万良朋（主持工作） 陈 坚 高兴全

少儿频道

副总监：张小军　　李熙坤

工会

主席：王维佳（保留副处级）

副主席：杨　群

团委

书记：黄　斌

市级广播电影电视机构

南昌市广播电影电视局

邮编：330038

地址：南昌市红谷滩新区绿茵路

电话：（0791）3988885（局办公室）

局长、党委书记：王国昌

调研员：张吉民

副局长：林乃祚　杨　虹

纪检书记：谢为民

助理调研员：肖小毛　刘用长

办公室

主任：肖小毛（兼）

副主任：殷　俊

组织人事处

处长：刘　伟

副处长：刘永伟

宣传管理处

处长：程荣富

科技处

处长：高陈平

社会管理处

负责人：姜　晖

计划财务处

处长：徐　红（兼）

副处长：崔晓霞

监察室

主任：罗　兰（兼）

副主任：赵立萍　张　荣

南昌电视台

台长：许海霞

党支部书记：罗　兰

调研员：徐　红

新闻综合频道总监：李良生（兼）

新闻综合频道党支部书记：卢昌汉

都市资讯公共频道总监：谢　斌

都市资讯公共频道党支部书记：黄筱明

南昌人民广播电台

台长：李良生

党支部书记：张金洁

党支部副书记：邹湘军

副主任：范　弘　吴建华　孟晓燕

八〇一台

台长、党支部书记：张东平

副台长：辜　勇

副书记：吴义光

南昌广电传媒公司

总经理：张金洁（兼）

党支部书记：舒民强

副总经理：王　斌

南昌广播电视周报

总编辑、党支部书记：张金洁（兼）

副总编辑：丁湘林　曾继红　万凤琪

南昌新闻网

副总监：刘　欣

物业管理中心

主任：陈建辉

党支部书记：张　荣

副主任：张　敏　陈乐强

南昌广电信息网络集团公司

党支部书记：许海霞（兼）

总经理：刘之成

监事：杨　蕾

南昌广电文化发展有限公司

经理：刘 赋
党支部书记：罗 强
副经理：孙忆浦

南昌市电影公司

经理：周 强
党支部书记：赵 兵
副经理：程小琴

九江市广播电影电视局

邮编：332000
地址：九江市长虹大道84号
电话：（0792）8224081（局办公室）
局长：朱 凌
党委书记：欧阳文成
副局长：钱双成 刘昌池 文剑峰
纪委书记、机关党委书记：邹时金
调研员：董 群 余良洲 廖孝安 江规亲

办公室

主任：石 泉

宣传管理科

科长：吴宏雁

科学技术科

科长：张成崧
副科长：张忠芹

社会管理科

科长：李广平
副科长：张华珍

电影管理科

负责人：肖晚成

安全播出调度科

科长：梅秀峰

机关党委

专职副书记：时良红

监察室

主任：郭育能

保卫科：

负责人：聂丽华

九江人民广播电台

台 长：杨东风
党支部书记：何绍元
副台长：周升航 孙国庆 张 杰 蔡冬冬

九江电视台

台长：陈新刚
党总支书记：江晓坚
副台长：邢卫群 陈 谦 傅 东 吕少荣 唐国旭

江西省七〇一电视台

台长、党支部书记：尹仁平
副台长：余韬勇 朱 飞 冯桂生

九江市影视艺术中心

负责人：陈 谦
党支部副书记：吕晓林
副主任：陈益夫 周三友 郭小宁

九江市电影发行放映公司

经理、党总支书记：徐 麟
副经理：何顺燕 张南平 张智勇 杨 平

九江实验台

台长：张 萍
党支部书记：胡启飞
副台长：杨 健 吴 军 李 进

九江广播电视报社

执行总编：罗 琳
党支部书记：肖晚成
副总编：张 勇 杨征帆

九江市广播电视服务部

主任：朱自力
副主任：吴美才

九江市音像发行管理站

副站长：钱润生 黄 彬

广播电视广告中心

主任：韩瑞丽

景德镇市文化和广播电影电视局

邮编：333000
电话：（0798）8224728
市委宣传部副部长、局长：江 华
党委书记：黄武高
党委副书记、副局长：程 群（正处级）
党委委员、副局长：潘一莹（正处级）
赵 纲 吴巨龙
冯旭亮 龚 谦
纪检书记：王晓春
副调研员：余祖录 胡文会 涂传经
江碧霞
党委办公室
主任：叶道明
行政办公室
主任：彭国红
产业发展科
科长：汤亚凡
艺术科
科长：李跃春
社会文化科
副科长：刘 斌
文物科
科长：任碧珈
文化市场管理科
科长：付方林
广电科
科长：陈冬叶
行政审批服务科
科长：冯炳南
宣传科
科长：王平凡
科技科
科长：余莉华
电影管理科
科长：郑卫人
监察室
主任：程桂盛
景德镇市广播电视台
市委宣传部副部长、台长：钱鸣华
副台长：王 健 罗博生 魏望来
江 东
景德镇市电影公司
总经理：万时平
副总经理：万俊发 江建会
工会主席：江青松

萍乡市广播电影电视发展中心

邮编：337000
地址：萍乡市滨河西路江湾里
党组书记、主任：谭小燕
党组成员、副主任、电台台长：李文进
党组成员、副主任：洪光星
党组成员、纪检组长：肖高萍
党组成员、副主任：张 波
党组成员、副主任：郑炎辉
党组成员、电视台台长：欧东兵
调研员：叶胜萍 文平良 胡远宏 刘战辉
副调研员：周国顺 孙建生
办公室
主任：刘 华
人事科
科长：刘学军
机关党委
专职副书记、正科级监察员：邬 建
总编室
主任：李洪辉
副主任：周满娇
稽查支队
队长：黄焕萍
电台新闻综合频率
总监：刘 霞

电台交通文艺频率

总监：潘小斌

副总监：章小毛

电视台新闻综合频道

总监：刘 洋

副总监：李胜波 彭一均

电视台公共频道

总监：易显奇

副总监：黄猛猛

电视台科教频道

总监：胡迎春

副总监：叶伟萍

广电报社

总编：刘钢

副总编：黄庆宇

八〇五台

台长：胡自奎

广播电视发射台

台长：黄文宾

播出中心

主任：何章松

副主任：邱润波

技术中心

主任：张炳泉

副主任：李素忠

广告中心

主任：朱四萍

副主任：尹 昕

物管办

主任：宋小勇

产业发展中心

主任：易爱民

新视角广播影视文化传播有限公司

经理：周建萍

副经理：刘 瑜

新宇广播电视数字传媒有限公司

经理：肖雁斌

电影公司

总经理、党总支书记：彭 程

总支副书记：李 江

总经理助理：李 艳 何敢峰

新余市广播电影电视局

邮编：338000

地址：新余市仙来中大道 49 号

电话：（0790）6441990

党组书记、局长：万晓明

党组副书记、机关党委书记：高建华

党组成员、副局长：傅亚军 张广胜 干华明

党组成员、副调研员：闵小晶 郭 敏

党组成员：简志坚 王少勇

机关党委

副书记：王 力

办公室

主任：雷 平

副主任：彭菊生 何 华

宣传科

科长：黄媛斌

科技科

科长：苏巩建（负责工作）

社会管理科

科长：肖晓瑜

新余人民广播电台

台长：王少勇

党支部书记：曾建国

副台长：喻 星 丁禹军 王 弇

工会主席：黄平江

台长助理：胡文明 陈燕萍

新闻综合频率总监：郭永忠

经济交通频率总监：叶 翔

新余电视台

党支部书记：简志坚（兼）

台长：王晓峰
副台长：李晓春 李 林 苏巩建 唐 斌
台长助理：刘学文 罗以勒 黄 涛

新余八〇四台

台长：潘卫华
副台长：周文萍
党支部副书记：余 帆
台长助理：高 鑫

新余广播电视报社

总编：孙 昭
党支部书记：陈瑞光
副总编：陈瑞光（兼） 谭 辉

新余市广播电视传输网络中心

主任：熊 安（副处级）
副主任：袁卫斌 胡彦琪 裴自毅 敖虞华

新余市电影发行放映公司

经理：廖小春
党支部书记、副经理：陈 俊
副经理：曾 嵘 黎 晖

新余市广播电视物业管理中心

主任：赖国平

鹰潭市文化广电新闻出版局

邮编：335000
地址：鹰潭市建设路3号
电话：（0701）6221080（办公室）
党组副书记、局长：周佐明
党组书记：徐礼丰
党组副书记：黄顺茂
党组成员、副局长：郑卫国 李平春
副局长：徐双文
党组成员、副调研员：陈饶文 童理玲
党组成员、纪检组长：郑兴云
调研员：姜朝皋 陈特明 严荣祥
副调研员：桂建华 徐光友 黄 涛

办公室

负责人：张克胜 于红英

宣传管理科

负责人：李如华

广播电影电视管理科

负责人：毛新民

文化艺术科

负责人：周 柏

文物科

负责人：陈 林

文化产业科

负责人：郑高见

新闻出版、行政服务科

负责人：吴道华

组织人事科

负责人：许星胜

计划财务科

负责人：黄 琳

文化市场综合执法支队

队长：俞智敏
书记：陈 辉
副书记：叶 鹏
副支队长：雷鸿璋 申 波

鹰潭人民广播电台

台长：徐炳德
副台长：杨清潭 胡求堂

八〇七台

台长：刘晓平

鹰潭电视台

台长：汪白杨
副台长：吴拓宇 吴春一 姜富文
台长助理：周雪琴 侯剑平

电视发射台

台长：周雪琴

广播电视报

总编：刘 平

副总编：欧宝剑

广播电视网站

负责人：王晓明

赣州市文化和广播电影电视局

邮编：341000

电话：（0797）8391398（局办公室）

党组书记：夏之明

党组副书记、局长：钟家伟

副局长、党组成员、新闻出版局局长：章隆元（正处级）

副局长、总编辑、党组成员：张 菁（正处级）

副局长、市文物管理局局长：韩振飞

副局长、党组成员：李宪华 周丽萍

党组成员、电视台台长：罗 璘

副局长、党组成员：朱小宁 彭 玲

纪检组长、党组成员：饶正飞

副局长、党组成员：黄宗清 姚富桂

调研员：龙 红 邹征华 李 岳

副调研员：刘卫国 曾庆池 刘建中 黄卫华

办公室

主任：康建强

主任科员：廖远兴 万以红 喻芳龄

副主任：何定胜 龙庚云

宣传科

科长：洪 峰

副科长：林日升

艺术科

科长：肖子民

主任科员：潘晓兰

社会文化和电影科

科长：刘小葫

文物科

科长：朱思维

主任科员：吴 宁

科技科

负责人：雷 军

副科级干部：宋绿林 彭水林

行政审批科

科 长：夏晓云

副科长：张鹏展

产业发展科

科 长：王春华

副科级干部：赖 斌

机关党委

副书记：肖丽莉

监察室

主 任：赖常青

主任科员：陈 剑

培训站

站长：黄 斌

正科级干部：刘秋生

赣州人民广播电台

台长、书记：肖益涵

副台长：周春玲

台负责人：肖承彪

台长助理：刘照龙

新闻部主任：何华英

频率总监：张 群 袁 娟 刘玉环 赖晶晶

赣州电视台

台长：罗 璘

书记：李作铭

副调研员：曾凡才 万义明

副台长：刘圣鸿 黎庆琮 曹 勇

台长助理：钟瑞龙 韩超英 郭 琳

总编室主任：林 英

频率总监：钟瑞龙（兼） 赖丽卿 肖明海

频率副总监：傅心明 赖 斌 董太金 李 帆 钟卫平 钟鸣海 冯 斐 戴志云 曾治来 肖 渊 袁航进 杨 菲

江西省七〇七电视台

台长：刘小雄

赣州市文化市场稽查支队

队长：黄卫华

赣南广播电视报社

社长：张奇敏

赣州八五二台（八五一台）

台长：卢建平

兴国微波站

站长：徐世芳

赣州广播电视节目传输中心

主任：罗晓明

赣州市电影公司

法人代表：岳 坚

宜春市广播电影电视局

邮政编码：336000

地址：宜春市行政中心宜阳大厦西座 1330 室

电话：（0795）990991

党组书记、局长：闵潜志

党组成员、副局长：王洪清 廖正全 刘绍军

党组成员：龙杰鹏（副处级）

党组成员、纪检组长：吴俊平

局机关党委专职副书记：应燕军

人秘科

科长：曹 阳

宣传科

科长：杨雪平

事业科

科长：蔡庄荣

社管科

科长：付誉贵

监察审计室

主任：罗海华

稽查支队

支队长：辛云春

宜春市广播电视台

台长：彭家森

副台长：罗 丹 俞 旭 张 敏

台长助理：孙卫东 蔡广伟

明月之声频率总监：陈小萍

七〇三电视台

台长：周蒙松

副台长：许 宁 邓 纯 余小弟

宜春八一一台

台长：李兵根

副台长：邓来春 任 飞

临江微波站

站长：许 宁

副站长：叶新敏

宜春市电影公司

副经理：廖淦良

经理助理：赵波勇 余晓萍

上饶市广播电影电视局

邮编：334000

电话：（0793）8300601（局人秘科）

市委宣传部副部长、局长：邓少华

副局长：苏如兴 上官甫贵 吴广山 王 炜

纪检组长：陈冬平

副调研员：刘 涛 吴钟洲 姜芳英

人秘科

负责人：吴钟洲

电影科

负责人：符臣汉

技术科

科长：余达兴

宣传科

负责人：蒋 云

社会管理科

负责人：刘 涛

监察室

主任：杨国安

局机关党委

专职副书记：蒋　云

上饶电视台

台长：吴广山（兼）

书记：盛　璆

副台长：陈华光　刘　明

台长助理：杜财盛　徐金生

副总监：易中野　江映虹

江西七〇五电视台

党支部书记：孔令春

副台长：华立林

上饶广播电视报社

总编：孔令春

副总编：吴志刚　徐春晖　朱首清

上饶八二一台

台长：刘文斌

党支部书记：许　晶

副台长：詹昌彪　周忠华

上饶人民广播电台

台长：周良明

台长助理：丁　旭　陈星海

吉安市文化广播电影电视局

邮编：343000

地址：吉安市北门街 19 号

电话：（0796）8222784（局办公室）

局长：曾富善

党委书记：鲍建军

党委副书记：彭三元　李保江

副局长、市文化传媒发展中心主任：赖卫东

副局长：肖加迪　刘宗彬

副局长兼吉安电视台台长：彭培述

纪委书记：何福生

调研员：冯为民

副调研员：梁萍茹　张永江　于江铁

办公室（党委办公室）

主任：汤尔星

副主任：王绍德

党办副主任：邱　明

宣传科

科长：于江铁

副科长：邱　明

文化艺术科（广电影视科）

科长：张永江

社会及文化市场管理科（行政服务科）

科长：刘军华

行政服务科

副科长：肖　渝

科技科

科长：赵　敏

产业科

科长：姚　新

监察室

主任：温　洁

正科级纪检员、监察员：肖长明

工委

主任：赵　玫

吉安电视台

台长：彭培述

副台长：郭　平　孔　弘　陈杨明　刘春根

台班子成员：彭小安

吉安人民广播电台

台长：刘　琼

副台长、交通频率总监：曾传文

副台长、新闻频率总监：钟兴楠

副台长：贺丽强

台长助理：肖剑冬

吉安八〇二台

主持工作：李保江

副台长：黄应福　肖家钦　肖幼军

杨 怡

江西七〇六电视调频台

台长：刘英贤

副台长：李思勤 刘启明 胡珍仁 陈长建

台长助理：万小川

吉安八四一台

台长：朱春华

副台长：严贫志

台长助理：胡 云

吉安市加扰电视管理办公室

主任：李 霞

副主任：李 辉

吉安市音像发行站

站长：李 辉

吉安市广播电视报社

社长：彭小安

副总编：黄继红

吉安市广播电视服务公司

经理：（空缺）

吉安市广播电视稽查支队

支队长：李文彬

副支队长：张文斌

吉安市电影公司

经理：钟振远

副经理：王燕明

抚州市广播电影电视局

地址：抚州市临川大道228号

邮编：344000

电话：（0794）8253921（局人秘科）

党组书记、局长：杨大进

党组副书记、副局长:刘 东

副局长：彭晓建 戴小文 李国光

纪检组长：朱 靖

副调研员：黄勤国 丁水隆

人事秘书科

科长：吴友明

宣传管理科

科长：黎 楠

社会管理科

科长：田肃清

科技科

科长：余能文

监察室

主任：黄勤国

抚州电视台

台长：吴乐明

副台长：饶文章 罗慈锋 胡 怡

抚州人民广播电台

台长：袁志鸿

副台长：曾天娥 谢慧星

江西七〇八台

台长：钟仕彪

副台长：饶迟祥 邱 津

台长助理：万小春

抚州八三一台

台长：饶智华

抚州广播电视报社

总编：刘 毅

抚州广播电视服务部

经理：陈顺来

抚州广播电视稽查支队

队长：胡小云

抚州市电影公司

经理：严红宇

县级广播电影电视机构

南昌市

东湖区文化广播旅游局

邮编：330006
电话：（0791）6216659
局长：巫 滨
副局长：郭小玲 程 航

西湖区文化广播旅游局

邮编：330009
电话：（0791）6564931
局长：林 峰
副局长：陈建强 于贵平

青云谱区文化广播旅游局

邮编：330001
电话：（0791）5214669
局长：罗洪斌
副局长：韩 艳 张 芸

青山湖区文化广播旅游局

邮编：330029
电话：（0791）8100080
局长：陶 平
党委书记、副局长：廖 华
副局长：徐文平 肖建华
纪检书记：熊中华

青山湖区广播电台

邮编：330029
电话：（0791）8102096
台长：宋 萍
书记、副台长：熊中华
副台长：吴 成 吴小平

湾里区教育文化体育局

邮编：330004
电话：（0791）3764368（传真）
局长：胡光华
党委书记：王荼生
副局长：徐协珠 王三林 熊承满 陈品娇 陈爱水

湾里区广播电视台

邮编：330004
电话：（0791）3760407（广播）
（0791）3760044（有线电视）
台长：徐协珠（兼）
副台长：龚建国 徐新富 葛 颖

南昌县文化广播电视旅游局

邮编：330200
电话（0791）5712619
党组书记、局长：陈小妹
副局长：熊青利 李玉龙 周天兵

南昌县广播电视台

邮编：330200
电话：（0791）7091133
台长：赵腾益
书记：秦 涛
副台长：杨明亮 姜润平 樊 勇 李 斌

进贤县文化广播电视旅游局

邮编：331700
电话：（0791）5622613
局长：吴振明
副局长：喻晓风 龚晓春 胡万锋 吴冬娥 万根友 陈灵燕

进贤县广播电视台

邮编：331700
电话：（0791）5675139
台长：胡铁峰
副台长：余广珠 王三明 葛 武 桂绍祥 付静静

安义县文化广电旅游新闻出版局

电话：（0791）3422217（办公室）
局 长：刘 枫
副局长：骆银根 刘莉珍 余登亮 易子平 甘菊龙 杨传富
局党组成员：肖安龙 李烈伟

安义县广播电视台

电话：（0791）7191333（办公室）
党支部书记兼副台长：肖安龙
副台长：万萍才 刘 苑 于建明

新建县文化广电旅游新闻出版局

邮编：330100

电话：（0791）3752445

局长：刘明慧

副局长：李党生　傅　斌　熊中意

党组成员：程小鹿

新建县广播电视台

邮编：330100

电话：（0791）3747271

台长：程小鹿

副台长：杨启蛟　彭志坚　肖　琦
田　斌　董祥涛

九江市

庐山区广播影视事业发展中心

邮编：332005

电话：（0792）8255801

主任、党支部书记：张桂芳

副主任：陈仕妹　李群喜

庐山区广播电视站

邮编：332005

电话：（0792）8255801

站长：张桂芳

副站长：陈仕妹　李群喜

共青城开放开发区文化广播电视办公室

邮编：332020

电话：（0792）4342077

主任：杨秋芬

副主任：蔡　敬

共青城开放开发区广播电视站

邮编：332020

电话：（0792）4342077

站长：杨秋芬

副站长：郭玉滚　张忠鑫

九江县文化广播电影电视新闻出版局

邮编：332100

电话：（0792）6812132

局长：王事建

党支部书记：凌仕同

副局长：喻杰锋　张友华　宋增祺

纪检组长：徐建国

九江县广播电视台

邮编：332100

电话：（0792）6811187

台长：叶忠超

党支部书记：陈　雅

副台长：张　华　徐龙贵

九江县电影发行放映公司

邮编：332100

电话：（0792）6811526

经理：周　旋

瑞昌市广播电影电视新闻出版局

邮编：332200

电话：（0792）4222543

局长：祝炳光

党委书记：胡冬生

副局长：朱黎民　文　斌　何将仁

纪检组长：吴智锋

瑞昌市广播电视台

邮编：332200

电话：（0792）4222237

台长：柯红斌

党支部书记：许红云

副台长：刘晓明　刘堂河　张友敏

瑞昌市电影发行放映公司

邮编：332200

电话：（0792）4229089

经理：邹永平

副经理：江　波

武宁县文化广播影视新闻出版局

邮编：332300

电话：（0792）2769000

局长：柯亨达

党委书记：黄国政
副局长：黄国政（兼） 毕建国
许祖平 张一冰

武宁县广播电视台

邮编：332300
电话：（0792）2781066
台长：柯亨达（兼）
党支部书记：李梦华
副台长：李梦华（兼） 黄建军
聂媛媛 卢 煌

武宁县电影发行放映公司

邮编：332300
电话：（0792）2762068
经理：黎 明
党支部书记：崔 勇
副经理：柳 蓉 刘 中

修水县文化广播影视新闻出版局

邮编：332400
电话：（0792）7221921
局长：戴嵩青
党委书记：瞿修平
副局长：荣年生 陈跃进 张鑫博
陈小杭 胡 伟

修水县广播电视台

邮编：332400
电话：（0792）7236278
台长：祝俊新
党支部书记：周美庆
副台长：姜家淼 熊丹玮 徐 可
吴群英 吴 帅

修水县电影发行放映公司

邮编：332400
电话：（0792）7221827
经理：李昆生
党支部书记：冷兴国
副经理：徐飞鸣 揭 晓

湖口县文化广播影视局

邮编：332500
电话：（0792）6336095
局长：秦明兴
副局长：汪 涛
纪检组长：王月初

湖口县广播电视台

邮编：332500
电话：（0792）6332248
台长：陈美清
副台长：龚 丹 杜晓波

湖口县电影发行放映公司

邮编：332500
电话：（0792）6339635
经理：欧阳智
副经理：王 敏 邹春红

都昌县文化广播影视出版局

邮编：332600
电话：（0792）5223064
局长：邵伦秀
副局长：曹开东 巢中梁

都昌县广播电视台

邮编：332600
电话：（0792）5232956
台长：邵剑虹
党支部书记：黄 勇
副台长：邱 林 杨 农 朱 浩

都昌县电影发行放映公司

邮编：332600
电话：（0792）5237796
经理：黄纪华
副经理：余传平 汪志清

彭泽县文化广播电视局

邮编：332700
电话：（0792）5669376
局长：黄彭声
副局长：吴应根 高金珠 吴 平

彭泽县广播电视台

邮编：332700
电话：（0792）5663697
台长：欧阳春荣
副台长：乐　燕　刘纯邑

彭泽县电影发行放映公司

邮编：332700
电话：（0792）5625327
经理：李　平
副经理：卢　斌　朱雷明

星子县文化体育广播电视局

邮编：332800
电话：（0792）2663010
局长：夏茂臣
党总支书记：徐天骄
副局长：涂林金　查劲松　陈维明　刘　城

星子县广播电视台

邮编：332800
电话：（0792）2670300
台长：朱　刚
党支部书记：黄响玲
副台长：徐向阳　王云秋　钱少军

庐山人民广播电台

邮编：332900
电话：（0792）8282281
副台长：涂长林

永修县文化广播电视新闻出版局

邮编：330300
电话：（0792）3223319
局长：杨祚育
党支部书记：詹美英
副局长：熊立海　陈道和　宋小平
纪检组长：吴　洪

永修县广播电视台

邮编：330300
电话：（0792）3229910
台长：詹美英（兼）
副台长：罗小宁　熊　伟　徐　彬

永修县电影发行放映公司

邮编：330300
电话：（0792）3221926
经理：吴　洪
党支部书记：宋金保
副经理：冯勇红

德安县文化旅游广播电影电视局

邮编：330400
电话：（0792）4332226
局长：柯宁安
党总支书记：刘劲南
副局长：祝银水　徐晓红　陈　敏　王立胜
纪检组长：罗时发

德安县广播电视台

邮编：330400
电话：（0792）4332216
台长：刘劲楠（兼）
副台长：邹　翔　吕　亮　钟一粟

德安县电影发行放映公司

邮编：330400
电话：（0792）4366258
经理：应光辉

景德镇市

珠山区文化旅游广播影视新闻出版局

邮编：333000
电话：（0798）8502056
局长：徐智勇
副局长：杨向群　屈蕾芬　任伯芳

昌江区文化广播影视新闻出版局

邮编：333000
电话：（0798）8339680
局长：马莉萍
副局长：余泉明　王家林

乐平市文化广播影视新闻出版局

邮编：333300
电话：（0798）6833320
局长：王小平
副局长：田 磊 董 斌 梁忠平 曾文波

乐平市广播电视台

邮编：333300
电话：（0798）6227094
台长：黄晓河
副台长：程 伟 汪乐辉 倪志勇

浮梁县文化广播影视新闻出版局

邮编：333400
电话：（0798）2626379
局长：胡顺生
党组书记：胡柳忠
副局长：吴新发 肖 晓 李新才

浮梁县广播电视台

邮编：333400
电话：（0798）2627726
台长：殷文杰
副台长：汪圣林 舒金莲

萍乡市

安源区文化广电新闻出版局

邮编：33700
电话：（0799）6661800
局长：文 博
党组书记：王金安
副局长：曾丽萍

安源电视台

邮编：337000
电话：（0799）6661809
台长：周 霞
副台长：李 瑛 陈 莹 欧阳韬

湘东区文化广播电视局

邮编：337016
电话：（0799）3377516
局长：何建明
副局长：袁国富

湘东区电视台

邮编：337016
电话：（0799）3444210

湘东区广播电视台

台长：刘 益
副台长：刘振华 钟 磊

芦溪县文化广播电视局

邮编：337200
电话：（0799）7551816
局长：李忠生
副局长：缪志杰 黄爱兰

芦溪县广播电视台

邮编：337200
电话：（0799）7551920
台长：易忠和
副台长：尹冬香 王 玮 漆 威

上栗县文化广播电视局

邮编：337009
电话：（0799）3661231
局长：黄绍良
副局长：刘汝来 何宜萍 邓科香
局长助理：卢志刚

上栗县广播电视台

邮编：337009
电话：（0799）3661239
台长：刘汝来
副台长：夏万霖 李 原 黄 明 王正良

莲花县文化广播电视局

邮编：337100
电话：（0799）7221274
局长：刘春明
党委书记、副局长：刘桂忠

副局长：刘学军　邓燕青
纪委书记：李新峰
党委委员：彭水莲

莲花县广播电视台
邮编：337100
电话：（0799）7224949
台长：谭慧军
副台长：管　飞　段黎亮

莲花县电影发行放映公司
经理：刘学军

新余市

分宜县文化广电新闻出版局
邮编：336600
电话：（0790）7037900　5899518
党组书记、局长：钟智安
党组成员、副局长：刘福万　黄春明　黄春花
党组成员、副局长、工会主席：袁勇义
党组成员：李曰威

分宜广播电视台
邮编：336600
电话：（0790）7037911
副台长：李建艳（负责工作）

渝水区文化广电新闻出版局
邮编：338025
电话：（0790）6222810
局长、党组书记：彭梅根
党组成员、副局长：钱　昕（正科级）　胡小虎
副局长：张小兵

渝水区广播电视台
邮编：338025
电话：（0790）6230999（6221916）
台长：过远庆
党支部书记：潘　林

鹰潭市

余江县文化广电新闻出版局
邮编：335200
电话：（0701）5881303（局办公室）
局长：陈新有
副局长：晏亮保　彭　敏

余江县广播电视台
电话：（0701）5897316
台长：吴小云

贵溪市文化广电新闻出版局
邮编：335400
电话：（0701）3771665
局长：郭映龙
党组书记：万旭珍
副局长：蔡　强　李　峰
纪检组长：孙财发

贵溪市有线电视台
电话：（0701）3771181
台长：周青春

赣州市

章贡区文化和广播电影电视局
邮编：341000
电话：（0797）8294905
书记、新闻中心主任：李禾丰
局长：殷芝萍
副局长：曾志远　刘日龙　刘晓梅
纪检组长：刘　钢

章贡区广播电影电视新闻中心
主任：李禾丰（兼）
副主任：曾志远（兼）　金国友
副科级干部：刘继军

章贡人民广播电台
电话：（0797）8294440
台长：张　跃

赣县文化和广播电影电视局

邮编：341100
电话：（0797）4441219
党支部书记、局长：刘友军
副局长：刘金明 黄锦莲 陈晓兰
纪检组长：刘洪珉

赣县广播电影电视新闻中心

电话：（0797）4442618
主任：钟仁华
副主任：刘安化 李锡忠 郭 明
纪检组长：吴国文

赣县广播电视台

台长：钟仁华（兼）

上犹县文化和广播电影电视局

邮编：341200
电话：（0797）8541339
局长：张继茂
副局长：刘太游 古赞伟 方秀兰
纪检组长：余先中

上犹县广播电影电视新闻中心

电话：（0797）8541339
主任：温世奇
副主任：曾少兵 凌乐瑞

上犹县广播电视台

电话：（0797）8547360
台长：陈源洪
副台长：薛家钟 黄宇亭

上犹县电影公司

电话：（0797）8542272
副经理：刘选平

崇义县文化和广播电影电视局

邮编：341300
电话：（0797）3812175
局长：王受传
副局长：古 钟 范和金 华川爱
纪检组长：郭继莲

崇义县广播电影电视新闻中心

电话：（0797）3812509
主任：古 钟
副主任：郑景佳 邹声优 刘宜康

崇义县广播电视台

电话：（0797）3812509
台长：邹声优

南康市文化和广播电影电视局

邮编：341400
电话：（0797）6612451
局长：朱吉祥
书记、新闻中心主任：刘述洗
副局长：林红艳 刘庭福

南康市广播电影电视新闻中心

电话：（0797）6612966
主任：刘述洗
副主任：周善明 朱华清

南康电视台

电话：（0797）6611035
台长：阳先祥

大余县文化和广播电影电视局

邮编：341500
电话：（0797）8722314
局长：钟余珍
副局长：新闻中心主任：蔡云捷
副局长：廖君福 叶 峰 钟志洪
纪检组长：严小林

大余县广播电影电视新闻中心

电话：（0797）8732289
主任：蔡云捷

大余县广播电视台

电话：（0797）8732289
台长：蔡云捷（兼）

信丰县文化和广播电影电视局

邮编：341600
电话：（0797）3335086
局长：陈鸣飞
副局长：李坊裢 刘红明

纪检组长：刘玉兰

信丰县广播电影电视新闻中心

电话：（0797）3331991

主任：肖生祥

副主任：赖财生　徐献忠

信丰县广播电视台

电话：（0797）3331991

台长：徐献忠

龙南县文化和广播电影电视局

邮编：341700

电话：（0797）3521136

局长：徐晓虹

副局长：钟诗昊　全红梅　钟东阳　廖盛莲

监察室主任：何　岩

龙南县广播电影电视新闻中心

电话：（0797）3514021、2181525

主任：张常明

副主任：许艳平

龙南县广播电视台

邮编：341700

电话：（0797）3511203　2181531

台长：缺

副台长：廖房鹏　唐为民　钟立明　黄红民

龙南县电视（转播）台

邮编：341700

电话：（0797）3521382

台长：凌晓标

副台长：徐世平　李凌云

全南县文化和广播电影电视局

邮编：341800

电话：（0797）2632240

局长：陈　辉

书记：兰海洋

副局长：黄小才　朱卫平　谭裕文

全南县广播电视台

邮编：341800

电话：（0797）2633393

台长：王　隽

副台长：曹智华　陈明建　黄凌志

全南县八五四台

邮编：341800

电话：（0797）2632240

台长：李兆伟

定南县文化和广播电影电视局

邮编：341900

电话：（0797）4292963

局长：李海春

副局长：孙秦赣　郭伟胜　赖卓智

定南县广播电影电视新闻中心

邮编：341900

电话：（0797）4293549

主任：钟文周

支部书记：郭树贤

副主任：钟素平　谢琳珍　吴　涛

定南县广播电视台

邮编：341900

电话：（0797）4296582

台长：钟素平（兼）

副台长：李江晏（女）　冯志远

安远县文化和广播电影电视局

邮编：342100

电话：（0797）3732379

局长、党总支书记、出版（版权）局局长：赖德新

副局长：刘红光　李青伟　尧喜生　魏启强　李　贺　甘建军

安远县广播电影电视新闻中心

电话：（0797）3732483

主任：刘红光

副主任：李　贺　甘建军

安远县人民广播电台

电话：（0797）3732483

台长：宋筱媛
副台长：唐淑祺

安远县电视台
电话：（0797）3732483
台长：黄工华（正科）
副台长：黄 强 唐 勇

寻乌县文化和广播电影电视局
邮编：342200
电话：（0797）2842727
局长：温康平
书记：林兆荣
副局长：钟兹旺 陈洪林 刘春辉 潘小强
纪检组长：赖元坤

寻乌县广播电影电视新闻中心
电话：（0797）2836305
主任：陈洪林

于都县文化和广播电影电视局
邮编：342300
电话：（0797）6233329
局长：袁尚贵
书记：胡 华
副局长：杨汉华 张县春 钟南昌 肖承明
纪检组长：葛有福

于都县广播电影电视新闻中心
邮编：342300
电话：（0797）6233479
主任：胡 华（兼）
副主任：肖承明 黄育坚 张文东

于都县广播电视台
邮编：342300
电话：（0797）6233479
台长：胡华（兼）

兴国县文化和广播电影电视局
邮编：342400
电话：（0797）5305380
局长：邓京红
党组书记：刘 毅
副局长：曾宪炜 刘汉明 吴小琴 谢昌炳 宋光灿 张 宁 李年锦
纪检组长：钟艳平

兴国县广播电影电视新闻中心
电话：（0797）5305737
主任：肖 林
副主任：李 群

兴国县广播电视台
电话：（0797）5305737
台长：李年锦（兼）

瑞金市文化和广播电影电视局
邮编：342500
电话：（0797）2523137
局长：钟瑞春
书记：刘立平
副局长：宋东岚 朱晓敏 钟春斌 杨振昌 黄迎春 朱文军
纪检组长：沈义勇

瑞金市广播电影电视新闻中心
电话：（0797）2522132
主任：刘立平（兼）
副主任：黄 涛 谢春明 钟义春

会昌县文化和广播电影电视局
邮编：342600
电话：（0797）5622133
局长：许永春
党组书记：刘向东
副局长：许伶青 赖加红 杨洪浩
纪检组长：刘忠华

会昌县广播电影电视新闻中心（电视台）
电话：（0797）5630996
主任：廖红波
副主任：邹爱秀
台长：欧小华

石城县文化和广播电影电视局

邮编：342700

电话：（0797）5703362

局长：徐根雄

书记：黄荣琳

副局长：黄俊波 陈剑恬 叶琴琨 张树清

纪检组长：杨承林

石城县广播电影电视新闻中心

电话：（0797）5721760

主任：孔德彬

副主任：廖晓斌

石城县广播电视台

电话：（0797）5700371

台长：廖晓斌

宁都县文化和广播电影电视局

邮编：342800

电话：（0797）6832551

局长：夏章奎

书记：谢小珊

副局长：刘慧忠 向伟英 黄玉兰 肖智敏 曾小平 龚国荣 饶人美 赖续生 李明生

纪检组长：万小明

宁都县广播电影电视新闻中心

邮编：342800

电话：（0797）6817726

主任：谢小珊

书记：刘慧忠

副主任：肖智敏 李明生 饶人美 武福林 赖 圣

宁都电视台

电话：（0797）6817726

台长：李明生

副台长：赖非泉 卢春宁 欧阳晟

宁都人民广播电台

电话：（0797）6832410

台长：李 晟

副台长：廖城明 廖兰英

宜春市

袁州区广播电影电视局

邮编：336000

电话：（0795）3273192

党组书记、局长：罗长德

党组成员、副局长：曾丽萍 卢寿生

党组成员、纪检组长：陈爱萍

袁州区广播电视站

站长：李 刚

袁州区电影公司

经理：韩连英

副经理：周建生 李红卫

樟树市广播电影电视局

邮编：331200

电话：（0795）7111267

局长：熊胜亮

副局长：罗 玲 孙明炎 谢选华

樟树人民广播电台

樟树电视台

邮编：331200

樟树市电影公司

副经理：廖亚贤（主持工作）

丰城市广播电影电视局

邮编：331100

电话：（0795）6202536

局长：甘海鹰

党组成员、副局长：冯树玲

党组成员、副局长：吕志明

丰城市电视台

台长：聂俊峰

副台长：罗新华 左强民

丰城市广播电台

副台长：钟水芽

丰城市电影公司

经理：任春华

靖安县广播电影电视局

邮编：336000

电话：（0795）4654753

党组书记、局长：杨圣琦

党组成员、副局长：张景栋

党组副书记：王武松

党组成员、纪检组长：秦昌舟

副局长：戴熙贵

靖安电视台

台长：周金意

靖安广播台

台长：吴运星

靖安县电影公司

经理：（暂缺）

奉新县广播电影电视局

邮编：330700

电话：（0795）4604663

局长、党组副书记：贺 康

党组书记、副局长：顾永海

副局长：刘小华 曾枝勇 胡友妹 杨讲清

党组成员：许阳礼

奉新县广播电视台

台长：张晓峰

奉新县电影公司

经理：王建平

副经理：廖作仁 许居汉

高安市广播电影电视局

邮编：330800

电话：（0795）5252569

党组书记、局长：邓余良

党组成员、副局长：葛少明

党组成员：文发根 周计略 徐 玮 刘喜明

高安市广播电视台

台长：刘喜明

高安市电影公司

经理：宋惠玲

副经理：陈雪春 付勇军

上高县广播电影电视局

邮编：336400

电话：（0795）2508386

局长：廖文章

党组书记：李福兴

副局长：皮海龙 李忠平 陈卫东 吴秀成

纪检组长：仇 笛

上高人民广播电台

台长：潘向明

上高电视台

台长：陈安希

上高县电影公司

经理：冯水明

宜丰县广播电影电视局

邮编：336300

电话：（0795）2765312

党组书记、局长：彭必然

党组成员、副局长：李云军 熊超凡

党组成员：钟小丽

宜丰人民广播电台

台长：李晗宇

副台长：周相东

宜丰电视台

台长：李 坚

副台长：钟志强 谢晓蓉 邱池辉 林 琳

宜丰广电艺术团

团长：熊卫民

副团长：吴学军 刘文辉 彭德兴

宜丰县电影公司

经理：黎 兴

副经理：陈根林

铜鼓县广播电影电视局

邮编：336200
电话：（0795）8722758
党组书记、局长：张才兵
副局长：王仲昌
党组成员、副局长：蔡　燕

铜鼓人民广播电台

台长：李松亮
副台长：刘　颖

铜鼓电视台

台长：兰玉娟
副台长：陈　晋　何华新

铜鼓县电影公司

经理：张　义
副经理：万　蕾

万载县广播电影电视局

邮编：336100
电话：（0795）8822433
局长：陈建才
党组书记：陈建才
党组成员：副局长：李德全　杨异文　郭基平
党组成员：周永春

万载县广播电视台

台长：刘仲高

万载县电影公司

经理：巢雪勇
副经理：郭建军

上饶市

信州区文化广播电视局

邮编：334000
电话：（0793）8200545
局长：何康龙
副局长：武荣安　柴莉萍　林前飞
纪检组长：周海洪

上饶县文化广播电视局

邮编：334100
电话：（0793）8450333
局长：徐先亮
党委书记：张　冬
副局长：乌卫平　林上强　苏江红
纪检书记：陈　斌

上饶县广播电视台

邮编：334100
电话：（0793）8445090
台长：陈　剑

广丰县文化广播电视局

邮编：334600
电话：（0793）2650693
局长：徐贵清
副局长：徐建华　姜建华　刘银生　余福虎
党委书记：祝有清

广丰县广播电视台

邮编：334600
电话：（0793）2632076
台长：吕红飞

横峰县广播电视局

邮编：334300
电话：（0793）5782685
局长：吴荣泉
副局长：邱贵红　程保粮

横峰县有线电视台

台长：谢华忠

横峰县广播电台

台长：张拥军

玉山县文化广播电视局

邮编：334700
电话：（0793）2552107
局长：韩彬斌
副局长：叶丽平　舒源敏　许晓可
党委书记：曹卫亚

党委副书记：毛传寿　祝鲜清

玉山县广播电台

邮编：334700

电话：（0793）2550562

台长：周　晖

副台长：张　剑　邹秉俊　单泰山

党支部书记：唐群芳

鄱阳县广播电视局

邮编：333100

电话：（0793）6285233

局长：王益华

副局长：江卫东　应长勇　吴艳萍　胡广莲

鄱阳电视转播台

邮编：333100

电话：（0793）6285333

党支部书记：吴森林

弋阳县广播电视局(局台合一)

邮编：334400

电话：（0793）5889113

局长：余亮赣

党组书记：涂新华

副局长：郑五三　周志强　葛新华　吴　波

弋阳广播电视台

邮编：334400

电话：（0793）5880728

台长：刘　喜

铅山县文化广播电视局

邮编：334500

电话：（0793）5339178

局长：邓世英

书记：叶玉才

副局长：张志宇　王新红

人武部长：杨青海

铅山广播电视台

邮编：334500

电话：（0793）5331085

台长：王新红

支部书记：郑　重

德兴市文化广播电视局

邮编：334200

电话：（0793）7588299

局长：徐润金

副局长：徐和根　张志新　张文新

德兴市广播电视台

邮编：334200

电话：（0793）7588185

台长：童林武

副台长：阮小平　吴亚卿　陈勇军

婺源县文化广播电视局

邮编：333200

电话：（0793）7348396

局长：汪立新

党支书记、副局长：王群英

党支副书记：程阳春

副局长：王　卫　江永红

婺源县广播电视台

邮编：333200

电话：（0793）7348386

台长：程阳春

支部副书记：詹卫华

副台长：俞炎保　俞华荣

余干县广播电视局

邮编：335100

电话：（0793）3187335

局长：甘春兰

书记：张宏远

副局长：崔永泉　余　莹

纪委书记：徐少谦

余干县广播电视台

邮编：335100

电话：（0793）3214373

台长：崔永泉

总编：张李红

万年县文化广播电视局

邮编：335500

电话：（0793）3842211

局长：胡宏照

副局长：彭思华　江清华　李云霞　李　巍

纪检组长：胡淑萍

万年县广播电视台

邮编：335500

电话：（0793）3842210

台长：何小久

党支部书记：李平山

总编：蔡　霖

副台长：刘修平　陈仰权

吉安市

吉州区广播电影电视局

邮编：343000

电话：（0796）8931810

局长：郭　瑜

副局长：刘英敏　肖青峰

吉州区新闻中心

邮编：343000

电话：（0796）8931800　8931801

主任：罗　龙

副主任：彭向农　梁文斌

吉州区《吉州通讯》编辑部

邮编：343000

电话：（0796）8931818

总编：刘昌明

青原区文化广播电视新闻出版局

邮编：343009

电话：（0796）8203996

局长：张　斌

副局长：胡安平　李　超

青原区广电新闻中心

邮编：343009

电话：（0796）8203327

主任：胡安平（兼）

副主任：罗小军

井冈山市广播电影电视局

邮编：343603

电话：（0796）6891939

局长：郭承军

副局长：谢龙华　肖义烈　谢志龙

纪检组长：林朝霞

井冈山市广播电视台

邮编：343603

电话：1375551116　13755451115

台长：刘中明

副台长：张行生　谭小丽　李忠德

江西七〇四电视转播台

邮编：343600

电话：（0796）6552689

台长：李厚德

书记：杨　凡

副台长：李学才　李健林

吉安县文化广播电视新闻出版局

邮编：343100

电话：（0796）8442172

局长：李才生

副局长：何秋文 鲁先发　胡文昌

纪检组长：周中道

吉安县广播电视台

邮编：343100

电话：（0796）8443517

副台长：郭天山　刘　群

泰和县文化广播电视新闻出版局

邮编：343700

电话：（0796）5373512

局长：温双凤

书记：刘时迁

副局长：彭初根　肖卓霖

泰和县广播电视台

邮编：343700

电话：（0796）8636512

台长：温双凤

副台长：肖卓霖　张瑞明　李　敏

彭伟群　宋学荣

遂川县文化广播电视新闻出版局

邮编：343900

电话：（0796）6322354

局长：黎育清

书记：钟文开

副局长：李团启　肖云华　叶珊珊

纪检书记：肖桂华

人武部长：段绍书

遂川县广播电视台

邮编：343900

电话：（0796）6326161

台长：余安生

副台长：刘小民　王晓娟

万安县文化广播电视新闻出版局

邮编：343800

电话：（0796）5701065

局长：罗国强

副局长：郭志锋　许遵清　桂满莲

纪检组长：廖洪达

万安县广播站

邮编：343800

电话：（0796）5701331

站长：李文峰

副站长：周　群

万安县有线电视台

邮编：343800

电话：（0796）5701331

台长：唐兆金

万安县电视差转台

邮编：343800

电话：（0796）5701331

台长：庄刚健

永新县文化广播电视新闻出版局

邮编：343400

电话：（0796）7722939

局长：贺海春

书记：王巨荣

副局长：黄敏华　董海涛　周建忠

纪检组长：吴淑琴

永新县广播电视台

邮编：343400

电话：（0796）7722327

台长：刘仁发

党支部书记：汪洪云

副台长：贺海军　尹小林

安福县文化广播电视新闻出版局

邮编：343200

电话：（0796）7622275

局长：彭丽志

副局长：王兴才　左焕兴　王炳良

安福县广播电视台

邮编：343200

电话：（0796）7620997

台长：刘安锋

副台长：刘新蕾　何晓童　王峙峻

党支部书记：王东风

吉水县文化广播电视新闻出版局

邮编：331600

电话：（0796）3520779

局长：刘春秀

副局长：曾秋星　罗鹏翔　尹长庚

纪检组长：罗国华

吉水县广播站

邮编：331600

电话：（0796）3520779

站长：郭海红

副站长：毛龙辉

吉水县有线电视台

邮编：331600

电话：（0796）3522541

台长：刘麓峰

副台长：周井平　上官志春　李之扬

永丰县文化广播电视新闻出版局

邮编：331500

电话：（0796）2511332

局长：金有亨

副局长：刘金燕　郭传贤　谢晓芳　刘美云

永丰县广播电视台

邮编：331500

电话：（0796）2527601

台长：刘小军

副台长：蔡永红

峡江县文化广播电影电视局

邮编：331409

电话：（0796）3672021

局长：裴　诚

副局长：艾珠华　罗玉兰　王守正

纪检组长：廖庆生

峡江县广播电视台

电话：15179662089

台长：习凡民

副台长：陈华平　王晓文

新干县文化广播电影电视局

邮编：331300

电话：（0796）7136899

局长：陈　琳

党委书记：刘奇伟

副局长：王国云

纪委书记：曾五根

副局长：曾文根　邹永红

党委副书记、武装部长：聂小荣

新干县广播电视台

邮编：331300

电话：（0796）7136889

台长：张晓云

党支部书记：段学林

副台长：罗小敏　杨海军　熊志红

抚州市

临川区文化体育广播电视局

邮编：344000

电话：（0794）8469559

局长：范成龙

党委书记：徐希静

副局长：郭曼霞　封志平

临川区广播电视台

邮编：344100

电话：（0794）8430111

台长：邹永辉

副台长：连美昌

崇仁县文化体育广播电视局

邮编：344200

电话：（0794）6333633

局长：熊兴华

党组书记：杜友根

副局长：周飞汉　缪文辉

崇仁县电视台

邮编：344200

电话：（0794）6333978

台长：章冠华

副台长：陈剑波　许　红

崇仁县广播电台

邮编：344200

电话：（0794）6322474

台长：唐国华

书记：张付良

副台长：康湘明　周剑芳　张慧明

乐安县文化体育广播电视局

邮编：344300

电话：（0794）6591251
党委书记：曾乐平
副局长：谢华勇 陈云根 陈小群

乐安县电视台

邮编：344300
电话：（0794）6599310
台长：陈立新
总编：胡 江
副台长：孙小平 黄理华

乐安县广播站

电话：（0794）6592589
站长：黄明广
副站长：徐淑珍 王丽平

宜黄县文化体育广播电视局

邮编：344000
电话：（0794）7610769
局长：吴 萍
党组书记：朱建宜
党组副书记：吴小刚
副局长：李迅华 吴方灿 蔡 浩 邓 华 熊 健

宜黄县广播电视台

邮编：344000
电话：（0794）7611988
台长：熊 健
副台长：陈岳忝 许国辉 邹海燕

南丰县文化体育广播电视局

邮编：344500
电话：（0794）3287549
局长：黄福平
党组书记：陈飞龙
副局长：刘连军 黎建华

南丰县广播电视台

邮编：344500
电话：（0794）3221826
台长：迟向东
党支部书记：胡义平
副台长：王小平

黎川县文化体育广播电视局

邮编：344600
电话：（0794）7522452
局长：雷旭东
副局长：姚庆云 周兴民 刘志强

黎川县广播电视台

邮编：344600
电话：（0794）7503955
台长：邓歌东
副台长：尧志强

南城县文化体育广播电视局

邮编：344700
电话：（0794）7254971
局长：刘慧能
党委书记：崔小玲
副局长：冯雨声 徐瑞芬 梅建忠

南城县广播电视台

邮编：344700
电话：（0794）7211735
台长：崔钟义
副台长：曾新民 陶 松

金溪县文化体育广播电视局

邮编：344800
电话：（0794）5292654
局长：张建龙
党委书记：舒虎
党委副书记：郑 理
副局长：吴小平 王新景 郑立辉

金溪县电视台

邮编：344800
电话：（0794）5293002
台长：江伟华
书记：薛飞云
副台长：吴国娣 元文红 饶旺盛

金溪县广播电台

邮编：344800

电话：（0794）5292315
台长：龚亮保
书记：唐建荣

广昌县文化体育广播电视局
邮编：344900
电话：（0794）3622538
局长：王咏平
党委书记：叶 诚
副局长：付松仕 刘 军 江 华

广昌县广播电视台
邮编：344900
电话：（0794）3612666
台长：谢昌健
副台长：王卫东 李海平

东乡县文化体育广播电视局
邮编：331800
电话：（0794）4232205
局长：李巧仁
党委书记：徐公正
党委副书记：曾辉华
副局长：于军标 饶中华 乐锦平

东乡县广播电视台
邮编：331800
电话：（0794）4232249
台长：李伯平
书记：吴 宇
副台长：乐晓辉

资溪县文化体育广播电视局
邮编：335300
电话：（0794）5792370
局长：章建华
副局长：王荣星 刘永清 徐江英

资溪县广播电视台
邮编：335300
电话：（0794）5790898
台长：肖满霞
副台长：艾木兰 李海防

江西省广播电视网络传输有限公司及各分公司负责人名录

江西省广播电视网络传输有限公司
董事长：吴建钢
副总经理：周 安（主持经营工作）
郑克建 陈之彦 邓小雯
总经理助理：朱少波

九江市分公司
总经理：李小林
副总经理：张启观 黄海庭 程 斌

星子县分公司
总经理：张理农
副总经理：熊艳平

彭泽县分公司
总经理：王明敏
副总经理：姚顺瀚 马成照

九江县分公司
总经理：刘义钦
副总经理：王品瑜 蒋佳华

瑞昌市分公司
总经理：田军强
副总经理：田海青

湖口县分公司
总经理：王 斌

副总经理：乐中平　王　力

武宁县分公司

负责人：黄贤钧

副总经理：黄建军　赖庆文

德安县分公司

总经理：杨　明

副总经理：刘贵滨　潘　安

都昌县分公司

总经理：郭汉城

副总经理：伍恒金　冯志斌

庐山分公司

总经理：冯桂生

副总经理：胡志刚

永修县分公司

总经理：胡小平

副总经理：袁　刚

上饶市分公司

总经理：潘　明

副总经理：谭　波　张　晖　赵立群

万年县分公司

总经理：黄怀林

副总经理：吴发明（常务）　陈志新

德兴市分公司

总经理：刘　华

副总经理：黄长松（常务）　周梦贤

铅山县分公司

总经理：梁照辉

副总经理：林双前　陈迎任

鄱阳县分公司

总经理：尚建华

横峰县分公司

总经理：吴　忠

副总经理：李富国

余干县分公司

总经理：余康生

副总经理：芦　苇

婺源县分公司

总经理：董　群

副总经理：汪向华　汪伏虎

上饶县分公司

总经理：乌卫平

副总经理：周炳明　杨维满

弋阳县分公司

总经理：周惠林

副总经理：舒昌彪　方弋军

抚州市分公司

总经理：李志民

副总经理：黄泽民　周宾荣　邓　艺

南丰县分公司

总经理：王　矛

副总经理：胡应龙　万智俊

南城县分公司

总经理：程小春

副总经理：黄曙琴　崔云如

广昌县分公司

总经理：黄继玉

副总经理：袁小明　杨　勇

宜黄县分公司

总经理：吴诗华

副总经理：邱金龙　邹志辉

东乡县分公司

总经理：罗云龙

副总经理：陈勇华　张志勇

乐安县分公司

总经理：傅德勇

副总经理：董　辉　程小英

黎川县分公司

总经理：武伦辉

副总经理：过子辉　张小锋

资溪县分公司

总经理：林文辉

副总经理：胡莉涓

临川区分公司

总经理：张　鸿

副总经理：张武龙　李宝香

金溪县分公司

总经理：饶志强

副总经理：饶德明　曹高峰

崇仁县分公司

总经理：罗振刚

副总经理：许伟福

宜春市分公司

总经理：李锦胜

副总经理：郭林祥（常务）　章晓飞　黄银泉　熊丽蒙

丰城市分公司

总经理：胡德凡

副总经理：袁新雄　龚建平

上高县分公司

总经理：刘发金

副总经理：陈　萍　易小明

铜鼓县分公司

总经理：邵　辉

副总经理：兰新伟

万载县分公司

总经理：梁　敏

副总经理：刘　辉　王圣强

宜丰县分公司

总经理：陈建平

副总经理：刘　赣　胡恒如

靖安县分公司

总经理：赖学文

副总经理：彭声洪　董前进

奉新县分公司

总经理：甘登东

副总经理：贺　文　张相金

高安市分公司

总经理：胡祖华

副总经理：李绍根　余师龙

樟树市分公司

总经理：孙文达

副总经理：熊厚文　黎木生

袁州区分公司

总经理：欧阳普武

副总经理：陈绍云　钱昌盛

吉安市分公司

总经理：彭少波

副总经理：周学文　康征贤　吴卫东

峡江县分公司

总经理：龙以江

副总经理：钟小惠　张　桦

井冈山市分公司

总经理：戴国富

副总经理：石原勇　刘　辉　胡荣南

安福县分公司

总经理：王丽华

吉水县分公司

总经理：郭烈涌

副总经理：谢景荣　陈忠龙

遂川县分公司

总经理：梁礼和

万安县分公司

总经理：肖尔文

副总经理：彭卫东　刘莉萍

永丰县分公司

总经理：符　斌

副总经理：邹国华　聂锦泉

泰和县分公司

总经理：王　涛

副总经理：梁文明

新干县分公司

总经理：刘　洪

副总经理：黄小平　姚桂飞

永新县分公司

总经理：刘桂华

副总经理：周小铨

吉安县分公司

总经理：刘邦治

赣州市分公司

总经理：温永波

副总经理：黄　刚（常务）　刘嘉明　邝先平　陈顺平

大余县分公司

总经理：王召文

副总经理：李贤林　吕洁萍

上犹县分公司

总经理：冯挺福

副总经理：赖卓群　聂卫东

瑞金市分公司

总经理：杨小春

副总经理：吴中久　钟绍江

兴国县分公司

总经理：黄开兴

副总经理：谢伟东　胡海涛

定南县分公司

总经理：郭树贤

副总经理：黄春先　赖卓宏

石城县分公司

总经理：赖德阳

副总经理：温志华　陈　堃

安远县分公司

总经理：汪日华

副总经理：孙　飞　谢志强

于都县分公司

总经理：严文忠

副总经理：张红平　杨益民

赣县分公司

总经理：蓝志轩

副总经理：陈晓斌　黄瑞洪

龙南县分公司

总经理：廖京振

副总经理：陈少华　廖　申　刘碧清

全南县分公司

总经理：袁长生

副总经理：刘禹军

寻乌县分公司

总经理：廖忠明

副总经理：温玉森　刘廷芳

崇义县分公司

总经理：肖秋生

副总经理：张忠平　刘道荣

宁都县分公司

总经理：巫显庭

会昌县分公司

总经理：何世平

副总经理：李明章　余　珍

信丰县分公司

总经理：李永生

副总经理：卢成旺　宋宜才

南康市分公司

总经理：潘忠明

副总经理：伍秋平　廖美华

景德镇市分公司

总经理：叶梅英

副总经理：熊小平　徐春华

乐平市分公司

总经理：李立新

副总经理：帅　霞　汪　洋

浮梁县分公司

总经理：张清祥

副总经理：方学福　胡迎春

萍乡市分公司

总经理：傅新伟

副总经理：彭雪幸　邱永丹

莲花县分公司

总经理：尹小斌

副总经理：吴军华　严新武

湘东区分公司

总经理：谭成林

副总经理：颜君华　黄　萍

上栗县分公司

副总经理：刘梅秀（主持工作）

芦溪县分公司

总经理：黄 勇

副总经理：聂文剑（常务） 彭 安

新余市分公司

总经理：熊 安

副总经理：袁卫斌 胡彦琪 裴自毅

渝水区分公司

总经理：廖火生

副总经理：周红文 严新华

分宜县分公司

总经理：郭军生

副总经理：袁志刚（常务） 黄道真

鹰潭市分公司

总经理：徐群胜

副总经理：徐文生

贵溪市分公司

总经理：张贵师

副总经理：朱永芬 徐建洪

余江县分公司

主持工作：徐文生

副总经理：陆国际 万 荣

安义县分公司

总经理：刘 珠

副总经理：肖安龙 熊小义 黄 晖

广播电视节目制作经营机构名录

江西电视台电视剧制作中心

法人代表：杨玲玲

地址：南昌市洪都中大道 207 号

联系电话：（0791）8339689

许可证号：甲第 019 号

江西和平影视传播有限公司

法人代表：袁悟正

地址：省府大院东二路农业厅内

联系电话：（0791）6350245

许可证号：赣字第 006 号

江西省明达数字传媒有限公司

法人代表：赵莉丽

地址：南昌市北京东路 35 号

联系电话：（0791）8317859

许可证号：赣字第 0013 号

江西非常影视艺术有限公司

法人代表：廖苏敏

地址：上饶市信州区解放路 315 号

联系电话：（0793）8326265

许可证号：赣字第 014 号

江西省东方文化传媒有限公司

法人代表：涂小英

地址：南昌市八一大道江西饭店小红楼内

联系电话：（0791）2159688

许可证号：赣字第 015 号

江西省映山红影视文化传播有限公司

法人代表：钱如鹤

地址：南昌市八一大道阳明锦城 10 栋

联系电话：（0791）6293191

许可证号：赣字第 018 号

江西金阳影视制作中心有限公司

法人代表：李俊宝

地址：南昌市子固路 136 号

联系电话：（0791）6702188

许可证号：赣字第 019 号

江西博泓影视文化传播有限公司

法人代表：许建军
地址：南昌市西湖区洪城路 2 号
联系电话：（0791）6496717
许可证号：赣字第 020 号

江西长天影视文化传播中心
法人代表：刘　宁
地址：南昌市洪都中大道 207 号
联系电话：（0791）8330424
许可证号：赣字第 027 号

江西传媒移动电视有限公司
法人代表：张晓建
地址：南昌市洪都中大道 207 号
联系电话：（0791）8337847
许可证号：赣字第 028 号

江西文联影视艺术中心有限责任公司
法人代表：李涌浩
地址：南昌市八一大道 371 号
联系电话：（0791）6257878
许可证号：赣字第 029 号

巴士在线传媒有限公司
法人代表：王献蜀
地址：南昌市高新开发区火炬大街 201 号创业大厦
联系电话：（0791）8112528
许可证号：赣字第 030 号

九江市影视艺术中心
法人代表：杨东风
地址：九江市莲花池 76 号
联系电话：（0792）8135781
许可证号：赣字第 031 号

江西大江传媒网络有限责任公司
法人代表：赵抗援
地址：南昌市阳明路 190 号
联系电话：（0791）6849818
许可证号：赣字第 032 号

江西省经典文化传媒有限公司
法人代表：李英英
地址：南昌市三纬路 83 号
联系电话：（0791）6822053
许可证号：赣字第 033 号

江西艺锦传媒有限公司
法人代表：虞桂芳
地址：南昌市洪都中大道 207 号时代广场
联系电话：（0791）3951189
许可证号：赣字第 035 号

泰豪集团江西动漫产业有限公司
法人代表：杨　慧
地址：南昌市高新区火炬大道 807 号
联系电话：（0791）8194496
许可证号：赣字第 036 号

江西电视发展总公司
法人代表：杨玲玲
地址：南昌市洪都中大道 207 号
联系电话：（0791）8333551
许可证号：赣字第 037 号

江西泛美动画影视传媒有限公司
法人代表：范冰冰
地址：南昌市八一大道 197 号
联系电话：（0791）3969977
许可证号：赣字第 039 号

江西省网络传播有限责任公司
法人代表：邱尚仁
地址：南昌市抚河北路 39 号银源大厦 12 楼
联系电话：（0791）6730686
许可证号：赣字第 040 号

江西省景德镇市竟成影视剧制作中心
法人代表：周元强
地址：景德镇市里村后街
联系电话：（0798）8489434
许可证号：赣字第 041 号

江西红色大篷车影视传播有限公司
法人代表：余冰冰
地址：南昌市省府北二路 87 号
联系电话：（0791）8302909

许可证号：赣字第 042 号

江西省广播电视“今视网”网站

法人代表：钟定娴

地址：南昌市洪都中大道 207 号

联系电话：（0791）8324119

许可证号：赣字第 043 号

南昌翔雁影视文化传播有限公司

法人代表：刘小军

地址：南昌市青山湖区塘山镇涂黄工业园

联系电话：（0791）8321753

许可证号：赣字第 044 号

江西红瑶文化传播有限责任公司

法人代表：龚邦国

地址：省广电中心西群楼 D117

联系电话：（0791）8337847

许可证号：赣字第 046 号

高歌影视文化传播有限公司

法人代表：张　啬

地址：南昌市站前路 19 号

联系电话：（0791）8515533

许可证号：赣字第 047 号

江西省文明网络传播有限公司

法人代表：刘　浩

地址：南昌市东湖区阳明路 310 号

联系电话：（0791）6895001

许可证号：赣字第 048 号

九江市大博精文化传媒有限公司

法人代表：刘善主

地址：九江市十里大道 59 号

联系电话：（0792）8225560

许可证号：赣字第 049 号

南昌市电影电视创作研究所

法人代表：邓必刚

地址：南昌市抚河北路 73 号

联系电话：（0791）6615990

许可证号：赣字第 050 号

江西省金视影业有限公司

法人代表：徐　波

地址：南昌市洪城路 6 号国贸广场 A 区

联系电话：（0791）6496209

许可证号：赣字第 051 号

江西飞音文化传播有限公司

法人代表：罗云飞

地址：南昌市洪都北大道江中花园

联系电话：（0791）8609337

许可证号：赣字第 052 号

江西企鹅文化传媒有限公司

法人代表：夏　斌

地址：南昌市青山湖区湖滨东路 55 号金色水岸

联系电话：（0791）8152732

许可证号：赣字第 053 号

江西华闻影视制作有限公司

法人代表：何春明

地址：南昌市学院路 158 号

联系电话：（0791）8312368

许可证号：赣字第 054 号

江西广播电视实业总公司

法人代表：李炳春

地址：南昌市洪都中大道 207 号

联系电话：（0791）8301889

许可证号：赣字第 055 号

江西广播电视发展中心

法人代表：李炳春

地址：南昌市洪都中大道 207 号

联系电话：（0791）8301889

许可证号：赣字第 056 号

江西金臻影视制作有限公司

法人代表：游晓华

地址：南昌市西湖区洛阳东路 69 号

联系电话：13755770909

许可证号：赣字第 057 号

南昌广电影视文化发展有限公司

法人代表：刘　赋

地址：南昌红谷滩绿茵路 1 号广电中心
联系电话：（0791）3988197
许可证号：赣字第 058 号

江西和为影视文化传播有限公司
法人代表：辜建刚
地址：南昌市洪都中大道 207 号
联系电话：（0791）8302766
许可证号：赣字第 059 号

赣州华亿影视动漫发展有限公司
法人代表：李华义
地址：赣州市长征大道 6 号金鹏雅典园
联系电话：（0797）8297777
许可证号：赣字第 060 号

江西华广电影视科技有限公司
法人代表：邹季孙
地址：南昌市洪都中大道 187-30 号
联系电话：（0791）8335805
许可证号：赣字第 061 号

江西巨星影业有限公司
法人代表：江强华
地址：南昌市红谷滩绿茵路 669 号
联系电话：（0791）3339339
许可证号：赣字第 062 号

新媒体机构名录

获《信息网络传播视听节目许可证》网站

网站名称	开办单位
大江网	江西日报社
今视网	江西省广播电影电视局
景视网	景德镇市广播电视台
中国江西新闻网	江西省网络传播有限责任公司
巴士在线	巴士在线传媒有限公司
时空赣州网	赣州市电视台
江西文明网	江西省文明网络传播有限责任公司
南昌新闻网	南昌市广播电视局
赣州广播网	赣州人民广播电台
新余电视台	新余电视台
江西电视台官方网站	江西电视台
江西吉安网	吉安市电视台

手持电视

名称	开办单位
江西手机电视	江西省广播电视“今视网”网站

移动电视

名称	开办单位
江西移动数字电视	江西传媒移动电视有限公司

2010年机构成立和变动情况

景德镇市广播电影电视局更名为景德镇市文化和广播电影电视局

根据中共景德镇市委、景德镇市人民政府《关于实施景德镇市人民政府机构改革的通知》（景字[2010]15 号）文件精神，2010年4月底，景德镇市文化局与景德镇市广播电影电视局合并，组建景德镇市文化和广播电影电视局（挂市文物局牌子），为市人民政府工作部门，景德镇市广播电视台为市委直属事业单位。

鹰潭市广播电视局更名为鹰潭市文化广电新闻出版局

2010年3月，中共鹰潭市委、鹰潭市人民政府下发《鹰潭市人民政府机构改革实施方案》（鹰发〔2010〕7号），整合市文化局、市广播电视局、市新闻出版局（市版权局）职能，成立市文化广电新闻出版局。

赣州市广播电影电视局更名为赣州市文化和广播电影电视局

根据《中共赣州市委、赣州市人民政府关于印发<赣州市人民政府机构改革实施方案>的通知》（赣市字[2010]1号），2010年1月，赣州市组建赣州市文化和广播电影电视局，为市人民政府工作部门。赣州人民广播电台、赣州电视台、江西七〇七电视台为赣州市文化和广播电影电视局管理的副县级事业单位。

吉安市广播电影电视局更名为吉安市文化广播电影电视局

2010年2月21日，中共吉安市委、吉安市人民政府联合下发《关于印发<吉安市人民政府机构改革实施方案>的通知》（吉发[2010]5号），组建吉安市文化广播电影电视局，将市文化局的职责、市广播电影电视局的职责，整合划入市文化广播电影电视局，不再保留市文化局、市广播电影电视局。

人　物

省广电局机关及直属处级事业单位正处级负责人简介（续）

曹曙光　江西省广播电影电视局科技处处长，兼江西省广播电视安全播出调度中心主任。1954年2月出生。安徽合肥人。中共党员。大学本科。高级工程师。曾任江西省广电局网络中心常务副主任（正处级）、江西省广播电视网络传输有限公司总经理。2010年5月任现职。（详见《江西广播电视年鉴》2003、2009年版）

吴建钢　江西省广播电影电视局网络中心主任，江西省广播电视网络传输有限公司党委书记、董事长。1958年12月出生。浙江松阳人。中共党员。大学本科。曾任江西省广播电影电视局科技处处长，兼江西省广播电视安全播出调度中心主任。2010年5月任现职。（详见《江西广播电视年鉴》2006、2008年版）

王利明　江西省广播电影电视局七〇二台台长。1964年7月出生。江西南昌人。中共党员。大学本科。高级工程师。1987年7月毕业于四川大学无线电系，分配到江西省广播电视厅工作，历任厅节传中心机房副主任、省网络公司技术部经理和厅七〇二台副台长。主持完成省干SDH传输网、七〇二台“4+2”无线覆盖等重大工程建设，多次荣获局（厅）先进工作者和优秀共产党员称号。2010年2月任现职。

余书辉　江西省广播电视服务公司总经理。1964年3月出生。江西南昌人。中共党员。大学本科。高级工程师。1986年7月在江西省广播电视厅从事基建管理工作，曾参与江西广播电视中心、江西地球卫星上行站等项目的建设管理工作；1995年在江西省广播电视实业总公司从事广播电视实体产业开发工作；2004年任江西省广播电视服务公司副总经理。2010年2月任现职。

设区市广电局、台负责人简介（续）

南 昌 市

王国昌 南昌市广播电影电视局局长、党委书记。1956年11月出生。河北临城人。中共党员。大学学历。2002年任南昌市广播电视局局长、党委书记兼南昌电视台台长。2010年1月任现职。2000年获全国“百佳电视艺术家”称号。（详见《江西广播电视年鉴》2002年版）

张吉民 南昌市广播电影电视局副局长、党委委员。1951年1月出生。山西神池人。中共党员。大学学历。2002年12月任南昌市广播电视局党委委员、副局长兼南昌电视台副台长。2010年1月任现职。（详见《江西广播电视年鉴》2003年版）

林乃祚 南昌市广播电影电视局副局长、党委委员。1951年12月出生。江西信丰人。中共党员。大学学历。1990年2月在南昌陆军学院院务部管理处任处长；1993年9月任南昌市广播电视局纪委书记、党委委员；2010年任现职。曾荣立三等功1次。

杨 虹 南昌市广播电影电视局副局长、党委委员。1953年11月出生。江西临川人。中共党员。大学本科学历。2002年12月任南昌市广播电视局党委委员、副局长。2010年1月任现职。（详见《江西广播电视年鉴》2003年版）

徐洪伟 南昌市广播电影电视局副局长、党委委员。1960年9月出生。辽宁朝阳人。中共党员。大学学历。2007年7月任南昌人民广播电台台长。2010年1月任现职。（详见《江西广播电视年鉴》2009年版）

谢为民 南昌市广播电影电视局纪委书记。1964年2月出生。安徽祁门人。中共党员。硕士研究生学历。1997年6月在南昌市委宣传部工作，历任办公室副主任、研究室主任、协调处处长、干部处处长；2007年8月任南昌市广播电视局纪委书记；2010年1月任现职。

许海霞 女，南昌电视台台长。1969年4月出生。浙江临海人。中共党员。大学本科学历。1989年7月在南昌电视台技术中心工作；2002年1月任南昌电视台技术中心主任；2010年1月任现职。1999年荣获江西省广播电视技术维护先进个人；2002年荣获南昌“十佳”新闻工作者称号；2003年荣获南昌市优秀女干部称号；2005年荣获江西省劳动模范称号和南昌市劳动模范称号。

罗 兰 女，南昌电视台党支部书记。1962年7月出生。江西南昌人。中共党员。大学本科学历。2000年7月任南昌有线电视台台长助理；2002年2月任南昌电视台公共频道总监；2004年3月任南昌电视台副台长；2007年8月任现职。

李良生 南昌人民广播电台台长。1972年7月出生。江西宁都人。中共党员。大学本科学历。1995年7月起历任南昌有线电视台专题部主任、新闻采访中心副主任，南昌电视台新闻综合频道副总监兼驻红谷滩记者站站长，南昌市广播电视局宣传管理处处长，南昌电视台新闻综合频道总监；2010年1月任现职。先后被评为南昌市优秀新闻工作者、第三届江西省“十佳”记者编辑、南昌市宣传思想工作先进个人、南昌市宣传文教系统“四个一批”拔尖人才、南昌市“十佳”学习型机关干部。

张金洁 南昌人民广播电台党支部书记、南昌广播电视周报总编辑及南昌广播电视传媒总公司总经理。1965年12月出生。吉林通榆人。中共党员。硕士学历。1992年1月在南昌人民广播电台工作；2002年11月任南昌市广播电视局宣传管理处处长；2004年3月任南昌广播电视周报总编辑及南昌广播电视传媒总公司总经理；2010年1月任现职。

九江市

朱 凌 九江市广播电影电视局局长。1959年7月出生。江西彭泽人。中共党员。研究生学历。曾任九江市计生委副主任、九江市地震办党组书记。2008年10月任九江市广电局党委书记；2010年4月任现职。（详见《江西广播电视年鉴》2009年版）

欧阳文成 九江市广播电影电视局党委书记。1964年5月出生。江西都昌人。中共党员。主任记者。1986年7月江西大学中文系毕业，9月分配至九江日报社工作；1999年5月任九江日报党组成员、副总编辑；2000年6月兼任浔阳晚报总编辑；2003年4月兼任九江日报副总编辑；2007年6月任中共九江市委宣传部副部长；2010年4月任现职。曾获九江市“十佳”记者称号，2004年获江西省“十佳”记者。3次获江西新闻奖一等奖。

景德镇市

江 华 中共景德镇市委宣传部副部长、景德镇市文化和广播电影电视局局长。1960年3月出生。江西鄱阳人。中共党员。大学本科学历。1978年12月任景德镇市文光瓷厂会计；1979年12月服役于福建漳洲某部队；1982年1月在景德镇市赣剧团工作；1983年6月在景德镇市文化局艺术科工作；1984年9月任景德镇市文化局团委副书记（1985年10月至1986年10月在浮梁县江村乡挂职锻炼）；1994年3月历任景德镇市京剧团副团长、群英堂和文化实业发展公司经理；1996年8月任景德镇市文化局副局长；2001年8月任景德镇市文化局党委副书记；2002年8月任景德镇市文化局党委书记、局长；2004年2月任景德镇市委宣传部副部长；2010年4月任现职。

黄武高 景德镇市文化和广播电影电视局党委书记。1960年2月出生。江西临川人。大学本科学历。1980年7月在景德镇师范学校工作；1983年9月在景德镇日报社工作；1984年9月在景德镇市人事局（编办）工作（1987年任景德镇市编办副主任）；1990年任景德镇市人事局调研科长；1992年任景德镇市人事局职称科长；1995年8月任景德镇市编办主任；2010年4月任现职。

程 群 景德镇市文化和广播电影电视局党委副书记、副局长。1956年11月出生。安徽黟县人。大学本科学历。1995年起历任景德镇市广电局纪检组长、副局长、党委副书记；2010年4月任现职。（详见《江西广播电视年鉴》2001年版）

赵 纲 景德镇市文化和广播电影电视局副局长。1962年1月出生。江苏镇江人。在职研究生学历。2000年11月起历任景德镇市广播电视局纪检组长、副局长；2010年4月任现职。（详见《江西广播电视年鉴》2001年版）

王晓春 景德镇市文化和广播电影电视局纪委书记。1960年2月出生。江西乐平人。

本科学历。1981年1月在乐平市科委工作；1984年9月在江西电大进修；1986年9月在景德镇市委组织部工作，曾任干部二科副科长、干部监督科科长；2009年4月任景德镇市广电局纪检组长；2010年4月任现职。

钱鸣华　女，中共景德镇市委宣传部副部长、景德镇市广播电视台台长。1957年6月出生。浙江淳安人。中共党员。在职研究生学历。2005年12月任景德镇市广播电视局党组书记、局长。2010年4月任现职。（详见《江西广播电视年鉴》2006年版）

新余市

万晓明　新余市广播电影电视局党组书记、局长。1955年1月出生。江西南昌人。中共党员。大学本科学历。2006年9月任新余市广播电视局党组书记、局长。2010年4月任现职。中共新余市第六届委员会候补委员、中国音乐家协会会员、江西省音乐家协会常务理事。（详见《江西广播电视年鉴》2007年版）

高建华　新余市广播电影电视局党组副书记、机关党委书记。1958年3月出生。江西上高人。中共党员。大学专科学历。1976年12月入伍；1979年9月起在福建省晋江军分区服役，历任排长、保卫科副连职干事；1987年5月起历任分宜县人武部政工科副科长、科长；1993年7月任分宜县人武部政委；1998年9月任分宜县委常委；在部队期间，荣立三等功1次，上校军衔。2000年7月正团转业到新余市广播电视局工作，历任党组成员、纪检组长、机关党委书记，党组副书记、机关党委书记；2010年11月任现职。

傅亚军　新余市广播电影电视局党组成员、副局长。1964年9月出生。江西新余人。中共党员。研究生学历。2002年12月任新余市广播电视局副局长，2010年11月任现职。（详见《江西广播电视年鉴》2003年版）

张广胜　新余市广播电影电视局党组成员、副局长。1958年9月出生。山西晋城人。中共党员。大学本科学历。上校军衔。2004年11月正团转业到新余市广播电视局工作，任党组成员、副局长；2010年11月任现职。（详见《江西广播电视年鉴》2005年版）

干华明　新余市广播电影电视局党组成员、副局长。1962年4月出生。江西南昌人。中共党员。研究生学历。2006年11月任新余市广播电视局党组成员、副局长。2010年11月任现职。（详见《江西广播电视年鉴》2007年版）

简志坚　新余市广播电影电视局党组成员、新余电视台党支部书记。1961年8月出生。江西新余人。中共党员。大学专科学历。2002年8月任新余电视台党支部书记、副台长；2007年8月任新余市广播电视局党组成员、新余电视台党支部书记。2010年11月任现职。新余市七届人大代表。（详见《江西广播电视年鉴》2003年版）

王少勇　新余市广播电影电视局党组成员、新余人民广播电台台长。1960年6月出生。江西新余人。中共党员。大学本科学历。1977年11月参加工作；1986年4月调入新余人民广播电台工作，历任节目部副主任、办公室主任、副台长；2004年11月调入新余市广播电视局工作，历任宣传科科长、办公室主任；2007年8月任新余市广播电视局党组成员、副调研员；2009年11月主持新余人民广播电台工作；2010年10月任现职。

赣州市

夏之明　赣州市文化和广播电影电视局党组书记。1957年4月出生。江西南昌人。

中共党员。大学学历。曾任共青团赣州市委副书记、赣州市体改委副主任、赣州市南外办事处党委书记、赣州市沙石镇党委书记；1994年5月起历任宁都县委常委、宣传部部长，赣州地区文化局副局长、党组成员和赣南文艺学校校长；2000年4月任赣州市文化局局长、党组副书记和赣南文艺学校校长；2000年11月任赣州市文化局局长、党组书记和赣南文艺学校党总支书记；2001年10月任赣州市文化局局长、党组书记；2010年1月任现职。

钟家伟 赣州市文化和广播电影电视局党组副书记、局长。1962年11月出生。江西龙南县人。中共党员。研究生学历。2006年11月任赣州市广播电视局局长。2010年1月任赣州市文化和广播电影电视局党组副书记；2010年2月任现职。（详见《江西广播电视年鉴》2007年版）

章隆元 赣州市文化和广播电影电视局副局长、党组成员，赣州新闻出版局（赣州版权局）局长。1957年10月出生。江西瑞金人。中共党员。大专文化。曾任瑞金县新华书店经理、赣州地区新华书店经理、吉安地区新华书店经理；1999年7月起历任江西省新闻出版局（版权局）赣州分局（办事处）局长（主任），赣州市新闻出版局（市版权局）局长、党组书记；2010年1月任赣州市文化和广播电影电视局党组成员、赣州新闻出版局（市版权局）局长；2010年2月任现职。

张　菁 赣州市文化和广播电影电视局副局长、总编辑、党组成员。1955年2月出生。江苏阜宁人。中共党员。大学学历。2002年11月任赣州市广播电视局党组副书记、总编辑、副局长。2010年2月任现职。（详见《江西广播电视年鉴》2003年版）

韩振飞 赣州市文化和广播电影电视局副局长，赣州市文物管理局（市博物馆、赣南客家博物馆）局长（馆长）。民进赣州市委会副主委，赣州市政协常委。1957年4月出生。河北任丘人。民进党员。大专学历。2001年2月任赣州市文化局助理调研员、赣州博物馆馆长；2006年2月任赣州市文化局副局长、赣州博物馆（赣南客家博物馆、赣州文物管理局）馆长（局长）；曾任原赣州市人大常委会副主任、赣州市章贡区人大常委会副主任和赣州市政协常委、副秘书长；2010年2月任现职。

李宪华 赣州市文化和广播电影电视局副局长、党组成员。1955年1月出生。江西余干人。中共党员。大学学历。2003年7月任赣州市广播电视局副局长、党组成员；2010年1月任赣州市文化和广播电影电视局党组成员；2010年2月任现职。（详见《江西广播电视年鉴》2004年版）

周丽萍 女，赣州市文化和广播电影电视局副局长、党组成员。1960年11月出生。江西安福人。中共党员。大专学历。曾任赣州地委办公室副科级秘书、正科级秘书，赣州市委保密局副局长、赣州市委保密局局长；2002年11月任赣州市委保密委员会办公室主任、市国家保密局局长；2009年8月任赣州市文化局党组成员；2009年9月任赣州市文化局副局长、党组成员；2010年1月任赣州市文化和广播电影电视局党组成员；2010年2月任现职。

罗　璘 赣州市文化和广播电影电视局党组成员、赣州电视台台长。1965年9月出生。江西瑞金人。中共党员。研究生学历。曾任石城县横江乡团委书记、大余县委报道组干事、组长；1992年9月起在赣南日报社工作，历任记者，编辑，总编室副主任，政文部主任，周末编辑室主任，总编辑助理，副总编辑，副总编辑、党委委员兼赣州晚报社总编辑；2008年1月任赣州市广播电视局党组成员，赣州电视台台长；2010年2月任现职。

朱小宁　赣州市文化和广播电影电视局副局长、党组成员。1962年12月出生。江西南城人。中共党员。大学学历。曾任宁都县田头乡团委书记、乡政府办公室主任，赣州地委宣传部副科级宣传员，赣州地区社联办公室副主任，赣南文艺学校党总支书记、校长；2008年1月任赣南文艺学校（赣南客家艺术学校）副调研员；2008年7月任赣州市广播电视局副调研员；2009年4月任赣州市广播电视局党组成员；2009年5月任赣州市广播电视局副局长、党组成员；2010年1月任赣州市文化和广播电影电视局党组成员；2010年2月任现职。

彭　玲　女，赣州市文化和广播电影电视局副局长、党组成员。赣州市政协常委。1961年6月出生。江西遂川人。中共党员。大学学历。曾任赣州市第五中学团委书记，赣州市委组织部干部科副科长、科长，市委组织员，赣州市章贡区水东镇镇长、党委书记；2002年11月任赣州市妇联副主席、党组成员；2009年5月任赣州市文化局副局长、党组成员；2010年1月任赣州市文化和广播电影电视局党组成员；2010年2月任现职。

饶正飞　赣州市文化和广播电影电视局纪检组长、党组成员。1957年8月出生。江西广昌人。中共党员。大专学历。1976年2月在部队服役，曾任正连职参谋；1988年9月起历任赣州地区监察局副科长、赣州地区纪委副科级纪检监察员、赣州地区（市）纪委正科级纪检监察员、赣州市纪委纪检监察二室主任；2010年1月任现职。

黄宗清　赣州市文化和广播电影电视局副局长、党组成员。1961年10月出生。江西赣州人。中共党员。大学学历。曾任赣县教育局股长、赣县王母渡镇党委副书记、赣县梅林镇党委副书记、赣州地区标准计量局办公室主任、赣州地区技术监督局办公室主任、赣州地区文化局办公室副主任、办公室主任、赣州市文化局办公室主任、秘书科科长、助理调研员、副调研员、副局长、党组成员；2010年1月任赣州市文化和广播电影电视局党组成员；2010年2月任现职。

姚富桂　赣州市文化和广播电影电视局副局长、党组成员。1964年1月出生。江西信丰人。中共党员。大学学历。1983年10月在空军某部队服役，历任队长、副连长、政治指导员、政治处副主任、政治处主任、政治部副主任等；2009年9月任赣州市广电局副局长、党组成员；2010年1月任赣州市文化和广播电影电视局党组成员；2010年2月任现职。

宜春市

张　敏　宜春市广播电视台副台长。1966年11月出生。江西万载人。中共党员。在职研究生，学士（法学）学位。具有全国律师、编辑记者资格。曾任万载县人民检察院副科长、科长、办公室主任，万载县政法委综治办副主任、610办主任、政法委副书记，万载县广电局副书记、副局长，万载县广电局局长；2010年12月参加全市副县级领导干部公选，任现职。2009年度被评为全省广电系统先进个人。荣立三等功2次。

上饶市

王　炜　上饶市广播电影电视局副局长。1971年8月出生。江西玉山人。中共党员。大学本科学历。曾任上饶有线电视台节目部主任、副台长；2001年任上饶电视台副台长；2010 年 12 月经公开选拔被上饶市委任命为现职。2010 年被评为上饶市直机关优秀党员，入选江西省“新世纪百千万人才工程”。

吉安市

曾富善 吉安市文化广播电影电视局局长，市政府副秘书长。1953 年 9 月出生。江西吉安县人。中共党员。大学学历。2006 年 6 月任吉安市广播电视局党组书记、局长。2010 年 3 月任现职。（详见《江西广播电视年鉴》2007 年版）

鲍建军 吉安市文化广播电影电视局党委书记。1958 年 7 月出生。山东蓬莱人。中共党员。大学学历。曾任吉安地委办公室秘书，副科级、正科级秘书；1990 年 8 月在吉安地委组织部工作，历任干部一科科长、副部长；1996 年 12 月任峡江县委副书记、县长；2002 年 3 月任吉安市文化局党组书记、局长；2010 年 3 月任现职。

彭三元 吉安市文化广播电影电视局党委副书记。1953 年 3 月出生。江西吉安县人。中共党员。大学学历。1970 年 12 月在福建省军区某团服役；1977 年 3 月在乡务农；1979 年 9 月在江西大学学习；1983 年 8 月任吉安地委宣传部科员、科长；2002 年 11 月任吉安市社会科学界联合会副主席；2008 年 11 月任吉安市广播电视局党委副书记；2010 年 3 月任现职。

李保江 吉安市文化广播电影电视局党委副书记。1957 年 7 月出生。辽宁人。中共党员。大学学历。2002 年 12 月任吉安市广播电视局党组成员、吉安市纪委驻市广电局纪检组长。2010 年 3 月任现职。（详见《江西广播电视年鉴》2003 年版）

赖卫东 吉安市文化广播电影电视局党委委员、副局长、市文化传媒发展中心主任。1954 年 6 月出生。江西吉州人。中共党员。大专学历。1970 年 12 月在吉安市陈列馆工作；1972 年 5 月在吉安市人民广播站工作；1978 年 2 月在江西大学中文系学习；1980 年 3 月在江西电视台新闻部工作；1988 年 2 月任吉安地区广播电视局副局长、吉安电视台台长；1995 年 2 月任吉安地区文化局党组成员、副局长；2000 年 8 月任吉安市文化局党组成员、副局长；2010 年 3 月任吉安市文化广播电影电视局党委委员、副局长；2010 年 12 月任现职。

肖加迪 吉安市文化广播电影电视局党委委员、副局长。1956 年 11 月出生。江西吉安县人。中共党员。大学学历。2002 年 8 月任吉安市广播电视局副局长。2010 年 3 月任现职。（详见《江西广播电视年鉴》2003 年版）

刘宗彬 吉安市文化广播电影电视局副局长。1958 年 4 月出生。江西青原人。农工党党员。大学学历。曾任吉安师专图书馆副馆长；2000 年 9 月任青原区人民政府副区长；2003 年 1 月任青原区政协副主席；2003 年 8 月任吉安市文化局副局长；2010 年 3 月任现职。

彭培述 吉安市文化广播电影电视局党委委员、副局长兼吉安电视台台长。1965 年 10 月出生。江西青原人。中共党员。硕士学位。高级编辑。2009 年 1 月任吉安市广播电视局党委委员、副局长兼吉安电视台台长；2010 年 3 月任现职。（详见《江西广播电视年鉴》2009 年版）

何福生 吉安市文化广播电影电视局纪委书记。1962 年 12 月出生。江西峡江人。中共党员。大学学历。1979 年 8 月在空军航空兵某师服役，历任仪表员、仪表师、副连职干事、宣传保卫股股长、正团职专职政治教导员等职务；2005 年 12 月任吉安市文化局党组成员、纪检组长；2010 年 3 月任现职。

江西省先进工作者简介

陈　琳　2010 年江西省先进工作者。新干县文化广播电视局党委书记、局长。1962 年 3 月出生。江西新干人。该同志秉承“开拓创新、勇争一流”的精神，勤奋务实，奋发努力，把全部心血都倾注在文化广电工作上，致力使各项工作在全市、全省争第一、走前头。他带领的团队先后获全国广播电视先进集体、全省广播电视先进集体、全省社会文化先进县、全省文化工作先进集体、全省农村文化“三项活动”先进集体、第八届中国艺术节“群星奖”服务奖、全国文化科技卫生“三下乡”先进集体，连年均获全市文化、广电工作先进集体等殊荣。他本人荣获全省广播影视系统先进工作者、全国文化系统先进工作者等荣誉。从 1996 年起，连续 15 年在新干县委、县政府年度工作考核中被评为优秀。

肖运生　2010 年江西省先进工作者。遂川县广播电视局峨峰广播电视发射台值机员。1974 年 4 月出生。江西遂川人。自 1991 年 9 月参加工作以来，一直在海拔 998 米、不通公路、周围十几里渺无人烟、气候恶劣、条件艰苦的遂川县峨峰广播电视发射台担任值机工作。驻守高山，他无怨无悔。在这 20 年中，他在高山台度过了 15 个春节。为适应新形势下做好本职工作的需要，他刻苦钻研业务技术知识，在不断提高思想政治觉悟的同时，也不断增强自身的业务能力。

全省广电系统获得正高级专业技术职务任职资格人员简介（续）

省电台

程茂苏　1952 年 9 月出生。江西新建人。大学本科学历。2010 年 12 月获高级编辑任职资格。1984 年进入江西人民广播电台工作，先后从事文艺、英语、理论、新闻等节目的编辑。《知识经济的兴起及江西的应对策略》获 1998 年中国广播电视新闻奖二等奖和江西省第九次社会科学优秀成果二等奖；《汽车工业全球化与江西的对策》获 2000 年中国广播电视新闻奖二等奖；《解读政治文明》获

2004年中国广播电视新闻奖三等奖。在多家报刊和网站发表评论及杂文100多篇。

邓 斌 女，1970年1月出生。江西南昌人。中共党员。大学学历。2010年12月获高级编辑任职资格。1993年6月毕业于南昌大学新闻系，进入江西人民广播电台工作。曾获国家级、部级政府奖16件，获省级政府奖71件。其中中国广播电视新闻奖2件，江西新闻奖一等奖6件，江西广播电视奖一等奖7件。代表作品有《跨越障碍》、《瓷都天更蓝》、《和鸟一起飞》等。在国家级、省级学术杂志和报刊上发表论文8篇，获省级政府奖论文奖18篇。论文代表作《走在信息化道路上的中国广播》获第十一届江西新闻奖一等奖。2005年度、2006年度连续两年获江西人民广播电台年度考核优秀。

省电视台

舒礼荣 1954年4月出生。江西南昌人。中共党员。大学本科学历。2010年12月获高级编辑任职资格。1969年8月参加工作；1972年12月参军服役；1986年12月转业分配至江西省广播电视厅工作；现任江西电视台机关党委专职副书记、电视台学会常务副会长等职。曾创办《经济大市场》、《影视风》、《影视有约》、《影视大家谈》等栏目，参与组织央视《音乐擂台——江西歌手选拔赛暨颁奖晚会》、《江西电视人迎奥运大型主题晚会》、《中国红歌现象高峰论坛》等大型活动。发表新闻稿件（含照片）及电视文学作品数千篇。主要作品有电视系列片《中华影视名人寻访录》、《走进澳洲》，电视专题片《灯》，论文《让红色文化在新世纪重放异彩》、《原生态真实之我见》等，分获江西新闻奖、江西广播电视奖。发表电视剧本《军官的选择》，作为执行主编编著出版《中华影视名人寻访录》、《星河漫话》。

郭浔生 1954年12月出生。江西九江人。中共党员。大学学历。2010年12月获高级记者任职资格。1980年进入江西电视台从事新闻采编工作，曾任江西广播电视厅驻九江记者站副站长，现任江西电视台新闻中心副主任。采写的多篇新闻稿件分获中国新闻奖、中国电视奖、全国优秀新闻奖、全省优秀电视新闻奖、江西省好新闻奖。代表作有《省长访谈录——访吴官正省长》、《决战洪魔：九江长江大堤决口今天合龙》、《98抗洪系列报道》等。

王玉锦 1957年12月出生。山东蒙山人。中共党员。大学学历。2010年11月获一级导演任职资格。1971年参加工作，现任江西电视台导演。曾获第七届全国电视剧“五个一工程奖”，第十届、第十二届、第十九届全国电视剧“飞天奖”，第十六届、第十七届、第十九届中国电视“金鹰奖”，第十八届全国电视文艺片“星光奖”，首届中国戏曲电视剧“鹰象奖”，第四届全国电视音乐节目银奖，2004国际城市形象宣传片大奖。

金石明 1965年2月出生。江西奉新人。中共党员。大学本科学历。2010年12月获高级记者任职资格。1986年江西师范大学中文系毕业分配至南昌气象学校任教；1994年考入江西有线电视台，曾任专题部副主任、新闻部主任兼综合频道副总监；2001年12月任江西电视台经济生活频道副总监。曾创办并执行新闻、经济、生活、短剧等类电视栏目。曾获中国新闻奖、中国广播电视栏目编排三等奖、全国有线电视新闻奖、江西新闻奖、江西广播电视新闻奖等。代表作有新闻栏目《有线新闻网》、新闻作品《马振华，你在哪里？》、论文《电视理论文献片“情与理”的构建》等。

陈吉夫 1965年4月出生。江西新建人。

中共党员。大学本科学历。2010年12月获教授级高级工程师任职资格。现在江西电视台制作部从事电视音频技术工作。《这一方净土》获2010年度国家广电总局金帆奖声音制作技术质量二等奖；立体声节目《情系东江源》获中国电影电视技术学会2010年度“声音制作优秀作品奖”立体声类一等奖。

廖苏斌　1967年11月出生。江西吉安人。中共党员。大学本科学历。2010年12月获高级编辑任职资格。1992年江西师范大学毕业分配至江西人民广播电台工作，2000年调入江西电视台工作，现任江西电视台大型节目部副主任。2006年参与策划大型活动《中国红歌会》，担任历届《中国红歌会》（晋级赛）总导演；参与策划并导演《明星面对面》、《电视剧首映礼》、《放歌井冈山》、《山水情歌会》等节目。《2006中国红歌会主场晚会》获第二十四届中国电视金鹰奖电视文艺节目三等奖；电视专题《问计于民　共商发展》获第十四届江西新闻奖一等奖以及第二届江西优秀新闻奖；《中国红歌会——永远的红歌》获中国广播影视大奖广播电视节目奖（暨第二十一届“星光奖”）电视音乐节目大奖；《中国红歌会》被评为国家广电总局60年影响中国广播电视进程的60个节目。

王　澍　1968年9月出生。江西南昌人。大学本科学历。2010年12月获高级记者任职资格。1990年毕业于中国传媒大学（北京广播学院），分配在江西电视台工作；2007年任江西电视台研究发展部主任。论文《科学构建电视节目评估体系》、《“长尾理论”的电视启示——兼议江西卫视的应对策略》、《永远的红歌——论“红歌会”成功的要素及带给我们的启示》获江西广播电视奖一等奖；导演的《华东六省一市春节特别节目》、《点亮春天——华东六省一市春节联欢晚会》获全国电视文艺星光奖二等奖，《中国江南三大名楼国庆中秋文艺晚会》获全国电视文艺星光奖三等奖及江西优秀电视文艺奖一等奖，《春满华东——华东六省一市春节特别节目》获中国电视文艺学术奖春节文艺晚会二等奖，《春风颂——华东六省一市新春歌会》、《华东一家亲》获全国春节文艺晚会优秀作品奖。

贺　军　女，1971年7月出生。湖南永兴人。中共党员。大学本科学历。2010年12月获高级编辑任职资格。1993年大学毕业，分配至江西电视台工作，现为大型节目部编导。从事编导工作十多年，参与策划、导演近百场大型活动、上千场综艺节目，作品在全国和全省多次获奖。其中，作为主创人员参加的《中国红歌会——永远的红歌》获中国广播影视大奖广播电视节目奖（暨第二十一届“星光奖”）电视音乐节目大奖，《2006中国红歌会主场晚会》获第二十四届中国电视金鹰奖电视文艺节目三等奖。代表作品有《一路有你——江西电视台台庆40周年文艺晚会》（任总导演）、《2008中国红歌会——跨年演唱会》（任总导演）、《2007中国红歌会　“红色中华”》（任执行导演）等。

宜春市

于　蓓　女，1966年8月出生。河南南阳人。大学本科学历。2010年12月获高级编辑任职资格。1986年7月大学毕业参加工作，1993年5月通过社会招聘考试调入宜春电视台。曾任宜春电视台社教部副主任、新闻部主任、宜春市广电局宣传科负责人等职，现任宜春市广播电视台总编室主任。主创《“文明市民学校”如此开学》、《先锋厂的好先锋》、《爱的奉献》等7件广播电视作品分获全国残疾人好新闻二等奖、江西新闻奖、江西广播电视奖一、二、三等奖等。在省级专业刊物发表了《深入 提炼 引导》、《多媒体时代地方电视台生存的前瞻意识》等10多篇论文，有 6篇论文获江西广播电视论文奖。曾获江西省广播电视系统先进工作者，多次获宜春市先进新闻工作者等荣誉称号。

吉安市

孔 弘 1966年12月出生。江西峡江人。中共党员。大学本科学历。2010年12月获高级编辑任职资格。1989年7月在吉安电视台从事新闻采编工作。作品《巍巍井冈情意浓——记胡锦涛总书记同井冈山革命老区人民共迎新春》获江西新闻奖一等奖。吉安市新世纪学科和技术带头人。

全省广电系统获得副高级专业技术职务任职资格人员简介（续）

省电台

郑 杰 1971年9月出生。河南滑县人。MBA硕士。2010年12月获主任编辑任职资格。1993年7月进入江西人民广播电台工作至今。代表作品《弯道超车——低碳与生态经济的江西实践》获江西新闻奖一等奖和江西广播电视奖一等奖;《新时期广播媒体价值的实现——突发公共事件中广播媒体的表现》获江西新闻奖（论文类）二等奖。多次参与频率战略发展规划设计、节目策划、活动策划及广告创意制作等。1999年被评为江西人民广播电台先进工作者。

陈 丽 女，1973年3月出生。江西上饶人。大学本科学历。2010年12月获主任编辑任职资格。1996年6月毕业于江西师范大学音乐系；1996年7月在江西广播电视学校任教；1998年公派北京广播学院播音系进修；2004年底调入江西人民广播电台文艺部工作,先后在《休闲时光》、《每周一歌》、《音乐无界》、《怀旧音乐盒》等节目中担任记者和编辑工作。其新闻专题《岁月如歌》获十七届江西新闻奖一等奖和2009年江西广播电视奖一等奖。

曾 虹 女，1975年12月出生。湖北武汉人。大学本科学历。2010年12月获主任播音员任职资格。1995年毕业于南昌职业技术师范学院外语系，分配至南昌人民广播电台担任播音主持工作；2003年起在江西人民广播电台工作,曾主持《空中百花洲》、《音乐无界》、《怀旧音乐盒》等节目。作品《音乐随笔——雨夜邂逅》获江西广播电视奖优秀播音与主持作品评选一等奖、中国广播影视大奖广播文学节目提名奖；《大隐隐于乐》《一张小桌和一首名词》获江西广播电视奖一等奖。

欧阳敏 女，1977年7月出生。江西湖口人。中共党员。大学本科学历。2010年12月获主任编辑任职资格。1996年7月分配至江西人民广播电台工作，先后在经济部、专题部、新闻频率从事新闻采编工作。其新闻作品《永修虬津木材检查站执法人员联名自曝家丑》获江西新闻奖一等奖；《我们都是好孩子》获中国广播电视协会特等创优青少年广播节目奖。

省电视台

张建华 女，1963年12月出生。江西宜丰人。中共党员。大学本科学历。2010年12月获主任编辑任职资格。现任江西电视台经济生活频道主任编辑。从事新闻工作26年，每年编辑稿件均在2000条左右，年年都有作品获奖。其中,《江西发现商代窑场》等20多篇作品分获全国和全省广播电视优秀稿件奖和行业新闻优秀稿件奖。

陈 琳 1968年9月出生。江西吉安人。中共党员。大学本科学历。2010年12月获主任记者任职资格。现任江西电视台卫视频道大型节目部导演。参与制作的《2001江南三大名楼中秋文艺晚会》获中国电视“星光奖”三等奖；《音乐时空》电视文艺栏目获首届江西省优秀电视文艺、影视剧优秀栏目奖。

熊 权 1970年12月出生。江西南昌人。大学本科学历。2010年12月获主任记者任职资格。现任江西电视台经济生活频道记者。曾任江西电视台经济生活频道《江西房地产》、《市场》栏目制片人。电视文献片《情系民生》获江西新闻奖一等奖、江西广播电视奖特别奖。

肖 军 1972年4月出生。江西遂川人。中共党员。大学本科学历。1993年分配至江西电视台，现在江西电视台技术规划部工作。主要论文有《简介高清技术在2006德国世界杯中的应用》、《大中型演播室切换台主机电源故障维修》等。

刘守洪 1973年2月出生。江西上犹人。中共党员。大学本科学历。2010年12月获主任记者任职资格。现为江西电视台新闻中心联播部记者。1998年进入江西电视台工作，先后在江西电视台专题部和新闻中心工作。曾获中国新闻奖一等奖、江西新闻奖一等奖等。

雷 晴 女，1976年7月出生。江西南昌人。中共党员。大学本科学历。2010年12月获主任编辑任职资格。1996年进入江西电视台都市频道工作，历任《都市现场》主编、节目部副主任；2008年起任江西电视台都市频道品牌推广部主任。担任主编的栏目《都市现场》2004年入选全国电视百佳栏目。连续报道《关爱留守孩子》、《为了早产的双胞胎兄弟》、《助贫寒学子回家过年》获江西新闻奖二等奖。

黄 海 女，1976年8月出生。江西赣州人。中共党员。硕士研究生学位。2010年12月获主任播音任职资格。现任江西电视台大型节目部编辑。主持的《中国赣州首届脐橙节开幕晚会》荣获江西优秀节目综艺类二等奖、中国电视金鹰节主持人评选“金鹰之星”奖；主持的《祝福祖国》荣获江西省优秀电视文艺作品奖二等奖。

南昌市

魏 维 1962年2月出生。江西南昌人。中共党员。大专学历。2010年12月获主任编辑任职资格。1987年进入南昌人民广播电台工作。现任南昌人民广播电台频率副总监。

程小琴 女，1964年9月出生。江西南昌人。中共党员。大学本科学历。2010年11

月获主任舞台技师任职资格。现任南昌市电影发行放映公司副经理。

殷 俊 女，1971年6月出生。湖北黄冈人。中共党员。大学本科学历。2010年12月获主任记者任职资格。1990年进入南昌电视台工作。

廖铁军 1971年8月出生。湖南衡山人。大学本科学历。2010年11月获主任播音员任职资格。2004年12月进入南昌电视台担任播音员工作。

尤佳倬 1974年4月出生。江西永新人。中共党员。大学本科学历。2010年12月获主任记者任职资格。现任南昌人民广播电台新闻频率副总监。

李华慧 女，1974年11月出生。江西南昌人。中共党员。大学本科学历。2010年12月获主任编辑任职资格。1996年进入南昌人民广播电台工作，现任广播中心副主任兼新闻频率总监。

舒 靓 女，1979年5月出生。江西南昌人。中共党员。硕士学位。2010年12月获高级工程师任职资格。1999年进入南昌电视台技术部工作。

景德镇市

廖尼峰 1968年6月出生。江西吉安人。中共党员。大学学历。2010年12月获主任记者任职资格。现任景德镇市广播电视台副台长。创办访谈类新闻节目《昌南对话》；策划主创了大型新闻板块节目《今日看瓷都》。主创新闻作品曾先后获中国新闻奖二等奖1次，江西新闻奖一等奖2次，江西广播电视奖一等奖4次、二等奖10余次、三等奖20余次。曾获2009年首届景德镇市宣教系统"十大突出贡献人才奖"、江西省"四五"法制宣传教育先进个人等光荣称号。景德镇市第十届、第十一届市政协委员，景德镇市青年联合会第七届委员会常委。

萍乡市

胡晓鹏 1966年8月出生。江西萍乡人。研究生学历。2010年12月获主任记者任职资格。1984年参加工作；1993年以来，历任萍乡人民广播电台新闻部副主任、主任，频率副总监、总监。《耕作有余且读书》等16件作品先后获省级一、二等奖。代表作有《论广播核心竞争力的培育》、《试论广播电视语言音韵美》等。

李素忠 1971年2月出生。江西吉安人。中共党员。大学本科学历。2010年12月获高级工程师任职资格。曾任CMMB（中国移动多媒体广播）等项目萍乡市负责人，获2010年度"全国移动多媒体广播电视安播竞赛先进个人"。代表作品有论文《计算机网络机房接地系统探讨》等。

叶伟萍 1971年2月出生。江西萍乡人。中共党员。大学本科学历。2010年12月获主任记者任职资格。先后在萍乡电视台从事新闻节目的策划、采写、拍摄工作。2003年以来，历任部门副主任、主任，频道副总监。多个作品（栏目）多次获省级一、二等奖。代表作有新闻特写《钥匙·邮袋》、栏目《七色光》等。

李胜波 1974年7月出生。江西萍乡人。中共党员。大学本科学历。2010年12月获主任记者任职资格。先后在萍乡电视台任记者、编导、责任编辑、栏目制片人、部门负责人。现任萍乡电视台新闻综合频道副总监。从业以来，多件作品获奖。所负责的栏目《九点一刻》荣获4个全省一等奖。

新 余 市

王　梅　女，1964 年 12 月出生。江苏无锡人。大学专科学历。2010 年 12 月获主任编辑任职资格。1984 年起在新余市渝水区广播电视台从事新闻采编工作，担任《渝水新闻》、《袁河风》等节目的责任编辑。先后有 30 多件作品在全国、省、市获奖。撰写的 6 篇论文在省级获奖或发表。渝水区第五、六届政协委员。

宋冬梅　女，1965 年 11 月出生。江西新余人。大学本科学历。2010 年 11 月获主任播音员任职资格。1993 年考入新余人民广播电台，成为夜话节目首任主持人，现任新闻主播，负责听评工作。多篇作品获省级一、二等奖，论文《广播医疗节目之我见》获省级二等奖。

黄　涛　1968 年 6 月出生。江西全南人。中共党员。大学本科学历。2010 年 12 月获主任记者任职资格。1993 年考入新余电视台，现任新余电视台台长助理、新闻综合频道总监。先后主持或参与策划组织了多次重大宣传报道活动。有 1 篇作品获中国人口新闻奖二等奖，2 篇作品分获江西新闻奖二等奖、江西广播电视奖二等奖。代表作有《袁鹏：牵手爱人走永远》、《新余：利益导向让女孩家庭得实惠》、《新余市在全省率先实施国家基本药物制度》等。

钟春林　1969 年 4 月出生。江西分宜人。大学本科学历。2010 年 12 月获主任记者任职资格。1993 年分配到新余电视台工作，参与策划组织了多次重大宣传报道活动，采拍了大量较有影响的宣传报道和专题作品。2 次获江西广播电视奖一等奖，1 次获江西广播电视奖二等奖。代表作有《走近仙女湖》、《新余下岗职工 100%享受基本医保》、《抗税的背后》等。

陈　影　女，1972 年 8 月出生。江西靖安人。中共党员。大学本科学历。2010 年 12 月获主任记者资格。1993 年考入新余人民广播电台，1999 年开始从事新闻采编工作。现任新余人民广播电台新闻部主任。主创的 20 多件作品获省级一、二、三等奖。

赣 州 市

周春玲　女，1967 年 6 月出生。江西吉安人。中共党员。大学本科学历。2009 年 11 月获主任编辑任职资格。曾在赣州人民广播电台节目部、新闻台、总编室从事过播音主持、新闻采编工作。现任赣州人民广播电台副台长。《山乡水寨流淌欢乐歌——江西赣州新农村建设一瞥》、《魅力中国华夏新春同乐会》赣州专题等稿件分别在中央人民广播电台、中国国际广播电台、香港电台中文台等媒体播出；参与策划编排了多项重大宣传报道活动。作品获国家级奖项 2 件，省级奖项 20 余件，市级奖项 30 余件，多篇论文在省级以上学术刊物发表。多次被评为赣州市宣传系统先进工作者。

赖晶晶　女，1967 年 11 月出生。广东梅县人。中共党员。大学本科学历。2010 年 12 月获主任编辑任职资格。1993 年 11 月在赣州人民广播电台任节目主持人、记者、办公室主任、频率总监等。共有 10 件作品获省级奖项，12 件作品获市级奖项，有 4 篇论文在省级专业刊物上发表。

邓海明　1970 年 8 月出生。江西宁都人。中共党员。大学本科学历。2009 年 11 月获主任记者任职资格。历任赣州电视台新闻部副主任、总编室副主任兼《安全之路》栏目制片人、专题部副主任兼《赣南大地》栏目制片人、社教部副主任兼《纪录赣南》和《希望田野》栏目制片人。现任赣州电视台副书记兼办公室主任。曾获赣州市优秀新闻工作者、赣州市优秀共产党员、赣州市广播电视局优秀党务工作者等荣誉称号。

李禾丰 1972年6月出生。江西于都人。中共党员。大学本科学历。2008年12月获主任记者任职资格。1992年7月参加工作，历任章贡区委区政府报道组长、区委宣传部副部长、章贡区广电局局长兼党支部书记；2010年4月任章贡区文化和广播电影电视局党委书记、广播电影电视新闻中心主任。指导拍摄了赣州首部数字电影《青春轨迹》，策划创刊了赣南广播电视报县域版《章贡潮》，有《温总理给孩子们回信了》等数千件作品在省、市以上刊物发表，获江西新闻奖、江西广播电视奖、赣南新闻奖30多次。曾获赣南十大新闻工作者、全省和全市宣传系统先进个人等称号。

李　帆 1973年2月出生。江西赣州人。中共党员。大学本科学历。2010年12月获主任记者任职资格。1999年1月任赣州有线电视台新闻部副主任；2002年在赣州电视台工作，历任科教农业频道副总监、新闻频道副总监。有1件作品获江西广播电视奖一等奖，1件作品获江西省市新闻奖一等奖，1件作品获江西广播电视奖三等奖、2007赣州市广播电视奖一等奖。代表作有《媒体公信力危机及应对之策》、《网络背景下电视新闻的发展策略》等。

冯　亮 1973年10月出生。江西兴国人。中共党员。大学本科学历。2010年12月获主任记者任职资格。1990年4月在赣州电视台工作，历任《七彩欢乐园》制片人、青少部主任。组织策划拍摄的电视作品先后荣获国家级、省级、市级10多项奖项。独立撰写的论文《让“人”成为地市电视台的核心竞争力》获全省2007年江西电视传媒论坛研讨会一等奖。曾被评为全市先进新闻工作者。

宜春市

李冬发 1953年11月出生。江西丰城人。中共党员。自学考试本科学历。2010年12月获主任编辑任职资格。1981年2月应聘到广播站任播音员，历任丰城电台编辑部副主任、主任等职。共有近30件新闻作品获省级以上奖励，其中9件作品获全国好新闻奖或征文奖。《勇闯天下的丰城人》、《为农民的新观念拍手叫好》、《他用生命点燃光明》分获第十一届、十五届、十六届江西新闻奖。《提高法制栏目宣传质量的思考》等7篇论文刊登在《声屏世界》杂志上。

刘建锋 1963年8月出生。江西樟树人。大学本科学历。2010年12月获主任记者任职资格。多年从事企业管理、宣传工作，2008年经公开招考调入宜春市广播电视台，现从事广播采编工作，任宣传报道组长。《爱让生命升华》、《鼓动心弦的万载得胜鼓》等多篇新闻作品获江西新闻奖。在省级以上报刊、研讨会发表论文30多篇，发表各类新闻作品1000余篇。

刘建赟 1968年10月出生。江西高安人。2010年12月获主任记者任职资格。现在宜春市广播电视台宜春广播电视报社工作。有30余篇新闻作品获全国及省级奖项，40余篇（首）文学作品在全国获奖。

吉安市

钟兴楠 1964年8月出生。江西吉安人。中共党员。大学本科学历。2010年12月获主任编辑任职资格。现任吉安人民广播电台副台长、新闻综合频率总监。

陈其龙 1964年11月出生。江西万安人。中共党员。大学本科学历。2010 年 12 月获主任记者任职资格。现为万安县广播电视台任记者。

庄刚健 1970 年 1 月出生。江西万安人。大学本科学历。2010 年 12 月获主任编辑任职资格。现任万安县电视差转台台长。

彭国芳 女，1970 年 10 月出生。江西吉安人。中共党员。大学本科学历。2010 年 12 月获主任编辑任职资格。现为吉安人民广播电台新闻部编辑。

贺国彬 1974 年 7 月出生。江西泰和人。中共党员。大学本科。2010 年 11 月获高级工程师任职资格。现任泰和县广播电视台技术制作室主任。

邱 明 1975 年 8 月出生。江西井冈山人。中共党员。大学本科学历。2010 年 12 月获主任记者任职资格。现任吉安市文化广播电影电视局党办副主任、宣传科副科长。吉安市新世纪学科和技术带头人。

县市区广播影视简介

南昌市

南昌县

南昌县文化广播电视旅游局内设办公室、文化科、广播电视科和旅游科，下辖广播电视台、有线广播电视网络传输中心及16个乡（镇）广播电视站。局机关干部职工15人，广播电视台职工40人，有线广播电视网络传输中心职工56人，乡（镇）广播电视站职工50人。

广播电视台自办电视节目有《新闻》、《警方 750》、《澄湖社区》等。全年共播发新闻稿件2900多条，专题220多期；在江西人民广播电台用稿50条，在江西电视台用稿20条；在中央人民广播电台用稿1条，在中央电视台用稿1.5条。

全年发展有线电视用户4000余户，广播电视人口覆盖率99%。利用无线卫星电视解决了偏远地区蒋巷玉丰村 90 户农户收看电视难的问题，实现农村有线电视网络行政村覆盖率100%。

新建县

新建县文化广播电视旅游局2010年4月更名为新建县文化广电旅游新闻出版局，内设办公室、广播电视科、文化科、旅游科、新闻出版科，下辖广播电视台、电影发行放映公司。局机关现有干部职工 16 人。全县19个乡镇均设有文化广播电视站。

广播电视台开办《百姓话题》、《红绿灯下》等专题、专栏 5 个，《新建新闻》围绕县委、县政府重点工作及重大活动进行宣传报道。全年在本台用稿2000余条；在南昌人民广播电台、南昌电视台用稿 140 余条；在中央人民广播电台、中央电视台用稿5条。1件作品获中广协会广播文艺特等奖。

网络建设以城市跟进发展、农村全面铺开为原则，城网紧跟楼盘小区发展，农网按乡逐个发展。全年新装城乡用户2000余户。

进贤县

进贤县文化广电旅游新闻出版局下辖广播电视台、农村广播电视网络有限公司 2 个广播电视行业单位和20个乡镇广播电视站。现有机关干部职工18人。

广播电视在办好《百姓话题》、《法制进贤》的同时，适时增设了《超常发展　创先争优》、《携手共建美好家园》、《践行科学发展观　推进富民兴县》等栏目，全年共用稿2228条，播出专题片6部。

县广播电视台对有线电视前端机房进行技术改造。城网新增光节点23个，新架主干光缆6.4万米，使用电缆12万米，增加网络容量8000户；农网新增光节点400个，新架设光缆30万米。全县行政村有线电视通达率85%，自然村有线电视通达率80%。

安义县

安义县文化广电旅游新闻出版局内设广电事业股、办公室，下辖广播电视台及10个乡镇文化广播站。全系统现有干部职工61人。

广播电视台自办《安义新闻》、《潦河清风》、《信息资讯》等栏目，开办《创先争优促发展》、《劳模风采》、《园丁之歌》等专栏，制作专题片《城镇美景入画来》、《提升全民法律素质、构建和谐平安安义》、《在希望的田野上》等。全年在本台用稿1120条；在南昌人民广播电台、南昌电视台用稿246条；在江西人民广播电台、江西电视台用稿108条。在南昌广播电视奖评选中，3件作品获一等奖，3件作品获二等奖。

全年县、乡、村三级完全实施有线电视光缆联网，全县城乡有线电视用户2.3万户，广播电视覆盖人口25.75万，广播电视网络覆盖率96.30%。

湾里区

湾里区教育科技文化体育局内设办公室、教育体育科、文化新闻出版科、科技广电科、人事基财科等职能科室。科技广电科具体对口全区广播电视工作的行政职能管理，负责制定全区广播电视发展规划和年度计划，对广播、电视台（站）工作进行宏观指导和监督，实施“村村通”工程，指导广播电视的安全播出。科室现有工作人员4人，内设文广稽查大队。局直属广电单位有湾里区广播电视台，另外负责指导4个乡镇的文化广电站工作。全区从事广播电视工作人员约50人。

湾里人民广播电台自办《湾广新闻》、《生活综艺》、《空中导游》、《森林防火》等专题节目，每天坚持正常播音330分钟。湾里有线电视台自办《湾里新闻》、《梅岭风光》、《荧屏点歌》等地方特色电视栏目。全年在本台用稿500余条；在南昌人民广播电台、南昌电视台用稿80余条；在江西人民广播电台、江西电视台用稿30余条。

全区投入有线电视光缆延伸改造及“村村通”工程建设资金100万元，有线电视用户1.1万余户，架设电视光缆主干线60.6千米。全区39个行政村基本开通有线电视，少量偏僻山村正在逐步推进“村村通”工程。区广播节目覆盖率72.83%，电视节目覆盖率90.41%。

九 江 市

庐山区

庐山区广播电视事业发展中心内设办公室、新闻部、总编室、节目部、广告部、中控部、技术部、农网部、稽查大队、银屏网络中心、魅力945音乐资讯广播等11个部门，下辖6个乡镇广播电视站。现有干部职工168人。

广播电视自办节目有《庐山区新闻》、《都市现场》、《点点心情》、《岁月如歌》等。全年在九江人民广播电台用稿226条，在九江电视台用稿306条；在江西人民广播电台用稿20条，在江西电视台用稿19条；在中央人民广播电台用稿4条，在中央电视台用稿 1 条。在九江广播电视奖评选中，有 5 件作品分获二、三等奖。

有线电视实施城区分配网改造工程和农村“村村通”工程，目前全区 20 户以上自然村通光缆、通有线电视率 100%。

全年争取到国家支持的农村数字电影放映机 4 部，已全部投入使用，农村电影公益性放映 968 场，观影人数达 10 万人次。

共青城市

共青城开放开发区文化广播电视办公室内设办公室、新闻部、专题广告部、技术部、播出部、稽查大队，下辖共青城开放开发区广播电视站。现有干部职工 33 人。

广播电视自办栏目有《共青新闻》、《每周话题》。全年自采播出新闻稿件近 2000 条，专题 52 期;在九江人民广播电台用稿 351 条，在九江电视台用稿 213 条；在江西人民广播电台用稿 26 条，在江西电视台用稿 22 条。在九江广播电视奖评选中，有 1 件作品获二等奖，3 件作品获三等奖。

有线电视光缆覆盖全区所有乡镇，100%的行政村和 90%以上的自然村通有线电视，有线电视终端户逾万户，传输中央、省、市电视频道 59 套，自办节目 1 套。

九江县

九江县文化广播电影电视新闻出版局内设人秘股、广电股、文化股、文化广播电视稽查大队，下辖广播电视台、电影公司。现有干部职工 76 人，其中局机关 22 人。

广播电视自办节目有《九江县新闻》、《影视剧场》、《沙城警视》、《劳动就业》等。全年在九江人民广播电台用稿 261 条，在九江电视台用稿 200 条；在江西人民广播电台用稿 22 条，在江西电视台用稿 18 条；在中央人民广播电台用稿 9 条，在中央电视台用稿 1 条。在九江广播电视奖评选中，有 1 件作品获二等奖，3 件作品获三等奖。

全县有广播电视站 11 个，有线广播电视光缆 840 千米，其中新铺设光缆 200 千米，新增光节点 196 个，农网建设投入资金 207 万元。联通乡镇 14 个，行政村 115 个，自然村 958 个，行政村覆盖率 91%，自然村覆盖率 60%。全县有线电视用户 3. 2 万户，其中新增用户 6620 户，传输节目 59 套。

县电影公司集中做好农村和学生电影放映工作，利用学校多媒体教室、会议室、操场为学生放映电影，深受教师、学生欢迎；选送有关家电下乡、惠农政策的影片，传播科技知识，使群众更直观、形象地了解政策。

瑞昌市

瑞昌市文化广播电影电视新闻出版局内设人秘科、广播电视管理科、文化艺术管理科和文化市场综合执法大队，下辖广播电视台、电影公司、江西省广播电视网络传输有限公司瑞昌市分公司。现有干部职工 213 人，其中局机关 24 人。

广播电视自办节目有《瑞昌新闻》、《关注》、《采风》、《警方热线》等。全年共采、编、播出新闻稿件 3000 余条，制作专题 23 部；在九江人民广播电台用稿 752 条，在九江电视台用稿 348 条；在江西人民广播电台用稿 110 条，在江西电视台用稿 22 条；在中央人民广播电台用稿 19 条，在中央电视台用稿 3 条。在九江广播电视奖评选中，有 3 件作品获一等奖，8 件作品获二、三等奖；在江西广播电视奖评选中，有 3 件作品分获

二、三等奖；在江西新闻奖评选中，有 1 件作品获三等奖。

全市 21 个乡镇已联网 20 个乡镇，联网率 95%；行政村联网 150 个，联网率 90%。城乡用户 3.9795 万户，网络建设基本形成城乡一体化。2010 年广播电视“村村通”工程建设任务已全面完成，安装直播卫星设备 1870 套。

全年农村电影公益性放映 2591 场，城区放映电影 400 多场，累计观影人数 13 万多人次。

武宁县

武宁县文化广播影视新闻出版局内设办公室、文化新闻出版股、广电股、管理股，下辖广播电视台、电影公司。现有干部职工 109 人，其中局机关 19 人。

广播自办节目有《全县新闻联播》、《武宁新闻》、《报刊新闻选播》等。电视自办节目有《武宁新闻》、《新闻快递》、《法与生活》等。全年在九江人民广播电台用稿 684 条，在九江电视台用稿 379 条；在江西人民广播电台用稿 123 条，在江西电视台用稿 40 条；在中央人民广播电台用稿 11 条，在中央电视台用稿 3 条。在九江广播电视奖评选中，有 9 件作品分获二、三等奖。

全县有宣传文化站 21 个，差转台 1 座，有线广播电视光缆线路 892 余千米，分配网线路 1906 余千米。县乡（村）有线电视终端户 4.3995 万户，光缆联网 20 个乡镇，实现乡乡通光缆。其中，有 176 个行政村，1476 个自然村联通光缆，行政村通光缆率 96%。

全年电影放映公司共放映电影 3077 场，其中，开展送电影下乡放映 2232 场，免费在中小学放映 465 场，在县城放映 380 场。

修水县

修水县文化广播影视新闻出版局内设办公室、广电股、文化股、财务股，下辖广播电视台、文化广播电视稽查大队、电影发行放映公司、文化馆、图书馆、黄庭坚纪念馆、秋收起义纪念馆。现有干部职工 122 人，其中局机关 45 人。

广播电视自办节目有《修水新闻》、《今日修水》、《走进修水》等。全年在九江人民广播台用稿 655 条，在九江电视台用稿 285 条；在江西人民广播电台用稿 120 条，在江西电视台用稿 33 条；在中央人民广播电台用稿 7 条，在中央电视台用稿 3 条。在九江广播电视奖评选中，有 1 件电视作品获一等奖，7 件广播电视作品获二等奖，3 件广播电视作品获三等奖；在江西广播电视奖评选中，有 3 件作品分获二、三等奖；在江西新闻奖评选中，有 1 件作品获三等奖。

全县 36 个乡镇建有 35 个广播电视站，29 个乡镇实现有线广播电视县乡联网，广电干线光缆 400 千米，光节点 689 个，有线电视终端用户 5.42 万户。有 1 千瓦广播电视转播台 1 座，转播中央电视台综合频道、少儿频道、农业军事频道、江西卫视节目和中央人民广播电台、江西人民广播电台调频广播节目。广播电视覆盖率 97%。

在落实农村文化“三下乡”送电影活动中，县电影公司购买 20 部故事片、24 部科教片，一年来完成放映场次 4600 场，观影人数 110.5 万人次。

2010 年创收 719 万。

湖口县

湖口县文化广播影视局内设办公室、文

化艺术股、广播电视股，下辖广播电视台、电影发行放映公司、文化广播电视稽查大队。现有干部职工 80 人，其中机关 10 人。

广播电视台自办节目有《湖口新闻》、《政法在线》、《经济信息》等。全年在九江人民广播电台用稿 257 条，在九江电视台用稿 362 条；在江西人民广播电台用稿 20 条，在江西电视台用稿 38 条；在中央电视台用稿 2 条。在九江广播电视奖评选中，有 5 件作品分获一、二、三等奖。

全县有乡（镇、场）广播电视站 15 个，有线电视光缆干线总长 315 千米，城乡同步传输 68 套电视节目。光缆联网 12 个乡镇，110 个行政村。全县有线电视用户 3.7 万户。

在“文化三下乡”活动中，县电影公司 14 个放映队在农村放映电影 2560 场次。城区组织开展“1 元影院”活动，放映电影 20 余场。

都昌县

都昌县文化广播电视局内设办公室、广播电视股、文化股、音像发行管理站及文化广播电视稽查大队，下辖广播电视台、电影公司。现有干部职工 121 人，其中局机关 23 人。

广播电视自办节目有《都昌新闻》、《社会广角》、《经济时空》等。全年在九江人民广播电台用稿 757 条，在九江电视台用稿 536 条；在江西人民广播电台用稿 110 条，在江西电视台用稿 34 条；在中央人民广播电台用稿 3 条，在中央电视台用稿 1 条。在九江广播电视奖评选中，有 2 件作品获一等奖，2 件作品获二等奖，4 件作品获三等奖；在江西广播电视奖评选中，有 1 件作品获三等奖，1 件作品获新秀奖。

全县有 24 个乡镇广播电视站，县城城区有线电视终端用户 1.7 万户。农村有线电视终端用户 3.658 万户，光缆信号联通 18 个乡镇和 260 个自然村。全年累计完成 20 户以上自然村 2160 个，广播人口覆盖率 99.8%，无线电视人口覆盖率 94.9%。

县电影公司围绕“2131”工程和爱国主义教育电影开展工作，全年共放映电影 4121 场。

都昌县文化广播电视局被评为九江市广播影视工作目标管理先进单位，都昌广播电视台被九江市委、市政府联合授予（2008～2009 年度）文明单位荣誉称号。

彭泽县

彭泽县文化广播电视局内设办公室、广播电视股、文化艺术股、新闻出版综合执法股、文化市场综合执法大队，下辖广播电视台、电影发行放映公司。现有干部职工 260 人，其中局机关 11 人。

广播电视自办节目有《彭泽新闻》、《专家话健康》、《政府在线》等。全年在九江人民广播电台用稿 252 条，在九江电视台用稿 192 条；在江西人民广播电台用稿 14 条，在江西电视台用稿 11 条；在中央人民广播电台用稿 4 条，在中央电视台用稿 3 条。在九江广播电视奖评选中，有 2 件作品获一等奖，1 件作品获二等奖，3 件作品获三等奖。

全县 17 个乡（场、区）镇建立文化广播电视站，中央农村广播电视无线覆盖 4+2 工程 1 个。“村村通”工程惠及 1500 户农村用户，有线电视覆盖率 96.6%。

县电影发行放映公司共有 13 个数字化电影放映队伍，2010 年放映电影 2160 场次，其中放映学生专场 300 场次。

星子县

星子县文化体育广播电视局内设综合办公室、文化新闻出版股、广播电视股和文化市场综合执法大队，下辖星子县广播电视台。

广播电视自办栏目有《星子新闻》、《法在身边》、《一路平安》等。全年在本台用稿 1320 条；在九江人民广播电用稿 187 条，在九江电视台用稿 159 条；在江西人民广播电台用稿 12 条，在江西电视台用稿 15 条；在中央人民广播电台用稿 1 条，在中央电视台用稿 2 条。在九江广播电视奖评选中，有 2 件作品获二等奖，1 件作品获三等奖。

庐山风景名胜区

庐山人民广播电台下设办公室、播出部、新闻部、技术部。现有干部职工 21 人，其中在职干部职工 11 人。

庐山人民广播电台主要自办节目有《庐山新闻》、《人文圣山》、《名人与庐山》等。全年在九江人民广播电台用稿 40 条。

庐山人民广播电台采用无线调频发射，播出自办节目和转播中央人民广播电台、江西人民广播电台、九江人民广播电台节目。

永修县

永修县文化广播电视局内设人秘股、广电股、文化综合股，下辖广播电视台、电影公司、农网中心、文化广播电视稽查大队。局机关现有干部职工 23 人。

广播电视自办节目有《永修新闻》、《创卫曝光台》等。全年在九江人民广播电台用稿 447 条，在九江电视台用稿 312 条；在江西人民广播电台用稿 126 条，在江西电视台用稿 65 条；在中央人民广播电台用稿 2 条，在中央电视台用稿 3 条。在九江广播电视奖评选中，有 1 件作品获一等奖，2 件作品获二等奖，3 件作品获三等奖；在江西广播电视奖评选中，1 件作品获三等奖；在江西新闻奖评选中，1 件作品获三等奖。

广播电视网络覆盖全县 19 个乡（镇、场），光缆传输 300 千米，有线电视用户 3.8 万户，网络覆盖率 85%。

全年实施农村电影“2131”工程，电影下乡 2380 场，观众超过 42 万人次。为企业单位放映宣传片 258 场，在社区广场为农民工放映电影 54 场，观影人数达 10 万余人次。

德安县

德安县文化旅游广播电影电视局内设人秘股、文化股、广电股、旅游股、新闻出版股、文化广播电视稽查大队，下辖广播电视台、文化馆、图书馆、博物馆、电影公司。现有干部职工 110 人。

电视自办节目有《德安新闻》、《电视剧场》等。全年在九江人民广播电台用稿 87 条，在九江电视台用稿 143 条；在江西电视台用稿 8 条。在九江广播电视奖评选中，有 3 件作品获三等奖。

全年通过有线联网和直播卫星的方式，完成“村村通”广播电视工程 105 个点的建设任务。有线电视光缆传输覆盖全县 15 个乡（镇、场）中的 14 个，联网率 93.3%。除传输 53 余套模拟电视节目、45 套数字电视节目外，还开展数字电视、会议电视等增值业务，有线电视终端用户近 2 万户。电视人口覆盖率 86.27%，广播人口覆盖率 95%。

县电影公司成立农村电影部，组成 5 个

农村电影放映队；投入资金对放映设备进行改造，采购优秀电影拷贝，认真做好送电影下乡和农村中小学爱国主义教育电影放映活动等工作。

景德镇市

珠山区

2010年4月6日，珠山区文化局更名为珠山区文化旅游广播影视新闻出版局，挂珠山区文物局、珠山区版权局牌子。

珠山区文化旅游广播影视新闻出版局在景德镇市文化和广播电影电视局领导下，认真履行工作职能，全力配合做好城区广电稽查、执法工作，查处了一批擅自接收境外卫星电视节目和违规收看有线电视行为。

乐平市

2010年，乐平市文化广播电视局更名为乐平市文化广播影视新闻出版局，下辖广播电视台、文化馆、图书馆、博物馆、赣剧团、电影发行放映公司、八六一台。现有在职干部职工293人。

广播电视台主要栏目有《乐平新闻》、《百姓视线》、《房地产信息》等。全年在景德镇市广播电视台用稿190条，在江西电视台用稿102条，在中央人民广播电台、中央电视台用稿3条。

全市共有乡(镇)综合文化广播站16个。市内城区有线电视终端户2.59万户，农村有线电视用户2.7万户，拥有数字电视用户800户，广播电视覆盖率98.5%。完成“村村通”广播电视20个自然村。放映电影4210场。

全年经营创收930万元，较2009年增长9.2%。

浮梁县

浮梁县文化广播影视新闻出版局下辖广播电视台、文化馆、图书馆、博物馆、网络公司及17个乡镇广播电视站。全局有在职干部职工37人。

广播电视台开办《浮梁新闻》、《开展创业服务年活动》、《创先争优》等栏目。全年在江西人民广播电台、江西电视台、江西日报等用稿62条；在中央人民广播电台用稿48条，在中央电视台用稿12条；在各大网站发稿180多篇。

县城有线电视用户（包括浮梁镇、鹅湖镇、湘湖镇、经公桥镇）共1.347万户。全县17个乡镇均实现有线电视联网，100%行政村和88%自然村已通广播电视。

昌江区

2010年5月，昌江区文化旅游广播电视局更名为昌江区文化广播影视新闻出版局，内设及下辖办公室、人秘股、稽查大队、电影放映队、版权局、文化馆、图书馆、文物管理所、广播电视管理中心及6个乡镇广播电视站。全局现有干部职工15人，广播电视中心有23人。

全年在江西人民广播电台、江西电视台、江西日报等用稿30条；在中央人民广播电台用稿2条。2010年，竟成镇中心文化站的竟成影视剧制作中心制作的节目《妈妈您在哪》荣获“中国·西安国际民间影像节”评选活动二等奖，《快乐乡村》荣获第二届新农村电视艺术节农村题材电视剧好作品三等奖。

全年架设光缆230千米，光节点112个，覆盖全区农村行政村，终端用户7300余户。“村村通”取得快速发展，在全市率先完成行政村和20户以上自然村的“村村通”工作。

萍乡市

安源区

安源区文化广电新闻出版局下设安源电视台、文化馆、文化稽查大队、文物办等部门。现有干部职工70余人。

安源电视台自办节目有《安源新闻》、《家住安源》、《民生观察》等。频道全天24小时连续播出，全年总播出时间8760小时。在萍乡优秀电视节目评选中，1件作品获二等奖，1件作品获三等奖。

电视信号经由萍乡市网络中心光缆传输，网络覆盖萍乡市区50万人，收视观众达20万户以上。

全年广告收入100余万元。

2010年获萍乡市广播电视工作目标考核一等奖。

湘东区

2010年4月1日，湘东区文化广播电视局正式更名为湘东区文化广电新闻出版局，内设办公室、文化股、广播电视宣传股和综合执法管理股，下辖广播电视台、文化馆和文化市场综合执法大队。现有在职干部职工45人。

全年重点策划了《创建齐行动》、《项目建设巡礼》、《创业创新，加速发展》等系列报道，并在继续办好《人口之窗》、《健康卫士》、《平安湘东》的同时，新开设了《湘东职业教育》、《园丁风采》、《邻城看点》等自办节目。全年编播《湘东新闻》稿件996条；在萍乡人民广播电台用稿153条，在萍乡电视台用稿318条；在江西人民广播电台用稿32条，在江西电视台用稿35条；在中央电视台新闻频道《新闻直通车》、《东方时空》、《24小时》各用稿1条。

全区有11个乡镇（街）文化广播电视中心，有线电视终端用户约4万户，广播电视人口覆盖率99%。免费为涉及8个乡镇、35个行政村的310户农户安装直播卫星接收设备。投入资金购置1套硬盘播出系统和6台电脑，有效提高播出系统的技术指标，保证了音视频信号的稳定性和清晰度。

芦溪县

芦溪县文化广电新闻出版局内设办公室、文化市场综合执法大队、广播电视网络信息中心，下辖广播电视台、文物管理局、文化馆、图书馆和文化艺术中心。现有职工36人。

广播电视台播出《芦溪新闻》150余期；在萍乡人民广播电台用稿160条，在萍乡电视台用稿270条（其中头条27条）；在江西人民广播电台用稿26条，在江西电视台用稿35条（其中头条5条）；在中央人民广播电台用稿1条，在中央电视台用稿4条。

在农村文化“三项”活动中，县电影公司为群众免费放映电影2038场。

全县有6个乡镇广播电视站，有线电视用户3万余户，广播电视人口覆盖率100%。

莲花县

莲花县广播电视局内设办公室、广播电视股、广电执法大队，下辖广播电视台、电影公司、玉壶山无线发射台。全广电系统现有在编职工 74 人。

广播电视台自办栏目有《莲花新闻》、《政治时空》、《天南地北莲花人》等。全年在本台用稿 820 条，播出专题 60 个；在萍乡人民广播电台、萍乡电视台用稿 380 条；在江西人民广播电台、江西电视台用稿 56 条。广播电视新闻作品获省级二等奖 1 件，市级一等奖 1 件、二等奖 2 件、三等奖 3 件。

全县有 13 个有线电视站，其中 5 个已并收在江西省广播电视网络传输有限公司莲花县分公司，其余 8 个有线电视站实现联网。全县有有线电视用户 2.95 万余户，有线电视人口覆盖率 95%以上。全县 98%的行政村、自然村能收看到中央、省、市广播电台、电视台以及莲花县广播电视台节目。

全年广告创收 70 万元。

2010 年获中宣部、广电总局等四部委表彰的全国广电“村村通”先进集体。

上栗县

上栗县文化广电新闻出版局内设办公室、事业技术科，下辖广播电视台、网络中心和广电稽查大队。现有干部职工 53 人。

广播电视台自办栏目有《上栗新闻》、《政务时讯》、《栗城 246》等。《上栗新闻》全年共播出 150 期，播出新闻 1016 条；在萍乡人民广播电台用稿 150 条，在萍乡电视台用稿 315 条；在江西电视台用稿 23 条；在中央人民广播电台用稿 16 条，在中央电视台用稿 1 条。

全县 100%行政村能收看到中央和省、市人民广播电台、电视台以及上栗县广播电视台的节目。广播电视综合人口覆盖率 98%。

新 余 市

分宜县

分宜县文化广电新闻出版局内设办公室、文化股、广播电影电视股、新闻出版股、行政审批服务股，下辖文化馆、图书馆、博物馆、广播电视台、文化市场综合执法大队、电影发行放映公司、江西省广播电视网络传输有限公司分宜县分公司和 14 个乡镇基层广播电视站。广播影视从业人员 163 人。

广播电视台开办《分宜新闻》、《今日分宜》、《平安分宜》等栏目。全年在本台广播用稿 1000 余条，电视用稿 1040 条，播出电视专题 172 期；在新余人民广播电台、新余电视台用稿 463 条；在江西人民广播电台、江西电视台用稿 114 条；在中央级媒体用稿 6 条，其中，在中央人民广播电台《新闻和报纸摘要》用稿 2 条，在中央电视台《新闻联播》用稿 2 条。在省、市广播电视优秀作品评选中，有 15 件作品获奖。

全县 100%乡镇和 100%行政村接通光缆主干线，新开通 67 个自然村的光缆信号，自然村光缆有线电视开通率 77.5%。全年新增有线电视用户 5402 户，农村广播电视综合入户率 55%，全县有线电视用户达 4 万余户。

分宜县电影发行放映公司全年放映电影 2538 场，其中，放映乡村文化工程电影 1605 场，放映学生电影 913 场，放映社区电影 20 场。另外，为企事业单位放映宣传片 1400 多场、专题片近800场。

全年拆除擅自安装使用的卫星地面接收设施850套，依法没收非法安装的卫星地面接收设施45套，查处流动销售案件2起，非法销售网点3个。

2010年，分宜县文化广电新闻出版局被评为全省卫星地面接收设施管理工作先进单位、全省“农家书屋工程信息管理系统”建设先进单位、新余市文明单位、新余市广播影视系统技术维护工作先进集体。

渝水区

渝水区文化广电新闻出版局内设办公室、文化股、新闻宣传股、新闻出版股，下辖广播电视事业技术管理办、广播电视台、图书馆、文化馆、文博所、文化市场管理办、文化市场稽查大队、江西省广播电视网络传输有限公司渝水区分公司和21个乡镇(街道办)广播电视站。广播电视从业人员113人。

广播电视台自办栏目有《渝水新闻》、《渝水会客厅》、《市民服务热线》等。全年在本台用稿2800条；在新余人民广播电台用稿121条，在新余电视台用稿183条；在江西人民广播电台用稿62条，在江西电视台用稿60条；在中央电视台用稿2条。在江西省、新余市广播电视作品评选中，有9件作品获奖。

全年架设光缆125千米，新增光节点65个，新增光缆用户4844户，新增数字微波用户1900户，总用户2.25万户。投入资金130万元，开通行政村17个，自然村73个的光缆网络。

鹰潭市

贵溪市

贵溪市文化广电新闻出版局内设办公室、财务股、群文股、广电事业管理股、文化（新闻出版）稽查大队、广电稽查股，下辖广播电视台、文化馆、图书馆、放映公司、信江电影院、影剧院及艺术团，属地监管江西广电网络贵溪市分公司、18个乡镇文广站、教育电视台以及江铜、贵冶、铜技校、贵电、贵化、铁路等驻市单位的广播电视台（站）。局机关全局现有在职干部职工124人。

贵溪市广播电视台全年在本台用稿1450条，编播《聚焦》52期、《平安贵溪》24期、《健康贵溪》24期；在鹰潭人民广播电台用稿330条，在鹰潭电视台用稿420条；在江西人民广播电台用稿49条(其中头条3条)，在江西电视台用稿41条（其中头条3条）；在中央电视台用稿5条。在江西广播电视奖评选中，1件作品获一等奖。

余江县

余江县文化广电新闻出版局内设办公室、文化股、广播影视股、新闻出版股（版权股）和行政审批股，下辖广播电视台、文化馆、图书馆、博物馆、文化市场综合执法大队、电影公司等。全县有乡镇广播电视站11个，农垦场广播电视站2个。广播电视从业人员近100人，其中局机关12人。

全年开办《创先争优》、《创业服务年》、《警方在线》等专栏，在本台用稿1152条；在鹰潭人民广播电台用稿260条，在鹰潭电视台用稿400条（其中头条6条）；在江西人民广播电台用稿30条（其中头条2条），在江西电视台用稿26条（其中头条1条）；在中央人民广播电台、中央电视台用稿20余条。

全年完成余江县大部分乡（镇）村电视网络工程的铺设任务，新安装农村有线电视2万余户。

赣州市

章贡区

章贡区文化和广播电影电视局由原章贡区文化局、章贡区广播电影电视局合并而成，内设办公室（监察室、行政服务科）、社会文化和艺术科、宣传和广电科、产业发展科，下辖广播电影电视新闻中心（正科级）、文化馆、赣州艺术剧院、文化市场管理委员会办公室。广播电影电视新闻中心现有36人。

广播电视先后开办《民生　民计　民情》等20多个专栏，制作广播专题《聚焦923》150多期。全年用稿在赣州人民广播电台得分565分，在赣州电视台得分951.5分；在江西人民广播电台、江西电视台用稿70条；在中央人民广播电台、中央电视台用稿25条。在赣州广播电视奖评选中，有6件作品获奖。

全年放映农村数字电影1558场，放映社区及广场电影167场，累计观影89万人次。

广播电视节目覆盖率80%以上。

赣县

赣县广播电影电视新闻中心内设办公室、总编室、新闻股、网络技术股、广告项目股和编辑制作播出股6个职能股室，下辖广播电视台、电影公司、电影院、广播电影电视服务站及19个乡镇广电站。全系统在编干部职工136人。

广播电视在办好《赣县新闻》、《党建之窗》等原有电视栏目的基础上，新开设《科技与服务》和《“三化”纵横》栏目。全年在本台用稿1851条，播出各类专题20个；在赣州人民广播电台用稿254条，在赣州电视台用稿393条；在江西人民广播电台、江西电视台用稿83条；在中央人民广播电台用稿2条，在中央电视台用稿23条。

全年放映公益电影4859场。

全县中央、省、市、县台覆盖率达80%以上，有有线电视用户1.7万户。全县19个乡镇、87个行政村用户可以收看到32套广播电视节目。已全面完成20户以上已通电自然村广播电视“村村通”工程，本地广电节目进村入户工作正在全面推进中。

上犹县

上犹县广播电影电视新闻中心2010年3月18日组建，内设人事秘书股、新闻宣传股、技术股，下辖广播电视台、电影公司、卫星电视地面接收站、苏峰梅岭广播电视转播台、广播电视服务部。全广电新闻中心有在职干部职工47人。

广播电视开办《回眸2009》、《精彩2010》等专栏，编播自办节目《上犹新闻》216档1512条，播出专题124期；在赣州人民广播电台、赣州电视台用稿866条；在江西人民广播电台、江西电视台用稿105条；在中央人民广播电台、中央电视台用稿12条。

全年县电影公司放映公益数字电影2236场。完成广播进村入户63个行政村，占全县行政村 48%；完成电视进村入户 58 个行政村，占全县行政村 44.3%；完成 217 个村、2170 户广播电视“村村通”任务，高标准通过省、市广电局验收。

崇义县

崇义县广播电影电视新闻中心 2010 年 3 月 26 日组建，为崇义县文化和广播电影电视局管理的正科级事业单位。中心内设办公室、总编室、产业技术股，下辖广播电视台、广播电视记者站、广播电视发展公司。全系统有干部职工 39 人（不含乡镇）。

广播电视先后开办《政府工作报告点击》、《创业服务年公开承诺》、《聚焦竹乡民生》等栏目，播出 60 多期，专题 20 多期。全年在赣州人民广播电台用稿 312 条，在赣州电视台用稿 356 条；在江西人民广播电台用稿 21 条，在江西电视台用稿 68 条；在中央人民广播电台、中央电视台用稿 5 条。

全县共有 16 个乡（镇）广播电视站，广播人口覆盖率 85%，电视人口覆盖率 93%以上。全县所有乡（镇）都建立了有线电视站，基本实现了村村通广播电视。全县已有 13 个乡镇开通有线电视信号，解决了大部分乡镇收看县电视新闻难的问题。

南康市

南康市广播电影电视新闻中心内设办公室、技术股、电影股、广播电视传输中心，下辖南康人民广播电台、南康电视台，在职人员 52 人。

广播电视先后开办《南康新闻》、《关注》、《卫生与健康》等栏目。全年在赣州人民广播电台《赣南新闻联播》用稿 304 条，在赣州电视台《赣州新闻》用稿 267 条，播出专题 2 个；在江西人民广播电台《全省新闻联播》用稿 98 条，在江西电视台《江西新闻联播》用稿 22 条；在中央电视台《新闻联播》用稿 3 条。在赣州广播电视奖评选中，有 5 件作品获奖。

全年在农村累计放映电影 4888 场，观众达 98 万多人次。采取招商引资的方式，成功引进浙江客商在市文化艺术中心投资 6000 万元兴办数字电影院“大地”电影城。

全年发展新用户 1000 多户，解决南康市农村 3600 多户群众收看本地电视节目难的问题。在赤土畲族乡等边远山区为农户免费安装 480 套卫星直播地面接收设备，解决边远地区群众看电视难的问题。

大余县

大余县广播电影电视新闻中心为大余县文化广播电影电视局管理的正科级事业单位，内设办公室、广播电视台（新闻部、广播电影电视播出部、技术部）2 个职能部门，和广电新闻中心广告部。广电新闻中心有干部职工 31 人。

广播电视新办《创先争优　进位赶超》、《庾岭讲坛》、《送政策　送温暖　送服务　千名干部下基层》等栏目。全年在赣州人民广播电台用稿 260 条，在赣州电视台用稿 396 条；在江西人民广播电台、江西电视台用稿 162 条；在中央人民广播电台、中央电视台用稿 14 条。

全年放映电影 1785 场，其中农村放映电影 1352 场，学校放映电影 433 场，观影人数达 48 万多人次。

信丰县

信丰县广播电影电视新闻中心为县文化和广播电影电视局管理的正科级事业单位，内设人秘股、技术股、内宣部、外宣部、制播部、专题部、广告部等 7 个机构。现有职工 60 人（含聘用、退休人员）。

广播电视先后开办《信丰新闻》、《健康锦囊》、《法治天地》、《阳光总动员》等栏目，每年共播出 20 个专题片。

全年共放映电影 4200 场次，为 152 个自然村安装 1320 套直播卫星接收设备。

龙南县

龙南县广播电影电视新闻中心为龙南县文化和广播电影电视局管理的正科级单位，内设办公室、总编室、事业管理股、行政审批服务股 4 个股（室），下辖电视（转播）台、广播电视台、广播电视稽查大队 3 个副科级单位。全局有干部职工 38 人。

广播电视开办《创业服务零障碍，打造效能环境第一县》、《三城同创，建设美好家园》等专栏；结合龙南县县域特色，开办《讲述》、《万家灯火》、《欢乐龙南》等特色栏目，播出 56 期；制作播出新闻 1430 条，简讯 876 条。全年在赣州人民广播电台用稿 290 条，在赣州电视台用稿 230 条；在中央人民广播电台、中央电视台用稿 7 条，播出专题 150 分钟。

全年新增演播室提示器 1 套，双菱硬盘播出设备 1 套，摄像机 2 台，电脑 3 台。

全年完成农村电影放映 1260 场，中小学电影放映 420 场。在里仁大板岭电视台实施广播电视无线数字覆盖工程，可播出 6 套电视节目；在龙南县偏远山区实施 50 个 20 户以上已通电自然村“村村通”广播电视工程，安装 500 套卫星地面接收设备。

全年广告收入 110 万元。

全南县

全南县文化和广播电影电视局为全南县政府直属正科级单位，内设办公室、社会文化艺术股、产业发展股、宣传股、技术股和文化市场稽查大队，下辖广播电视台、八五四台、文化馆、图书馆、剧团和旅游局 6 个副科级事业单位。现有在职干部职工 89 人。

全年在本台用稿 1220 条；在赣州人民广播电台、赣州电视台用稿 260 条；在江西人民广播电台、江西电视台用稿 32 条；在中央电视台用稿 3 条。在赣州广播电视奖评选中，有 4 件作品获二等奖，3 件作品获三等奖；在江西广播电视奖评选中，1 件作品获一等奖。

全年组织实施了北线乡镇广播电视网络联网工程，广电信号送到龙源坝、陂头、社迳、龙下 4 个乡镇，完成龙源坝、陂头 2 个镇的圩镇及周边村的网络改造，联网用户 2000 多户。积极争取全南县委、政府支持，财政拨款 30 万元购置高清专业摄像机 1 台、高清非线性编辑机 2 台、网络服务器 1 台、专业三角架等其它配套设备 3 件。

定南县

定南县广播电影电视新闻中心为定南县文化和广播电影电视局管理的正科级全额拨款事业单位，内设办公室、广播电视台、电视差转台、电影公司。全系统有在职人员 31 人。

全年电视自办节目《定南新闻》共播出新闻 1356 条；在赣州人民广播电台用稿 400 多条，在赣州电视台用稿 140 多条；在江西人民广播电台、江西电视台用稿24条；在中央电视台《新闻联播》、《新闻30分》用稿13条。

全县实现100%乡镇户联网，共有有线电视用户2.2463万户，其中城区用户1.4162万户。县无线差转台正常转播中央电视台一套、江西电视台卫视频道及江西人民广播电台3套节目。50户以上自然村广播电视覆盖率98%。

全县电影公司平均每月放映电影136场次，共放映电影1635场。

2010年，定南县广电新闻中心创收80万元，比去年同期增长5%。

安远县

安远县广播电影电视新闻中心为安远县文化和广播电影电视局管理的正科级全额拨款事业单位，内设办公室，下辖人民广播电台、电视台。现有在职干部职工78人。

全年在《安远新闻》栏目中开设《创业服务年》、《百姓热线》、《创先争优》等专栏，共播出新闻312条，专栏128期；在赣州人民广播电台、赣州电视台、江西人民广播电台、江西电视台用稿360条；在中央电视台《新闻联播》用稿4条。

全年放映电影2300场，观众达12万余人次。

全县18个乡镇96%行政村实现广播电视光缆联网，95%行政村开通广播，有线电视用户5.2万户。安装调频广播喇叭460只，发放边远山区卫星地面接收设施1330套。

寻乌县

寻乌县广播电影电视新闻中心成立于2010年5月，内设秘书股、新闻股、广告股、总编室、网络技术股。全系统现有人员31人。

广播电视在《寻乌新闻》中用稿1063条，围绕“打造品牌栏目　服务产业发展新增”的目标，新增《政风行风热线》和《果农在线》栏目。全年在赣州人民广播电台用稿128条，在赣州电视台用稿421条；在江西电视台《江西新闻联播》用稿48条；在中央电视台用稿3条。投资10余万元，添置2部DSP-198P中档摄像机，改造机房播出设备。

全县15个乡镇及新罗、石圳等76个行政村实现光缆联网；完成“村村通”直播卫星530套安装任务。全县有线电视覆盖率46%，广播电视综合覆盖率98%。

全年广告收入近200万元。

于都县

于都县广播电影电视新闻中心为于都县文广局管理的正科级全额拨款事业单位，内设办公室、总编室、电影管理股、新闻部、播出部、技术股、广告专题部，下辖乡镇广电服务股、信息股2个股级事业单位。现有在职干部职工47人。

全年采编播电视新闻1331条，电视宣传专题55期；在赣州人民广播电台、赣州电视台用稿292条；在江西人民广播电台、江西电视台用稿24条；在中央电视台用稿5条。在赣州广播电视奖评选中，1件作品获一等奖，1件作品获二等奖，3件作品获三等奖。

全年放映电影5754场，观影人数达110多万人次。

通过采用和广电网络公司联网、租用电信光缆等方式，市县广播电视覆盖率分别比2009年提高12%，市县广播覆盖率55%，电视覆盖率49%。

全年广告服务等创收110余万元。

兴国县

兴国县广播电影电视新闻中心为兴国县文化和广播电影电视局管理的正科级全额拨款事业单位。现有在职干部职工47人。

全年广播电视台播发新闻984条，播出《将军县聚焦》44期，《故事》12期，《教育在线》12期，大型专题片5部，编辑《赣南广播电视报》县域版《今日兴国》12期；在赣州人民广播电台用稿611条（其中头条49条），在赣州电视台用稿208条；在江西人民广播电台用稿60多条，在江西电视台用稿50多条；在中央人民广播电台、中央电视台用稿22条。在赣州人民广播电台用稿量1～12月份排名均为第一，全年以多出第二名85%的得分遥遥领先，稳居第一名。

全面完成兴国县20户以下已通电自然村“村村通”工程建设“十二五”规划编制上报工作。同时，农村中央广播电视节目无线覆盖工程羊山发射台的完善收尾工作全面完成，进入正常发射阶段。

瑞金市

瑞金市文化和广播电影电视局内设办公室、宣传和技术科、行政审批科、社会文化科，行业管理广播电影电视新闻中心、新闻出版局2个正科级单位，下辖瑞金市歌舞剧团、图书馆、文化馆、文化市场稽查大队4个副科级机构和文物所、电影站、中心文化站、广播电视服务部4个股级机构。全系统现有干部职工210人（不含乡镇）。

广播开办《瑞金新闻》、《对农村广播》、《健康之友》3个栏目，电视开办《瑞金新闻》、《绵江两岸》、《红都警视》栏目。全年在本台广播用稿1561条；在赣州电视台用稿得分824分；在江西人民广播电台《全省新闻联播》用稿149条，在江西电视台用稿58条；在中央人民广播电台《新闻和报纸摘要》用稿13条，在中央电视台用稿12条。

广播人口覆盖率95%，电视人口覆盖率95%以上，基本实现“村村通”广播电视。

会昌县

会昌县广播电影电视新闻中心成立于2010年7月，为会昌县文化和广播电影电视局管理的正科级全额拨款事业单位，内设办公室、新闻部、二套栏目部、经营和监管部、技术播出部、总编室6个职能股（室）。现有编制30人。

广播电视现有《会昌新闻》、《会昌资讯》、《三农新风》、《法治会昌》、《快乐成长》等6个栏目。全年在本台《会昌新闻》用稿1980多条，《会昌资讯》用稿980多条，制作各类专题46个，采编《三农新风》13期，《快乐成长》10期；在赣州电视台《新闻联播》用稿得分780余分；在江西电视台《江西新闻联播》用稿30余条；在中央电视台《新闻联播》用稿2条，《新闻30分》用稿5条。

石城县

石城县广播电影电视新闻中心为石城县文化和广播电影电视局管理的正科级事业单位，内设秘书股、新闻部、专题部、广告部、播出部、技术部、西华山转播台。现有从业人员38人（含见习、临时人员4人）。

广播自办《石城新闻》、《缤纷周末》、

《天气预报》等栏目，电视自办《石城新闻》、《琴江警视》、《赣江源讲坛》等栏目。全年本台广播用稿1256条，电视用稿1320条；在赣州人民广播电台用稿180条，在赣州电视台用稿270条；在江西人民广播电台用稿55条，在江西电视台用稿68条；在中央电视台用稿1条。在赣州广播电视奖评选中，有5件作品获奖。

全年城乡电影放映2689场，观影人数49.7万人次。

全县100%的乡（镇）、67.2%的行政村实现有线电视光缆联网，广播电视综合覆盖率约97%。

宁都县

宁都县广电新闻中心内设办公室、技术股、宣传股、电影管理站和广播电视技术服务部，下辖宁都八五三台、广播电视台。全系统现有职工102人。

广播电视在江西人民广播电台、江西电视台用稿39条；在中央人民广播电台、中央电视台用稿10条。

全年完成农村公益性电影放映4386场。

全面完成“村村通”工程建设任务，为29个20户以上自然村的290户农户安装直播卫星接收设备；组织实施推进本地广播电视节目进村入户工作，架设光缆专线到莲花山机房，解决本地广播电视节目在农村的无线覆盖；投资18万元，添置采、编、播设备。

宜春市

袁州区

袁州区广播电影电视局内设办公室、事业股、新闻股，下辖袁州电视站、电影公司、东方红影剧院、城南电影院、中山电影院。现有干部职工154人，其中局机关24人，电视站7人，电影系统123人。

全年袁州区广播电视站播出《袁州新闻》159期，用稿1146条，时间达1908分钟；在宜春人民广播电台、宜春电视台用稿194条；在江西人民广播电台、江西电视台用稿38条（头条7条）；在中央人民广播电台、中央电视台用稿6条。

全年放映电影5208场，其中放映农村电影3402场，学生电影1806场，观影人数达135.408万人次。

全年投资3.5万元，对电视站机房进行防雷设施安置；投资近60万元，购置18台数字电影放映一体机。有5个乡镇新安装28套农村“村村响”广播设备。对有问题的设备及时进行维修更新，有力保障了“村村响”工程质量。

4月23日，经江西省广播电视网络传输有限公司批复同意，重新设立袁州区广电网络传输分公司。全年新开通联网楠木乡，铺设光缆95千米，开通光节点30个，网改农村老用户130户，新发展用户1000户。全年新发展农村有线电视用户4100户。

（邹赣桂、钟三华、朱霞）

樟树市

樟树市广播电影电视局为樟树市人民政

府直属的参照公务员管理的正科级事业单位，下辖樟树人民广播电台、樟树电视台、樟树市电影公司3个副科级事业单位。现有干部职工100人，其中局台44人，电影公司及电影院56人，实行局台合署办公的体制。2010年9月，有线广播电视网络划转上收至江西省广播电视网络传输有限责任公司。

全年在本台广播用稿1826条，电视用稿2390条，制作专题103部；在宜春人民广播电台用稿379条，在宜春电视台用稿374条，其中头条47条；在江西人民广播电台用稿117条，在江西电视台《江西新闻联播》用稿81条，其中头条6条；在中央人民广播电台《新闻和报纸摘要》用稿2条，在中央电视台《新闻联播》用稿1条。

全市广播总功率1000瓦，有40%的行政村、自然村“村村响”广播，有线电视终端用户4.9万余户。

2010年，樟树市广播电影电视局获宜春市广电局表彰的“广播电影电视工作综合先进县市”荣誉称号。（熊厚文）

丰城市

丰城市广播电影电视局下辖电视台、广播电台、电影公司3个事业机构和干扰台1座（八一二台），实行局台合一的行政管理体制。局（台）现有在编干部职工98人；电影公司为独立核算的二级事业单位，在编干部职工83人。

全年《丰城新闻》每周播出6期，每期15分钟，全年累计播出新闻2630条；《剑邑观察》、《零距离》、《警视风云》、《丰城科技》、《最爱我丰城》每周播出1期，每期15～20分钟；在宜春人民广播电台用稿324条，在宜春电视台用稿347条；在江西人民广播电台用稿89条，在江西电视台用稿94条；在中央人民广播电台用稿7条，在中央电视台用稿22条。

丰城市电影公司2010年上半年实现农村数字电影改造工作，年内放映农村文化“三项”活动暨民生工程电影7980场，观影人次达200余万人次。

丰城市共有32个乡镇广电站，全年安装农村广播160个村（点），安装喇叭320只。（熊广平）

高安市

高安市广播电影电视局从业人员144人，其中广播电视从业人员73人，电影从业人员71人。

全年自办有《高安新闻》、《党员干部谈科学发展观》、《科学发展促赶超》等10档节目栏目，在本台电视用稿530条；在宜春人民广播电台用稿410条，在宜春电视台用稿460条；在江西人民广播电台用稿17条，在江西电视台用稿72条；在中央电视台用稿5条。

2010年，电影公司配备数字放映机20套，完成电影放映4455场，观影人数达72万人次。（熊浩）

靖安县

靖安县广播电视局内设人秘股、事业股、社会管理股（稽查大队）、财会股、电影股、总编室（新闻部）。现有职工36人。

县电视台开办《政法时空》、《创业服务年》、《创先争优》等栏目，全年播发《靖安新闻》169期，播出稿件1012条，播出电视专题片11部；在宜春人民广播电台用稿

407 条，在宜春电视台用稿 232 条；在江西人民广播电台用稿 28 条，在江西电视台用稿 52 条；在中国国际广播电台用 1 条，在中央电视台用稿 2 条，播出专题 6 部。在宜春广播电视奖评选中，1 件作品获一等奖；在江西广播电视奖评选中，1 件作品获一等奖，1 件作品获三等奖。

全县设有县级无线发射台 1 座；有双溪、香田乡级广播站 2 个，村级广播站 48 个，广播覆盖率 90%；有地面卫星接收设施 150 座，电视覆盖率 98%，基本消灭了电视盲点。

全年完成广播“村村响”建设任务 30 个行政村，超额完成靖安县委、县政府下达的任务。

2010 年，靖安县广播电视局获宜春市“村村响”先进单位。（熊腾梅）

奉新县

奉新县广播电影电视局内设人秘股、宣传股、事业股、社管股 4 个股室，下辖广播电视台、电影公司 2 个副科级单位。全局现有工作人员 68 名。

广播电视台自办电视节目 1 套，每天播出时间（含转播）18 小时。全年在《奉新新闻》中播出新闻 2000 多条、专题 400 多期；在江西人民广播电台、宜春人民广播电台用稿位居全市第一，在江西电视台用稿名列全市第二；在中央电视台《新闻联播》用稿 3 条，在中央电视台其他频道用稿 4 条，创历史新高。

全年放映电影 2200 余场。从 7 月 1 日起，全面实现数字电影放映。

全县广播人口综合覆盖率 98.5%，电视人口综合覆盖率 99%。全县有线电视干线 588.9 千米，有线电视用户 3.4967 万户。全年完成赤岸、会埠、赤田三乡镇 27 个村的农村广播“村村响”工程安装任务；拆除、收缴非法私自安装的卫星地面广播电视接收设施 1260 余套；坚持 24 小时值班制度，有效确保了全县广播电视节目的正常播出。

（黄彩强）

上高县

上高县广播电影电视局内设人秘股、宣传股（新闻中心）、社会稽查管理股、行政审批服务股和事业发展股等 5 个股室，下辖广播电台、电视台和电影公司 3 个副科级单位。现有工作人员 94 人（含电影公司 34 人）。

上高广播电视台节目全部实行数字化播出，每日滚动播出时长 12 个小时。全年电视台公共节目播出时长 4380 小时，其中自办节目时长 2190 小时；广播公共节目时长 2200 小时，主要转播上级台（站）广播节目。全年开办《每日资讯》、《每周发布》等日播类节目，发布资讯 3015 条；播出专题类节目 160 期。全年在宜春广播电视台用稿 350 条，在江西人民广播电台、江西电视台用稿 40 多条，在中央人民广播电台、中央电视台用稿 4 条。在宜春广播电视奖评选中，1 件作品获一等奖，1 件作品获二等奖，3 件作品获三等奖；在江西广播电视奖评选中，1 件作品获三等奖。

上高县已在敖山镇、野市乡、塔下乡、锦江镇和泗溪镇全面安装调频广播，全年完成安装 40 个行政村调频广播任务。全县所有行政村和自然村全部开通光缆电视信号，电视人口覆盖率 99.8%。全县完成 74 个行政村调频广播安装任务。

上高县电影公司全面开展农村电影放映工作，全年共完成农村乡镇放映场次 2321

场，农村中小学放映电影 560 场，农林垦殖场放映电影 78 场。在台资企业裕盛公司放映电影 21 场，与中国电信合作放映电影 500 场，在城区中小学放映电影 100 场。2010 年 6 月，全面完成农村电影放映数字化改造，实现了数字电影全覆盖。（王溥）

宜丰县

宜丰县广播电影电视局内设人秘股、宣传股、事业股。县广播电视台内设新闻部、播音部、专题部、总编室、技术部、广告部、办公室。现有干部职工 88 人。

2010 年，宜丰县广播电视台在《宜丰新闻》共播出新闻 151 期，用稿 1131 条；在宜春人民广播电台用稿 329 条，在宜春电视台用稿 331 条；在江西人民广播电台用稿 79 条，在江西电视台用稿 76 条；在中央电视台《新闻联播》用稿 2 条。

全县 204 个行政村已有 110 个行政村安装广播，超额完成宜春市政府下达的广播“村村响”建设任务。新配置全套广播采、编、播设备。开展 20 户以下已通电自然村“村村通”调查摸底工作，争取上级立项直播卫星接收设备安装 2887 户。

2010 年，县电影公司组织全县 204 个行政村放映电影 2448 场，观影人数近 20 万人次。（张西芝）

铜鼓县

铜鼓县广播电影电视局下辖广播电台、电视台、铜鼓县电影公司。全系统在编干部职工 55 人，其中电影公司 17 人。

全年在本台用稿 1716 条；在宜春人民广播电台用稿 289 条，在宜春电视台用稿得分 357.5 分；在江西人民广播电台用稿 74 条，在江西电视台用稿 60 条；在中央电视台用稿 6 条。

铜鼓电影公司下乡放映电影 1700 余场，超额完成任务；更新放映设备 8 套，培训放映人员 20 人次；新组建放映队 4 个，基本形成了公司、乡镇文化站、放映监督员三位一体的农村发行、放映管理网，确保了农村电影放映工作的正常进行。

全县 92 个行政村均实现农村广播全覆盖，96%左右的农户能收听到广播，提前 2 年完成宜春市政府下达铜鼓县“村村响”工程建设任务。（江红）

万载县

万载广播电影电视局内设办公室、社管股、事业股，现有在编干部 14 人。县广播电视台下设总编室、新闻部、专题部、技术部、经济部、广告部，现有在编干职工 24 人。电影公司下辖阳乐电影院，现有在编员工 6 人。

全年开办栏目 12 个，播出《万载新闻》198 期，用稿 1589 条，播出专题 20 部；播出《新闻直航》52 期，用稿 314 条。在宜春人民广播电台用稿 174 条，拍摄上送专题宣传片 12 部，在宜春电视台用稿 264 条；在江西人民广播电台用稿 9 条，在江西电视台用稿 42 条；在中央电视台用稿 5 条。

全年放映电影 2250 场次，其中，放映学生电影 560 场，累计观影人数达 80 万人次。

万载县启动全县广播“村村响”工程，2010 年度完成三兴镇等 37 个村的设备安装调试工作。（辛憬）

上饶市

信州区

信州区文化广播电视局内设广播电视管理科、文化艺术科、财务科、综合科，下辖文化馆、博物馆、图书馆、越剧团、影剧音像总公司。现有干部职工300余人。

撤地设市后局本级未设广播电台、电视台、网络公司，下辖4个乡镇广播电视站。有线电视用户 3.9 万户，广播人口覆盖率99%，电视人口覆盖率98.5%。

上饶县

上饶县文化广播电视局内设办公室、广电股、文化股、稽查大队，下辖广播电视台、电影公司、博物馆。现有行政干部17人，事业编制138人。

上饶县电视台在本台用稿1750余条；在上饶人民广播电台、上饶电视台用稿2330余条；在江西人民广播电台、江西电视台用稿50余条；在中央人民广播电台、中央电视台用稿6条。

广丰县

广丰县文化广播电视局内设办公室、财务部、文化管理股、广播电视管理股、农村管理总站，下辖文化馆、图书馆、文物管理所、文化广播电视稽查大队、电影发行放映演出中心、广播电视台、江西省广播电视网络传输有限公司广丰县分公司和 23 个乡（镇、街道）文化广播电视站。全系统现有正式职工245人。

全年精心组织策划了《回眸2009》、《展望2010》、《学习实践科学发展观》等报道，重点开辟《广丰服务创业年》、《广丰旅游全攻略》等栏目。全年制作播出《法制广丰》24期、《休闲一刻》104期、《人大代表》12期、《三农广丰》12期。全年《广丰新闻》播出广播稿件2622条，编播电视新闻稿件2622条；在上饶电视台用稿1056条；在江西电视台用稿96条；在中央电视台《新闻联播》用稿15条。

玉山县

玉山县文化广播电视局下辖文化馆、图书馆、博物馆、剧团、剧院、电影公司、电影院、广播电台、电视台、塔山广播电视转播台、文化广播电视稽查大队和 26 个乡镇（库）广播电视站。现有干部职工309人，其中广电系统204人（含机关）。

2010年,《玉山新闻》播出各类稿件2450多条，专题节目《玉山视点》播出52期；在上饶人民广播电台用稿420条，在上饶电视台新闻用稿910条，专题用稿20条；在江西人民广播电台用稿60余条，在江西电视台用稿67条；在中央电视台用稿8条。在上饶广播电视奖评选中，1件作品获二等奖，1件作品获三等奖。

全年城乡新发展有线电视用户5180多户，农村新架设光缆近 58 千米，广播人口综合覆盖率96%，电视综合覆盖率98%，中央和省台及市台电视综合覆盖率98%。县乡有线电视光缆联网率100%，行政村光缆联网率95%。

全年加大对私拉乱接有线电视信号的查处力度，严厉查处非法销售卫星地面接收设施行为，拆除卫星地面接收设施280多套，确保了广播电视的安全播出。

铅山县

铅山县文化广播电影电视局内设广播电视台、图书馆、文化馆、博物馆、电影公司、广播电视服务部、文化综合执法大队。现有工作人员65人，退休职工21人。

广播电视台开办《创业故事会》、《堡垒先锋》、《以案说法》等5档固定电视栏目。全年《铅山新闻》共播出稿件2408条，专栏稿件486条，摄制20余部专题片；在上饶电视台用稿729条；在江西电视台用稿72条；在中央电视台用稿4条。

全年圆满完成农村文化“三项”活动任务，组织9支电影放映队深入各乡镇、村，为农民放映电影3057场。

全县有线电视光缆1060千米，差转台1个，有线电视终端用户5.05万户，调频广播已纳入有线电视信号传输网中，有线电视通即广播通。

全年加强广告经营管理，用竞拍方式选定广告经营权承包人。电视广告3年经营权拍卖拍出556万元。

弋阳县

弋阳县广播电视局内设办公室、文化稽查大队、农村广电股、弋阳腔保护办公室，实行局台分离、单独核算管理体制。现有干部职工189人。

《弋阳新闻》实现日播，收视率、可视性不断提高，成为宣传弋阳的重要窗口。全年在本台用稿1800条，在上饶人民广播电台、上饶电视台新闻用稿620条，在江西人民广播电台、江西电视台新闻用稿53条。

德兴市

德兴市文化广播电视局内设办公室、广播电视股、文化股，下辖广播电视台、网络中心、稽查大队、文广实业公司。全广电系统从业人员89人。

全年制作播出《铜都纪事》专题30期、《我读资讯》专题36期，引进《走遍中国》专题45期，在本台用稿2462条；在上饶人民广播电台、上饶电视台用稿668条；在江西人民广播电台、江西电视台用稿92条。在上饶广播电视奖评选中，1件作品获一等奖。

全市有调频广播1座，电视发射台1座，光缆杆路540千米，有线电视终端用户5.25万户。全年精心编制2727户20户以下的通电自然村“村村通”规划，积极为新农村建设点安装调频广播。

婺源县

婺源县文化广播电视局下辖广播电视台、文化广电稽查大队、文化馆、图书馆、徽剧团、电影公司及乡镇文化广播电视站。全县有乡镇文化广播电视站16个。全广电系统现有干部职工82人。

婺源县广播电视台先后开设了《贯彻落实全县经济工作会议精神》、《回眸十一五》、《千名干部下基层，排忧解难促和谐》等12个专栏。全年立足《婺源新闻》平台，加大新闻宣传力度，播发稿件2312条，有力促进了全县改革发展，社会和谐稳定。

万年县

万年县文化广播电视局内设办公室、广

电股、文化股，下辖广播电视台、文化稽查大队。现有干部职工 98 人。

全年在本台用稿 2100 条；在上饶人民广播电台、上饶电视台用稿 668 条；在江西人民广播电台、江西电视台用稿 93 条；在中央人民广播电台、中央电视台用稿 26 条。

鄱阳县

鄱阳县广播电视局内设办公室、财务室、广电股，下辖广播电视台。现有干部职工 122 人。

全年广播电视用稿 2580 条，在上饶电视台用稿 1050 条，在江西电视台用稿近 200 条，在中央电视台用稿 30 余条。

有线广播电视传输网络建设 660 余千米，有线电视用户 2.7 万余户，完成 447 个村广播电视“村村通”工程。

余干县

余干县广播电视局内设办公室、事业股、文化稽查大队，下辖广播电视台。现有干部职工 117 人。

全年在《余干新闻》用稿 1720 条；在上饶人民广播电台、上饶电视台用稿 750 条；在江西电视台用稿 100 多条；在中央人民广播电台、中央电视台用稿 7 条。

横峰县

横峰县广播电视局内设办公室、行业管理股、事业建设股，下辖有线电视台、广播电台两个副科级事业单位。现有职工 51 人。

全年县有线电视台用稿 2004 条，在上饶人民广播电台、上饶电视台、江西人民广播电台、江西电视台、中央人民广播电台、中央电视台用稿 589 条。

全县查处 12 起截传、偷盗有线电视信号和设施的违法案件，没收非法安装卫星地面接收机 3 台。

吉 安 市

吉州区

吉州区广播电视局内设办公室、广电稽查大队，下辖《吉州通讯》编辑部、吉州区新闻中心和吉州区电影发行放映公司 3 个副科级事业单位。现有干部职工 33 人。

《吉州通讯》编辑部每周二、五在《井冈山报》第三版刊出吉州新闻，全年出刊 101 期，编发稿件 1100 余条。电视《吉州新闻》每周一至周六在吉安电视台二套播出。全年在吉安人民广播电台用稿 216 条，在吉安电视台用稿 502 条；在江西人民广播电台《江广早新闻》头条用稿 3 条，在江西电视台《江西新闻联播》头条用稿 5 条，在《江西日报》头条用稿 1 条；在中央人民广播电台《新闻和报纸摘要》用稿 2 条，在中央电视台《新闻联播》用稿 7 条。在吉安广播电视奖评选中，2 件作品获一等奖，2 件作品获二等奖，1 件作品获三等奖；在江西广播电视奖评选中，1 件作品获一等奖，1 件作品获二等奖，1 件作品获三等奖；在江西新闻奖评选中，1 件作品获一等奖，1 件作品获三等奖。

全区 89 个行政村全部实现有线网络覆盖，全年新增农村有线和无线数字电视用户 1200 多户。

吉州区广播电视局严格实行一村一月放

映一场电影，全年完成电影下乡放映任务1417场。开展电影进广场、进社区、进企业活动，全年放映电影387场，活跃了群众文化生活。

2010年筹资22万余元，更换全局办公设施，新装修了演播室和编辑机房，对提高《吉州新闻》采编节目质量起到积极的作用。

2010年7月，吉州区广电局被吉安市委、吉安市人民政府授予市级文明单位。

青原区

2010年7月，青原区组建文化广播电视新闻出版局，内设办公室、文化科、广电科、新闻出版科和旅游科，下辖广电新闻中心、文物局和风景名胜管理处3个副科级事业单位及文化广电稽查大队、图书馆、文化馆、文工团、东固革命根据地博物馆。乡镇文化广播站9个，全局现有干部职工45人。

《青原新闻》每天21:10在吉安电视台二套播出，时长15分钟左右。全年共播出《青原新闻》156期，播出新闻1126条；在吉安电视台用稿418条，其中头条34条；在江西电视台用稿29条，其中头条6条；在中央人民广播电台《新闻和报纸摘要》用稿2条，在中央电视台用稿5条。

全年组织电影放映队在农村放映电影1561场。

新干县

新干县文化广播电视局内设办公室、宣传股、文化艺术股、市场管理股、事业股、科技股、网络中心、卫星地面收转站、文化广播电视稽查大队、广播电视服务部，下辖广播电视台、采茶剧团、文化馆、图书馆、博物馆、电影公司、县电影院及13个乡镇文化广播电视服务站。全系统现有在职人员164人。

全年广播播出新闻5538条，电视播出新闻3177条，摄播专题25期，开办栏目2个；在吉安人民广播电台用稿296条，在吉安电视台用稿467条；在江西人民广播电台《江广早班车》用稿42条（其中头条2个），在江西电视台《江西新闻联播》用稿64条（其中头条4个）；在中央人民广播电台用稿4条，在中央电视台用稿12条。在江西广播电视奖评选中，1件电视作品获“十佳栏目奖”，1件作品获三等奖。

投入资金60多万元，对县城差转台进行改造，维修了发射塔，更新了无线发射设备，启动了中央一套和七套节目的无线发射。县城周边10千米范围内的8个乡镇的10万居民能收听收看广播电视节目。争取县政府支持，启动农村广播恢复工程，每建设一个点，由县财政奖励5000元，首批60个村广播室建设示范点已在实施。全年发展光缆有线电视行政村2个，自然村19个，安装用户2100户。全县132个行政村通光缆有线电视，占全县行政村总数的97.8%；405个自然村通光缆有线电视，占全县自然村总数的62.47%，入户率68.4%。

组织人员3次深入各自然村，宣传国家有关广播电视法律法规，争取有关乡镇政府的支持，动员溧江乡王山村、桃溪乡桃溪村等3个村委会共200多户农民拆除非法安装的“小耳朵”。

峡江县

峡江县文化广播电视局内设人秘股、文化艺术股、社会管理股、文化广播电视稽查大队，下辖广播电视台、文化馆、博物馆、文工团、电影公司6个副科级单位和12个乡镇文化广播电视站。全系统在职人员92人。

广播电视台完成《峡江新闻》自办节目用稿762条；在吉安人民广播电台、吉安电视台用稿451条；在江西电视台用稿27条；在中央电视台《新闻联播》用稿1条。在吉安广播电视奖评选中，2件作品获二等奖。

全年发展有线电视用户3600户，农村放映数字电影1698场次，观众达80万余人次。查处私自安装卫星地面接收设施案件12起，收缴非法销售卫星地面接收设施6套。广播电视全年安全播出无事故。

永丰县

永丰县文化广播电视新闻出版局内设人秘股、广播电视股、文化股、新闻出版股，下辖广播电视台、文化馆、欧阳修纪念馆3个副科级事业单位，图书馆、采茶剧团、电影公司、文化市场稽查大队4个股级单位和21个乡镇文化广播电视站。全系统干部职工112人（含乡镇站人员）。

广播电视台自办节目有《永丰新闻》、《永丰风光》等，同时还开办了《春风化雨润民心》、《真心听意见，为民办实事》等反映永丰县“三民”活动的系列报道。在《永丰新闻》用稿816条，拍摄制作专题片11个；在吉安人民广播电台用稿253条，在吉安电视台用稿246条；在江西人民广播电台用稿14条，在江西电视台用稿18条。在吉安广播电视奖评选中，1件作品获一等奖，1件作品获三等奖；在江西广播电视奖评选中，1件作品获三等奖；在江西新闻奖评选中，1件作品获三等奖。

县电影公司组织全县18个放映队，聘请农村放映员20人，全年放映数字电影3766场，其中农村放映2616场，农林场放映240场，学校放映91场，观众达100万余人次。

全年完成“村村通”广播电视工程建设任务55个，有线电视终端用户2.8万余户，县广播电视人口覆盖率92%。

吉水县

2010年12月30日，吉水县组建文化广播电视新闻出版局，内设综合股、广播电视股、文化股、社会管理股（行政服务股）、新闻出版（版权）股，下辖广播站、有线电视台、文化馆、图书馆、博物馆、文工团、电影公司、文化广播电视新闻出版稽查大队及18个乡镇文化广播电视站。全系统现有干部职工140人。

电视自办节目有《吉水新闻》、《百姓聚焦》、《家住吉水》等。全年制作《吉水新闻》196期，播出稿件1472条，制作专题18期，播出《百姓聚焦》9期、《法制之窗》10期；在吉安人民广播电台用稿211条，在吉安电视台用稿343条；在江西人民广播电台用稿6条，在江西电视台用稿38条；在中央人民广播电台用稿2条，在中央电视台《新闻联播》用稿5条。

全年投资近10万元，改造演播室播音提示器及改造非线性编辑系统。

县电影公司积极开展农村数字电影下乡活动，全年在农村放映电影3975场，观众达60万余人次。

积极争取国家支持，大力推进广播电视“村村通”工程建设。2010年，高标准高质量完成国家“十一五”规划下达的直播卫星“村村通”工程建设任务，使全县边远山区的2310户农户看上了高画质的电视节目，有效解决了边远农村看电视难的问题。

吉安县

吉安县文化广播电视新闻出版局下辖广播电视台、广电有线网络中心、稽查大队、文化馆、图书馆、剧团、博物馆、电影公司、19个乡镇文化站、19个乡镇广播电视站。全系统干部职工153人。

广播电视台在《庐陵新闻》节目中开办《创先争优，勇创一流》、《庐陵周末》、《行风在线》等栏目。全年在吉安人民广播电台用稿270条，在吉安电视台用稿412条；在江西人民广播电台《早间新闻联播》用稿34条，在江西电视台《江西新闻联播》用稿45条；在中央人民广播电台《新闻和报纸摘要》用稿4条，在中央电视台《新闻联播》用稿4条。

全年筹资200万元，以完成"村村通"广播电视工程建设任务为目标，新增农村有线电视用户3000户，发展城区有线电视用户1000户。

全年农村放映电影4789场。

全年取缔黑网吧2家，收缴销毁非法盗版音像制品8000余张，拆除非法卫星地面接收设施67个。

泰和县

泰和县文化广播电视新闻出版局实行局台合一管理体制，内设办公室、总编室、技术制作室、文化艺术股、招商办、财务股6个股室，下辖广播电视台、采茶剧团、文化馆、图书馆、博物馆、影业总公司、文化广播电视稽查大队及22个乡镇文化广播电视站。全系统共有干部职工160人。

全年播出《泰和新闻》节目160期，播发电视新闻稿件1550余条，制作播出《快阁空间》50期。同时，策划制作了《聚焦"两会"》、《创先争优，实践"三民"》、《泰和党建》等系列报道。在吉安人民广播电台用稿340条，在吉安电视台《吉安新闻联播》用稿368条；在江西人民广播电台用稿52条（其中头条4条），在江西电视台《江西新闻联播》用稿41条（其中头条4条，专题2个）；在中央人民广播电台《新闻和报纸摘要》用稿4条，在中央电视台《新闻联播》用稿4条。

现有电影放映队23个，全年完成电影放映任务4795场。

万安县

2010年6月，万安县组建文化广播电视新闻出版局，内设办公室（行政服务股）、文化新闻出版股、广播电影电视股（室），下辖广播站、电视差转台、有线电视台、文化馆、图书馆、文物管理办公室、采茶剧团、电影发行放映公司等8个副科级事业单位，广播电视技术服务站、音像发行站、博物馆、文化广播电视稽查大队4个股级单位，和16个乡镇文化广播电视站。全系统在职干部职工160人。

广播电视自办节目有《万安新闻》、《大众话题》、《法制园地》等。全年新开设广播电视专栏5个，广播新闻用稿1049条，电视新闻用稿958条，播出《大众话题》24期，播出《大众话筒》24期；在吉安人民广播电台用稿166条，在吉安电视台用稿208条；在江西人民广播电台用稿43条，在江西电视台用稿26条；在中央人民广播电台《新闻和报纸摘要》用稿5条，在中央电视台《新闻联播》用稿1条。在吉安广播电视奖评选中，2件作品获三等奖。

全年放映农村数字电影2336场，观众达

50.4 万多人次。

全县有线电视终端用户 2.1961 万户。全年投资 230 多万元，新建杆路 8.2 千米，架设光缆 221 千米，建成新联网“村村通”自然村 92 个。广播电视综合覆盖率 97.8%。全年收缴非法销售卫星地面接收设施 10 套。广播电视安全播出无事故。

遂川县

遂川县文化广播电视新闻出版局内设办公室、文化股、广播电视股、新闻出版股和文化市场综合执法大队，下辖广播电视台、文化馆、博物馆、图书馆、文艺工作团、电影公司和 23 个乡镇文广站。全系统现有干部职工 223 人。

全年开办《创先争优、进位赶超》、《推进“一大四小”工程建设绿色生态遂川》、《创业服务在行动》等专栏，协助省政府纠风办、江西人民广播电台在遂川县成功举办《政风行风热线》现场直播节目。在吉安人民广播电台用稿 218 条，在吉安电视台用稿 311 条；在江西人民广播电台用稿 20 条（其中头条 1 条），在江西电视台用稿 36 条（其中头条 4 条）；在中央人民广播电台用稿 4 条，在中央电视台用稿 4 条。在吉安广播电视奖评选中，3 件作品获三等奖。

全年有 19 个农村电影放映队活跃在全县各行政村、农村中小学校、林场和社区，投放影片 58 部，完成电影放映 5086 场次。

全面完成国家“十一五”广播电视直播卫星“村村通”建设工程，工程涉及 159 个自然村的 1590 户农户。

峨峰广播电视无线发射台广播电视 2+1 节目覆盖正常运转。全县广播电视人口覆盖率 95%。

安福县

2010 年 6 月，安福县组建文化广播电视新闻出版局，内设办公室、文化艺术股、社会宣传股（新闻出版股）、社会管理股（行政服务股）等 6 个股室，下辖文化广播电视稽查大队、广播电视台、广播电视有线网络中心、文化馆、图书馆、博物馆、电影公司、文工团和 19 个乡镇文化广播电视站。全系统干部职工 266 人（含离退休人员）。

广播电视台在办好《安福新闻》的基础上，开办《社会热点》、《行风热线》、《劳模风采》等专栏，采写新闻 1248 条，拍摄制作《创建文明城市》、《决战两区》、《落实科学发展观》等专题片 12 部；在市级以上（含市级）广播电台、电视台用稿 668 条。

全年电影有农村专业放映队 17 个，完成农村电影放映 3668 场，观影人数 110 多万人次，依托影剧院经营创收 20.1 万元。

全年出动执法人员 326 人次，查处非法销售、安装卫星电视地面接收设施案件 5 起。

永新县

永新县文化广播电视新闻出版局内设人秘股、纪检室、文化股和广电股，下辖广播电视台、文物局、文化广播电视稽查大队、文化馆、图书馆、采茶剧团、电影公司和 23 个乡镇文化广播电视站。全系统现有干部职工 300 人。

广播电视台新开办《永新传奇传说》、《金色盾牌》、《创先争优》等专题栏目，继续开办《周末视点》栏目，摄制了 3 首永新县歌的 MTV 片，录制了《人文永新》大型电视访谈节目。全年在吉安人民广播电台用稿 280 条，在吉安电视台用稿 287 条；在江西人民广播电台、江西电视台用稿26条，其中头条3条；在中央人民广播电台、中央电视台用稿6条。在吉安广播电视奖评选中，1件作品获一等奖。

全年新发展有线电视用户2200户。投资20多万元建设虚晃山无线发射铁塔基站，向全县11个乡镇发射无线广播电视信号，解决了偏远山区看电视问题；新增三湾乡杭江无线发射点，使三湾乡的电视覆盖率超过50%；新架设杆路7千米，铺设光缆40千米，新增光节点38个。有线电视行政村覆盖率93%。

井冈山市

井冈山市广播电影电视局下辖井冈山广播电视台、江西省七〇四电视台、电影公司。现有干部职工123人，

全年电视宣传在本台用稿820条；在吉安电视台用稿181条；在江西电视台《江西新闻联播》用稿25条；在中央电视台《新闻联播》用稿11条。

全年播放电影1895场，超出任务50场。协助国家广电总局和国家药监局在井冈山成功举办“安全用药，关注农村”农村电影放映公益宣传活动。

全年完成47个自然村的470户广播电视“村村通”工程任务。全市有线电视用户1.4万余户，广播电视人口覆盖率96%。

2010年，七〇四电视台获全国广播电视技术维护先进台站二等奖，被评为江西省广播电视技术维护先进台站。

抚 州 市

临川区

临川区文化体育广播电视新闻出版局内设广播电视股、广电稽查队，下辖临川区广播电视台。广播电视从业人员146人。

广播电视台开办《临川新闻》、《走进临川》等。全年在抚州人民广播电台用稿87条，在抚州电视台用稿440条；在江西人民广播电台用稿13条，在江西电视台用稿60条；在中央人民广播电台《新闻和报纸摘要》用稿3条，在中央电视台《新闻联播》用稿2条。在抚州广播电视奖评选中，2件作品获三等奖。

广播人口覆盖率100%，电视人口覆盖率99.4%。有线电视传输干线网络总长45.45千米，有线电视用户1.61万户。

崇仁县

崇仁县文化体育广播电视新闻出版局内设广播电视股和广电稽查队，下辖崇仁县广播电视台。广播电视从业人员105人。

广播电视台在抚州人民广播电台用稿171条，在抚州电视台用稿184条；在江西人民广播电台用稿50条，在江西电视台用稿34条；在中央人民广播电台《新闻和报纸摘要》用稿1条。在抚州广播电视奖评选中，2件作品获三等奖。

广播人口覆盖率98.3%，电视人口覆盖率99.21%。有线电视传输干线网络总长193千米，有线电视用户1.81万户。

乐安县

乐安县文化体育广播电视新闻出版局内设广电股、文化广电稽查队、广电服务部，下辖乐安县广播电视台。广播电视从业人员40人。

广播电视台在抚州人民广播电台用稿78条，在抚州电视台用稿174条；在江西人民广播电台用稿2条；在江西电视台用稿43条。在抚州广播电视奖评选中，1件作品获三等奖。

广播人口覆盖率90.86%，电视人口覆盖率94.8%。有线电视传输干线网络总长153千米，有线电视用户1.07万户。

宜黄县

宜黄县文化体育广播电视新闻出版局内设广电股和文广稽查队，下辖宜黄县广播电视台。广播电视从业人员59人。

广播电视台在抚州人民广播电台用稿27条，在抚州电视台用稿102条；在江西人民广播电台用稿4条，在江西电视台用稿12条；在中央人民广播电台《新闻和报纸摘要》用稿1条。在抚州广播电视奖评选中，1件作品获三等奖。

广播人口覆盖率91.62%，电视人口覆盖率98.68%。有线电视传输干线网络总长289.4千米，有线电视用户1.26万户。

南丰县

南丰县文化体育广播电视新闻出版局内设广播电视股和广电稽查队，下辖南丰县广播电视台。广播电视从业人员88人。

广播电视台在抚州人民广播电台用稿68条，在抚州电视台用稿136条；在江西人民广播电台用稿13条，在江西电视台用稿30条；在中央人民广播电台《新闻和报纸摘要》用稿1条。

广播人口覆盖率99.48%，电视人口覆盖率100%。有线电视传输干线网络总长729千米，有线电视用户4.71万户。

黎川县

黎川县文化体育广播电视新闻出版局内设广播电视股和文化广电稽查队，下辖黎川县广播电视台。广播电视从业人员54人。

广播电视台在抚州人民广播电台用稿104条，在抚州电视台用稿206条；在江西人民广播电台用稿12条，在江西电视台用稿28条；在中央人民广播电台《新闻和报纸摘要》用稿1条。在抚州广播电视奖评选中，1件作品获二等奖，2件作品获三等奖。

广播人口覆盖率97.09%，电视人口覆盖率98.96%。有线电视传输干线网络总长165千米，有线电视用户1.63万户。

南城县

南城县文化体育广播电视新闻出版局内设广播电视股、文化广电稽查队，下辖南城广播电视台。广播电视从业人员80人。

广播电视台在抚州人民广播电台用稿133条，在抚州电视台用稿247条；在江西人民广播电台用稿32条，在江西电视台用稿53条；在中央电视台《新闻联播》用稿1条。在抚州广播电视奖评选中，1件作品获一等奖。

广播人口覆盖率100%，电视人口覆盖率100%。有线电视传输干线网络总长720千米，有线电视用户3.63万户。

金溪县

金溪县文化体育广播电视新闻出版局内设广播电视股和文广稽查队，下辖金溪县广播电视台。广播电视从业人员 44 人。

广播电视台在抚州人民广播电台用稿 141 条，在抚州电视台用稿 211 条；在江西人民广播电台用稿 31 条，在江西电视台用稿 51 条；在中央人民广播电台《新闻和报纸摘要》用稿 1 条。

广播人口覆盖率 97%，电视人口覆盖率 97.83%。有线电视传输干线网络总长 342 千米，有线电视用户 1.29 万户。

广昌县

广昌县文化广播电视新闻出版局内设广播电视股和文化广电稽查队，下辖广昌县广播电视台。广播电视从业人员 59 人。

广播电视台在抚州人民广播电台用稿 168 条，在抚州电视台用稿 254 条；在江西人民广播电台用稿 15 条，在江西电视台用稿 66 条；在中央人民广播电台《新闻和报纸摘要》用稿 3 条，在中央电视台《新闻联播》用稿 1 条。在抚州广播电视奖评选中，1 件作品获三等奖。

广播人口覆盖率 97.65%，电视人口覆盖率 99.26%。有线电视传输干线网络总长 298 千米，有线电视用户 1.42 万户。

东乡县

东乡县文化体育广播电视新闻出版局内设广电股、文广稽查队，下辖东乡县广播电视台。广播电视从业人员 49 人。

广播电视台在抚州人民广播电台用稿 90 条，在抚州电视台用稿 154 条；在江西人民广播电台用稿 12 条，在江西电视台用稿 38 条；在中央人民广播电台《新闻和报纸摘要》用稿 2 条，在中央电视台《新闻联播》用稿 1 条。在抚州广播电视奖评选中，5 件作品获二等奖，2 件作品获三等奖；在江西广播电视奖评选中，1 件作品获二等奖，2 件作品获三等奖。

广播人口覆盖率 94%，电视人口覆盖率 98.78%。有线电视传输干线网络总长 815.5 千米，有线电视用户 3.61 万户。

资溪县

资溪县文化体育广播电视新闻出版局内设广电股和文化广电稽查队，下辖资溪县广播电视台。广播电视从业人员 36 人。

广播电视台在抚州人民广播电台用稿 62 条，在抚州人民广播电台用稿 107 条；在江西人民广播电台用稿 14 条，在江西电视台用稿 17 条；在中央电视台《新闻联播》用稿 2 条。在抚州广播电视奖评选中，1 件作品获二等奖，1 件作品获三等奖。

广播人口覆盖率 97.4%，电视人口覆盖率 99.13%。有线电视传输干线网络总长 486 千米，有线电视用户 9000 户。

统　计

2010年江西省广播电视基本情况统计

无线广播（一）

	单位	2010年	2009年	2010年比2009年	
				增长量	增幅(%)
广播电台	座	12	12	0	0
中短波发射台和转播台	座	16	16	0	0
调频发射台和转播台	座	644	643	1	0.1
广播人口覆盖率	%	96.78	96.12	0.66	0.68

无线广播（二）

	广播电台（座）	中短波发射台和转播台（座）	调频发射台和转播台（座）	广播人口覆盖率（%）
省级	1	1	2	—
南昌	1	1	1	97.46
景德镇	1	1	1	98.40
萍乡	1	1	1	98.29
九江	1	2	2	95.96
新余	1	1	1	99.07
鹰潭	1	1	1	94.28
赣州	1	1	1	95.32
吉安	1	2	3	94.60
宜春	1	1	2	98.02
抚州	1	—	2	97.21
上饶	1	1	4	98.30

注：此表为省、市两级情况，覆盖率含县级。

电视广播（一）

	单位	2010 年	2009 年	2010 年比 2009 年	
				增长量	增幅(%)
电视台	座	12	12	0	0
电视发射台和转播台	座	301	354	–53	–15
电视人口覆盖率	%	97.96	97.47	0.49	0.50

电视广播（二）

	电视台（座）	电视发射台和转播台（座）	电视人口覆盖率（%）
省级	1	2	—
南昌	1	1	98.86
景德镇	1	1	98.60
萍乡	1	1	99.33
九江	1	2	97.58
新余	1	1	99.06
鹰潭	1	1	96.53
赣州	1	1	97.18
吉安	1	2	96.65
宜春	1	2	98.03
抚州	1	2	98.78
上饶	1	2	98.52

注：此表为省、市两级情况，覆盖率含县级。

广播电视节目传送

	单位	2010年	2009年	2010年比2009年	
				增长量	增幅(%)
微波站	座	18	18	0	0
微波线路	千米	1017.7	1017.7	0	0
卫星地面接收站	座	329759	345839	–16080	4.65
	其中: 省级89座; 设区市371座，含南昌市318座、景德镇市2座、萍乡市2座、九江市16座、赣州市1座、吉安市9座、宜春市6座、抚州市8座、上饶市9座。				

无线广播宣传（一）

	单位	2010年	2009年	2010年比2009年	
				增长量	增幅(%)
公共广播节目套数	套	103	103	0	0
全年公共广播节目播出时间	小时	345482	341044	4438	1.30
按节目来源分					
#转中央台节目	小时	62214	61120	1094	1.79
转省级台节目	小时	36368	39510	–3142	–7.95
转地市级台节目	小时	6929	7994	–1065	–13.32
播出制作节目	小时	211440	203703	7737	3.80
#首播	小时	160960	155179	5781	3.72
购买交换节目	小时	28531	28718	–182	–0.65
按节目类型分					
#新闻资讯类节目	小时	86835	88232	–1397	–1.58
专题服务类节目	小时	88279	72845	15434	21.19
综艺类节目	小时	88988	91031	–2043	–2.24
广播剧类节目	小时	19932	17025	2907	17.07
广告类节目	小时	33427	29279	4148	14.16
其他类节目	小时	28021	42632	–14611	–34.28

无线广播宣传（二）

	节目套数	全年公共广播节目播出时间（小时）	转中央台节目（小时）	播出制作节目（小时）
省级	6	46902	547	42182
南昌	9	42095	2531	31774
景德镇	4	20760	1278	16108
萍乡	5	16941	3710	9152
九江	10	26137	6520	8028
新余	3	16398	941	12025
鹰潭	3	8275	1411	5621
赣州	19	60933	24164	27565
吉安	13	34094	8669	14537
宜春	10	21376	5044	11335
抚州	9	26144	4281	10804
上饶	12	25426	3117	22309

电视宣传（一）

	单位	2010年	2009年	2010年比2009年	
				增长量	增幅（%）
公共电视节目套数	套	113	112	1	0.89
全年公共电视节目播出时间	小时	650997	610086	40911	6.7
按节目来源分					
#转中央台节目	小时	115058	107217	7841	7.31
转省台节目	小时	28683	28923	–240	–0.83
转地方级台节目	小时	9688	10414	–726	–6.97
播出制作节目	小时	140519	124504	16015	12.86
#首播	小时	59288	58778	510	0.87

购买交换节目	小时	357049	339028	18021	5.32
按节目类型分					
#新闻资讯类节目	小时	73956	70946	3010	4.24
专题服务类节目	小时	56719	55298	1421	2.57
综艺益智类节目	小时	47531	46530	1001	2.15
影视剧类节目	小时	321234	293764	27470	9.35
广告类节目	小时	67078	64905	2173	3.35
其他类节目	小时	84477	78643	5834	7.42

电视宣传（二）

	公共电视节目套数	全年公共电视节目播出时间（小时）	转中央台节目（小时）	播出制作节目（小时）
省级	9	71965	1169	29287
南昌	8	45584	4010	12121
景德镇	4	22329	913	9096
萍乡	5	24207	4112	4283
九江	12	64489	19124	9267
新余	3	14663	436	4649
鹰潭	4	26669	8154	2736
赣州	19	126534	30243	24013
吉安	13	80859	31448	8790
宜春	11	60713	10385	15348
抚州	12	59663	2593	8075
上饶	13	53321	2471	12849

有线广播电视（一）

	单位	2010年	2009年	2010年比2009年	
				增长量	增幅（%）
总用户	户	4394686	4070123	325463	7.97
数字电视用户	户	414113	332413	81700	24.58
#付费数字电视用户	户	121982	134175	-12193	-9.09
农村有线电视用户数	户	1820096	1711620	108476	6.34
入户率	%	34.00	31.81	2.19	6.88
有线广播电视传输网络干线总长	千米	76087	74301	1786	2.4

有线广播电视（二）

	总用户（户）	入户率（%）	有线广播电视传输网络干线总长（千米）
省级	50991	—	7778
南昌	636050	52.91	6184.05
景德镇	184670	40.24	3124
萍乡	212071	41.13	3752.05
九江	448100	30.44	6533.43
新余	151332	41.45	1313.5
鹰潭	86997	25.57	676.4
赣州	731578	30.08	12130.69
吉安	421912	28.36	5183.25
宜春	488568	30.92	12454.69
抚州	365738	32.31	4923.75
上饶	616679	33.46	12033

队伍构成情况（一）

单位:人

	年末总人数	长期职工	按性别分		按学历分		
			男	女	本科以上	本科及大专	高中及以下
合计	18591	17853	12248	6343	242	11374	6975
省级	8792	8382	5680	3112	167	4767	3858
南昌	1679	1593	1026	653	13	1159	507
景德镇	428	396	303	125	2	237	189
萍乡	378	365	230	148	8	297	73
九江	1140	1098	778	362	8	791	341
新余	283	272	194	89	5	250	28
鹰潭	244	233	160	84	5	220	19
赣州	1581	1541	1053	528	13	1002	566
吉安	1445	1440	1035	410	4	914	527
宜春	787	734	514	273	7	623	157
抚州	685	657	470	188	2	418	238
上饶	1176	1142	805	371	8	696	472

队伍构成情况（二）

单位:人

	按职业划分														
	管理人员	专业技术人员													其他人员
						编辑、记者			播音员、主持人			工程技术人员			
			高级	中级	初级	高级	中级	初级	高级	中级	初级	高级	中级	初级	
合计	3721	6887	571	1778	4538	234	708	1711	50	216	631	153	516	1379	7983
省级	1317	2913	365	798	1750	122	224	502	35	62	128	87	254	566	4562
南昌	228	746	36	181	529	17	81	253	4	35	84	14	55	118	705
景德镇	99	166	10	42	114	7	25	52	–	7	17	3	10	45	163
萍乡	91	199	5	71	123	2	39	82	–	8	21	–	7	11	88
九江	240	421	35	128	258	24	60	119	1	17	55	5	31	61	479
新余	55	142	14	47	81	7	29	46	3	9	21	4	9	14	86
鹰潭	65	134	17	56	61	14	36	41	3	8	14	–	7	3	45
赣州	475	556	29	104	423	14	53	166	–	14	85	14	32	135	550
吉安	409	455	22	99	334	6	44	111	1	14	74	14	36	89	581
宜春	209	388	14	116	258	10	69	129	1	14	44	3	29	65	190
抚州	231	200	12	44	144	5	16	60	1	11	33	4	16	48	227
上饶	302	567	12	92	463	6	32	150	1	17	55	5	30	224	307

广播电视业增加值（行政事业单位）

单位：万元

	增加值	劳动者报酬	生产税净额	固定资产折旧	营业盈余
合计	107036.45	49046.44	2383.18	6731.66	48875.17
省级	60798.89	18795.89	1170.32	2757.07	38075.61
南昌	5466.03	3098.59	563.69	366.36	1437.39
景德镇	1900.80	1149.40	32.70	226.21	492.49
萍乡	1527.42	1017.85	49.35	315.07	145.15
九江	7208.26	4229.04	192.53	399.68	2387.01
新余	1523.34	1066.90	17.90	160.54	278.00
鹰潭	1363.48	878.92	24.59	173.74	286.23
赣州	8538.40	6592.52	102.96	739.79	1103.13
吉安	6000.65	3994.16	48.50	369.88	1588.11
宜春	4500.21	3112.01	18.27	544.32	825.61
抚州	2536.97	1858.47	55.51	217.96	405.03
上饶	5672.01	3252.69	106.86	461.05	1851.41

广播电视业增加值（企业单位）

单位：万元

	增加值	劳动者报酬	生产税净额	固定资产折旧	营业盈余
合计	37496.09	20465.88	1631.11	14421.10	978.00
省级	31619.55	17963.86	609.07	12330.02	716.60
南昌	5031.20	2012.00	827.00	2025.20	167.00
景德镇	55.00	35.00	2.50	3.50	14.00
九江	457.04	277.12	131.74	3.88	44.30
新余	15.00	16.00	3.00	1.00	–5.00
宜春	66.02	4.70	21.35	–	40.00
抚州	21.25	7.20	1.45	11.50	1.10
上饶	231.00	150.00	35.00	46.00	–

广播电视财务收支情况（行政事业单位）

单位：万元

	总收入	财政补助收入	事业收入	总支出	固定资产投资额
合计	171996.82	34338.42	121360.90	150002.90	26881.25
省级	107915.11	7851.01	90068.87	87279.68	17440.18
南昌	11052.48	2314.44	7968.66	12110.20	2495.11
景德镇	2326.03	436.93	1404.90	1969.54	136.00
萍乡	3095.40	951.78	1669.59	3057.22	106.97
九江	8435.64	3846.16	3893.70	7421.36	1372.73
新余	1812.40	1135.40	645.00	1830.40	296.00
鹰潭	1520.16	822.49	663.44	1500.19	266.26
赣州	12497.13	5668.30	4925.53	12385.85	991.85
吉安	6804.96	4528.19	1929.94	6684.17	1467.32
宜春	5271.09	2367.39	2737.59	5181.82	763.34
抚州	3471.88	1769.77	531.70	3290.71	223.86
上饶	7794.54	2646.56	4921.98	7291.76	1348.63

广播电视资产负债情况（行政事业单位）

单位：万元

	资产总额	固定资产原值	本年新增固定资产	负债总额	净资产
合计	304946.59	168291.61	10331.44	56211.40	248735.19
省级	152476.42	68926.71	3575.67	23518.10	129318.32
南昌	28075.19	9158.98	474.07	7863.48	20211.71
景德镇	6340.93	5655.31	323.34	–	6340.93
萍乡	8716.88	7876.82	209.45	909.53	7807.35
九江	15300.78	9992.02	602.25	5364.66	9936.12
新余	4420.60	4013.40	106.50	484.50	3936.10
鹰潭	5180.19	4343.44	86.15	798.03	4382.16
赣州	28998.38	18494.70	1309.82	9215.95	19782.43
吉安	12623.58	9246.88	2283.94	735.90	11887.68
宜春	17916.47	13608.07	859.44	2866.60	15049.87
抚州	6556.03	5449.09	261.01	531.93	6024.10
上饶	18341.14	11526.19	239.80	4282.72	14058.42

广播电视资产负债情况（企业单位）

单位：万元

	资产总额	固定资产净值	本年新增固定资产	负债总额	所有者权益
合计	388968.91	134633.02	13510.16	264611.35	124357.56
省级	330328.57	119960.61	12236.11	223756.70	106571.87
南昌	54960.71	12399.23	796.00	39493.00	15467.71
景德镇	82.00	57.00	1.00	3.00	79.00
九江	1874.49	1380.18	6.70	247.88	1626.61
新余	34.00	26.00	403.70	44.00	-10.00
宜春	476.00	6.00	–	76.00	400.00
抚州	276.14	122.00	14.35	53.77	222.37
上饶	937.00	682.00	465.00	937.00	–

广播电视经营情况（企业单位）

单位：万元

	总收入	主营业务收入	本年应缴税金	营业利润	固定资产投资额
合计	118621.97	112506.83	3743.11	978.00	20038.77
省级	95014.11	89217.97	2721.07	716.60	19363.42
南昌	21188.96	20930.96	827.00	167.00	601.00
景德镇	52.50	52.50	2.50	14.00	–
九江	1097.30	1036.30	131.74	44.30	60.00
新余	50.00	50.00	3.00	–5.00	–
宜春	427.00	427.00	21.35	40.00	–
抚州	44.10	44.10	1.45	1.10	14.35
上饶	748.00	748.00	35.00	–	–

广播电视实际创收收入情况（行政事业单位）

单位：万元

	实际创收收入合计	广告收入	有线广播电视收视费收入	付费数字电视收入	其他网络收入	报刊发行收入	节目销售收入	新媒体业务收入	其他创收收入
合计	139528.55	129323.89	3881.51	12.50	889.03	276.97	–	–	5147.15
省级	101315.25	99103.89	0	0	0	0	–	–	2211.36
南昌	9731.57	8275.65	1024.94	0	329.23	21.00	–	–	80.75
景德镇	1777.10	1354.70	0	0	0	0	–	–	422.40
萍乡	2143.12	1764.97	39.00	0	0	10.00	–	–	329.15
九江	4583.18	3241.18	592.00	0	148.00	0	–	–	602.00
新余	868.00	842.00	0	0	0	0	–	–	26.00
鹰潭	717.97	633.44	0	0	0	18.40	–	–	66.13
赣州	6677.98	5252.50	822.87	0	0	0	–	–	602.61
吉安	2336.97	1914.69	104.00	0	15.00	45.39	–	–	257.89
宜春	2841.69	2149.32	347.00	0	149.00	52.86	–	–	143.51
抚州	1495.94	1269.508	0	0	0	82.30	–	–	144.14
上饶	5039.78	3522.05	951.70	10.00	247.80	47.02	–	–	261.21

广播电视实际创收收入情况（企业单位）

单位：万元

	实际创收收入合计	广告收入	有线广播电视收视费收入	付费数字电视收入	其他网络收入	报刊发行收入	节目销售收入	新媒体业务收入	其他创收收入
合计	116516.47	9213.60	71582.60	1622.40	8495.59	83.61	1891.35	367.29	23260.03
省级	92902.11	1755.00	60726.54	570.40	7157.59	68.61	1891.35	367.29	14984.73
南昌	21188.96	1202.00	9096.96	1050.00	1071.00	0	0	0	8216.00
景德镇	52.50	38.00	–	–	–	0	0	0	14.50
九江	1103.80	250.00	615.00	–	194.00	0	0	0	44.80
新余	50.00	35.00	–	–	–	15.00	0	0	0
宜春	427.00	0	420.00	–	7.00	0	0	0	0
抚州	44.10	0	44.10	–	–	0	0	0	0
上饶	748.00	0	680.00	2.00	66.00	0	0	0	0

图书在版编目（CIP）数据

江西广播电影电视年鉴.2011/万里波主编；江西省广播电影电视局，《江西省广播电影电视年鉴》编辑委员会编撰.——北京：中国传媒大学出版社，2011.12

ISBN 978-7-5657-0376-8/G.0376

Ⅰ.江…　Ⅱ.①万…②江…③江…Ⅲ.①广播事业-江西省-2011-年鉴②电影事业-江西省-2011-年鉴③电视事业-江西省-2011-年鉴　Ⅳ.①G229.275.6-54②J992-54

中国版本图书馆CIP数据核字（2011）第234642号

江西广播电影电视年鉴 2011

编　　纂　江西省广播电影电视局《江西广播电影电视年鉴》编辑委员会
主　　编　万里波
副 主 编　凌文勇
责任编辑　赵　欣　胡小玲
封面设计　方　舟
出 版 人　蔡　翔

出版发行　中国传媒大学出版社（原北京广播学院出版社）
地　　址　北京市朝阳区定福庄东街1号　邮编：100024
电　　话　86-10-65450532或65450528　　传真：010-65779405
网　　址　http://www.cucp.com
经　　销　全国新华书店

印　　刷　南昌博凯印务有限公司
开　　本　787×1092毫米　1/16
印　　张　21.5
彩　　插　1.125
字　　数　516千字
版　　次　2011年12月第1版　2011年12月第1次印刷
书　　号　ISBN 978-7-5657-0376-8/G.0376　**定　　价**：70.00元